Egon Schwarz
Keine Zeit für Eichendorff

Egon Schwarz

Keine Zeit für Eichendorff

Chronik unfreiwilliger Wanderjahre

Mit einer Nachschrift 1991
27 Abbildungen
und einem Essay von
Hans-Albert Walter

Büchergilde Gutenberg

Bibliothek Exilliteratur
Herausgegeben von Hans-Albert Walter

Satz Dörlemann-Satz GmbH, Lemförde. Druck Richard Wenzel, Goldbach bei Aschaffenburg. Schrift Borgis Garamond auf Lichtsatzsystem Berthold SYNTAX. Bindearbeit Großbuchbinderei Monheim GmbH, Monheim.
Printed in Germany 1992. ISBN 3 7632 4059 4

Inhalt

Vorbemerkung

Schreiben ist Kommunizieren. Wer eine Autobiographie schreibt, muß sich die Frage vorlegen, für wen das erzählte Leben von Interesse sein könnte. Ganz allgemein gilt wohl die Erfahrung, daß entweder die Person oder die Ereignisse ein Leben erzählenswert machen. Ein bekannter, womöglich sogar berühmter Name verleiht der dazugehörigen Autobiographie einen gewissen Konsumwert, mag sie auch noch so voll von Banalitäten sein. Will ein Privatmensch, der niemals vor eine breitere Öffentlichkeit getreten ist, ein Publikum an seinen Erinnerungen interessieren, so müssen die Ereignisse, die sein Leben ausgemacht haben, in irgendeiner Weise exemplarisch sein, geprägt von den charakteristischen Einflüssen der Epoche, die an den Lesenden wie am Schreibenden wirksam waren. Nur diese letzte Variante kommt für mich in Betracht. Trotz seiner phantastischen Züge halte ich mein Leben für typisch: es drückt die geschichtlichen Tendenzen aus, die an den Schicksalen meiner Generation mitgewirkt haben. Diese nachzuvollziehen und gleichzeitig am fremden Leben die Grundlagen des eigenen zu erkennen, die Verwandlungen zu beobachten, die das Allgemeine durch das Individuelle erfährt, das stelle ich mir nicht ohne Reiz vor. Darin sehe ich das Ziel meiner Mitteilung.

Schreiben ist aber nicht nur Kommunizieren mit anderen, sondern auch mit sich selbst. Ich will also der Erklärung, warum ich meine Lebensgeschichte für erzählenswert halte, noch meine eigenen, intimen Beweggründe hinzufügen. Ich bin mir dabei vielerlei nuancenreicher Empfindungen bewußt, die, wie ich glaube, nichtsdestoweniger in drei Hauptkategorien unterzubringen sind. Zunächst ist der Trieb, sich über das eigene Leben Rechenschaft abzulegen, bei den meisten Menschen stark ausgebildet. Arthur Schnitzler schrieb einmal in sein Tagebuch: »Nichts, was tiefer bewegt als das eigene Leben.« Ich meine, daß dieser Ausspruch auf Bedeutsameres hinweist als auf ein kindliches Verliebtsein in alles, was einem widerfahren ist, nämlich auf eine angeborene, fast schon metaphysisch zu nennende Suche nach einem Sinn der menschlichen Existenz. Dieser sehr persönliche Grund für das Niederschreiben meiner Erlebnisse führt mich aber gleich weiter zu einem geschichtlichen. In den letzten Jahren erschien eine Autobiographie nach der anderen von ehemaligen Faschisten, Prominenten des Nationalsozialismus. Diese Memoiren wurden, wie ich schon andeutete, deswegen mit solcher Neugierde von der Öffentlichkeit verschlungen, weil das Agieren im Rampenlicht der Weltbühne auch wenig tiefsinnigen Gedanken im Grunde unattraktiver Individuen eine gewisse Bedeutsamkeit verleiht. Ich weiß natürlich sehr wohl, daß Geschichte von den Mächtigen nicht nur gemacht, sondern auch zu ihren Gunsten interpretiert wird, und nicht vom Gesichtspunkt der Beherrschten und Opfer. Aber der Wunsch, einmal die andere Seite zu Wort kommen zu lassen, hat in unserer pluralistischen Welt auch seine Berechtigung. Zu zeigen, wie es jemand erging, dessen Leben aus der Bahn geworfen wurde, *weil* diese Mitläufer, diese halben oder ganzen Nazis eine Zeitlang die Dinge lenken konnten, liefert mir jedenfalls einen starken Antrieb. Und schließlich habe ich, wenn ich so sagen kann, auch einen philosophischen Grund für mein Unterfangen: Gerade weil ich von Anfang an eine Art Spielball geschichtlicher Mächte war, weil so ganz und gar nichts Spontanes, Selbsttätiges an meinem Lebenslauf zu sein scheint, stellt sich mir das Problem der Willensfreiheit mit ungewöhnlicher Intensität. Nachdenkend über meinen

Werdegang – dieses Wort scheint mir das Dilemma geradezu zu verkörpern, denn sein erster Teil deutet mehr auf die äußeren Zwänge, der zweite auf die persönliche Initiative – hoffe ich, zwischen dem mir durch die Umstände Vorgegebenen und dem Beitrag, den ich zu meinem eigenen Leben geleistet habe, genauer unterscheiden zu lernen. Wenn ich es aber recht bedenke, so besitzen auch diese persönlichen Gründe eine mehr als individuelle Tragweite und sind letzten Endes wohl nicht minder Bestandteile jener Kommunikation, die mir bei diesen Aufzeichnungen vorschwebt.

I. Wien

In der Kindheit ist der frei sich selbst bestimmenden Individualität offensichtlich wenig Spielraum gegönnt. Weder Zeit noch Ort, weder biologisches Erbe noch soziale Klasse ebensowenig wie die weitere Umwelt, mächtige Faktoren in der Entwicklung des Einzelnen, unterstehen seiner eigenen Auswahl. Ich wurde in Wien geboren, der ehemaligen Kaiserstadt, unter sprichwörtlich sanges-, liebes- und eßlustigen Leuten, ausgerüstet mit dem vielgerühmten goldenen Wiener Herzen. Im Gegensatz zu nomadisch ruhelosen Nationalitäten wie den Italienern etwa und den Schweizern, die es oft auf Nimmerwiedersehen hinaus in die weite Welt treibt, sind die Wiener, so heißt es, eine heimatliebende Bevölkerung, die auf ihrer Gemütlichkeit besteht und nach den großen Ferien eilig nach Hause zurückkehrt. Warum? Weil es sonst nirgends auf Erden so resche Kaisersemmeln und so gutes Hochquellenwasser gibt wie in Wien. In Wien, der leichtfüßigen Stadt des Walzers und der leichtherzigen sybaritischen Vergnügungen, war jedes Mädel süß, jeder Herr ein Baron und charmant, jeder Hausmeister ein Kenner der großen Oper und jede Mahlzeit ein knuspriges Backhendel. Selbst das Verhältnis verachteter Minderheiten zu dem harten Boden, auf dem sie einen so schweren Stand haben, wird im Volksmund verharmlost:

Wía da Moses de Judn hot g'fiehrt iebers Meer,
Do wóan in da Leopoidstodt die Kafféeheiser leer.

Noch heute, wo von all diesem Glanz nur die zur Förderung des Fremdenverkehrs aufpolierte Oberfläche übrig ist, verschleiern sich die Augen überseeischer Reisender ein wenig, wenn man ihnen gesteht, man sei aus Wien, jenem Vienna mit Torte und Schlag, wo sie die heimlichsten Extravaganzen ihrer schwerfälligen Imagination erfüllt wähnen. So zählebig ist die Legende.

Ich bin zwar in Wien geboren, aber es war nicht das Wien der Legende. Gäbe es so etwas wie ein Mitbestimmungsrecht, so müßte hinzugefügt werden, daß der Zeitpunkt meiner Geburt schlecht gewählt war: ein paar Jahre nach dem ersten Weltkrieg, in einer Wirtschaftskrise, die wie eine dunkle Wolke die blendende Ausstrahlung der Legende so gut wie ganz verdeckte. Wien war gerade von der großen Hauptstadt eines vielsprachigen Weltreichs zum wackligen Wasserkopf eines rückständigen Rumpfländchens degradiert worden, in dem die ehrgeizigen Gedanken von ehedem noch wie Gespenster herumspukten und einen umso schauerlicheren Gegensatz zur sozialen Wirklichkeit bildeten. Wer heute, im letzten Viertel des zwanzigsten Jahrhunderts, die musealen, aber frisch gesäuberten Fassaden der alten Wiener Paläste und Barockhäuser bewundert, wer als Urlauber oder Geschäftsreisender die rege Prosperität der österreichischen Provinz gespürt hat, dem wird es nicht leicht fallen, sich das graue, niedergedrückte, arbeitslose Wien meiner Kindheit vorzustellen oder zu verstehen, warum das heute so wohlhabende Bundesland Vorarlberg unter Berufung auf seinen von der allgemeinen bayrischen Mundart Österreichs abweichenden alemannischen Dialekt damals einen – natürlich vergeblichen – Antrag auf Aufnahme in die Schweizerische Eidgenossenschaft stellte. Zu meinen frühesten schreckhaften Erinnerungen gehören die Krüppel, Blinden und Kriegsversehrten an jeder Ecke, die dem Passanten bettelnd Hände, Mützen oder Blechbüchsen entgegenstreckten, die Obdachlosen in Parkanlagen und unter den Donaubrücken, die vielen Fiedler,

Orgelmänner und Straßensänger, die in den Hinterhöfen aufspielten oder sangen und denen man zur Belohnung in Papier gewickelte zehn Groschen hinunterwerfen durfte. Mehrmals am Tag, nach stillschweigender Übereinkunft am häufigsten aber Samstags, läutete die Türglocke, und durch das Guckloch gewahrte man groteske Gestalten, die irgendein Gebrest vorwiesen, sich als beschäftigungslose Akademiker oder einfach als »Ausg'steuerte« ausgaben, Leute, deren Arbeitslosenunterstützung abgelaufen war und denen man durch den Spalt, den die Vorlegekette ließ, Essen und kleine Münzen reichte.

Und wie primitiv und gering erscheint mir diese Wohnung jetzt, zu der die Unglücklichen mehrere Treppen hoch um ein winziges Almosen hinaufkletterten: ein schmaler Vorraum, eine altmodische Küche, ein Wohnzimmer, auf dessen Sofa ich nachts schlief, und ein einfenstriges »Kabinett« als elterliches Schlafzimmer. Kein Badezimmer: man wusch sich an der Wasserleitung und das wöchentliche warme Bad vollzog sich in einem Schaff, in dem kaltes mit auf dem Ofen erhitztem Wasser gemischt wurde. Mein selektives Dämmergedächtnis der frühen Kindheit registriert die Verwandlung unseres Plumpsklos in ein »englisches Wasserklosett«, das von der Familie als große technische Neuerung ekstatisch begrüßt wurde. Von der technischen Rückständigkeit zeugt auch die Tatsache, daß unsere Straße mit dem mir lange rätselhaften Namen »Geologengasse« (nach dem geologischen Reichsinstitut, von dessen Existenz ich natürlich nichts wußte), bis dahin ein Lehmweg, in meiner Kindheit asphaltiert wurde, woran ich mich vielleicht deswegen erinnere, weil der frische Teergeruch mich so unwiderstehlich anzog, daß meine Mutter, der jeder Genuß suspekt war, mich nur mit Mühe davon abhalten konnte, ihn, tief hinuntergebeugt, in meine Lungen zu saugen. Zur gleichen Zeit wurde auch die elektrische Straßenbeleuchtung eingeführt. Vorher war Tag für Tag ein uniformierter Mann von einer Gaslaterne zur nächsten gegangen und hatte mit Hilfe einer endlos langen Stange die Glühstrümpfe entzündet, die ein geisterhaft grünliches, aber herzerfreuendes Licht ausstrahlten. Leider war die Folge, daß auch die von bunten Korallenfransen umgebene Gaslampe über unserem Wohnzimmertisch verschwand, um einem, wie mir heute scheint, viel unpersönlicheren elektrischen Leuchtkörper Platz zu machen. Zu den unersetzlichen Dingen, die man mit der Kindheit verliert, zähle ich die intensiven Lustempfindungen, die von Licht und Farben ausgehen, aber auch von Geschmackserfahrungen und anderen sinnlichen Eindrücken. Keine noch so steile intellektuelle Entwicklung kann volle Entschädigung für die Einbuße dieser Wahrnehmungen bieten, die das Entzücken der ersten Lebensjahre sind und auch eine so düstere Welt, wie das Wien meiner Kindheit war, zeitweilig verzaubern können.

Meine jüdischen Eltern stammten aus der alten österreichungarischen Provinz, mein Vater aus der fernöstlichen Bukowina, meine Mutter aus dem nur sechzig Kilometer von Wien stromabwärts an der Donau gelegenen Preßburg, das aber trotz seiner Nähe – man konnte es mit einer Elektrischen erreichen – einer ganz anderen Welt angehörte. Die große Hauptstadt, dynastisch-traditionell und doch von der späteingeführten kapitalistischen Wirtschaftsform in ein Geschäftsfieber versetzt, lockte die Mitglieder der ostjüdischen Gemeinden, die von westlicher Modernität noch kaum berührt waren, mit nur dunkel geahnten, aber gerade deswegen unwiderstehlich anziehenden Möglichkeiten. Verführt durch unbestimmte Aufstiegshoffnungen, vertrieben durch die orthodoxe Unduldsamkeit, Armut und Stagnation seines eigenen Milieus kam mein Vater schon als ganz junger Mensch nach Wien, nur um sehr bald feststellen zu müssen, daß man

Hochzeitsbild der Eltern

nicht auf ihn gewartet hatte und daß einem ungeschulten Handlungsgehilfen keine goldenen Berge aufgeschüttet wurden. Seine Hauptmahlzeit in jenen kärglichen Tagen bestand aus einem Laib Brot, den er zusammen mit einem Berufs- und Leidensgenossen, schamhaft den Blicken der vorbeiströmenden Menschenmenge entzogen, in den Torbögen der inneren Stadt verzehrte. Nicht der wirtschaftliche Erfolg, sondern der große Krieg befreite ihn aus der ersten Wiener Misere. Vier Jahre lang verteidigte er die Monarchie als Artillerist an der kampfdurchtobten italienischen Front. Als Kind lauschte ich oft mit staunenden Sinnen den Erzählungen seiner mir kaum vorstellbaren Kriegsabenteuer, den Schilderungen von Luftkämpfen, Gasangriffen, gefährlichen Flußüberquerungen, schweren Beschießungen, Kriegsverletzungen und langen Aufenthalten in überfüllten Lazaretten. Manchmal durfte ich mit dem Inhalt einer Pappschachtel spielen, in der metallisch und bunt bebändert eiserne Verdienstkreuze, silberne Tapferkeitsmedaillen und vergilbte

Fotografien von um Kanonen gruppierten Soldaten durcheinanderlagen. Zuletzt erblickte ich diese Schätze als halbwüchsiger Emigrant, als am Tage des St. Rochus, des Schutzheiligen der Tiere, die aus der Heimat vertriebenen Frontsoldaten in grotesker Verbitterung Hunde mit ihren Kriegsauszeichnungen behängten und zur Verwunderung der einheimischen indianischen Bevölkerung durch die Straßen und über den Markt eines Andenstädtchens trieben.

Aber ich greife voraus. Während des ersten Weltkrieges hatte mein Vater auf einem Besuch bei Verwandten meine Mutter, eine entfernte Kusine, kennengelernt. 1921 heirateten sie, 1922 kam ich zur Welt. Im verarmten Wien der Republik versuchten sie gemeinsam, eine Existenz aufzubauen, doch die Zeiten waren ihnen nicht günstig. Oft wechselten sie die Branche, ohne daß ihnen diese Wendigkeit den ersehnten Wohlstand gebracht hätte. Köstliche Erinnerungen bewahre ich an die Federn und Bleistifte, das glatte Glanzpapier, die faszinierenden farbigen Tinten und Tuschen in ihrem Schreibwarenladen, aus dem wir aber eines Tages, ich habe keine Ahnung, wie und warum, für immer auszogen. Das nächste Unternehmen, an dem sich mein Vater beteiligte, war eine Molkerei, die ich manchmal besuchen durfte. Über eine große wellige Blechwand rann die erwärmte Milch zur Kühlung hinunter und wurde in säuerlich riechende Aluminiumkannen abgefüllt, zu deren Transport Pferdewagen in niedrigen Schuppen bereitstanden. Mir am liebsten in diesem weitläufigen Betrieb waren die braunleibigen Pferde, die, lässig mit den Schwänzen schlagend und mit ihren Riesenzähnen bedächtig Heu und Hafer zermalmend, vor den Krippen standen, unbekümmert um das Entzücken, das ich empfand, wenn man mich auf ihre breiten Rücken hob. Aber auch dieser Erwerb führte offenbar nicht »auf den grünen Zweig«, von dem ich meine Eltern oft sprechen hörte, denn eines

Tages verschwanden die gute Butter, der Topfen, der Rahm und Schlagobers, die immer so reichlich auf dem Tisch erschienen waren, wie weggeblasen von der Bildfläche, und als ich meinen Vater das nächste Mal in seinem Geschäft aufsuchen durfte, da war es eine Fabrik von Ohrenschützern: an einem metallenen Bügel wurden links und rechts pelzige oder samtene Ovale so angebracht, daß der Apparat, über dem Kopf getragen, beide Ohren verdeckte. Ich zweifle daran, daß ein hoher Prozentsatz der Wiener Bevölkerung sich dieser nützlichen Erfindung bediente, denn ich bin nicht vielen Menschen mit Vaters Patent über dem Schädel in den Straßen meiner Heimatstadt begegnet. Unsere engere Familie jedoch konnte in jener Zeit mit wohlversorgten Ohrmuscheln und -läppchen den großen Frösten trotzen, die damals Wien heimsuchten. An einen solchen Winter kann ich mich noch lebhaft erinnern, es muß der von 1927 gewesen sein, der so kalt war, daß die Donau zufror und ich zu meinem maßlosen Staunen einen von Pferden gezogenen Wagen den gewaltigen, eisbedeckten Strom überqueren sah.

Aber auch die Ohrenschützer erfüllten wohl die in sie gesetzten Hoffnungen nicht, denn sie mußten einer anderen Fabrikation weichen: in einer weiten Halle, die mein Vater an der Schüttelstraße mietete, stapelten sich nun in jeder Farbe und Größe Tausende jener Kopfbedeckungen, die im weiteren deutschen Sprachraum Baskenmützen heißen, aber von meinem Vater unter dem Namen Pullmannkappen in Pappschachteln verpackt, verschickt und verkauft wurden. Und in einem düsteren Hintergemach, einer wahren Alchemistenkammer, hantierte ein hemdsärmliger Mensch, der manchmal als Vaters »Kompagnon« bezeichnet wurde, mit allerlei Gläsern und Retorten, in die er teils kalte, teils siedende, aber immer schwül duftende Öle und Essenzen goß, offenbar in dem Bestreben, auf chemischem Wege ein wohlriechendes und unerhört billiges Haar- oder Mundwasser zu gewinnen und mit enormem Profit in der zivilisierten Welt zu verbreiten. Das Resultat kann jedoch nur ein weiterer Fehlschlag gewesen sein, denn auch diese interessanten Waren, Mützen wie Parfüme, folgten ihren Vorgängern in die Versenkung der Geschichte, und nachdem sie und ihre löblichen Eigenschaften eine Zeitlang täglicher Gesprächsstoff gewesen waren, wurden sie plötzlich nie wieder erwähnt. Nur ich mußte jahrelang mit meinen lächerlichen Pullmannkappen die Schule besuchen, während meine Kameraden viel schickere Schlägermützen aufhatten oder ihr Haar ganz unbedeckt den Winden preisgeben durften.

Noch einmal wechselte mein Vater, nur dem Kaufmannstand im allgemeinen treu bleibend, seine Branche. In einem Geschäftshaus des ersten Bezirks wurden an langen Tischen mit scharfen Messern anhand von papierenen Mustern Seiden- oder Baumwollstoffe zugeschnitten und in einem anderen Saal von emsig tretenden Mädchen auf Nähmaschinen zu erkennbaren Stücken zusammengefügt: mein Vater war Unterwäscheerzeuger geworden und blieb es auch bis zu unserer Auswanderung, ohne daß sich freilich in unseren äußeren Umständen viel zu verändern oder gar zu verbessern schien. Dieser letzten Phase seiner Gewerbetätigkeit widmete ich jedoch keine besondere Aufmerksamkeit mehr, diese Dinge hatten für mich stark an Magie verloren, seit ich mit meinen eigenen Schulsachen beschäftigt war.

Aus diesem wiederholten Geschäftswechsel auf anderes als Mangel an kommerziellem Sinn und die üble Wirtschaftslage zu schließen, wäre verfehlt. Mein Vater war ruhigen und beständigen Charakters, eher schwerblütig, phlegmatisch und arm an Einbildungskraft. Fleißig, methodisch und gleichmäßig verrichtete er tagein tagaus seine Obliegenheiten. Zur gleichen frühen Stunde stand er auf, wusch und rasierte sich, aß stets das gleiche einfache Frühstück, wanderte zu Fuß zu seinem Geschäft und stellte sich zur europäischen Hauptmahlzeit, dem Mittagessen, wieder zu Hause ein. Nachmittags setzte sich dieses Kommen und Gehen mit unabänderlicher Regelmäßigkeit fort. Präzise zur Minute kehrte er nach Geschäftsschluß heim, verzehrte mit uns zusammen ein bescheidenes Abendbrot, las die Zeitung, hörte an einem selbstgebastelten Apparat ein wenig Radio und ging frühzeitig zu Bett, ein verläßlicher, anspruchsloser, nicht aus seinem Gleichmut zu bringender Mensch. Diese überaus stabilen Eigenschaften haben bestimmt dazu beigetragen, daß meine Eltern ein hohes Alter erreicht haben. Hochbetagt lebt meine Mutter noch heute in Los Angeles und mein Vater ist erst vor kurzem, weit über achtzig, daselbst gestorben. Und das ihre war kein einfaches Leben, sondern reich an Entbehrungen und Verfolgungen, an Enttäuschungen und Bedrohungen. Aber sie haben alles überstanden, den ersten Weltkrieg, die Inflation, den Austro-Faschismus, die Übernahme Österreichs durch die Nazis, das darauf folgende Umherirren in Europa, die Emigration nach Übersee, die langen Jahre in verschiedenen südamerikanischen Ländern, die Weiterwanderung nach den USA. Ich bin sicher, daß innerhalb dieser abenteuerlichen und schwierigen Veränderungen eines immer gleich geblieben war: die Art, wie sich mein Vater die Zähne putzte, seine Schuhe zuschnürte und abends die Hose nach der Bügelfalte zusammengelegt über die Stuhllehne hängte. Vielleicht war das nichts als kleinliche Pedanterie, und doch vermute ich, daß diese gleiche Unbeirrbarkeit in den vielen Lagen, wo Kopflosigkeit zu Katastrophen geführt hätte, meinen Vater befähigt hat, sein Gleichgewicht zu bewahren. Wer wagt, gewinnt. Mein Vater hat nicht gewagt und nicht gewonnen. Aber wer nicht wagt, der übersteht.

Das einzig Ungewöhnliche an meinem Vater war, daß er

zeichnete und malte. Mit Stift oder Pinsel bedeckte er zahllose Blätter und Leinwandstücke, die ich von früh auf betrachtete. Von dieser Fertigkeit habe ich nichts geerbt, aber ihr verdanke ich die vielen fast allwöchentlichen, in unserer sozialen Schicht ungebräuchlichen Besuche aller Wiener Bildergalerien, Kunstsammlungen und Museen. Obwohl ich meinen Vater auf diesen Gängen durch endlose Ausstellungsräume anfangs eher gelangweilt begleitete, wurde ich doch durch sie auf die bildenden Künste aufmerksam, so daß mir durch sie nach und nach die Augen aufgingen und sie zu meiner Bildung und Bereicherung beigetragen haben. Und noch ein zweites verdanke ich meinem Vater: die Freude an Berg, Wald und Feld, an Landschaft und Wanderschaft. In der guten Jahreszeit fuhren wir oft mit der Straßenbahn an irgendeine Endstation am Stadtrand und traten, ein Butterbrot und etwas Obst im Rucksack, auf den gut markierten Pfaden unsere vielfältigen Spaziergänge durch den Wiener Wald an. Ohne diese Anleitung und frühe Gewöhnung hätte ich wohl meine bis heute anhaltende Leidenschaft für die Natur nicht entwickelt und wahrscheinlich niemals meine Fahrten durch die Anden und den Himalaya, in die Unwegsamkeiten Islands, Neuseelands und des nordamerikanischen Kontinents unternommen, die zu dem Besten gehören, was ich in meinem Leben gemacht habe.

Meine Mutter ist fast in allen Stücken das Gegenteil meines Vaters. Fahrig, reizbar, oft mißmutig, immer an unbestimmten Krankheiten und Unpäßlichkeiten leidend, umhegte sie zwar schützend, aber überängstlich die frühen Entwicklungsstadien ihres einzigen Kindes und überwachte mit zähem Widerstand gegen jede Selbständigkeit, nur widerwillig die Kontrolle nach und nach aus der Hand gebend, seine Adoleszenz. Aber auch ihr verdanke ich neben vielen, nicht mehr rekonstruierbaren Wohltaten die Bekanntschaft mit einer

Der Zwölfjährige mit dem Vater

ganz bestimmten, mein Leben von Grund auf verwandelnden emanzipatorischen Macht. Sich hierin ebenfalls von meinem Vater unterscheidend, las meine Mutter gern mancherlei Geschichten, Traktate und Romane und sorgte dafür, daß auch für mich frühzeitig Bücher angeschafft wurden. Mit Hilfe dieses Zaubermittels eröffnete sich dem einsamen, geschwisterlosen Knaben eine phantastische Welt, in die er sich immer häufiger und süchtiger nicht bloß einer als lästig empfundenen Verhätschelung, sondern überhaupt seiner ganzen engen, abwechslungsarmen, kleinbürgerlichen Umgebung entzog. Bald waren die Grimmschen und Bechsteinschen Märchen verschlungen, aber auch die von Andersen und Hauff, die klassischen Sagen Gustav Schwabs und die Tiergeschichten von Brehm, der Münchhausen und der Gulliver, sowie Coopers Lederstrumpf, viele Bände Karl May und schließlich die paar Klassikerausgaben im Bücherschränkchen, zu denen sich in rascher Abfolge die halbe Weltliteratur in den billigen Reclam-Heften und die Inhalte ganzer Leihbibliotheken gesellten, in die in ihrer Not die Eltern den unersättlichen Leser einschreiben mußten.

Trotz ihrer Verschiedenheiten lebten meine Eltern in relativ harmonischer Ehe. Zum Teil lag das daran, daß meine Mutter im Grunde den härteren Willen besaß und ihn durchzusetzen verstand. Mein Vater war von einer rührenden Gutmütigkeit und Verträglichkeit, was aber auch zur Folge hatte, daß er gerne Auseinandersetzungen aus dem Weg ging und mich dem Gutdünken und den mit krausem Aberglauben durchsetzten Erziehungsprinzipien der Mutter überließ. Dies entsprach allerdings der in den bürgerlichen Schichten unausweichlich geltenden Einteilung: der Vater ging im Erwerb des Lebensunterhalts auf, die Mutter kümmerte sich um Kinder und Haushalt. Vielleicht sollte ich erwähnen, daß wir trotz unserer beschränkten Umstände immer eine Hausgehilfin hatten, meist ein Mädchen vom Lande, das für ein geringes Entgelt und so gut wie keinen Komfort in der Küche, auf dem Markt, in den Stuben, im Keller, auf dem Dachboden und als »Kinderfräulein« unermüdlich für die Familie tätig war. Auch dies gehörte zum Stil der bürgerlichen Klasse. Sonst aber bin ich mir keines Luxus in unserer Lebensführung bewußt. Wir lebten in einer mich heute im Rückblick beinahe klösterlich anmutenden Zurückgezogenheit. Ein gelegentliches Zusammentreffen mit Bekannten im Kaffeehaus, ein sonntäglicher Kinobesuch, ein Spaziergang im Prater, während dessen man in einer Gaststätte einkehrte und sich ein »Kracherl« bestellte – das waren die seltenen Vergnügungen, die sich meine Eltern gönnten. Gäste hatten wir so gut wie keine. Wenn wirklich einmal im Jahr ein Geschäftsfreund oder ein Ehepaar aus der Bekanntschaft zum Essen eingeladen war, so war das ein festliches Ereignis von großer Ausgefallenheit, das alle

Gewohnheiten über den Haufen warf und jedermann in Aufregung versetzte. Nie gebrauchtes Geschirr wurde hervorgeholt, Kristallschalen, die sonst nur hinter Glas zu sehen waren, traten in Funktion, Spirituosen wurden bereitgestellt. Das Köstlichste an den Vorbereitungen war aber, daß mein Vater jedesmal ein viereckiges »Sandwichbrot«, damals eine geheimnisvoll fremdartige Vokabel, nach Hause brachte, in dünne Scheiben schnitt und mit exotischen Leckerbissen: Gürkchen, Sardellen und Salami, geräuchertem Lachs, Eiern und Oliven belegte. Von den anwesenden Gästen ist mir merkwürdigerweise kaum ein Gesicht, ein Gespräch haften geblieben. Aber ich erinnere mich noch genau an die Empfindung von Eleganz und großer Welt, die eine delikate, die Lampe umschwebende Wolke Zigarettenrauch an einem solchen Abend in mir hervorrief.

Was das Kulturleben betrifft, hätten meine Eltern, allein die schon erwähnten Museen ausgenommen, nicht in Wien leben müssen. Ihr überaus seltenes Verlangen nach Oper, Theater oder Konzert hätten auch ihre bescheideneren Heimatorte befriedigen können. Natürlich hing diese Enthaltsamkeit ursächlich mit ihrer stets prekären Finanzlage zusammen, entsprach aber auch ihrer geistigen Bedürfnislosigkeit. Ihre menschliche Stärke lag in den Bezirken des Charakters und des Gemüts, in der Fähigkeit zu Mitleid, zu Trauer, zu Humor. Die Schule hatten sie nur wenige Jahre besucht und das dort Gelernte schien keinerlei Eindruck hinterlassen zu haben, jedenfalls war nie die Rede davon. Intellektuelle Probleme wurden zu Hause nicht berührt, auch von Politik, von geschichtlichen Ereignissen wurde selten gesprochen. Überhaupt bewegten sich beide Eltern sprachlich auf der denkbar dürftigsten Ebene. Das Deutsch meines Vaters wies in Syntax und Aussprache deutlich die Einwirkungen von dem Jiddisch seiner Jugend auf und wich trotz seines langjährigen Aufenthalts merklich von der Wiener Umgangssprache ab, während meine Mutter, sprachbegabter und im Ausdruck behender als er, niemals die Spuren ihres ungarischen Ursprungs loswurde. Daß ich über dieses Niveau hinausgelangte, ist nicht dem intellektuellen, sondern dem gesellschaftlichen Ehrgeiz meiner Eltern zu verdanken. Soweit ich zurückdenken kann, erwarteten sie von mir, daß ich ein »Doktor« würde. Daß ich es trotz aller Hindernisse geworden bin, wenn auch auf den verschlungensten Umwegen und nicht in dem medizinischen Sinn, wie es offenbar gemeint war, das hat gewiß etwas mit dem Begehren der Eltern und dem Vertrauen, das sie ständig in mich setzten, zu tun, mag der Ansporn dazu auch tief und verborgen in den nebelhaften Regionen der Seele zu suchen sein. Jede Regung von Intelligenz in mir wurde frohlockend aufgenommen, jedes Aufflackern eines noch so undefinierbaren Talents mit Begeisterung geschürt. Längst ehe ich zur Schule kam und im geringsten verstehen konnte, wie mir geschah, hatten sie den Ruch meiner Außergewöhnlichkeit verbreitet und ich wurde von unserer Verwandtschaft wie ein staatlich bescheinigtes Genie behandelt, mit dem besitzergreifenden Wohlwollen von Leuten, die legitime Ansprüche auf die Einlösung eines heiligen Versprechens haben. Wie ich diese Erwartungen bei normalem Fortgang der Dinge erfüllt oder wie ich mich ihnen entzogen hätte, daran wage ich nur mit Schaudern zu denken. Daß diese halb natürlichen, halb gewaltsam gestellten Anforderungen meine Entwicklung irgendwie beeinflußt haben, daran darf ich füglich nicht zweifeln.

Das Gymnasium ruft in mir bis zum gegenwärtigen Augenblick intensive, dabei aber heftig schwankende Gefühle herauf. Manchmal will es mir wie eine Kaserne erscheinen, eine Exerzieranstalt unter der Fuchtel sadistischer Feldwebel, als veritable Folterkammer, deren wehrlose Insassen ausgeklügelten Torturen unterworfen wurden, zu keinem anderen Zweck, als um ihren Willen zu brechen und sie ihrer Individualität zu berauben. In anderen, realistischeren Stimmungen wieder sehe ich die zweifellos auch vorhandenen grotesken Seiten. Da wollen meiner Einbildungskraft die überdimensionalen Folterknechte mit den Knuten, die sie über den ausgemergelten Leibern halbwüchsiger Knaben schwangen, nicht recht gelingen, da werden sie unversehens selber zu furchtsamen Strichmännchen, die Tag für Tag vom Schrecken gelähmt der zum Sprung geduckten Kollektivbestie, in der Alltagssprache Schulklasse genannt, gegenüberstehen müssen, unterbezahlte, nervöse Subalternbeamte in schlecht sitzenden Kleidern, die für die vielen Demütigungen ihrer Existenz durch Mißbrauch ihrer lächerlichen Macht, durch Ungerechtigkeit, Favoritenwirtschaft und gehässige kleine Grausamkeiten Rache üben. Und doch war diese Schule der Ort, zu dem man in Regen, Schnee und Sonnenschein alltäglich pilgerte, von dem bestimmende Impulse ausgingen, woher alle Leiden ihren Ausgang nahmen, aber die Freuden nicht minder, wo sich wichtige menschliche Beziehungen anbahnten und lösten, wo man die ersten Freundschaften schloß, von denen manche sogar die wildesten Katastrophen des Schicksals überdauert haben. Es war trotz allem der Ort, wo der Intellekt erwachte und wenigstens rudimentär sich die ersten geistigen Orientierungen herausbildeten, die immer noch zum Gerüst des Weltverständnisses gehören. Das Gymnasium war die Stätte, wo die Phantasie gebändigt wurde und der Charakter sich aus dem wallenden Chaos der Emotionen zur Erkennbarkeit festigte, wo die Kindheit während scheinbar endloser Jahre fast unmerklich in die Wirrnisse der Pubertät und schließlich ins Erwachsensein überging. So sehr sich auch der Verstand dagegen sträuben mag, etwas vom Hauch der Jugend liegt über dieser Anstalt ausgegossen und verklärt bis zu einem gewissen Grad auch das Vernunftwidrige und Unwürdige, was sich in ihr abspielte. Und als ich nach zwanzig Jahren des Exils besuchsweise in meine Geburtsstadt zurückkehrte, traumhaft abwesend und doch innerlich zutiefst beteiligt durch die Straßen ziehend, da stand ich plötzlich, ich weiß nicht wie, gleichsam durch magnetische Anziehung dahingebracht, vor dem schweren eichenen Schultor. Und als mir nach all den ungeheuerlichen persönlichen und geschichtlichen Veränderungen noch immer derselbe, aus Moder, Urin und Desinfektionsmittel unverwechselbar gemischte Geruch entgegenschlug und ich vor den unvorstellbar kleinen Holzbänken stand, in denen wir einmal gesessen haben sollten, da begriff ich, daß das Gymnasium eine Zeitlang das Leben selber gewesen ist, das sich nicht verleugnen läßt, übermächtig, tief in die innere Substanz eingreifend, aber von der unpersönlichen Gleichgültigkeit einer Naturgewalt. Und daher seine Ambivalenz.

In unserer sozialen Schicht war der Besuch des Gymnasiums keine automatische Selbstverständlichkeit. Aber meine Leistungen in der Volksschule waren überdurchschnittlich gewesen. Ich galt als flinker Rechner und Leser, vor allem aber hatten meine deutschen Aufsätze die Aufmerksamkeit der Lehrer erregt und mir die Unterstützung der Schulleitung eingetragen, ohne deren Empfehlung auch die ehrgeizigsten Wünsche meiner Eltern, mich in die Bereiche der höheren Gelehrsamkeit aufsteigen zu sehen, nichts genützt hätten. Ich durfte sogar außerhalb meines Wohnbezirks auf einer bekannten Schule, die Karl Kraus zu ihren ehemaligen Zöglingen zählte, die Aufnahmeprüfung ablegen, und nach einigen Wochen bangen Wartens war ich angenommen.

Nichts hat mir in späteren Jahren die abgründigen Unterschiede der Zeiten und Kulturen eindringlicher vor Augen geführt als die eigentümliche Erfahrung, daß ich in Amerika

Kinder gern in die Schule gehen sah. Ich habe die meinige gehaßt. Nicht daß mir die hohe Ahnung der Wissenschaften versagt, die spannende Erwartung fremd gewesen wäre, die man einem neuen Gegenstand mit geheimnisvoll klingendem Namen entgegenbringt. Wie erregend war es, nach den Sommerferien zum ersten Mal wieder das vertraute Gebäude zu betreten, aber mit größeren Würden, als Schüler eines höheren Jahrgangs. Schon die lateinischen Bezeichnungen der Jahresstufen selber, Tertia, Quarta, Quinta, Sexta (nach österreichischer Gepflogenheit in umgekehrter Reihenfolge ablaufend als in Deutschland) machten einen gruseln vor gelehrter Wichtigkeit. Und wenn man zum ersten Mal im Physiksaal saß, der, anders als die gewöhnlichen Klassenzimmer, sich amphitheaterartig in die Höhe dehnte und den Blick von oben auf die mit allerlei Apparaten beladene Theke freigab, durchrann es einen mit der ehrfürchtigen Lust zur wissenschaftlichen Erkenntnis. Aber die stupide Routine und brutale Unterdrückung des gymnasialen Alltags erstickte solche reine Wißbegier im Keim. Zwischen Lehrern und Schülern herrschte Feindschaft. Drohreden, Strafpredigten, ja Wutausbrüche und körperliche Züchtigungen waren an der Tagesordnung, und als Reaktion darauf die Verstocktheit und Tücke der Schüler, ihre Verlogenheit, Kriecherei und Angeberei, ihre Aufsässigkeit und ein weitverzweigtes Schwindelwesen. Was immer die Ursache gewesen sein mag, in diesem österreichischen Gymnasium wehte eine autoritäre Luft, die sich nach der Heraufkunft des Austrofaschismus, also bald nach meinem Eintritt, zum allumfassenden Giftstrom verdickte. Jede kleine Übertretung wurde den Eltern gemeldet und mußte von ihnen »bestätigt« werden. Diese widerwärtigen Briefe hatten mit den Worten zu beginnen: »Ich bestätige, daß mein Sohn mir gemeldet hat, er habe trotz wiederholter Ermahnungen ...« Größere Vergehen wurden durch die gefürchteten Eintragungen ins sogenannte Klassenbuch oder Vorladung der Eltern, aber auch mit Karzer und Ausschulung geahndet. So zum Beispiel wurde ein ungeheurer Skandal daraus gemacht und einige meiner Klassenkameraden vom Gymnasium gejagt, weil man sie beim Herumreichen erotischer Bildchen erwischte, die sie noch dazu selber gezeichnet hatten. Was von uns vor allem anderen gefordert und durch diese empfindlichen Strafen erzwungen wurde, das war nicht Respekt vor Lehrpersonen und Lehrstoff, sondern Unterwürfigkeit, fragloses Akzeptieren des Systems. Nicht der Grad des Wissens und die Bemühung um Verstehen wurden gewertet, sondern alles drehte sich um Prüfungen und Noten, um Tadel und Ermahnung, Versetzung und Beförderung.

Verdichtet und meinem Gedächtnis eingeprägt hat sich dieses freud- und lieblose Unwesen in Form von alptraumartigen szenischen Bildern. So sehe ich immer wieder den Vorfall vor mir, wie der Naturgeschichtslehrer, ein gewalttätiger Hüne, seine Rede plötzlich unterbricht und einen unaufmerksamen Schüler in der obersten Reihe anbrüllt: »Soe graues Schwein durt obn, wos drahns Eana ollawoei um. Wonns net glei aufhean, pick i Eana ond Wond, doss Eana d'Muatta mit'n Kochleffl obikrotzn muaß«, zu ihm hinläuft und ihn an den Haaren zieht; oder wie der Lateinlehrer, der eine paranoide Furcht hatte, von den Schülern verspottet zu werden, einen Unglücklichen herausgreift, ihn an den Schultern die ganze Länge des Klassenzimmers entlang zur Tür hinausbeutelt und, puterrot im Gesicht vor Wut und Anstrengung, dazu schreit: »Fratz, frech, du lächelst, während ich die Klasse ermahne, na wart, das wirst du mir schwer büßen.« Zum Sinnbild des Schulgeistes ist mir aber der neue, von der Dollfuß-Regierung statt seines gesitteteren Vorgängers eingesetzte Direktor geworden, der dauernd die Wörter »christlich« oder »Christentum« im Munde führte, aber zuweilen mit ausgestrecktem Arm und strafend abgewinkeltem Zeigefinger durch die Räume stelzte und mit sich überschlagender Fistelstimme dabei kreischte: »Da liegt Papier, da liegt schon wieder Papier, das ist böswilliger Schulbolschewismus, wir wissen, woher er kommt und wir werden ihn euch schon noch austreiben.« Mit solchen Schulgeschichten kann man heute eine Gesellschaft einen ganzen Abend lang unterhalten und ich bin dieser Verlockung schon oft erlegen. Aber den belustigten Zuhörern diese absurd-humoristischen Szenen als meine Schulerfahrung hinzustellen, ist und bleibt eine Beschönigung. Denn in derlei Exzessen verzerrte sich im Grunde der längst hinfällig gewordene humanistische Anspruch zur totalitären Fratze. Was Wunder, daß in dieser Atmosphäre niemand an Lernen dachte, sondern daß höchstens »gestuckt« wurde, womit das gedankenlose Ablernen des Pensums gemeint war, und daß die Schulleistungen auf einem durch und durch korrupten System von Einsagen und Abschreiben beruhten, auf der Benutzung von verbotenen Hilfsmitteln, wie mit mathematischen Formeln beschriebenen Zettelchen und »Schmierern«, wie die kursierenden Übersetzungen unserer lateinischen Textbücher hießen. Ahnungslos oder unbekümmert um diesen Lügengeist beharrten die Lehrer auf ihren verknöcherten Methoden des Vortragens und Abhörens und waren dabei von einer despotischen Willkür im Vergeben ihrer Gunst oder Ungnade. Es gab Ausnahmen. Die meisten waren jedoch weder intellektuell noch pädagogisch den schwierigen Anforderungen ihres Berufs gewachsen. Mir ist nie klar geworden, woran es lag, ob es wirklich nur die Politik war oder der Krieg, in dem viele als Soldaten mitgemacht und nervlichen Schaden gelitten hatten, oder überhaupt die psychologische und geschichtliche Situation des besiegten, zerstückelten, von ökonomischen Plagen heimgesuchten Landes. Aber vierzig Jahre nach diesen Erlebnissen lautet mein Urteil immer noch, daß wir Schüler einer Schar schwerer Neurotiker ausgeliefert waren und dadurch selber in psychische Mitleidenschaft gezogen wurden.

Durch diesen Morast wurstelte ich mich irgendwie durch. Nach den herrschenden Begriffen war ich nicht einmal ein schlechter Schüler. In dem Maße, wie Enttäuschung und Gleichgültigkeit sich meiner bemächtigten, verschlechterten sich meine Zensuren etwas und ich verlor meinen anfänglichen Rang als Vorzugsschüler, aber meine Zeugnisse blieben gleichwohl überdurchschnittlich. Daß ich in all den Jahren im Gymnasium etwas Wertvolles gelernt hätte, kann ich jedoch mit gutem Gewissen nicht sagen. Ich weiß jetzt, daß Gallien in drei Teile zerfiel und Cäsar einen Fluß namens Rubicon überschreiten mußte, ich kann das obligate »Ceterum censeo ...« und Weisheiten zitieren, die die Römer den zukünftigen Gymnasiasten zum Tort in einprägsamen Sprüchen aufbewahrten, ich könnte, wenn ich müßte, vielleicht eine Gleichung zweiter Ordnung auflösen und ich kann immer noch eine Menge deutscher und lateinischer Gedichte auswendig, weil der Nutzen, den man in diesem Institut der Poesie allenfalls zubilligte, darin bestand, daß man sie strafhalber von den Schülern auswendiglernen ließ. Der Latein- und Französischunterricht beschränkte sich größtenteils auf Grammatik und Vokabeln-Pauken, vom Geist der Antike erfuhren wir nichts, in den moderneren historischen Fächern wurde nationalistische Geschichtsfälschung getrieben, und die schweren Umwälzungen, die Österreich erschütterten, während wir die Schulbank drückten, und die schließlich dazu führten, daß Nazitruppen dieselbe Schule, von der ich hier rede, wochenlang besetzt hielten, wurden hinter den dicken Mauern, deren Funktion es offenbar war, die Wirklichkeit auszuschließen, mit keinem Sterbenswörtchen erwähnt. Ich habe seitdem manche Schulen in mehreren Ländern kennengelernt und habe auch meine Kinder heranwachsen und durch die Schule gehen sehen, aber ein Skeptiker bin ich geblieben, der argwöhnt, daß die Schulen, so wie sie heute in der sogenannten zivilisierten Welt gehandhabt werden, auf falschen Werten beruhen, den menschlichen Geist verdummen und die Jugend, die wehrlos durchgeschleust wird, vergewaltigen. Wie dem auch sei, bei mir kam es jedenfalls so, daß meine anfängliche Schülerbegeisterung zuerst in Indifferenz und schließlich in unüberwindlichen Ekel umschlug. Und als die angedeuteten Geschehnisse meiner Gymnasialzeit noch vor der Matura ein abruptes Ende bereiteten, verließ ich diese Anstalt ohne Bedauern, ja sogar mit einem Gefühl der Erlösung.

Der Gerechtigkeit zuliebe räume ich freilich ein, daß meine Entfremdung beim Gymnasium nicht Halt machte und von einer Macht angefacht wurde, die zwar die Schule durchwaltete, aber weit über sie hinaus ihre Herrschaft ausübte, und diese Macht war der Antisemitismus. Es gibt dafür kein Meßinstrument, indessen bin ich ziemlich sicher, daß Wien die antisemitischste Stadt war, in der ich gelebt habe. Der Haß auf die Juden ist so alt wie die christliche Welt und wahrscheinlich älter. Was Wien von anderen europäischen Städten in dieser Hinsicht unterschied, das war der hohe Anteil der Juden an der Gesamtbevölkerung – zu meiner Zeit müssen es gegen hundertachtzigtausend gewesen sein, also etwa zehn Prozent – und bis zum Zusammenbruch Österreich-Ungarns die Anwesenheit großer Massen von Juden in den östlichen Provinzen des Reiches. Im Grunde war dieses Vielvölkerreich noch ein dynastischer Feudalstaat, der sich länger als die anderen west- und mitteleuropäischen Großmächte gegen Kapitalismus und Modernisierung gewehrt hatte. Aufzuhalten waren diese freilich nicht. Und als dann die unvermeidliche Industrierevolution auch die Donaumonarchie ergriff, glich der Zusammenstoß des Neuen mit dem Alten einer Explosion. In den entstehenden Strudel wurden die Juden aus ihrer östlichen Welt mit großer Wucht hineingeschleudert. Die Zwillingsmächte, die ihre Wanderschaft in Bewegung setzten, waren Verlockung und Bedrohung. Überbevölkerung, Cholera, Hungersnot erzeugten die erste Welle jüdischer Wanderung nach Wien. Kaiserliche Politik, geschickt Toleranz und Assimilationszwang verbindend, wollte die Juden dem Staate nutzbringend einverleiben. Diese »Germanisierung« rief eine zweite, nun nicht mehr abflauende Flutwelle hervor. Die dem polnischen Adel gewährte Autonomie vollendete das begonnene Werk: die Leibeigenschaft wurde abgeschafft, eine Bewegung »nationaler« Industrialisierung in Galizien und anderen polnischen Gebieten Österreichs begründet. Beides übte einen unwiderstehlichen Druck auf die Juden dieser Länderteile aus, zerstörte das jüdische Städtel wirtschaftlich und kulturell und zwang Massen von Juden auf ihren Weg nach Wien und noch weiter nach Westen, bis hinüber nach Amerika. Der hohe Grad geistiger Bildung, wenn es auch eine nicht-europäische Bildung war, die lange Bekanntschaft mit herben Lebensbedingungen und eine darin geschulte Wendigkeit ließen viele in den sich ständig erweiternden Sphären des Kapitalismus rasche Erfolge erzielen. Der Mehrheit blieb allerdings ein entscheidendes Aufrücken in die höheren sozialen Schichten versagt. Der typische Entwicklungsgang wiederholte sich so oft, daß er fast zum unausweichlichen Paradigma wird. Bloß muß man dabei nicht vergessen, daß der Einzelne, je nach seinem Talent und seinem Glück, auf jeder dieser Stufen stecken bleiben konnte: Auszug aus dem östlichen Städtel oder Ghetto, Einstieg in einen Zweig des Handels, Gewerbes oder der Industrie, Aufstieg zur Wohlhabenheit, Übersiedelung nach Wien, manchmal mit Zwischenstationen in Böhmen, Mähren, der Slowakei oder Ungarn, Heirat mit der Tochter einer schon früher emanzipierten Familie, die, feiner gebildet als ihr Ehegatte, den Kindern eine fanatische Liebe zur deutschen Kultur einflößte. Herangewachsen widmen sich die Sprößlinge dieser Verbindungen dem Aufbau des väterlichen Geschäfts, aber ebenso häufig einem freien Beruf oder der Kunst und Literatur. Natürlich ist dieser Prozeß von einer geistigen Entwicklung begleitet: Verlust der Orthodoxie, ja fast des ganzen jüdischen Kulturerbes, Aufgabe der jiddischen Umgangssprache und der hebräischen Sakralsprache, Verfeinerung der Sitten, Anpassung an die westliche Welt. Man steht vor einem gewaltigen Säkularisierungsprozeß, der zwei, drei, manchmal vier Generationen in Anspruch nimmt. So kam es, daß in Wien Juden auf den verschiedensten Ebenen der Assimilation zusammenlebten, von den eben Angekommenen, die in allem, sogar was Kleidung und Haartracht betrifft, noch ganz in ihren Traditionen lebten, bis zu den seit Generationen Ansässigen, oft längst Getauften, bei denen das Judentum nur noch eine vage, gern verleugnete Familienerinnerung war.

Der Einbruch ostjüdischer Massen, einzigartig in seinen Dimensionen, in eine wesentlich noch christlich-traditionelle Gesellschaft erzeugte als Gegenbewegung einen Antisemitismus ganz eigener Prägung und neuartiger Virulenz, der sich psychologisch in Furcht, Haß und Neid jeder Schattierung auswirkte, weltanschaulich-politisch aber die hergebrachten religiösen und ökonomischen Ideologeme mit sozialdarwinistischen, biologistischen Elementen vermengte. Was hilft es, wenn man weiß, daß das vom Wiener Kleinbürger so gehaßte und höhnisch nachgemauschelte Jiddisch eine Abart des Mittelhochdeutschen war, genau so wie sein eigenes Wienerisch; daß der schwarze Kaftan, vor dem es ihn so gruselte, daß er seinen Träger geradezu dämonisierte, der deutsche Bürgerrock des vierzehnten und fünfzehnten Jahrhunderts war, den seine eigenen Vorväter getragen hatten?! Das alles kümmert den Historiker. Der junge Jude, der in einem solchen Klima aufwächst, weiß von diesen Zusammenhängen nichts, sondern spürt nur sehr früh, daß er »anders« ist, daß er nicht »dazugehört«. Als Mitglied einer verachteten und verfolgten Minderheit ist er gezwungen, mit dieser existentiellen Grundtatsache seiner Abstammung und seiner Sonderstellung fertig zu werden. Vom Selbsthaß bis zum Gruppenstolz steht ihm eine ganze Skala von möglichen Reaktionen zur Verfügung, Assimilation und Taufe, trotziges Bestehen auf seinem religiösen und nationalen Judentum, Selbstmord aus Ekel oder Verzweiflung an der eigenen ausweglosen Existenz oder militantes Auftrumpfen, Zionismus und Auswanderung. Nur darf man sich diese Entscheidungen nicht als bewußte und rationale Alternativen vorstellen. Viele Möglichkeiten liegen in der Luft, sie existieren nebeneinander, der Heranwachsende nimmt sie gleichzeitig, wenn auch mehr oder minder intensiv in sich auf, psychologisch durchläuft er sie alle, von allen bleibt etwas in ihm haften, und erst allmählich, im Zusammenhang mit seinem ganzen Charakter, entwickelt er eine seiner Individualität entsprechende, mit seiner übrigen Weltanschauung im Einklang stehende Haltung seinem Judentum gegenüber.

Das Erlebnis eines Kindes zeichnet sich durch seine Unmittelbarkeit und Unreflektiertheit aus. Wer wie ich schon als Sieben- oder Achtjähriger nach der Schule von gürtelschwingenden Gassenjungen unter dem Gejohle »Jud, Jud, bist a Jud« bis zu seiner Haustüre gejagt wird, der fragt nicht nach der gesellschaftlichen Zugehörigkeit seiner Peiniger, nicht nach dem ideologischen Ursprung ihrer Feindseligkeit, nicht nach der politischen Orientierung ihrer Eltern. Von diesen Dingen wußte ich nichts, ich erlebte die Verfolgung als etwas Elementares, das nicht in einzelne Bestandteile zerlegt werden konnte, als etwas, was Naturgesetzen unterstand und das Leben ein für allemal bestimmte. An konkreten Anzeichen des in unserem Milieu tief verankerten Judenhasses fehlte es nicht. Prügeleien unter Kindern, höhnische oder gehässige Zurufe auf der Straße, Zeitungsartikel und Pamphlete, spitzige Anspielungen in Gesprächen sorgten dafür, daß man ihn nie auf lange vergessen konnte. An einem Tag war es der Lehrer, der die laute Klasse mit der Bemerkung »Hier gehts ja zu wie in einer Judenschule« zur Ordnung rief, am nächsten Inschriften wie »Juda verrecke« oder »Juden, auf nach Palästina« an Vorstadtmauern und Plakatwänden, die im Betroffenen das Gefühl des Verachtet- und Ausgestoßenseins erneuerten. Aber es hätte der Außenwelt gar nicht bedurft, um im Kind dieses Bewußtsein zu erzeugen, dazu reichte die eigene Familie, die eigene Gruppe völlig aus. Typische Gebärden, wissende Blicke, geäußerte Befürchtungen, gute Lehren wie »Sowas tut ein Jud nicht«, jüdische Witze, das ewige Umkreisen des selben Gegenstandes: »Ist es wahr, daß er sich hat taufen lassen?«, »Aber sie sieht doch gar nicht jüdisch aus!«, »Er hat eine miese jüdische Nase, aber sonst ist er ein ganz fescher Mensch«, »Seine Mutter will nicht, daß er eine Christin heiratet«, »Benimm dich nicht wie ein Schegez (christlicher Junge)« – in Hunderten solcher Kleinigkeiten drückte sich beinahe stündlich die Spannung aus, in der die jüdische Minderheit mit der nichtjüdischen Mehrheit lebte.

Meine Preßburger Großeltern, zwar auch berührt von Emanzipation und westlicher Aufklärung, lebten noch größtenteils in ungestörter Verbindung mit der jüdischen Gruppe. Meine Eltern hatten sich von diesem Ausgangspunkt ziemlich weit entfernt. Auf dem schmerzvollen Weg von der Orthodoxie zur Assimilation waren sie ein bedeutendes Stück vorangeschritten, aber dennoch irgendwie auf halber Strecke steckengeblieben. Schmerzvoll, ja tragisch ist dieser

Weg nicht bloß wegen der psychischen und kulturellen Werte, die man notgedrungen auf ihm zurückläßt, sondern weil sein Ziel, die Anpassung an die christliche Umwelt, selbst wenn es erreicht wird, wenigstens in Österreich und Deutschland, nicht gleichzeitig zu dem ersehnten Resultat, zur vollkommenen Integrierung und Akzeptierung geführt hat. Was mich betrifft, so bin ich, ohne jede Bemühung oder bewußte Anstrengung, sozusagen bloß auf der Basis meiner Geburt, von denselben Strömungen weitergetragen worden. In Wien aufgewachsen, in Wiener Schulen ausgebildet, mit dem Wiener Dialekt auf allen sozialen Ebenen vertraut und sprachlich von der Bevölkerung nicht zu unterscheiden, war ich äußerlich ganz anders als meine Eltern in dem Wiener Milieu zu Hause. Aber infolge der historischen Umstände, die mein ferneres Leben sehr bald in ganz andere Bahnen drängte, blieb dieser höhere Grad an Assimilation für mich bedeutungslos.

Der Assimilation wirkte unter den Juden zu dem Zeitpunkt, von dem hier Bericht erstattet wird, noch eine Kraft entgegen, ohne die ein Verständnis der jüdischen Situation nicht vollständig sein kann: die Religion. Der Komplex, den die Juden Religion nennen, enthält neben den rein religiösen Aspekten viel Brauchtum, Volksaberglauben und historisch-nationale Reminiszenzen, ist also von der Gruppenidentität keineswegs so leicht zu lösen wie die Religion anderer nationaler Einheiten. Wenn ein Schwede zum Katholizismus oder ein Mexikaner zu einer protestantischen Sekte übertritt, dann ändert sich nichts in seinem Verhältnis zu seiner Nationalität. Bei einem Juden bedeutete ein ähnlicher Schritt im Wien der Vorkriegszeit eine radikale Veränderung seiner existentiellen Lage. Die Untersuchung des jeweiligen religiösen Bewußtseins ist also bei einem Juden kein müßiges Unternehmen. Von der inneren Herzensgläubigkeit anderer Menschen zu sprechen, ist schwer, auch wenn es sich um die Eltern handelt, die man jahrelang beobachtet und die man, ehe die rationale Beobachtung überhaupt einsetzt, sozusagen intuitiv durchschaut hat. Mein Eindruck heute ist, daß meine Eltern zwar durch und durch »jüdisch fühlten«, im Grunde aber ungläubig waren und nur aus einer Art religiöser Rückversicherung, nach dem Prinzip »Vielleicht ist doch etwas dran!«, vor allem aber aus unverlierbarer Stammesverbundenheit gewisse Schrumpfreste jüdischer Riten nicht aufgeben wollten. In die Synagoge gingen sie nur zweimal im Jahr, zu den sogenannten hohen Feiertagen, Rausch Haschono, dem Fest des Jahresanfangs, und zum Versöhnungstag, an dem wir sogar, wie es vorgeschrieben war, streng fasteten. Aber in der Art, wie selbst diese Feste begangen wurden, drückte sich die Säkularisierung, der wir unterworfen waren, unverkennbar aus. Für all die Juden unseres Wohnviertels, die sich nur einmal im Jahr ihrer religiösen Zugehörigkeit erinnerten, reichten offenbar die vorhandenen Tempel nicht aus, und so wurde ein altes Wiener Palais, die sogenannten »Sophiensäle« gemietet, die sonst zu Bällen und anderen sehr weltlichen Veranstaltungen verwendet wurden. Die griechischen Statuen, die in klassischer Unbedecktheit das Innere dieser Räume schmückten, wurden schamhaft verhüllt, Rabbiner und Kantoren herbeigeholt und der Gottesdienst dieser heiligsten aller jüdischen Kalendertage nach reformiertem Brauch abgehalten. Hier saßen nun wie im Theater auf bezahlten Sitzen die jüdischen Geschäftsleute, die kleinen und größeren Händler, die Vertreter, Agenten und Angestellten, die Ärzte und Rechtsanwälte von Früh bis Abend, lasen oder sangen die hebräischen Gebete, Psalmen, Hymnen, Totenklagen und Segenssprüche und besannen sich auf ihr unausmerzbares Judentum, das sie während eines ganzen Jahres vernachlässigt, vielleicht gar absichtlich vergessen hatten.

Auch des Sabbaths gedachte man bei uns zu Hause. Aber

schon das Entzünden der Wachskerzen war meiner Mutter zu lästig und so sah ich sie, ich weiß es heute noch, mit heimlicher Mißbilligung ihren Sabbathsegen an die elektrische Lampe über unserem Eßtisch richten. Das war alles. Wenn man bedenkt, wie vielfältig und anspruchsvoll der jüdische Sabbath-Kult ist, dann kann man diese flüchtige Geste nur noch eine von Heuchelei nicht ganz freie Schwundstufe des Eigentlichen nennen. Ähnlich verhielt es sich mit den Speisegesetzen. »Milchiges« und »fleischiges« Geschirr wurde – ich bin sicher, nicht allzu genau – auseinandergehalten und das Fleisch in rituellen Metzgereien gekauft. Das hinderte aber nicht, daß Schinken und andere verbotene Leckerbissen ins Haus kamen, wenngleich sie dann mit sonst nicht gebrauchtem Besteck gegessen wurden. Alle diese Konzessionen wurden, so hatte man es mir oft erklärt, meiner Großmutter zuliebe gemacht, die sich sonst geweigert hätte, uns zu besuchen, geschweige denn eine Mahlzeit bei uns einzunehmen.

Die Folge einer solchen halbherzigen Loslösung von jahrtausendealten Traditionen und der dennoch nicht recht gelungenen Anpassung an eine neuzeitlich christliche Welt war Entfremdung nach beiden Seiten, vielleicht nicht so sehr bei den Erwachsenen, die diesen Prozeß mehr oder weniger bewußt durchmachten, als bei einem Kind, dem man zwar eine Kirche als grauenvolle Stätte heidnischen Unwesens deutete, in die man unter keinen Umständen treten durfte, das aber auch niemals in eine echte Synagoge kam. Nach österreichischem Gesetz wurde zwar Religion als Fach in der Schule betrieben, aber der Unterricht bestand aus der Nacherzählung des Alten Testaments und dem elementarsten Einüben im hebräischen Alphabet. Wirkliche Kenntnisse der jüdischen Religion oder der jüdischen Geschichte wurden nicht vermittelt.

Es wird wohl nicht an der Religion allein gelegen haben, aber selbst diese kümmerlichen Reste eines sonderbaren Ritus trugen dazu bei, daß einen die Christen als fremd empfanden und daß man zu ihnen kaum andere als die oberflächlichsten funktionellen Beziehungen unterhielt: die Wohnungsnachbarn waren Christen und man sagte »Guten Tag«, wenn man ihnen im Treppenhaus begegnete; der Grünzeughändler an der Ecke, der Besitzer des Delikatessenladens, die Handwerker, mit denen man gelegentlich zu tun hatte, waren Christen, aber zu allen diesen Leuten bestand kein näheres oder gar freundschaftliches Verhältnis. Dagegen waren die Freunde und Bekannten der Eltern Juden, der Arzt und der Zahnarzt waren Juden, und selbst in der Schule trennten sich die Konfessionen mit unfehlbarer Gesetzlichkeit; aber der gesellige Verkehr mit den Glaubensgenossen war äußerst dürftig, jeder lebte mehr oder weniger für sich und auf keinen Fall bildeten sie eine Gemeinschaft. Vielleicht erscheint mir diese Isoliertheit heute krasser als sie war, vielleicht habe ich sie als einziges Kind stärker gefühlt, als wenn ich Geschwister gehabt hätte; und wenn wir statt im dritten Bezirk im zweiten gewohnt hätten, wo fast ausschließlich Juden lebten, hätte ich auch vielleicht ganz andere Erfahrungen gemacht. Alles hängt von der Perspektive ab, aus der man etwas betrachtet, vom Standort, auf dem man eine Sache erlebt. Auch ist es durchaus möglich, daß ich einen die Mehrheit der Menschen in der kapitalistischen Gesellschaft betreffenden Zustand beschreibe, von Entfremdung wird schließlich sehr viel geredet. Aber ich bin dennoch sicher, daß diese Erscheinungen bei Juden einer gewissen sozialen Schicht, die der einen Gruppe nur mehr lose, der anderen noch gar nicht angehörten, ungemein verschärft auftraten.

Daß es anders sein konnte, das habe ich während meiner vielen zauberhaften Besuche bei meinen Großeltern erfahren.

Preßburg war nicht fern, sondern in zwei- bis dreistündiger Bahnfahrt zu erreichen, und so reisten wir mehrmals im Jahr, auf jeden Fall aber im Frühling, um das Osterfest zu feiern, zu den Verwandten meiner Mutter. Allein schon die Tatsache, daß man eine Grenze überschreiten mußte, mit Paßkontrolle, Gepäckrevision und Zollformalitäten, war etwas enorm Aufregendes. Ebenso ungewohnt und noch reizvoller berührte es mich, daß ich, einmal angekommen, von einem ganzen Klan umgeben war und als einziges Enkelkind meiner Großeltern den bewunderten und verhätschelten Mittelpunkt einer vielverzweigten Familie ausmachte. Onkel und Tanten, Vettern und Kusinen, ein ganzer Kreis von Personen im zweiten, dritten und vierten Verwandtschaftsgrad, blutsverwandt oder angeheiratet, war plötzlich vorhanden, ein jeder mit seinem besonderen Charakter, seinen Eigentümlichkeiten, seiner Redeweise, seinen Histörchen und Witzen, seiner beruflichen Tätigkeit und Lebensgeschichte. Natürlich schmeichelte es mir auch, als Großstädter und Bewohner der unerreichbaren österreichischen Metropole von den Kindern der Nachbarschaft beneidet zu werden. Dazu kam das faszinierende Sprachgewirr des Grenzgebietes. Preßburg hatte noch zwei weitere Namen. Als Pozsony diente es jahrzehntelang während der türkischen Eroberung als Krönungsstadt Ungarns, als Bratislava war es seit 1918 die Hauptstadt der Slowakei und ein Teil der neugegründeten tschechoslowakischen Republik. Und so hörte man allenthalben Deutsch, Jiddisch, Tschechisch, Ungarisch und Slowakisch mit allen ihren Soziolekten und individuellen Abstufungen durcheinandertönen, sich vermischen und in sonderbaren Empfindlichkeiten wieder trennen, ein wahres Babel, welches Wien, wo ja von der Monarchie her mancherlei Sprachfragmente übriggeblieben waren, noch übertraf. Für mich war dieses Preßburg mit seiner Burgruine und dem überwältigend breiten Donaustrom, den man auf einem »Propeller« überqueren konnte, mit seinen Auen und Flußbädern, seinen barocken Gebäuden und Parks, seinen vielen Sprachen und Völkerschaften eine überreiche Welt, eine exotische Erweiterung meines Wiener Erfahrungskreises, ein buntes Zauberreich und eine unerschöpfliche Schule des Lebens.

Bei weitem den nachhaltigsten Eindruck, den ich erst viele Jahre später zu benennen lernte, hinterließ mir jedoch das ungebrochene Stammesdasein der Preßburger Juden, ihr miserables Ghetto, das aber einen unschätzbaren Wert besaß, denn es war trotz seines Schmutzes und Elends nichts weniger als die vielgerühmte und -beschworene »Gemeinschaft«, das verlorene Traumparadies der Industriegesellschaft. Nicht nur lebten die Juden unter sich, in einem dicht bevölkerten Stadtviertel, das von früh bis spät wie ein Ameisenhaufen in Bewegung stand und mit seinen Gewürz- und Kramläden, seinen Märkten und Garküchen, mit seinen vielerlei Typen und Trachten, seinem lauten und intimen Straßenleben an die orientalischen Basare erinnerte, die ich aus *Tausendundeiner Nacht* kannte. Das Geheimnisvolle dieser Welt war aber, daß über dem scheinbaren Chaos eine verbindliche geistige Ordnung waltete, die das Leben bis in seine kleinste, unscheinbarste Manifestation durchdrang und bestimmte; und diese Ordnung stiftete die jüdische Religion, deren Auswirkungen man auf Schritt und Tritt begegnete und denen sich zu entziehen hier niemandem im entferntesten eingefallen wäre. Hier hatten viele Männer noch ihre Lockenröllchen an den Schläfen, von ihren Köpfen unzertrennlich die schwarzen Hüte oder die kleinen runden Mützen, die »Jarmekel« auf, während die verheirateten Frauen über ihrem kurzgeschorenen Haar entweder Kopftücher oder »Scheitel« trugen, überdeutliche Perücken, zum Zeichen, daß sie nicht mehr erotisch attraktiv sein wollten oder sollten. Hier begegnete man den »Bochern«, die schon an Kleidung und Haltung als »Jeschiwe«-Studenten, angehende Schriftgelehrte, kenntlich waren. Hier passierte man die Mikwe, das rituelle Frauenbad, und die blutrünstigen Räumlichkeiten des »Schächters«, wo die Tiere nach koscherem Brauch geschlachtet und entblutet wurden, den Bäcker, in dessen säuerlich riechendem Gewölbe am Freitagnachmittag in tuchverhüllten Töpfen der »Scholet« zurückgelassen wurde, das schmackhafte Sabbathgericht aus Bohnen und Fleisch, das zu Hause nicht erwärmt werden konnte, weil man am Ruhetag kein Feuer entzünden durfte. Hier konnte man von der Straße in den gedrängt vollen Cheder sehen, wo ein Kaftanbekleideter den Kindern die Anfangsgründe der hebräischen Gelehrsamkeit einbläute. Und hier war vor allem das Haus, in dem die Großeltern wohnten, ein verschachtelter Riesenbau mit vielen Stockwerken und gewundenen Treppen, mit endlosen Höfen und »Durchhäusern«, nach Holz riechenden Bodenkammern und modrigen Kohlenkellern, alles erfüllt vom Geschrei unzähliger raufender, springender, spielender Kinder, keifender Mütter, schachernder Männer, Waren feilbietender Krämer. Hier war ein ewiges Kommen, Gehen und Parlieren der Menschen, die mit fremden Akzenten und Gebärden ein Leben ausdrückten, das neu war, seltsam aber ungemein anziehend. Hier hatte keiner ein Geheimnis vor dem anderen, jeder kannte die intimsten Verhältnisse der Nachbarn, die Enge war so groß und das Private so zugänglich, daß das meiste sich sozusagen vor den Augen der Öffentlichkeit abspielte. Das Zentrum bildete aber zweifellos die »Schul«, die orthodoxe Synagoge, wo zu jedem der vielen Gebete, die den Juden im Tag vorgeschrieben sind, mindestens ein »Minyen«, das heißt zehn erwachsene männliche Gemeindemitglieder, zusammenkam. In den kavernenartigen Stuben dieses Gebethauses wohnte ich nicht ohne numinosen Schauder den passionierten Riten und urweltlichen Gesängen der Juden bei, den schüttelnden und schluchzenden Ekstasen kleiner Händler und Handwerker, die sich blitzschnell in mythische Herdenbesitzer und Wüstenbewohner verwandelt hatten und, eingewickelt in ihre »Tefilin«, die Gebetsriemen, und umhüllt von ihren »Talesim«, den Gebetsmänteln, in inbrünstigen Lamentationen das jahrhundertealte Leid ihrer Rasse ausschütteten, Vorgänge, die den bläßlich zivilisierten Gottesdienst in den Wiener Sophiensälen tief in den Schatten stellten.

Das Schönste waren aber die Pessach- oder Osterfestlichkeiten, die ganze acht Tage dauerten, mit dem Verbrennen des »Chometz«, der Krümel und Überbleibsel vom vergangenen Jahr, dem ersten Brechen der »Mazzes«, des ungesäuerten Osterbrotes, begannen und in den heiligen Sederabenden an festlich gedeckter Tafel gipfelten. Da saßen alle Familienmitglieder um die an erhöhter Stelle aufgebaute Schüssel mit den symbolischen Speisen, dem Salzigen und dem Bitteren, die an die ägyptische Gefangenschaft gemahnten, den farbig bebilderten Hagadahs, aus denen später vorgelesen werden sollte, und dem Palästinawein, von dem auch ich ausnahmsweise trinken durfte. Mein Großvater, im Alltag ein bescheidener Uhrmacher, thronte als ehrwürdiger Patriarch über der Tafel, weißbärtig und mit einer goldbeborteten Seidenmütze auf der Glatze. Als Jüngstem fiel mir die ehrenvolle Aufgabe zu, das »Manischtano« aufzusagen, auf hebräisch und auswendig versteht sich, die traditionellen Fragen nach dem Sinn des Abends und seiner Verschiedenheit von allen anderen Nächten der jüdischen Verbannung, die dann als Antwort die langwierigen liturgischen Erklärungen und, in den Pausen, die Betrachtungen der älteren Familienmitglieder auslösten. Alles war so anders und viel großartiger als sonst, mit dramatisch hervorgehobenen Höhepunkten wie dem Öffnen der Türe und dem Auffüllen des Bechers für den Propheten Eliah (mir schien es immer, als werde der Wein etwas weniger und als habe der Heilige unsichtbar daran genippt), dem gemeinsamen Singen der melodischen Hymnen und dem feierlichen Augenblick, wo der Großvater, ein überzeugter Zionist, dem vorgeschriebenen Spruch: »Heuer noch im Exil, übers Jahr aber in Jerusalem« eine innige Bezüglichkeit zu geben wußte.

Meine Großeltern waren gütige Menschen, und in ihrem Heim fühlte ich mich umhegt und geborgen. Ich weiß aber, und spürte es schon damals, daß die Faszination, die aus ihrer Gegenwart auf mich überging, nicht allein von ihren einfachen Persönlichkeiten herrührte, sondern von der Judenstadt als ganzer, der intakten Kultur, die sie repräsentierten. Man kann wahrheitsgemäß nicht gut sagen, daß dies eine bessere oder auch nur harmonischere Welt gewesen wäre als die große westliche Zivilisation, der ich eigentlich angehörte und in der das jüdische Ghetto nur ein anachronistisches Relikt darstellte. Im Gegenteil, die Judengasse war eine bedrängte und gefährdete Welt, deren brutale Vernichtung unmittelbar bevorstand, was damals freilich keiner wußte, in ihrem Inneren voll Streit und Roheit, Mißgunst, Armut und Krankheit, Wahnsinn und Aberglauben, Verleumdung und Gehässigkeit. Aber es war auch eine Welt der fraglosen Zusammengehörigkeit und Schicksalsgemeinschaft, wie ich in einem halben Jahrhundert Wanderschaft nie wieder eine gefunden habe. Ihr wunderbares Geheimnis war, daß hier nicht nach dem Sinn des Lebens gefragt werden mußte. Hier war er noch gesetzt von oben. Trotz der ständig gegebenen und empfundenen Bedrohung von außen war es eine Welt der inneren Unerschütterlichkeit und existentiellen Sicherheit.

Verglichen mit ihr schien mein Wiener Milieu leer zu sein. Unter dem Einfluß der Preßburger Lebensfülle, in der ich als

Gymnasiast und Lateinschüler nicht in einem äußerlichen, sondern in jedem, besonders im geistigen Sinne nur ein vorübergehender Gast war, versuchte ich es als Vierzehnjähriger, auf der Suche nach Selbstfindung und Lebenssinn, eine Zeitlang mit der Frömmigkeit, nicht ahnend, daß es schwerlich gelingen kann, einen isolierten Zug, und sei er noch so wichtig oder gar zentral, aus einer Kultur in eine andere hinüberzunehmen, ohne seine Wirksamkeit zu verändern oder seine Funktion zu verzerren. Von nun an ging ich allwöchentlich ins Vereinshaus der frommen Juden, die »Aguda«, lernte die Myriaden an Vorschriften und Verrichtungen, aus denen der Alltag des frommen Juden besteht, achtete auf das kleinste Detail und bestand zur Qual meiner Eltern auf der Wiedereinführung der von ihnen zu einem Dreiviertel oder Vierfünftel aufgegebenen Gebräuche unserer Religion. Der alte, in der Schubladenecke einer Kommode verstaute Gebetsbeutel meines Vaters wurde wieder hervorgeholt, und der Geplagte mußte eine Stunde früher aufstehen, um vor seinem mühevollen Tagewerk mit mir zusammen die Gebetsriemen zu wickeln und das »Schemauno Essre«, das lange Morgengebet der Juden, zu verrichten. Der Sabbath wurde wieder in seine Rechte gesetzt, mit der Dämmerung des Freitagabends durch das »Kiddusch« eingesegnet und erst nach Dunkelheit am Samstag mittels der »Afdole« wieder entlassen. Alle Feier- und Fasttage mußten eingehalten, die nebensächlichsten Riten geübt werden. Auf die Speisegesetze richtete ich mein besonderes Augenmerk, und es versteht sich von selbst, daß das Schinkenessen zu einem abrupten Ende gelangte. Ich verwandelte mich in einen wahren Tyrannen, indem ich jede Woche meinen liturgischen Studien neue Vorschriften und Finessen abgewann, auf deren haargenauer Befolgung ich unter fürchterlichen Drohungen bestand, z. B. indem ich feierlich verkündete, einem so laxen und gottlosen Haushalt nicht länger angehören zu wollen. Das ging so weit, daß ich mich weigerte, zum Laubhüttenfest unter unserem bisher so wohlbewährten Dach zu übernachten, und mein Vater mußte in meinem Namen ein Gesuch an den Stadtschulrat abfertigen, in dem ich um die Befreiung vom samstäglichen Schreiben in der Schule einkam. Die Eingabe wurde günstig beschieden, und nun verbrachte ich, im asketischen Hochgefühl eines Märtyrers, die Sonntage damit, versäumte Lektionen abzuschreiben und die nur aufgeschobenen Aufgaben nachzuholen. Zu meinem Trost über die meinen Eltern auferlegten Mühen kann ich aber sagen, daß sie selbst Schuld an meinen Exzessen trugen. Von meiner fanatisch gläubigen Großmutter aufgestachelt, die mit Gram zusehen mußte, wie ich als rechter Heide, ja nahezu schon als Christ in Lederhosen und mit unbedecktem Haupt aufzuwachsen im Begriffe stand, war nämlich von meinen Eltern ungeachtet meines entrüsteten Ingrimms über mich verfügt worden, daß ich einen Sommer, statt wie bisher in einem alpinen Ferienheim,

Im nichtreligiösen Ferienlager, Egon Schwarz ganz links

als Zögling eines streng nach jüdischem Gesetz geführten Waisenhauses in Baden bei Wien verbringen sollte. Empfänglich und leicht bestimmbar wie man in diesem Alter ist, unterlag ich trotz meiner anfänglichen Gegenwehr den altväterlichen Sitten dieses Hauses und schleppte die unbequemen Geister, denen mich die Eltern so unvorsichtig überantwortet hatten, zu ihrem Schrecken im Herbst in ihren wohlroutinierten Haushalt ein. Diese Auflehnung gegen meine gesamte Umgebung konnte freilich nicht ewig währen. Als das Unvermeidliche eintrat, als mein Eifer unter dem Druck des Alltags und den Anforderungen einer ganz anders ausgerichteten Umwelt mehr und mehr erlahmte, wagte ich es zunächst aus Stolz nicht, meinen Sinneswandel einzugestehen und die von mir erzwungenen Einrichtungen und Gebräuche wieder fallen zu lassen. Jetzt begann für mich die qualvolle, aber gerechte Strafe, daß ich zum Schein an einem Schwarm von Dingen festhalten mußte, an die ich nicht mehr glaubte, nur um mir, nachdem ich den Mund so voll genommen hatte, keine Blöße zu geben. Ich war daher froh, als die Verschlechterung und Verschärfung der politischen Verhältnisse die Aufmerksamkeit gründlich von mir ablenkte, so daß ich unter dem Deckmantel der herannahenden Katastrophen unbemerkt und ungescholten das ganze, mir selbst widersinnig gewordene Treiben abstreifen konnte. So paradox sind manchmal die menschlichen Zusammenhänge! Wenn ich mich, nicht ohne ein gewisses peinliches Amüsement, dieser Epoche aus meiner Adoleszenz erinnere, so wundere ich mich immer noch, wie kläglich dieser kurzlebige Versuch, mich dem religiösen Judentum anzuschließen, verlief. Wie man einem alten Regenschirm nicht mehr nachfragt, den man in irgendeiner Ecke eines auswärtigen Bahnhofs hat stehen lassen, so unauffindbar ist mir auch das abhanden gekommen, was ich immerhin für echte Gläubigkeit gehalten hatte. Seither gehe ich ohne jede religiöse Anwandlung als unverbesserlicher Atheist durchs Leben.

Noch entschiedener habe ich einer anderen jüdischen Anfechtung widerstanden, dem Zionismus. Für einen jungen jüdischen Menschen war es damals in Wien unvermeidlich, mit dieser Bewegung Bekanntschaft zu machen. Ideologisch zerspalten wie sie war, existierten die verschiedensten Gruppen und Richtungen, deren jede ihr eigenes »Jugendheim« besaß, meist bescheidene Räumlichkeiten in Kellergeschossen oder Hinterhöfen. Unablässig wurde um »Nachwuchs« geworben, und als Folge dieser Bestrebung wurde ich häufig in die Lokale der einander bitter befehdenden Faktionen mitgenommen. Um einen komplizierten psychologischen und weltanschaulichen Entwicklungsprozeß zusammenzufassen, stelle ich einfach fest, daß ich mich für keine der Erscheinungsformen des Zionismus erwärmen konnte. Mit einer seiner Hauptprämissen sich zu befreunden, war für einen in österreichischen Verhältnissen heranwachsenden jungen Menschen leicht, mit der Annahme nämlich, daß den jüdischen Minderheiten in Europa keine rosige Zeit bevorstand und daß sich am geschichtlichen Horizont fürchterliche Unwetter zusammenbrauten. Von diesen Dingen war natürlich auch zu Hause oft die Rede. So weit ich zurückdenken kann, hatten der Aufstieg Hitlers und die Machtübergabe an die Nazis im mächtigen Nachbarland bedrohliche Schatten zu uns herübergeworfen. Was Wunder, daß man den Begriff »Auswanderung« erörterte, längst ehe er ein Synonym für Lebensrettung wurde. Man sprach von Australien, von Amerika und selbstverständlich auch von Palästina, ohne freilich den verzweifelten Mut und die nötigen Mittel zur Ausführung solcher Pläne aufzubringen.

Aber der Zionismus beruhte noch auf anderen Voraussetzungen und diese waren es, mit denen mein damals sich herausbildendes Denken sehr schnell in Konflikt geriet. Daß ich mich zu einer Zeit, in der ich mich von der Religion loslöste, für die religiöse Richtung des Zionismus nicht begeistern konnte, leuchtet ein. Der sogenannte zionistische Revisionismus wieder, »Betar« geheißen und von dem charismatischen Wladimir Jabotinsky angeführt, flößte mir durch seine Uniformen, sein ganzes autoritäres und militaristisches Gehabe einen abgründigen Widerwillen ein. Aber vielleicht kann ich meine Immunität gegen den Zionismus am besten anhand meiner Einstellung zu den sozialistischen Zionisten erklären. Ich selber begann mich in der Lebensphase, wo sich die Persönlichkeit festigt und der Mensch auch seine grundlegenden politischen Orientierungen annimmt, immer mehr sozialistischen Ideen zuzuwenden. Darin ist bestimmt nichts Eigentümliches. Selbst in Dürftigkeit aufgewachsen und schon als Kind von einem schmerzlichen Mitleid für die vielen Armen ergriffen, denen man in Wien allenthalben begegnete, hatte ich früh eine wache Sensibilität für Gerechtigkeit und Menschenwürde entwickelt. Parteipolitisch stand Juden unserer Gesellschaftsklasse gar keine verwirrende Auswahl zur Verfügung, das sah ich an meinem unpolitischen Vater, der, von den Umständen gedrängt, immer eine sozialdemokratische Stimme abgab. Praktisch konnte man sich ja nur für eine von zwei Parteien entscheiden, von denen die eine, die christlich-soziale, sich geschichtlich und programmatisch dem Antisemitismus verschrieben hatte. Was blieb jüdischen Wählern übrig? Wenn ich also von meinen sozialistischen Neigungen spreche, so unbestimmt und unausgegoren sie auch sicherlich gewesen sind, dann meine ich doch etwas mehr als diese von der Not aufgezwungene Identifizierung. Dies waren nicht nur die Jahre der sich immer weiter ausdehnenden Hitlerherrschaft, sondern überhaupt der faschistischen Triumphe in fast allen Ländern Europas. Irgendwie wurde der spanische Bürgerkrieg zu meinem politischen Urerlebnis. Schon in ihrem Kampf gegen Dollfuß hatte ich, wie nicht anders zu erwarten, innerlich Partei für die Wiener Arbeiter ergriffen. Aber ich war noch zu jung gewesen, um die immerhin komplizierten Zusammenhänge zu begreifen, und obgleich der Austrofaschismus auch in den Jahren seiner Alleinherrschaft die Herzen von meinesgleichen nicht zu gewinnen vermochte, so wurde meine Abneigung doch irgendwie dadurch relativiert, daß nur noch von ihm Widerstand gegen die totale Nazifizierung Österreichs zu erhoffen stand. In der Abwehr der spanischen Republik gegen Franco und die Falange spiegelte sich für mich, wie für viele andere auch, eindeutiger der verzweifelte Widerstand der guten gegen die bösen Mächte der Epoche, und mit jugendlicher Leidenschaftlichkeit schlug ich mich auf die Seite der spanischen Legitimisten. Man fieberte nach spanischen Nachrichten, täglich hörte man den republikanischen Sender, man diskutierte die spanischen Ereignisse, als stünde die eigene Sache auf dem Spiel. Namen wie Teruel und Burgos klangen nicht fremder als St. Pölten und Klosterneuburg. In den Debatten, die sich unter Jungen und Erwachsenen an den spanischen Bürgerkrieg knüpften, kristallisierten sich die Grundzüge meiner politischen Weltanschauung heraus, zu denen bis zum heutigen Tag eine leichte anarchistische Neigung gehört. Als eine der konstantesten unter allen meinen Haltungen erkenne ich den unbezwinglichen Widerwillen gegen alles, was mit Staat und Nation zu tun hat, und erst recht gegen Bewegungen, die das Nationale auf ihr Banner geschrieben haben. Einen Sozialismus mit nationalistischen Untertönen halte ich für äußerst suspekt. So ging es mir auch mit den Zionisten, selbst den linken. Die Idee, zu den vielen den Weltfrieden gefährdenden Nationalstaaten noch einen weiteren hinzuzugründen, war mir in der Seele zuwider. Eine von Juden ausgeübte Herrschaft, jüdischer Militarismus, jüdische Überheblichkeit widerstrebten mir nicht weniger als die der anderen, und in den glühenden Gesprächen, die wir Jungen halbe Nächte hindurch führten, verfocht ich, beeinflußt von einem Onkel, der nach mehreren Jahren enttäuscht aus Palästina nach Hause zurückgekehrt war, mit humanistischem Eifer die Rechte der palästinensischen Araber, und ich tue es noch heute. Ich behaupte nicht, daß sich in diesen schlichten Bemerkungen ein Problem von den weltgeschichtlichen Proportionen des jüdisch-arabischen Verhältnisses erschöpft. Die Frage nach dem Asylrecht einer verfolgten Minderheit, ja nach dem Recht ihres Überlebens, nach der Schuld der arabischen Führungsschicht, der Verantwortung der Großmächte, nach dem Problem des sich so oft wiederholenden Zusammenstoßes von vollkommen inkongruenten Wirtschaftssystemen, in diesem Fall dem jüdischen Finanzkapitalismus mit der noch feudalistischen arabischen Landordnung – alles das bleibt unberücksichtigt. Kann man es, bei aller Abneigung gegen den Nationalstaat, einer Minderheit übelnehmen, wenn sie sich im nationalstaatlichen Zeitalter, um zu überstehen, eine nationalstaatliche Existenzform gibt? Hat Israel nicht schon durch Schutz und Errettung von Hundert- und Aberhunderttausenden auf den Tod Verfolgter seine Seinsberechtigung erprobt? Und hat es überhaupt einen Sinn, moralistische Maßstäbe an ein machtpolitisches Phänomen anzulegen? Ich könnte noch viele Bedenken dieser Art anmelden und würde damit nichts anderes erweisen als meine Fähigkeit, einen komplexen geschichtlichen Gegenstand rational zu betrachten. Das ist aber gar nicht mein Ziel. Mir kommt es vielmehr darauf an, auf möglichst glaubwürdige Weise darzustellen, warum ich mich trotz aller Veranlassung, mich einer von ihnen anzuschließen, als Halbwüchsiger von allen zionistischen Organisationen fernhielt, warum ich Jahre später die Gründung des Judenstaates ohne Freude erlebte und heute mehr als je, durch die Entwicklung des Staates Israel in meiner Überzeugung bestärkt, von der Mehrheit meiner Stammes- und Schicksalsgenossen, die eingeschworene Zionisten und jüdische Chauvinisten sind, weit abseits stehe.

Läßt sich dieser ganz im Zeichen bestimmter geschichtlicher Konstellationen stattgehabten Entwicklung die Gewißheit abgewinnen, daß der Mensch einen freien Willen besitzt? Es ist schwer zu sagen. Ich bin von der Überlegung ausgegangen, ob es möglich sei, durch autobiographische Selbsterforschung zu erkennen, wie weit der Einzelne sein Leben bestimmt und bis zu welchem Grad es von überpersönlichen Mächten genormt ist. Gewiß, ich hätte frommer Jude oder Zionist werden, ich hätte versuchen können, mein Judentum zu ignorieren, mein Österreichertum zu betonen oder zum Christentum überzutreten, wie es manche der Kameraden während der Schulzeit taten. Nichts von alldem geschah, obgleich jede dieser Entscheidungen irgendwann einmal emotional möglich gewesen wäre. Ich bin statt dessen einen anderen Weg gegangen. Ich habe mein Judentum nicht verleugnet, sondern es immer als gestaltende Kraft meiner Existenz anerkannt, allerdings in einem historischen, nicht in einem religiösen, kulturellen, nationalen oder gar biologischen Sinn. Auf der anderen Seite habe ich aber das Judentum auch nicht zum Zentrum dieser Existenz gemacht. Ich habe eine Nichtjüdin geheiratet, meinen Kindern ist Judentum ein Kuriosum, eine gesellschaftliche Tatsache ohne psychische Verstrickung. Und so ist in ihnen der lange Prozeß der Assimilation zu einem nicht mehr rückgängig zu machenden Abschluß gekommen. Daß die eine Hälfte ihrer Vorfahren Ghetto-Juden waren und die andere westfälische Bauern, ist in Amerika nicht merkwürdiger als jede andere zusammengesetzte Abstammung. Sie fühlen sich durch sie weder behindert noch gefördert auf ihrem Lebensweg. Ich selbst habe auf großen Umwegen die Laufbahn eines europäischen Intellektuellen – ich kann hier nicht sagen: eingeschlagen oder ergriffen, denn diese Verben würden ja das Resultat meiner Grübelei, welchen Umständen diese Karriere zuzuschreiben ist, ungebührlich vorwegnehmen, also verwende ich das weniger passende, aber sinngemäß richtigere – erlebt, die in eine geisteswissenschaftliche Professur mündete. Es wäre kleinlich von mir, die Wirkung einer Individualität, die Rolle existentieller Entscheidungen für dieses Ergebnis ganz zu verneinen. Soviel muß aber gleich hinzugefügt werden, daß die in meiner Jugendzeit zur Verfügung stehenden Alternativen sehr beschränkt waren. Und selbst in dem engen Spielraum, den die schier erdrückenden äußeren Umstände freizulassen schienen, komme ich mit der Berufung auf meinen bewußten Willen, meine freie Initiative nicht aus, sondern muß dem Undurchsichtigen einen Platz einräumen, all dem Ungreifbaren, das man in Ermangelung präziserer Bezeichnungen Glück, Schicksal, Zufall nennt. Im Bemühen um eine klare Darstellung der Vergangenheit vereinfache ich die Dinge notgedrungen. Schon allein dadurch, daß ich sie in Worte fasse, bekommen sie eine logische Ausschließlichkeit und täuschende Folgerichtigkeit, die ihnen im subtilen Wechselspiel zwischen Psyche und Außenwelt nicht zukommt. So sehr der Autobiograph sich auch vornehmen mag, bei der »Wahrheit« zu bleiben, es läßt sich nicht vermeiden, daß zum Schluß nur dasteht, wovon ein lebenserfahrener Mann glaubt, es habe sich so und nicht anders in der Seele des jungen, der cr einmal war, abgespielt. In Wirklichkeit wird wohl das Schwanken stärker, die Unverbindlichkeit der psychischen Akte größer gewesen sein. Das unabweisbare Gefühl: »Es hätte auch anders kommen können« raubt dem endgültigen Engagement etwas von seiner Selbstherrlichkeit. Ich lasse die Sache einstweilen auf sich beruhen und halte der Wahrheit entsprechend fest, daß ich mich, solange ich in Österreich war, nicht als Akteur in meinem eigenen Leben fühlte, nicht fühlen konnte, und daß die turbulenten Ereignisse, die darauf folgten, jede freie Selbstbestimmung auszuschließen schienen.

Ich bin mit der Schilderung meiner ersten fünfzehn Jahre fertig und kann zusammenfassen. Die Erlebnisse, auf denen meine spätere geistige Haltung beruhte, waren vielfältig. Soziale und politische Unbeständigkeit bildete einen hervorstechenden Zug meiner Wiener Umwelt. Im verstümmelten Österreich als Sprößling einer kleinbürgerlichen Familie aufzuwachsen, hieß unentwegt auf wirtschaftliche Katastrophen gefaßt sein, entweder auf nationaler oder individueller Ebene. Neben der ökonomischen Unsicherheit erreichte die rassische im Wien der zwanziger Jahre giftige Intensität. Ein Kind jüdischer Abstammung mußte sich täglich mit dieser besonderen Sorte Irrationalismus abfinden. Darüber hinaus verstörte die allgemeine Bedrohung durch den Nationalsozialismus im benachbarten Deutschland meine Kindheit, bis ihr der Einmarsch deutscher Truppen überhaupt ein Ende setzte. Zur intellektuellen Bewältigung dieser verzwickten Umstände boten sich jüdische Religion und Zionismus auf der einen Seite, tieferes Eindringen in die traditionelle europäische Kultur und sozialistische Orientierung auf der anderen an. Ich wählte sozusagen auf lange Sicht die zweite Alternative.

Diese Analyse halte ich, innerhalb der von ihrem Schematismus gesetzten Grenzen, für richtig. Dennoch fehlt ihr ein wichtiges Element. Es war nötig, am Anfang zu betonen, daß die österreichische Wirklichkeit der Nachkriegsjahre noch weniger dem Habsburgischen Mythos von der blauen Donau entsprach als zur Kaiserzeit, und ich tat recht daran, die tatsächliche Beschaffenheit des Wiener täglichen Lebens von der Legende abzusetzen. Aber die Legende wirkte dennoch fort, auch auf mich. Trotz allem und allem war Wien »meine Heimat«. Sind es die Worte oder die Erinnerungen? Vokabeln wie Prater, Schönbrunn, Neuwaldegg bewahren ihren zauberischen Klang. Aus keiner Wasserleitung hat mir das Wasser besser geschmeckt als aus der in unserer Wiener Küche, wenn ich erhitzt vom Fußball nach Hause kam und trotz der hundertsten stirnrunzelnden Verweisung meiner Mutter meinen Mund direkt unter den Hahn hielt, und wenn ich irgendwo Brötchen esse, dann vergleiche ich sie immer noch zu ihren Ungunsten mit den Wiener Kaisersemmeln. Noch Jahre später in der Emigration, in den Anden und in den Tropen, habe ich denselben selig-melancholischen Traum geträumt, dem ich jedesmal lange nachhing, nachdem ich zu einem gänzlich unwienerischen Tag erwacht war: Ich ging die Kärntnerstraße hinunter und war wieder »zu Hause«. Ich nehme nichts von den harten Ausdrücken zurück, mit deren Hilfe ich die Umstände zu charakterisieren suchte, in denen ich aufgewachsen bin, denn sie sind wahr. Ebenso wahr, wenn vielleicht auch absurd, ist, daß ich mit jeder Faser an dieser Stadt, an diesem Leben hing und sie lange nicht vergessen konnte. Als daher das Gefürchtete, das längst Erwartete geschah, daß Österreich von den Nazis besetzt wurde und aufhörte zu existieren, da traf mich dieses Ende wie ein Donnerschlag aus blauem Himmel, und nicht nur, weil er mein Leben in seinen Grundfesten erschütterte und ihm einen gefährlichen neuen Kurs gab.

II. Treibgut

Anschluß

Von Mussolini im Stich gelassen, von Hitler unbarmherzig in eine Ecke getrieben, verfiel der österreichische Bundeskanzler Kurt von Schuschnigg auf ein letztes Auskunftsmittel: eine Volksbefragung. An dieser Stelle verdient meine Begegnung mit Schuschnigg dreißig Jahre nach diesen Ereignissen, vermerkt zu werden. Es war in St. Louis, dem Bundesstaat Missouri. Wir waren beide in akademischen Positionen gelandet, Schuschnigg an der von Jesuiten geleiteten St. Louis University, ich an der Washington University, wo ich immer noch lehre. Es kam zu einem Zusammentreffen in seinem Haus, die dazwischenliegenden Jahrzehnte hatten die Gemüter abgekühlt, wir tauschten einen Abend lang österreichische Reminiszenzen aus, er aus der Vogel-, ich aus der Froschperspektive. Zwei inkongruente Lebenswege berührten sich einen flüchtigen Augenblick lang. Schon vor hundertfünfzig Jahren hat Ferdinand Raimund, der Wiener Volksdramatiker gesungen: »Das Schicksal setzt den Hobel an und hobelt alle gleich.«

Am 13. März 1938 sollte das Plebiszit stattfinden, die Bevölkerung auf eine einzige Frage antworten, ja oder nein, ob sie ein selbständiges Österreich wünschte oder nicht. Daß die Regierung alles aufbot, um ein für sie günstiges Ergebnis zu erzielen, daß sie in den letzten Tagen noch versuchte, die sozialdemokratische Arbeiterschaft zu versöhnen, daß Hitler den Wahltag nicht abwartete, sondern am 11. März das Land von der Wehrmacht besetzen ließ, das alles ist in den Chroniken verzeichnet. Meine Aufgabe ist es lediglich, zu schildern, wie es mir, dem menschlichen Atom, inmitten dieses Aufruhrs der geschichtlichen Elemente erging. Nur zwei allgemeine Überlegungen möchte ich diesem persönlichen Bericht vorausschicken. Die erste soll daran erinnern, daß die Machtübernahme durch die Nazis in Österreich natürlich einen ganz anderen Charakter hatte als fünf Jahre vorher in Deutschland. Es war ein gefestigtes, von politischen und ökonomischen Erfolgen jeder Art selbstsicher gemachtes Regime, welches seine Oberhoheit auf die kleine Nachbarrepublik ausdehnte. Alle in den Jahren der Erstarkung gemachten Erfahrungen, alle bis dahin verabschiedeten Gesetze, einschließlich der 1935 in Nürnberg erlassenen und später erheblich vermehrten Judengesetze, wurden, nicht allmählich wie im Reich, sondern mit einem Mal und mit großer Härte auf das neue Gebiet übertragen und sein ganzes staatliches und soziales Leben sozusagen über Nacht umgekrempelt. Die zweite Anmerkung soll meinen tiefsitzenden Zweifel an dem weitverbreiteten Mythos anmelden, daß Österreich, wie etwa später die Tschechoslowakei, ein frühes, unschuldiges, womöglich sogar widerstrebendes Opfer des deutschen Faschismus geworden ist, daß das Land gegen den Willen der Bevölkerung und nicht etwa mit ihrem Einverständnis dem Dritten Reich einverleibt wurde. Diese Version der Geschichte ist für die österreichischen Regierungen nach 1945 von unschätzbarem Vorteil gewesen. Sie wurde aus sehr verständlichen Gründen von Amts wegen propagiert und schließlich zur offiziellen Doktrin erhoben. Richtig ist, daß Hitler im März 1938 nicht wissen konnte, wie sich die Bevölkerung im Plebiszit verhalten würde. Daß viele Sympathisanten des Faschismus, ja selbst überzeugte Nazis für die Unabhängigkeit Österreichs gestimmt hätten, war vorauszusehen, sonst hätte er nicht erst einzugreifen gebraucht. Tatsache ist aber auch, und jeder unvoreingenommene Beobachter hat sie betont, daß Hitler von breiten Volksmassen mit ungeheurem Jubel, in frenetischen Massendemonstrationen empfangen wurde, daß sich die große Mehrheit freudig mit dem *fait accompli* des Anschlusses abfand und nur ein kleiner Teil sich davon distanzierte, innerlich natürlich, denn an aktiven Widerstand war ja nicht zu denken. Besser als statistische Angaben beleuchtet eine Scherzanekdote die politischen Neigungen der Österreicher. Um die Parteipräferenzen der Provinzbewohner zu erkunden, wird einige Wochen vor dem Plebiszit ein hoher Regierungsfunktionär in eine kleine Stadt entsandt, wo er dem Bürgermeister verfängliche Fragen stellt. Wieviele Sozialdemokraten es in der Bevölkerung wohl gebe? Die Antwort lautet: Etwa die Hälfte. Und Nazis? Die andere Hälfte! Aber um Himmels willen, wo bleibt dann die vaterländische Front? Ah, vaterländisch, Exzlenz, vaterländisch san mir alle!

Als ich am Abend des 11. März vor dem Radioapparat saß und Schuschniggs Ankündigung des deutschen Einmarsches mitanhörte – der Bundeskanzler hatte befohlen, den Invasoren keinen Widerstand entgegenzusetzen, damit »kein deutsches Blut vergossen« würde – da hatte ich mit meinen fünfzehn Jahren das unabweisbare Gefühl, daß jetzt etwas einstürzte, daß die Existenz, wie ich sie bis dahin kannte, zu Ende ging, ein Gefühl der akuten Lebensgefahr und Verunsicherung auf lange Sicht. Mit all diesen Vermutungen sollte ich durchaus Recht behalten. Sofort erwies sich auch, daß die große Umwälzung die beiden Zentren meines bisherigen Lebens ergriff und völlig umstülpte: die Familie und die Schule. Wie so oft im Laufe des Jahres war meine Mutter einige Tage vor der Wahl nach Preßburg zu Besuch gefahren, in der festen Absicht, zum Wahltag heimzureisen und für ein unabhängiges Österreich zu stimmen. Der Anschluß änderte diese Pläne schlagartig. In einem Telefongespräch überzeugte sie mein Vater von der Notwendigkeit, die Rückkehr bis auf weiteres aufzuschieben. Sie hat Österreich nicht wiedergesehen. Von da an hauste ich mit meinem Vater allein, was zwar die gewohnte häusliche Routine umwarf, den Ausnahmezustand noch unterstrich und manche Unbequemlichkeit mit sich brachte, aber uns sicherlich auch im Aushalten dessen kräftigte, was jetzt durchzustehen war. Und was das Gymnasium betrifft, so hatte auch das vorläufig ein Ende, denn deutsche Truppen waren in unserem Schulgebäude einquartiert.

Es begann jetzt ein eigentümliches, gefahrvolles Leben. Noch während sich das Land in gehobener Feiertagsstimmung befand, ja noch während die Bevölkerung ihrem Führer und Erlöser zujubelte, wurden brutale Aktionen gegen die von der neuen Ordnung Verfemten, die politischen Gegner und ethnischen Minderheiten, hauptsächlich also die Juden ausgeführt, Maßnahmen, die von amtlichen Schikanen bis zur physischen Vernichtung einen gewaltigen Bogen beschrieben.

Täglich sah man nun, wenn auch in mancherlei Abwandlungen, die gleiche Szene sich wiederholen: ein Mann oder eine Frau, ausgerüstet mit primitiven Hilfsmitteln, etwa einem Eimer und einer Bürste, bemüht sich, die Spuren der vaterländischen Wahlkampagne zu entfernen, Plakate von Litfaßsäulen und Wänden zu kratzen, Parteisymbole oder politische Parolen, die mit weißer Ölfarbe auf Mauern und Gehsteige gemalt worden waren, wegzuscheuern. Davon gab es einen fast unerschöpflichen Vorrat in Wien, aber es gab ja auch an die zweihunderttausend Juden, die zu diesen Säuberungen geholt werden konnten. Die Unglücklichen wurden von mehr oder minder rohen Aufpassern mit oder ohne Uniform zur Arbeit angehalten, umringt von einem Haufen Schaulustiger, die den Vorgang mit teils höhnischen, teils gehässigen Zurufen begleiteten. Von nun an war man nicht mehr sicher vor der Rankūne der Nachbarn, die endlich einen alten Groll befriedigen, vor Neidern und Feinden, die durch einen simplen Telefonanruf oder eine anonyme Postkarte ihr Mütchen an jedwedem kühlen konnten. Zu jeder Tages- und Nachtzeit konnte es an der Wohnungstür klingeln und man wurde in Schulen, Ämter, Kasernen oder auf die Straße geschleppt, zum Putzen der Fenster, zum Schrubben der Fußböden und Treppen, zum Entfernen alles dessen, was an das eben abgesetzte Regime erinnern mochte. Sicher war man nirgends. Auch auf den Wegen und Gängen durch die Stadt, die sich zwar einschränken, aber nicht ganz vermeiden ließen, konnte man geschnappt werden. Ehe man sich's versah, war ein ganzer Straßenblock abgesperrt, man mußte Antwort stehen, sich ausweisen, und wer nicht »arisch« war, wurde abkommandiert. Man sah Trüppchen bärtiger Juden durch die Gassen getrieben werden, am Donaukanal einen zusammengewürfelten Menschenhaufen unter dem Befehl von SA-Leuten groteske Turnübungen verrichten. War die eine Quälerei langweilig geworden, so konnte man damit rechnen, daß die Henkersknechte eine andere erfanden. Im Aushecken von Unwürdigkeiten waren sie ungemein einfallsreich. Als keine Wahlplakate mehr zu entfernen und alle Kruckenkreuze von den Gehsteigen gewaschen waren, wurden die jüdischen Geschäfte boykottiert, man mußte Schaufenster mit antisemitischen Parolen überkleben oder beschilderte Stangen hochhalten, um die Passanten vor dem Kaufen in jüdischen Läden zu warnen. Einen solchen zwischen zwei breitbeinig dastehenden SA-Männern hindurch zu betreten, hätte eines Heroismus bedurft, den kaum jemand aufbrachte.

An alledem war noch nicht einmal die Sache selbst das schlimmste, sondern die zermürbende Unsicherheit, der menschenunwürdige Zwang und die Demütigung. Ständig mußte man sich fragen: Wann trifft es mich? und sich sagen: Das darf man mit mir tun, ohne daß ich mich wehren oder protestieren kann. Mir war es, als werde mir der Boden unter den Füßen und, wie ich noch zu berichten gedenke, das Dach über dem Kopf weggezogen. Der eigene Nachbar, der Geschäftspartner, der Angestellte, Mitarbeiter und Schulkamerad konnte zum Gegner, zum Denunzianten werden. Freundschaften brachen auseinander, der alte Bekannte wollte nichts von einem wissen, wenn er einem begegnete, wandte er den Kopf weg oder begab sich auf die andere Straßenseite. Dazu kam eine Hetzkampagne in den Medien, vor allem den Zeitungen, in denen die Juden jeder Gemeinheit und jedes Verbrechens bezichtigt wurden. Die *Kronenzeitung* brachte eine populäre Artikelserie unter dem Titel *Wie ich Antisemit wurde*, die ich mit morbider Neugierde las, um zu erfahren, daß der eine sich gegen die Juden gewandt hatte, weil ihm ein jüdischer Kaufmann schlechte Waren verkauft, ein anderer, weil er einen Juden eine Scheibe Brot und ein Stück Kuchen gleichzeitig hatte essen sehen. Es gab keine Behörde, keine Instanz, bei der man sich gegen eine Beleidigung hätte verwahren, wo man sich über die gröblichsten Rechtsverletzungen und körperlichen Ausschreitungen hätte beschweren können. Im Gegenteil, diese Dinge waren ja von Amts und Gesetzes wegen angeordnet oder wurden von den höchsten Stellen augenzwinkernd geduldet. Es war ein sonderbares Gefühl, plötzlich vogelfrei zu sein. Dazu kam natürlich noch die ökonomische Enteignung. Wohnungen wurden einfach »requiriert« und die jüdischen Firmen unter dem Vorwand der »Arisierung« sogenannten kommissarischen Leitern übergeben.

Dabei war das, was man mit Augen sehen konnte, bei weitem noch das Harmlosere. Hinter der Szene, in den

Kellern der Polizei, in den Gefängnissen, im Hotel »Metropol«, wo die Gestapo ihr gefürchtetes Hauptquartier mit zahlreichen Haftzellen und regelrechten Folterkammern aufgeschlagen hatte, spielten sich gräßliche Dinge ab, über die man nichts Genaues wußte, wovon aber bald um so haarsträubendere Gerüchte im Umlauf waren. Menschen verschwanden aus ihren Wohnungen, von ihren Arbeitsplätzen, und wurden in das österreichische KZ Mauthausen oder weiter ins Reich geschickt, in Lager, deren Namen, einst harmlose Ortsbezeichnungen, nun zu schrecklichen Chiffren wurden und bis heute den Beiklang von unerhörter Menschenschinderei nicht verloren haben: Dachau, Ravensbrück, Sachsenhausen, Oranienburg und wie sie sonst noch hießen.

Freunde meines Vaters wurden aus ihren Familien gerissen und kehrten nicht zurück, andere tauchten nach Tagen wieder auf, mit zerschundenen Gesichtern, grauslichen »blauen« Augen, zerschlagenen Gliedern, und das Erschreckende war, daß sie nicht wagten, den Mund aufzutun und zu berichten, was ihnen widerfahren war. Von nun an bangte ich nicht nur um meine eigene Leiblichkeit, wenn ich ausging, sondern auch um meinen Vater. Meine Mutter war schon fort. Was sollte aus mir werden, wenn nun auch der Vater eines Tages ausblieb?

Das Gefühl, verraten und schutzlos bösen Mächten ausgeliefert zu sein, verstärkte sich begreiflicherweise noch, als wir aus Haus und Wohnung gejagt wurden. An der Tür unseres Nachbarn, eines alten Obersten aus der Kaiserzeit, der mit seiner jungen Enkelin die Wohnung nebenan bewohnte, wurden allnächtlich – so behauptete man, gesehen habe ich sie nie – obszöne Zettel angebracht, und ich, als einziger Judenjunge im Haus, geriet in den Verdacht der Täterschaft. Schließlich galt Laszivität und obszönes Sexualverhalten als eine jüdische Spezialität. Wenige Wochen vorher hatte der alte

Offizier meine Eltern noch seiner Sympathien versichert: er sei eingefleischter Monarchist und werde für die Unabhängigkeit Österreichs stimmen. Jetzt aber sagte er mir ins Gesicht, er habe mich nachts über den Korridor schleichen und meine widerlichen Botschaften an seine Tür heften sehen. Nach den möglichen Motiven meiner Untat befragt, erteilte er die schlichte Antwort: »Weil mir Nazis san, und Sie san a Jud.« Der Blockwart, ein alter »Illegaler«, wurde gerufen und erklärte, wir müßten unverzüglich das Haus räumen, was noch eine Gnade sei, denn bei einem so schwerwiegenden Fall hätte er im Grunde die Verpflichtung, mich der Gestapo zu übergeben. Er behandelte uns aber deswegen so glimpflich, weil auch mein Vater die ganzen Jahre über von seiner illegalen Mitgliedschaft in der Nazi-Partei gewußt habe, ohne ihn anzuzeigen.

Und so verließen wir das Haus Hals über Kopf noch am gleichen Tag. Wie wenig würde mir heute ein Wohnungswechsel ausmachen, nach den Dutzenden, die ich gehabt und wieder aufgegeben habe, in mehreren Ländern und Kontinenten, gezwungen oder freiwillig. Damals war es aber noch anders. In dieser Wohnung, in diesem Haus war ich aufgewachsen, hatte da gelebt, soweit ich zurückdenken konnte. Meine Vorstellung von Häuslichkeit und Seßhaftigkeit war an diese Stiegen, diese Treppenabsätze, diese Räume und Wände gebunden. Von der falschen Bezichtigung und schweren Ungerechtigkeit ganz abgesehen, empfand ich den Auszug wie eine Vertreibung. Dazu kam noch, daß wir uns trennen mußten. Mich nahm ein Freund der Familie in seine Wohnung auf, während mein Vater sich das Nachtquartier in seinen Arbeitsräumen aufschlug. Das alles trug viel zu meiner Desillusionierung bei, zu dem Gefühl, die Auflösung, ja die Zertrümmerung einer Existenzform zu durchleben.

Inzwischen hatte die Schule wieder begonnen. Aber auch

sie konnte sich nicht einfach unverändert über das Geschehene hinwegsetzen, sondern wurde zutiefst umgeprägt von den Zeitereignissen. Einige Wochen nach dem »Anschluß« erschien ein Anschlag auf dem Schultor: der Unterricht würde wegen der militärischen Einquartierung im Akademischen Gymnasium fortgesetzt, wo, um mit der Überbelastung fertigzuwerden, in zwei Schichten gearbeitet werden solle. Diese Anomalität allein hätte schon genügt, unser Schulleben gründlich zu verfremden: Statt des vertrauten Schulwegs eine fremde Strecke, statt der jahrelang von uns bewohnten Wände ein unbekanntes Gebäude, statt des mit pedantischer Genauigkeit eingehaltenen Studienplans völlig neue Schulzeiten – alles das hatte für uns an österreichische Beamtenunveränderlichkeit Gewohnte etwas nahezu Aufrührerisches, den gewalttätigen Zeitläufen Entsprechendes. Tatsächlich überschatteten und lähmten die neuen Verhältnisse jeden Lehr- und Lernvorgang. Die Unterrichtsstunden wurden so weit wie möglich mit gegenstandsfernen Dingen hingebracht und in stillschweigender Übereinkunft wurden die Aufgaben weder von den Schülern präpariert noch von den Lehrern abgehört. Treu den zeit- und politikabgewandten Tendenzen des Gymnasiums war in den Klassenstunden niemals unverhüllt von den geschichtlichen Ereignissen die Rede, die alle Gemüter beschäftigten, bloß in Äußerlichkeiten und Andeutungen, in Nebenbemerkungen und in der Gestik kamen die doch ziemlich verschiedenen Haltungen der Professoren zum Ausdruck. Darin, daß einer stramm und überbetont den nun vorgeschriebenen Hitlergruß am Klassenanfang ausführte wie ein bekannt teutonisch gesinnter Lehrer oder, wie unser Klassenvorstand, die Sache durch lässiges, halbes Heben der Hand als peinliche Notwendigkeit abtat, gab sich Wesentliches zu erkennen. Man entwickelte damals sehr bald ein überaus feines Sensorium für Nuancen und Untertöne, die an die Stelle konkreter Informationen und ehrlicher Aussprachen traten. Als man erfuhr, daß der Vater eines jüdischen Mitschülers, ein bekannter Rechtsanwalt, Selbstmord verübt hatte, quittierte ein Lehrer die Nachricht mit einem gemurmelten Hinweis auf die »Härten einer jeden neuen Zeit« und ließ sich bereits auf Grund dieses vorsichtigen, in keiner Weise provokanten Eingeständnisses, dieses wenig expliziten Mitgefühls als freisinniger Liberaler und potentieller Gegner der sich um uns abspielenden Umwälzungen einstufen, während andere durch offene antisemitische Witzeleien und Gehässigkeiten ihren Konformismus mit den Ereignissen bekundeten. So erklärte zum Beispiel einer unserer Professoren, als verkündet wurde, daß die jüdischen Schüler das Gymnasium verlassen und in eine eigene jüdische Anstalt überführt werden würden, diese Maßnahme fände seine ungeschmälerte Zustimmung, da es doch an der Zeit sei, das »chinesische Teehaus« loszuwerden, die »chaotische Judenschule«, in die unsere Anwesenheit den Unterricht seit eh und je verwandelt hätte.

Diese Trennung stand in der Tat bevor. Innerlich war sie freilich längst vollzogen, denn mit wenigen Ausnahmen hatten die »arischen« Schüler der Klasse sich in der Sitzordnung, in den Pausen und auf dem Heimweg von den jüdischen ferngehalten und, sei es aus Opportunismus oder echter Abneigung, auch sonst jede Gemeinschaft mit uns abgebrochen. Einer von ihnen, ein etwas älterer Repetent, war zu meinem Grauen sogar in brauner Nazi-Uniform in der Klasse erschienen. Dieser Umschwung, der über Nacht eine alte Kameradschaft auflöste, gehört zu den unvergeßlichen Lektionen, die mir jene Tage erteilten.

Trotzdem spielte sich die Abspaltung des jüdischen vom nichtjüdischen Schülerteil keineswegs so schlicht ab, wie man hätte meinen sollen, denn es galt ja zuerst, im Einklang mit den aus Deutschland importierten Rassengesetzen festzustellen, wer Jude war und wer nicht, was in Wien keine ganz einfache Sache war. Zwar wußten wir wegen des getrennten Religionsunterrichts genau, welcher Konfession ein jeder Mitschüler angehörte. Aber außer den Juden, die ihre Gruppenzugehörigkeit durch ihre Mitgliedschaft in der jüdischen Kultusgemeinde betonten und die allein schon zehn Prozent der Gesamtbevölkerung ausmachten, gab es in Wien unzählige, statistisch nicht erfaßbare Personen, Konfessionslose, protestantisch oder katholisch Getaufte, Mischlinge bestimmter Grade, die nach den Nürnberger Gesetzen zu den Juden gerechnet wurden. Man muß also in Anbetracht der demoskopischen Tatsachen den Nazis zustimmen, die in Berichten und Reden die außerordentliche »Verjudung« der Stadt Wien beklagten.

Unter diesen Umständen kann es niemand wundernehmen, obwohl es damals viele und mitunter sogar die Betroffenen überraschte, daß der jüdische Anteil an der Schülerschaft weit höher war, als man gewußt hatte. Wir wurden angehalten, beim Schulwart eine Broschüre zu erwerben, in der die Judengesetze gemeinverständlich und übersichtlich erläutert wurden, und diese Lektüre hatte bei so manchem die unliebsame Entdeckung zur Folge, daß der jüdische Einschlag in seiner Abstammung die erlaubte Grenze überschritt. Deutlich sehe ich einen meiner Mitschüler mit der geöffneten »Rassenbroschüre« in der Hand komisch durch das Klassenzimmer stelzen und dabei ausrufen: »Meine halbe Mischpoche (Sippe) ist jüdisch, aber was bin ich?« Nichts beleuchtet die groteske Ungewißheit manches Wieners in jenen Tagen krasser, als die Tatsache, daß gerade dieser Junge für »arisch« befunden wurde und sich unserem Exodus nicht anschließen mußte.

Auf diese Weise erledigte sich das kurze Gastspiel im Akademischen Gymnasium, das wir von Anfang an nur als Provisorium empfunden hatten. Die zu Juden Erklärten unter uns kamen in das Sperl-Gymnasium im zweiten Bezirk, dem Wiener Judenviertel, und nun brauchten wir uns nicht mehr sagen zu lassen, daß wir mit unserer Anwesenheit die arische Reinheit des Gymnasiums besudelten, in dem uns bisher die Gelehrsamkeit vermittelt worden war. Aber auch hier, in unserem neuen gymnasialen Ghetto, dachte niemand im Ernst daran, unseren Geist weiter auszubilden. Nach wenigen Wochen der nur dürftig verdeckten Untätigkeit war das Schuljahr zu Ende und wir wurden mit irgendwelchen willkürlichen Zensuren entlassen, viele von uns für immer. Für mich bedeutete dieser Abschluß auf lange Zeit die letzte Berührung mit der Welt formaler, staatlich beglaubigter Studien, zu der ich erst nach manchen Jahren zurückfinden sollte.

Aber nicht nur die Schule ging zu Ende, sondern meine Tage in Österreich waren überhaupt gezählt. Wie jedermann in unserer Situation bemühte sich mein Vater fieberhaft um die Abwicklung seiner Geschäfte und die Vorbereitung der Ausreise. Es war beschlossene Sache, daß wir so bald wie möglich zu meiner Mutter und den übrigen Verwandten nach Preßburg gehen würden. Wien war für unsresgleichen unbewohnbar geworden und es stellte sich nicht etwa die Frage, ob man bleiben oder auswandern solle, sondern wie und wohin eine Auswanderung zu bewerkstelligen sei. Darin lag der große Unterschied zwischen den Juden Österreichs und Deutschlands.

Als Hitler 1933 in Deutschland zur Macht gelangte, dachten nur die Allerwenigsten, nämlich die politisch besonders Exponierten und die ganz ungewöhnlich Weitsichtigen, an Emigration. Der überwiegenden Mehrzahl kam es nicht in den Sinn, wegen eines bloßen Regierungswechsels, und mochte er noch so bedenklich sein, Heimat, Erwerb, Besitz und

Sprache, das ganze Netz der Beziehungen, die einen Menschen, eine Familie mit einem Land und einer Kultur verbinden, aufzugeben. Hätten sie anders empfunden, dann hätten sich die meisten retten können, denn die Welt stand anfangs noch offen. Erst als sich die Dauerhaftigkeit des Hitlerregimes erwies, als sich der ganze Fanatismus der Judenverfolgungen enthüllte und die Lage zusehends unerträglicher gestaltete, erkannten die Juden die bittere Notwendigkeit, Deutschland zu verlassen. Für viele war es aber da schon zu spät, die Länder hatten sich gegen die Flüchtlinge versperrt, die von den Nazis inzwischen erlassenen Bestimmungen waren so beschneidend, daß man nur unter Hinterlassung des gesamten Vermögens, sozusagen als Bettler, auswandern konnte. Der Vorteil der österreichischen Juden bestand darin, daß sie gerade auf Grund dieser Erfahrungen und Beobachtungen völlig illusionslos waren, als die Kalamität nun auch über sie hereinbrach. Ich glaube nicht, daß es viele unter ihnen gegeben hat, die meinten, ohne Auswanderung mit dem Leben davon zu kommen. Der geschichtliche Zeiger war aber schon sehr weit, fast allzuweit vorwärtsgerückt, der Faschismus hatte seinen Schatten auf die ganze Welt geworfen, die Völker Europas ahnten und fürchteten den Krieg, die Regierungen wehrten sich gegen den Andrang der Hunderttausende, die an ihre Tore klopften, durch Behinderungen, Erschwerungen und totale Sperren. Wieder waren es nur die Wohlhabenden, die sich mit Hilfe weitreichender, internationaler Beziehungen helfen konnten. Der kleine Mann, der weder Geld noch Geschäftsfreunde in fremden Ländern hatte, mußte sich auf lauter launische und unzuverlässige Dinge stützen: sein Glück, das Mitleid und die Hilfsbereitschaft der Welt, seine eigene Tatkraft, Ausdauer und Schlauheit.

An den ausländischen Konsulaten und Botschaften in Wien bildeten sich lange Schlangen von Rettungsuchenden, die oft ganze Nächte anstanden, nur um am nächsten Tag von einem teilnahmslosen Beamten nichts weiter zu empfangen als vorgedruckte Formulare, die auszufüllen und vermutlich auf Nimmerwiederhören einzureichen waren. Besitzer eines Visums wurden bewundert und beneidet wie die Großen und Glücklichen dieser Erde, ein amerikanisches »Affidavit«, Vorbedingung für den Einlaß in das Eldorado der Emigration, galt soviel wie ein Rittergut in friedlicheren Zeiten. Die Abreise einer Familie ins Ausland, die illegale Flucht eines Tapferen über irgendeine Grenze wurde kommentiert und mythologisiert wie ein weltgeschichtliches Ereignis. Um das eine, unerschöpfliche Thema der Emigration, legal, illegal oder wie immer, zirkulierten Gerüchte, woben sich Legenden, spannen sich Romane. Eine plötzliche, irre Nachricht, und wenn sie noch so unverbürgt war, etwa des Inhalts, daß Panama eine Anzahl Visen bereitgestellt habe, konnte Hunderte zum panamaischen Konsulat jagen, von wo sie notgedrungen enttäuscht zurückkehrten, aber nur, um nach neuen Wundern Ausschau zu halten. Ganze Gewerbe, die es früher nicht gegeben hatte, sprossen aus dem Erdboden, Leute tauchten auf, die einem die Wege zu den einheimischen Paß- und Steuerämtern ebneten, die einen auf Schleichwegen in die Schweiz zu bringen versprachen, die vorgaben, Zertifikate nach Palästina beschaffen zu können. Wie leicht wäre es für die Welt gewesen, alle diese bedrohten Menschen zu retten. Aber sie verschloß sich in Argwohn, Haß und Selbstsucht den Verfolgten, Unterschlupf Suchenden und trägt die Mitverantwortung für das grauenhafte Schicksal, das so viele ereilte. In der Mausefalle gefangen, mußten sie die Quälereien über sich ergehen lassen, ohne Ausweg und Gegenwehr, bis sich plötzlich doch ein Fluchtweg eröffnete oder bis sie eben den an ihnen verübten Gewalttätigkeiten erlagen. Wo aber blieb bei alldem die vielbesungene Freiheit des Einzelnen?

Wir hatten Glück, durch eine Lücke schlüpften wir ins Freie. Eines Tages waren alle Formalitäten erfüllt, die Ausreiseerlaubnis erteilt, die Fluchtgebühren entrichtet und wie die Schikanen sonst noch hießen, mit denen man den Weggang derjenigen erschwerte, die man angeblich so dringend loswerden wollte. Das gräßlichste Schreckgespenst für alle Auswanderer aber war ein Ding mit monströsem Namen, den ich trotz der vielen Jahre nicht vergessen habe, die Steuerunbedenklichkeitsbescheinigung, die zu bekommen unendlich mühsam und deren Besitz doch die unabdingbare Voraussetzung für alles andere war. Lange Menschenschlangen, in denen man sich buchstäblich tagelang vorwärtsschob, stauten sich vor den verschiedenen Verwaltungsgebäuden, wo die erforderlichen Formulare, Stempel und Rezepisse erhältlich waren, denn das kostbare Gut ließ sich nicht etwa mit einem Mal und an einer einzigen Amtsstelle erwerben.

Aber auch diese Hürde war schließlich genommen, alle Geschäfte abgewickelt, das Fabriklokal versperrt, ein paar Habseligkeiten verpackt, alles andere verschenkt, verschleudert, das letzte Lebewohl gesagt, und es kam die Stunde, da saßen mein Vater und ich nebeneinander in einem Wagen und fuhren auf die nahegelegene tschechische Grenze zu. Ich weiß nicht, was sich im Herzen des fünfundvierzigjährigen Mannes abgespielt haben mag, der nun alles zurückließ, was er sich aufgebaut hatte, und ohne Besitz und Erwerb, ohne Bleibe und Beruf einer ungewissen Zukunft entgegenging. Aber an das Gemisch widerstreitender Gefühle, die den Sechzehnjährigen in diesem denkwürdigen Augenblick bewegten, erinnere ich mich sehr wohl. Vielleicht hätte ich alle die durcheinanderwogenden Empfindungen damals nicht zu nennen gewußt, doch die Einsicht, daß die Kindheit, gerade jetzt, auf dieser kurzen Fahrt zu Ende ging, beherrschte teils als Drohung, teils als Versprechen, aber mit unabweisbarer Klarheit mein Gemüt. Noch hatten sich die Gedanken nicht von dem gelöst (und würden es lange nicht können), was hinter einem lag und immer mehr zur abgeschlossenen Vergangenheit werden mußte: die Schule, die Freunde, das vielfältige Wien der frühen Lebensphasen, alles was man dort war, noch hätte werden sollen und nun nicht wurde. Ununterscheidbar mischte sich in heiß aufwallenden Regungen die Liebe zu dem Verlorenen, die Scham und Empörung über den kläglichen Abgang, den einem die Heimat bereitete, und die Erleichterung, sich nun aus diesen lebensgefährlich gewordenen Verstrickungen lösen zu können.

Aber auch die neue Zukunft, eine ganz andere, als die bisher vorgestellte, begann nun mächtig zu wirken, meldete ihr Herannahen durch Furcht und Hoffnung an. Die Hoffnung blieb nebelhaft undeutlich. Sie bezog sich auf ein »besseres« Leben irgendwo in einem freien Land, wo unsereins geduldet war und unbehelligt seinen – sagen wir ruhig: Freuden nachgehen durfte. Die Furcht aber war ganz konkret: Würde es gelingen, die Grenze zu überschreiten?! Denn uns fehlte das Lebenselixier, von dem damals – in einem den meisten heutigen Menschen unvorstellbaren Maß – Sein oder Nichtsein abhingen: ein Visum.

Allerdings waren andere Vorkehrungen getroffen worden und alles lief erstaunlich glatt ab, wie am Schnürchen. Die österreichische Paß- und Zollkontrolle vollzog sich ohne jede Hemmung, unsere Ausreisedokumente waren ja in makelloser Ordnung. Und dann schritt ich hinter meinem Vater, hochklopfenden Herzens und mit vor Angst benommenem Kopf, über einen Holzsteg langsam in die Tschechoslowakei hinein, auf ein paar Menschen, die ich nur verschwommen wahrnahm, zu. In einem von ihnen erkannte ich plötzlich meinen Preßburger Onkel, in den anderen zu meinem Schrekken zwei oder drei uniformierte Grenzwächter, die sich aber bei unserer Annäherung, statt nach unseren Papieren zu fragen, wie ich es unweigerlich erwartete, abwandten und uns vorbeiließen. Mein Onkel nahm mich beim Ellbogen und bugsierte mich zu einem wartenden Auto, Türen wurden geöffnet und zugeschlagen, der Motor sprang an, wir setzten uns in Bewegung. Die Zollbeamten waren mit Geld und guten Worten zur momentanen Versäumnis ihrer Berufspflicht gebracht worden und hatten – dafür ging mir damals das Verständnis auf – gerade dadurch ihrer Menschenpflicht genügt. Das Ganze hatte Sekunden gedauert. Schon rollten wir auf einer Landstraße östlich auf Preßburg zu. Wir waren gerettet. Genauer: Wir hielten uns für gerettet. Wir konnten nicht wissen, daß wir in falscher Richtung fuhren, daß die Rettung vor Hitler im Westen lag. Wir waren ja keine Hellseher.

Die nächsten Tage vergingen im Hochgefühl der Begeisterung, in einer Art Freiheitseuphorie. Die Wiedervereinigung mit der Mutter, das Wiedersehen mit den Großeltern, den anderen Verwandten und Bekannten versetzte alle in einen regelrechten Taumel. Wir wurden wie Wundertiere herumgezeigt und mußten erzählen, endlos erzählen von dem Schicksal dieses und jenes Freundes, von den Verfolgungen, den Verhaftungen, den KZs, die auch wir glücklicherweise nur dem Gerücht nach kannten, den Gewalttaten, den Grausamkeiten, vom Jubel der Unmenschen, aber auch den Zeichen beginnender Unzufriedenheit, von Akten antifaschistischen Widerstands, von allem, was wir gesehen und erfahren hatten. Es wurde endlos debattiert und politisiert, man hörte optimistische und pessimistische Meinungen. Wir aber waren die Helden, entronnen einer schauerlichen Hölle.

Allmählich trat wieder Alltag ein. Nicht nur hatten die Leute genug gehört, ich machte bald erstaunt die Beobachtung – Tausende Flüchtlinge müssen sie machen –, daß niemand mehr, nachdem die kurz aufflackernde Neugier einmal befriedigt war, von Arisierung, Gestapo, Visum und Paß das geringste wissen wollte, und so ließ man uns in Ruhe. Der Alltag, zu dem wir nun zurückkehrten, war freilich kein richtiger, sondern einer ohne Beschäftigung, ohne Aufgaben, ohne Halt und Hoffnung. Ferien waren es natürlich auch nicht. Wir hatten kein Geld, wir waren illegal eingewandert, konnten uns um keine Arbeit bewerben, keine Behörde durfte auf unsere Anwesenheit aufmerksam werden, Fremden gegenüber mußte man in seinen Äußerungen vorsichtig sein. Jeder Mensch in unserer Umgebung ging seinem Geschäft nach, wir aber hatten keines. Obgleich es uns tausendmal besser gegangen war als anderen Emigranten, die ohne jeden Halt und Anhang ihr Dasein in fremden Ländern fristeten, ließ es sich nicht länger verbergen: wir waren überflüssig. Nach und nach richtete es sich so ein, daß wir Gelegenheitsarbeiten verrichteten, bei Bekannten oder Freunden von Bekannten, die nicht darauf bestanden, die neuen Angestellten der Vorschrift gemäß anzumelden. Mich traf es, bei Morgengrauen Milchflaschen auszutragen, anhand einer Liste vor Tür 4 im 3. Stock zwei Flaschen, im 4. vor Tür 8 eine Flasche abzustellen, zur Abwechslung vielleicht noch ein Fläschchen Rahm dazu, und gleich darauf dasselbe im nächsten Haus, zwei oder drei Straßenzüge entlang. Oder ich saß im Hinterstübchen einer Kolonialwarenhandlung und addierte die Eintragungen ins Kassenbuch, lange Zahlensäulen, die die getätigten Einnahmen festhielten: 1.40 für Gurken, 3.70 für Schinken. Man kann sich das heute, wo alles automatisch ist, nicht mehr so recht vorstellen. Für einen hochnäsigen Gymnasiasten waren das demütigende Tätigkeiten, für einen jungen Sozialisten aber der Stolz, zum »arbeitenden Volk« zu gehören.

Trügerische Ruhe nach der Flucht. 1938 mit Verwandten in Preßburg. Egon Schwarz zweiter von rechts

Besser entsprach meinem Selbstverständnis die Stelle eines Sprachlehrers. In den letzten Wiener Monaten hatte ich mir unter der Anleitung eines jungen Mediziners, der die Kunst seinerseits wieder südamerikanischen Kommilitonen abgelauscht, und mithilfe eines Wörterbuches etwas Spanisch beigebracht. Und jetzt gab ich das nützliche Wissen gegen Entgelt weiter. Meine Schüler waren bescheidene Bürger, die sich nur unter dem Druck der Zeiten einer so extravaganten Tätigkeit wie dem Erlernen einer halb exotischen Fremdsprache widmeten. Mit Gerundien und Partizipialkonstruktionen kam ich bei ihnen nicht weiter, ich mußte die Gymnasialweisheiten fahren lassen – darin sollte ich in meinem weiteren Leben viel Übung bekommen – und mich mit pädagogisch einfacheren Erklärungsmethoden begnügen lernen.

Niemand konnte sich natürlich über die exponierte Lage des Landes täuschen. Die Optimisten verließen sich auf den vorzüglichen Stand der tschechischen Rüstung und die Bereitschaft der Armee, sie trösteten sich mit dem französischen

Freundschaftsvertrag, den heiligen Versprechungen der Alliierten, mit dem oft geäußerten Wohlwollen der Russen. Die Pessimisten spielten mit dem Gedanken an Auswanderung, die ganz Schlauen und Mutigen bereiteten sie aktiv vor. Ein Kaffeehauspolitiker und kleiner Salonstratege war aber in jenen Tagen jeder.

Meine Verwandten gehörten durch die Bank zu den Zuversichtlichen. Hitler werde dies nicht wagen, der Westen jenes nicht zulassen, die slawische Solidarität ein drittes verhindern, das Naziregime unter dem Gewicht der eigenen Extremität zusammenbrechen. »Im Herbst seid ihr wieder in Wien«, verhieß der tatkräftige Onkel, der uns über die Grenze geschmuggelt hatte. Die Geschwister meiner Mutter waren dem Judenviertel entwachsen, ein Bruder war Rechtsanwalt geworden, ein hochgeachteter Herr mit Zwicker, der andere war Teilhaber einer Molkerei, ein dritter hatte wie der Großvater das Uhrmacher- und Juwelierhandwerk erlernt, ein vierter war Geschäftsmann. Allen ging es gut, zwei hatten Familien gegründet, es waren Kinder da, ich war längst aus meiner Vorrangstellung als einziger Enkel verdrängt. Nicht einer dachte daran, vor einer »Chimäre«, wie sich der bewunderte »Doktor« unter den Onkeln ausdrückte, ins Elend der Emigration zu gehen. Wenn einer von uns Wienern Zweifel oder Befürchtungen äußerte, dann wurden sie wie die alptraumartigen Hirngespinste von Gescheiterten beiseitegeschoben.

Mögen sie auch in manchen Dingen verschiedener Meinung gewesen sein, daß mit mir etwas geschehen müsse, daß ich, falls der ungewisse Zustand wider Erwarten länger anhalten sollte, eine Ausbildung brauchte, darin waren sich alle einig. Und so kam es, daß ich, der ich den unruhigen Zeiten wenigstens den Vorteil zu verdanken glaubte, den Torturen des Gymnasiums entronnen zu sein, plötzlich wieder in einer düsteren Schulstube saß und den Federstiel über den Klausuren zur Aufnahme in die siebente Klasse des Preßburger Deutschen Gymnasiums zerkaute.

Die Weltgeschichte brachte mich jedoch um die intimere Bekanntschaft mit diesem sicherlich sehr würdigen Institut. An dem Tag, als ich halb mißmutig, halb erwartungsvoll meine neue Wirkungsstätte betreten wollte, wurde ich barsch von einer Schülerwache zurückgewiesen. Streik war ausgebrochen, der Unterricht bis auf weiteres vertagt. Große handgemalte Plakate und Transparente belehrten mich, worum es ging. »Ist die Judenbande raus, betreten wieder wir das Haus« lautete einer der unmißverständlichen Wahlsprüche. Unter dem Einfluß des Zeitgeistes hatte die fanatisierte Schülerschaft die Ausstoßung ihrer jüdischen Mitschüler beschlossen.

Jetzt überstürzten sich aber die politischen Ereignisse mit solcher Eile, daß auf mein ganz persönliches Fiasko niemand mehr recht achtete. Lord Runciman hatte seinen Bericht an die englische Regierung gesandt, von der, wie man heute weiß, die Tschechoslowakei schon längst preisgegeben war, es kam zu den Gesprächen von Bad Godesberg und zur Münchner Konferenz, das Land, das wir uns als Asyl erkoren hatten, wurde aufgeteilt. Von der Preßburger »Au«, einem Wald-, Park- und Wiesengelände auf der anderen Seite der Donau, das in mancher Hinsicht dem Wiener Prater ähnelte, wehte uns eines Tages die für uns schreckliche schwarz-weißrote Hakenkreuzfahne entgegen. Die Donau konnte man nicht mehr überqueren. Wir waren eingekreist. Wieder einmal war die Zeitgeschichte zu meiner Lebensgeschichte geworden, was ja der Grund für die vorliegenden Aufzeichnungen ist.

Die Slowakei war von diesen Entwicklungen in einer besonderen Weise betroffen. Die Spannungen zwischen den feindlichen Vettern, den Tschechen und den Slowaken ausnützend, hatte Hitler die Autonomie des Ländchens durchgesetzt. Eine faschistische Regierung mit dem Klerikalen Tiso an der Spitze übernahm das Staatsruder, die gefürchtete Hlinka-Garde, eine paramilitärische Truppe nach dem Muster der SA oder SS, entfesselte ihren langersehnten Terror. Und eine der ersten Maßnahmen, die die neue nationalistische Regierung ergriff, war die Verfolgung der in Preßburg ansässigen Minderheiten: tschechische Beamte wurden nach Böhmen »heimgeschickt«, besondere Maßnahmen gegen die Juden erlassen, in Preßburg lebende Ungarn, die es aus irgendwelchen Gründen versäumt hatten, die tschechoslowakische Staatsbürgerschaft zu erwerben, wurden ausgewiesen, und aus Dankbarkeit für Hitler, den Wohltäter, der sie in diese beneidenswerte Lage versetzt hatte, widmeten sich die neuen Machthaber der Drangsalierung der Flüchtlinge, die sich aus dem Nazireich in ihr Hoheitsgebiet »gerettet« hatten. Systematische Razzien wurden durchgeführt. Uniformierte Häscher und solche in Zivil zogen allnächtlich von Haus zu Haus, von Wohnung zu Wohnung, und trieben alle diejenigen, die unter die neuen Dekrete fielen, aus den Betten auf die Straße, in wartende Lastwagen, die abfuhren, sobald sie sich mit menschlicher Fracht gefüllt hatten.

Ganz gleich, welcher gefährdeten Spezies sie uns auch zurechnen mochten, ohne jede Aufenthaltserlaubnis hatten wir bei Entdeckung mit dem Abtransport zu rechnen. Diesem Schicksal hofften wir zu entgehen, indem wir uns bei Dunkelheit auf den Weg machten und durch die Straßen wanderten. Einer meiner Onkel, der fünfzig Meter vorausging, spähte um die Ecken und winkte uns, wenn die Luft rein war, zu, ihm zu folgen. Auf diese Weise überstanden wir tatsächlich eine nächtliche Durchsuchung der Wohnung meiner Großmutter, in der wir Unterschlupf gefunden hatten. Wie lang man eine solche Lebensweise, das Schlafen bei Tag und das ängstliche Umherschleichen in der Nacht, hätte aushalten können, brauchten wir nicht zu erproben. Schon nach wenigen Tagen ereilte uns auf der Straße das Los, um das wir uns drücken wollten. Bis nach Mitternacht war alles gut gegangen, nur in der Ferne hatten wir ein paar Grüppchen gesehen, Vertreter des Staatsapparates und ihre Opfer, Männer, Frauen und Kinder, bei denen etwas nicht stimmte: der Paß, die Sprache, die Religion oder was man damals die Rasse nannte, von der aber niemand recht wußte, was sie war und wie man sie erkennen konnte. Selbst die Nürnberger Gesetze, die es ja in dieser Hinsicht am weitesten trieben und deren Verfasser es der Ideologie zuliebe bestimmt vorgezogen hätten, von der Religion ganz abzusehen, konnten auf sie nicht verzichten: Nichtjude war, wer vier christliche Großeltern aufzuweisen hatte. Letzte Perversion der aristokratischen Ahnenprobe des Mittelalters! Ein »rassischer« Beweis war das freilich nicht, man hatte damit die Gretchenfrage nach dem Glauben bloß um zwei Generationen weiter in die Vergangenheit zurückverlegt.

Schon meinten wir, für diesmal sicher zu sein, denn gegen ein Uhr oder halb zwei hörte der Spuk gewöhnlich auf, da wurde vor unserer Nase ein Tor aufgerissen und wir liefen einer Streife gerade in die Hände. Der Einspruch meines slowakisch redenden Onkels erwirkte uns die Vergünstigung, daß wir noch einmal nach Hause durften, unter militärischer Bedeckung, versteht sich, um schnell ein paar Sachen einzupacken. Bald darauf standen wir dann eng zusammengepfercht mit anderen Leidensgenossen auf einem offenen Lastwagen und fuhren in die Nacht. Gerüchte, unser Schicksal betreffend, soweit man sie in dem Sprachgewirr von Slawisch, Jiddisch, Deutsch und Ungarisch, das uns umgab, ausmachen konnte, schwirrten einem um die Ohren: Gefängnis? Zwangsarbeit? Deportation nach Deutschland? Konzentrationslager? Bald graute der Morgen, man konnte die Landschaft sehen, einige erkannten die Gegend. Wir fuhren in südöstlicher Richtung. Immer öfter wurde die Ansicht geäußert, daß man uns zur Schüttinsel brachte, jenem Teil der Tschechoslowakei, der nach dem Münchner Abkommen an Ungarn abgetreten werden sollte.

Diese Vermutung erwies sich bald als die richtige. Schon begegnete man hier und da marschierenden oder kampierenden Truppenteilen der ungarischen Armee. Wir durchquerten mehrere Dörfer. Plötzlich hatte die Fahrt ein Ende, wir wurden nicht gerade sanft abgeladen, unsere Aufseher sprangen wortlos wieder auf, das Fahrzeug drehte sich und verschwand eilig auf Nimmerwiedersehen in der Richtung, aus der es gekommen war. Wir befanden uns auf dem Marktplatz eines kleinen Städtchens, dessen Namen wir bald von den neugierig uns Umdrängenden erfuhren: Dunaszerdahely. Vorgestern hatte es noch auf slowakisch Dunaeskastreda geheißen und sollte heute oder morgen oder demnächst von den Ungarn in Besitz genommen werden. Überall sah man ungarische Schlagzeilen: »Haza felé vonolunk« – Wir ziehen heimwärts, das war der nationalistische Slogan, mit dem dieser Wechsel poetisiert wurde.

Was aber sollte mit uns geschehen? Schon vor uns hatten ein paar Fuhrwerke ihre menschliche Last auf dem Marktplatz ausgeschüttet und zusammen machten wir immerhin einen Haufen von achtzig bis hundert Obdachlosen in einer den meisten gänzlich fremden Umwelt aus. Noch funktionierten aber die Gepflogenheiten des zivilisierten Umgangs, so ungewohnt die Situation auch war und so sehr sich in unserem unbefugten Kampieren auf dem Marktplatz einer kleinen slowakisch-ungarischen Kreisstadt die monströse Zukunft auch ankündigen mochte. Mit Dankbarkeit denke ich an die Bevölkerung zurück, die ohne Geheiß – es gab ja keinerlei Obrigkeit, denn die slowakische war bereits abgezogen und die ungarische noch nicht eingetroffen – Speisen und Decken, Spaten und Zelte herbeischaffte, weiß der Himmel aus welchem Vorrat, um die ebenso ungebetenen wie ratlosen Gäste zu behausen und zu beköstigen. Die Zelte wurden unter Hallo aufgeschlagen, große Kessel, sogenannte Gulaschkanonen, herangeschleppt und unter Feuer gesetzt. Bald brodelte in den Behältern eine bräunliche Suppe, von der ein angenehmer Duft ausströmte. Unter dem Einfluß der heißen Nahrung tauten die von der nächtlichen Fahrt klamm gewordenen Körper auf und die neu erwachten Lebensgeister verdrängten schnell den brütenden Trübsinn, der sich der meisten bemächtigt hatte. Schnell wurden Bekanntschaften geschlossen, Erzählen und Scherzen ging bald hin und her, man tat sich gütlich und witzelte dabei, als handle es sich um einen Betriebsausflug, veranstaltet von Menschen, die schon jahrelang vertraut miteinander gearbeitet hatten. Meiner Erfahrung nach braucht es wenig, um den Funken der Lebenslust aufflackern zu lassen. Ein wenig Wärme, ein Teller Essen, ein Gefühl freundlicher Gemeinsamkeit, und die größten Unbilden sind vergessen. Bald bildete sich ein reger Verkehr heraus, einzelne von uns wurden von den Ortsansässigen mit nach Hause genommen und zu mancherlei Arbeiten und Verrichtungen angehalten. Mir fiel es zu, bei zwei Frauen Holz zu sägen, zu spalten und in einem Schuppen für den kommenden Winter aufzustapeln. Mögen sie es recht warm gehabt haben in ihren winzigen Stuben! Sehr geschickt kann ich mich bei dieser ungewohnten Arbeit nicht angestellt haben, ich bekam Blasen an den Händen und Muskelkater an Stellen, wo ich vordem keine Muskeln vermutet hatte. Dafür wurde ich aber gut gefüttert und schlief auf dem harten

Boden meines Zeltes besser als in dem sprichwörtlichen Himmelbett.

Auf diese Zeit blicke ich trotz ihrer unbürgerlichen Außergewöhnlichkeit wie auf eine friedliche Idylle zurück, obgleich ich mir klar bin, daß die Sorgen um die Zukunft ältere Leute, die für andere (es gab eine Reihe von Kindern, schwangere Frauen, einige mehr oder weniger behinderte Greise und sogar einen Schwachsinnigen in unserer Schar) verantwortlich waren, auch während dieser sechs oder acht ruhigeren Tage nicht losließ. Mir jedoch, in meinem jugendlichen Leichtsinn, hat der erregende Hauch Abenteuerlichkeit, der dem allen anhaftete, nicht nur den Aufenthalt in dem Städtchen Dunaszerdahely, sondern auch das Schlimmere, das noch bevorstand, ins Phantastische, ja Poetische verzaubert.

Wäre ich klüger oder erfahrener gewesen, dann hätte ich mir nicht verhehlen können, daß das Kampieren eines Haufens Landesfremder auf dem Markt einer mitteleuropäischen Kleinstadt nur ein prekäres Zwischenspiel sein durfte. Was kommen mußte, kam nur allzu schnell. Bald nach unserer Ankunft waren auch die Ungarn eingerückt, zuerst eine militärische Einheit, dann die zivilen Behörden, dank unserer »zentralen Lage« buchstäblich vor unseren Augen: Wir sahen einen Zipfel Geschichte an unseren Nasen vorüberwischen. In jedes leerstehende Amt zogen neue Inhaber ein, jeder von einem slowakischen Bürokraten im Stich gelassene Schreibtisch, so stelle ich es mir vor, wurde von einem ungarischen besetzt. Es konnte nicht ausbleiben, daß der neuen Stadtverwaltung das Zeltlager und der Rummel, der sich direkt unter ihren Fenstern abspielte, unliebsam auffiel. Damit war aber unser Schicksal, schutzlos wie wir waren, auch schon besiegelt, und es wiederholte sich mit leichten Abwandlungen ein uns bereits bekannter Vorgang. Ein Trupp Uniformierter erschien – was verschlug es, daß es sich um andere Uniformen handelte und daß sie ihre barschen Anweisungen auf ungarisch statt auf slowakisch oder deutsch gaben? – und nahm uns in Gewahrsam. Wir mußten die Zelte abbrechen, die geliehenen Dinge säubern und aufschichten, unsere eigenen Habseligkeiten zusammensuchen.

Den dadurch entstehenden Aufschub benutzte meine Mutter, um ins Bürgermeisteramt zu rennen und, wie sie sich ausdrückte, in ihrem elegantesten Ungarisch Gnade für ihre Familie zu erbitten. Vergeblich. Ihre linguistischen Künste nützten nichts, wir wurden behandelt wie jedermann: man bildete Viererreihen, das ganze Rudel mit Sack und Pack und Kind und Kegel wurde zum Bahnhof getrieben und in einem bereits unter Dampf stehenden Extrazug untergebracht. Es dauerte nicht lange, da fuhren wir einem neuen, wenn auch gänzlich undurchsichtigen Schicksal entgegen.

Aus unserer Wachmannschaft, bestehend aus ungarischen Gendarmen, war nichts herauszubekommen, selbst als der Zug nach ein- oder zweistündiger Fahrt Halt machte und wir unseren Weg zu Fuß fortsetzten. Wir befanden uns in ländlicher Gegend und zogen auf einem rauhen Fahrweg durch die Gegend, beladen mit Rucksäcken und Bündeln, Koffern und Paketen. Wohin? Wieder begann ein fruchtloses, durch Schreckensphantasien bis zur Hysterie aufgepeitschtes Mutmaßen. Die Erregung übertrug sich auf die Kinder, von denen bald ein halbes Dutzend ein Heul- und Zeterkonzert anstimmte. Einem Wanderer hätte sich ein makabrer Anblick geboten, aber niemand begegnete uns. Über eine Stunde war schon auf dieser sonderbaren Pilgerschaft vergangen, die Dämmerung und schließlich die Nacht hereingebrochen. Endlich kamen wir an ein Gehöft, ein verlassenes Bauernhaus, das sich als das vorläufige Ziel unserer Reise herausstellte. Ärger als das Vieh in zwei kleinen Bauernstuben zusammengepfercht, verbrachten wir die Nacht, mehr übereinander als nebeneinander liegend, auf Tischen, Bänken und Fußböden. Unsere Kerkermeister richteten sich bequemer in einer eigenen Kammer ein.

Bei Morgengrauen, nach der notdürftigsten Säuberung an einem Brunnen, wurden wir im Hof versammelt. Frühstück gab es keines, überhaupt hatte seit dem Aufbruch nur der etwas gegessen, dem es in der Eile gelungen war, sich mit irgendwelchen Vorräten zu versehen. Der Anführer der Gendarmen richtete ein paar Worte an uns, deren Sinn von den Sprachkundigen unter uns schnell verdolmetscht wurde: Er forderte uns auf – unter Androhung des Erschießens! – alle Wertsachen, alles noch in unserem Besitz befindliche Geld abzuliefern. Dieser Befehl, aber vielleicht noch mehr die Befürchtungen für das Kommende, die er auslöste, versetzte die Menschen in die größte Aufregung. In einer kleinen Seitentasche meines Rucksacks waren ein paar Geldscheine, das letzte Überbleibsel einer vormals geregelten Existenz, versteckt. Meine ängstliche Mutter zeigte es dem uns durchsuchenden Gendarmen, der die Banknoten mit einem mir unvergeßlichen Schmunzeln an sich nahm. Ob mir meine Mutter damals wirklich das Leben gerettet oder nur unseren letzten Notpfennig preisgegeben hat, läßt sich heute nicht mehr ausmachen. Tatsache ist, daß wir nun nichts mehr auf Erden besaßen als das nackte Leben. Wie lange würden wir es behalten?

Nachdem auch diese Aktion abgetan war, setzte man sich wieder in Bewegung wie am Vortag. Diesmal aber währte die Wanderung nicht lange. Bald entstand ein Stocken, die Gendarmen verdrückten sich hinter ein paar Büsche, die am Wegrand standen und bedeuteten uns mit heftigen Gebärden, weiterzumarschieren. Zögernd setzten wir unseren Weg fort. Die bisher benutzte Straße war an dieser Stelle in einen Feldweg übergegangen, links und rechts lagen abgemähte

Äcker, Bündel Maisstroh zu mannshohen Mieten aufgebaut, ein gelegentlicher Strauch, weit und breit kein Baum, keine menschliche Behausung.

Als wir zweihundert oder dreihundert Schritte in diese Landschaft vorgedrungen waren, erhoben sich vor uns einige übernächtig aussehende Gestalten, deren immer mehr wurden. Wir wurden umringt, Fragen und Antworten flogen hin und her, man bat uns um Essen, das Wenige, das sich in den Taschen und Ränzeln fand, wurde verteilt. Aus dem Stimmengewirr ergab sich, daß wir zu Schicksalsgenossen gestoßen waren, die schon gestern oder vorgestern von der ungarischen Polizei, der Gendarmerie oder dem Militär aufgegriffen und hierhergebracht worden waren. Ein paar hundert Meter vor uns sahen wir slowakische Grenzposten, hinter uns, die Rückkehr verwehrend, hatte sich eine Kette ungarischer Grenzwächter gebildet. Dazwischen war ein breiter Streifen Demarkationslinie, wie der technische Ausdruck für dic von einer internationalen Grenzverschiebung betroffene Zone lautet. Wir waren Niemande im »Niemandsland«.

Es begann nun eine der absurdesten, ganz aus dem Rahmen der Herkömmlichkeiten fallende Episode meines Lebens. Armut und Arbeitslosigkeit, Streik und Protest, selbst Krieg und Revolution, Inhumanes von Menschen über andere Menschen Verhängtes gehörten vergleichsweise zu den »normalen« Erscheinungen, machten den Vorrat des Erfahrenen oder wenigstens des Vorstellbaren aus. Aber die Existenz von Ausgebürgerten und Geächteten, sozusagen ausgestrichen aus den Listen der standesamtlich Zugelassenen und Lebensberechtigten, war damals vor dem Krieg in Mitteleuropa, zwischen zwei Staaten, deren Machthaber ständig salbungsvolle Worte von Abendland und Gesittung im Munde führten, noch eine Neuheit, etwas Unverständliches, in keiner Rubrik Unterzubringendes. In den nächsten Stunden gesellten sich von der ungarischen Seite kommend, auf ähnliche Weise aufgestöbert, verhaftet und herbeigetrieben wie wir, noch manche Nachzügler zu uns, dann schienen wir vollständig zu sein, denn wir erhielten keinen Zuwuchs mehr. Wir mochten um die fünfhundert Gestrandeter gewesen sein, eine zusammengewürfelte Schar, für die es schwer gewesen wäre, einen gemeinsamen amtlichen Nenner zu finden: Ungarn, die ihr ganzes Leben in Bratislava, Slowaken, die das ihre in Ungarn verbracht hatten, Leute mit falschen oder gar keinen Pässen, deutsche und österreichische Sozialdemokraten, die in die Tschechoslowakei geflüchtet waren, Juden jeder Sorte, aus Wien und Berlin, Köln und Breslau, Gebildete und Assimilierte und solche mit Kaftan und Schläfenlokken, Menschen jedes Alters und beiderlei Geschlechts, Verheiratete und Ledige, ganze Familien mit kleinen Kindern und Personen, die ihren Angehörigen entrissen waren und über deren Verbleib sie nichts wußten, ein Babel an Sprachen, in dem man seine eigene nicht mehr verstand, ein Durcheinander von Deutsch und Jiddisch, Slawisch und Ungarisch. Die einzige unzweifelhafte Gemeinsamkeit in dieser buntscheckigen, willkürlich zusammengetragenen Menge war, daß ein jeder in irgendeiner Weise von der über Europa hinschießenden faschistischen Welle erfaßt und weggefegt worden war.

Aber auch hier, unter diesen unwahrscheinlichen Bedingungen ging, wie es so schön heißt, das Leben weiter, auch unsere entbehrungsreiche Misere war eine »Fortsetzung des Lebens mit anderen Mitteln«. Die Frage war nur: Mit welchen? Ein paar umsichtige Personen begannen den Haufen zu organisieren. Zunächst mußte das Lebensnotwendige aufgetrieben werden. Leute wurden ausgeschickt, die Felder, die sich links und rechts kilometerweit erstreckten, nach Eßbarem abzusuchen. Bald brannten kleine Feuerchen, in denen man von der Ernte vergessene Kartoffeln, Rüben und Maiskolben briet. Wasser fand sich in einem kleinen Tümpel. Aus Stroh wurden Lagerstätten aufgeschüttet. Es war November, das Wetter herbstlich, kalt und feucht. Mit Furcht dachte man an Regen. Fielen ein paar Tropfen, dann erhoben die Orthodoxen ein lautes Gebet zum Himmel und flehten um Aufschub. Die meisten erwarteten aus dieser Richtung keine Hilfe mehr.

Wie lange wir so gelebt haben, weiß ich nicht mehr, es können wenige oder viele Tage gewesen sein. An eine aus dem Einerlei scharf hervorstechende Szene erinnere ich mich aber noch nach all den vielen Jahren mit halluzinatorischer Überdeutlichkeit. Ein militärisches Fahrzeug, eine Art Jeep, fuhr plötzlich von der slowakischen Seite zu uns heran. Ihm entstieg ein anscheinend höherer Offizier, der eine einzelne buchstäblich gestrandete Familie mitbrachte, Vater, Mutter und zwei bläulich angelaufene, halb erfrorene Säuglinge, von denen einer auch ein paar Stunden später starb. Man hatte die Unglücklichen auf einer Donauinsel, wohin sie sich vor der Brutalität ihrer Verfolger geflüchtet hatten, gefunden und zu uns gebracht, die wir unserer größeren Zahl wegen doch noch etwas wie Schutz und Gemeinschaft zu gewähren hatten. Aber dem Bild, das wir ihm boten, war selbst der abgehärtete Soldat nicht gewachsen. Als er so viel Unbehaustheit inmitten der »zivilisierten« Welt vor sich sah, das Elend, die ruinierten Kleider, die abgezehrten Gesichter, die in stummer Bitte oder Anklage auf ihn gerichteten Blicke, da übermannte ihn die Rührung. Er mußte sich die Augen bedecken, sich abwenden, ein Schluchzen erschütterte seinen Körper und, von seiner Regung ergriffen, weinten Hunderte Ausgestoßener mit ihm.

Diese Anwandlung menschlichen Mitgefühls, ob sie schon gewaltige soziale Schranken zu überwinden schien, sollte jedoch rein privater Art bleiben, ließ sich trotz des besten Willens nicht in offizielle Milde umwandeln. Auf sein Verlangen überreichte der von uns zum Fürsprecher bestimmte Wiener Arzt dem Offizier eine Liste dessen, was uns am meisten nottat: Lebensmittel, Zelte, Medizin, das Recht, die hochschwangeren Frauen und die Toten in die nahegelegene Stadt zu schicken. Denn es gab bereits Tote. Die Alten und Gebrechlichen hielten den Entbehrungen nicht stand. Die Antwort erfolgte wenige Tage später: alle Forderungen, mit Ausnahme der Ablieferung der Verstorbenen wurden abgelehnt.

Inzwischen war aber längst Hilfe aus anderer Quelle gekommen. Auf die Nachricht unserer Existenz hin hatte die jüdische Gemeinde Preßburg die Erlaubnis erwirkt, uns Unterstützung zu bringen, und ehe die Not noch aufs höchste gestiegen war, rollte der erste vollbeladene Lastwagen an den Posten vorbei bis dicht an unser Strohlager heran, vollbepackt mit unschätzbaren Köstlichkeiten. Das Ausladen gestaltete sich zu einer Art Volksfest. Brote und Würste, Milch und Obst verschwanden im Augenblick, in dem sie auftauchten. Es war erstaunlich, mit welcher Geschwindigkeit fünfhundert hungrige Mägen eine schier unerschöpfliche Menge Nahrungsmittel vertilgen konnten. Zuletzt wurde noch ein Fäßchen Wein herausgerollt, und als sein Inhalt denselben Weg zurückgelegt hatte, stieg die gute Laune auf ihren Höhepunkt. Unter Gesängen wurden Gräben ausgehoben, Zelte errichtet, Lagerfeuer entzündet. Jedem war die Zunge gelöst, es ging an ein Berichten und Erzählen bis tief in die Nacht hinein, so als hätten die Menschen einander eben erst kennengelernt und doch schon die engste Freundschaft geschlossen.

Von diesem Zeitpunkt an ging alles besser. Täglich kamen die Preßburger »Lieferungen«, es mangelte nicht mehr an

Essen und Trinken, sogar Geld tauchte hier und da wieder auf, eine Art Fraternisierung mit den Grenzwächtern bahnte sich an und gab zu kleinen Geschäftsverbindungen Anlaß, Pfeifentabak und Zigaretten gelangten ins Lager, in den immer kälter werdenden Nächten kreiste manche Schnapsflasche. Auch hier zeigte sich die erstaunliche Fähigkeit der Menschen, sich abzufinden und anzupassen. Man »richtete sich ein«.

Für meine Eltern und mich sollten alle diese Erleichterungen nicht mehr von großer Bedeutung sein, denn die Befreiung stand unmittelbar bevor. Eines Abends erkannten wir zu unserem maßlosen Erstaunen in dem Fahrer des täglichen »Freßwagens«, ausgestattet mit zünftiger Schildmütze und Lederjacke, meinen energischen Onkel, der uns schon einmal über die Grenze geschmuggelt hatte. Seine Anwesenheit im Niemandsland und seine Maskerade als Lastwagenchauffeur konnte jetzt nur *einen* Sinn haben, so daß zwischen uns die allerlakonischste Verständigung genügte. In einem günstigen Moment schlüpften wir auf die hintere Plattform des Fahrzeugs, leere Körbe und Kartoffelsäcke wurden auf uns gehäuft und wir fuhren auf die Grenze zu. Alles verlief so glatt wie auf einer Spazierfahrt. Lediglich unsere hochklopfenden, aber unter allerlei Wust gut verborgenen Herzen registrierten die Gefährlichkeit des Unternehmens. Mehrmals mußte angehalten, Worte gewechselt werden, aber der Passierschein tat bei den ebenso ahnungslosen wie gelangweilten Grenzposten auf der Rückreise die gleiche Wirkung wie schon auf der Hinfahrt. Schon lag der Schrecken hinter uns, in einer halben Stunde waren wir in der Stadt bei der Großmutter. Die Entführung war geglückt, wir waren frei, wieder einmal – bis auf weiteres – gerettet. Was aus den anderen geworden ist, kann ich nicht mit Sicherheit sagen. In den ersten Monaten drangen noch Gerüchte zu uns: das Lager sei aufgelöst worden, die Insassen in der Stadt untergebracht, ins Gefängnis gesteckt worden. Wie dem auch sei, wenn man das weitere Schicksal der Tschechei und auch der Slowakei bedenkt, dann ist die Wahrscheinlichkeit, daß viele von unseren damaligen Genossen mit dem Leben davongekommen sind, gering.*

Heißes Wasser, Seife, ein Bett! Seit dieser Nacht weiß ich, was Luxus ist. Noch etwas anderes weiß ich aber seither: daß jede Zugehörigkeit, jedes Recht, jede Gemeinschaft auf Illusionen beruht, bis auf Widerruf von den jeweils Mächtigen gewährt, nach Willkür und Gutdünken wieder entzogen. Selbst der Zusammenbruch Österreichs, der Verrat alter Bekannter, die Auflösung aller dort entstandenen Bindungen hatte nicht zu einer so totalen Ernüchterung geführt, denn ich konnte immer noch die Schuld auf ein einziges Land, eine einzige Regierung und, wenn ich es mir sehr bequem machen wollte, auf einen einzigen Menschen schieben, und ich hatte mir in der Tat eingebildet, anderswo wiederzugewinnen, was ich dort verloren hatte. Erst die Erlebnisse der letzten Wochen hatten mir jene Illusionslosigkeit eingeflößt, die ich bis heute nicht wieder verloren habe und auch um nichts aufgeben möchte. Seither ist mir selbst in den besten Zeiten, als stünde ich nicht auf festem Boden, als spürte ich die Bewegung der Erdkugel und als sei mir alles, was ich habe und benütze nur geliehen. Das ist nicht etwa ein ungutes Gefühl, im Gegenteil, es gewährt unverkennbare geistige Vorteile,

* Jahrzehnte später kam mir George F. Kennans Tagebuch zu Gesicht, in dem er als damaliges Mitglied der amerikanischen Botschaft in Prag diese Lager-Episode als Besonderheit aufgezeichnet hatte. So war, was wir als persönliches Mißgeschick erlebt hatten, historisch geworden, so wie ja das ganze weitverzweigte Exil der Hitlerflüchtlinge Gegenstand der Geschichtsforschung geworden ist. Man könnte also sagen, daß ich in diesen Blättern der zeitgenössischen Historiographie eine Facette aus dem Alltag der Emigration liefere. E.S., 1991

sonst würde es ja das Christentum nicht in seinen Anhängern, wenn auch meist vergebens, zu erwecken suchen. Durch Geburt von den Segnungen des Christentums ausgeschlossen, mußte ich mir dieses Wissen auf dem Umweg über das Niemandsland-Lager zwischen den christlichen Staaten Ungarn und der Slowakei erwerben.

Die Euphorie, in die uns das Gelingen unserer waghalsigen Flucht versetzt hatte, war schnell verflogen. Beim trüben, nüchternen Licht der Herbstwirklichkeit von 1938 zeigte es sich nur zu deutlich, daß wir uns zwar mit knapper Not aus einer Kalamität gerettet hatten, daß aber dadurch nicht einmal der Status quo ante wieder hergestellt war, denn wir standen jetzt schlechter und gefährdeter da als vor der Deportation. Niemand, nicht einmal die nächsten Bekannten, durfte etwas von unserer Anwesenheit wissen, kein Amt, keine Behörde auf uns aufmerksam werden. Aber konnte eine ganze Familie in einem dichtbevölkerten Häuserblock auf die Dauer verborgen bleiben, wo jeder ein abgefeimter Topfgukker war und das beliebteste Gesprächsthema die kleinen oder großen Heimlichkeiten der Nachbarn? Kam jemand ins Haus der Großmutter, ja läutete es bloß an ihrer Wohnungstür, dann entfernten wir mit fliegender Eile die Spuren unseres Vorhandenseins und verkrochen uns im hintersten Winkel des letzten Zimmers. An Arbeit, ja selbst an Ausgehen war unter diesen Umständen nicht zu denken. Außerdem verdunkelte sich zusehends der politische Horizont. Die Optimisten waren kleinlaut geworden, die Schwarzseher führten jetzt allein das Wort, und sie sollten recht behalten. Alle diese Faktoren, wie immer man sie addieren mochte, ergaben zusammen einen einzigen, wenn auch negativen Befund: in Preßburg, der Hauptstadt der deutschfreundlichen Slowakei, konnten wir nicht länger bleiben. Wohin aber, umgeben vom hochaufbrandenden Meer des Faschismus, konnte man sich wenden? Es wurde hin- und herüberlegt und endlich ein Entschluß gefaßt: Wir mußten versuchen, nach Prag zu gelangen, das damals noch eine antifaschistische Insel war und uns vorläufig Schutz bieten mochte. Dann würde man weitersehen. Dieses »Weitersehen« war bereits zur stehenden Phrase geworden. Im Grunde bedeutete sie, daß die Aussicht in die Zukunft verrammelt war. Kein Schritt, den man machen konnte, bot die geringste Gewähr, daß er vernünftig war.

So verhielt es sich auch mit Prag. Sich in die belagerte Hauptstadt eines zerstückelten, zu Tode bedrohten Landes zu begeben, war ein verzweifelter Schritt. Aber zu diesem Zeitpunkt war für unsereins bereits jedes Unternehmen eine Verzweiflungstat. Schon die Fahrt zeigte mit aufdringlicher Deutlichkeit die Ausweglosigkeit der Lage. Wir hatten als das unauffälligste Transportmittel die Bahn gewählt und waren dem Geschnapptwerden auf dem Bahnhof entgangen. Aber die Strecke, die sonst mitten durch die Tschechoslowakei geführt hatte, ging jetzt, nach der Abtrennung der Sudetengebiete, durch Feindesland. In versiegelten Zügen fuhr man jetzt von Preßburg nach Prag, nur durch eine schwächliche Plombe vom Nationalsozialismus getrennt, dessen Embleme wir in nervenerregender Nähe durch die Fensterscheiben an den Häusern und Plätzen vorbeiflitzen sahen. Endlos dünkte die Fahrt, und als der Zug schließlich doch in der Prager Bahnhofshalle zum Stillstand kam, hatte man wieder einmal das Gefühl, gerade noch mit heiler Haut davongekommen zu sein.

Prag glich in dieser Zeit einem Hexenkessel, dem engen Freiraum, in dem sich das gejagte Wild zu einer letzten Atempause vor dem Abgeschossenwerden zusammendrängte. Es wimmelte von Flüchtlingen jeder Beschreibung, Juden aus allen Himmelsgegenden, aber auch politischen Gegnern der Nazis, Kommunisten, Sozialdemokraten, österreichischen Monarchisten, und jede Gruppe hatte ihre eigene Hilfsorganisation, sogar die verhältnismäßig kleine Zahl Christen jüdischer Abstammung hatte ihren Hilfsverein, Gildemeester mit Namen, wenn ich mich recht erinnere.

Mit unserem dreifachen »Los«, ratlos, mittellos und hoffnungslos, schwellten wir die Reihen der Überflüssigen dieser Erde. Erst jetzt, im bedrängten Prag, lernten wir das eigentliche Emigrantenelend kennen, dessen typische Szenen sich täglich in den noch nicht von den Nazis beherrschten Zentren der europäischen Zivilisation von London bis Belgrad und von Warschau bis Paris und Lissabon tausendfältig wiederholten. Erst jetzt erkannten wir, wie gut wir es in Preßburg in unserem weitverzweigten Verwandten- und Bekanntenkreis gehabt hatten, verglichen mit der unpersönlichen Misere in dieser eingekreisten Stadt, wo wir keine Seele kannten. Unser Unterschlupf während der ersten Tage war das in halb Europa bekannte Emigrantenhotel »Flora« im Vorort Vinohrady. Hier ergab es sich, daß ich zum ersten Mal im Leben von einem Journalisten, dem Berichterstatter einer schwedischen Zeitung »interviewt« wurde. Wie dieser Mensch uns ausfindig gemacht hat, wüßte ich nicht zu sagen. Tatsache ist, daß ich ihm endlose Auskünfte über das Niemandsland erteilen mußte. Offenbar wurden solche Geschehnisse damals von einer noch nicht ganz abgebrühten, mit den in der Zukunft schlummernden Greueltaten noch unvertrauten Öffentlichkeit als Sensation empfunden. Schon nach wenigen Tagen hielt ich stolz den schwedischen Artikel über mein eigenes Schicksal in Händen, in dem mir nur zwei Dinge völlig verständlich waren: mein mehrmals auftauchender Name und das große rote »J«, mit dem die ganze erste Seite überdruckt war.

Mit diesem »J« sollten wir noch nähere Bekanntschaft

machen. Einer der ersten Gänge meines Vaters führte in die überfüllten Räume der HICEM, des jüdischen Hilfsvereins, wo eine notleidende Menschheit stundenlang die hölzernen Wartebänke drückte, um dann ein paar Minuten lang einem überlasteten und abgestumpften Beamten ein unerfüllbares Anliegen vortragen zu dürfen. Die meisten warteten hier auf geldliche Unterstützung und die Mittel zur Weiterwanderung, am liebsten nach Übersee. Aber auch hier bahnte uns die Erfahrung im Preßburger Niemandsland den Weg zu den maßgebenden Personen, und ich glaube heute, daß sie es war, die uns gerettet hat. Zunächst wurden wir, da inzwischen der Winter endgültig hereingebrochen war, mit warmen, wenn auch ziemlich abgetragenen Sachen versehen und in ein neues, billiges Quartier eingewiesen. Wir bekamen im letzten Stockwerk des »Sektpavillons«, eines beliebten Wein- und Vergnügungslokals auf der »Kleinseite«, in der Jakubská ulice, ein Hinterzimmer zugeteilt. Um dahin zu gelangen, mußte man sich durch mehrere Räume schleichen, in denen bei Tag die Kellner dicht aneinanderliegend ihre Müdigkeit ausschliefen. Aber es war immerhin eine Unterkunft, und Ansprüche auf Bequemlichkeit hatten wir längst gelernt aufzugeben. Auch die behördliche Aufenthaltsbewilligung in Prag war bald beschafft, zunächst auf drei Monate, aber verlängerbar, wie man uns versicherte. Darin zeigten sich die Tschechen ungemein großmütig. Irgendwo sein zu dürfen, legal mit Schein und Stempel, war für unseresgleichen im damaligen Europa kein verächtliches Privileg. Das Beste aber, was uns die durch unsere Erlebnisse (und die schwedische Zeitung, von der wir uns niemals trennten) aus ihrer normalen Lethargie geweckten Leute des Hilfsvereins gaben, war neue Hoffnung. Man werde sich in Anbetracht unserer »außergewöhnlichen Situation« jede erdenkliche Mühe geben, uns ein Visum zu beschaffen. Dazu brauchten wir aber neue

Pässe, denn die alten österreichischen waren abgelaufen, und die waren nur im Prager deutschen Konsulat zu haben, in Feindesgelände, in das ich mich nur mit mir noch peinlich erinnerlichem Mißbehagen begab. Aber die bürokratische Maschinerie arbeitete reibungslos. Nicht lange nach der Ablieferung der vorgeschriebenen Photographien und Hinterlegung der Gebühren erhielt ein jeder von uns einen funkelnagelneuen reichsdeutschen Reisepaß, seinem österreichischen Vorgänger gegenüber um zwei Zutaten vermehrt. Fett und auffällig glänzte auf der ersten Seite das obligat gewordene rote »J« und zu unseren alten Vornamen hatte sich dank der Großzügigkeit des deutschen Staates je ein weiterer gesellt: meine Mutter hieß nunmehr Erna Sarah, mein Vater Oskar Israel und ich Egon Israel Schwarz.

Diese Pässe nahm man uns im Hilfsverein ab, um sie, wie man uns erklärte, nach Paris zu schicken, dem Hauptquartier der HICEM, einem Zentrum der Visumsbeschaffung. Jetzt begann eine bange Wartezeit. Zlata Praha – goldenes Prag, wie wenig empfänglich waren wir für deine berühmten Schönheiten. Verbissen saßen mein Vater und ich stundenlang über ein selbstgemachtes Schachbrett gebeugt oder wir studierten die Zeitungen, die allesamt nur niederdrückende Nachrichten enthielten. Manchmal buchstabierten wir auch in einer spanischen oder englischen Grammatik oder quälten uns durch die nutzlosen Sätze eines Metoula-Sprachführers: »When does the bank open?« oder »At what time does the train leave?« Unterbrochen wurden diese Beschäftigungen durch dürftige, meist kalt in einer Zimmerecke hergestellte Mahlzeiten. Auch diese frugalen Kollationen verdankten wir den wöchentlichen, karg genug zugemessenen Zuwendungen der israelitischen Hilfsorganisation. Aber selbst wenn wir, um uns Bewegung zu machen, in unseren zerschlissenen Kleidern durch die winterlichen Straßen gingen, oft genug wegen unserer deutschen Reden von den Passanten scheel angesehen, waren wir unaufmerksam auf die unerschöpflichen Sehenswürdigkeiten der alten, wunderbaren Stadt. Angst und Armut machen schlechte Touristen.

Eines Nachts brach Feuer im Sektpavillon aus. Irgendwo im Gebäude war ein Benzinkocher explodiert, mitten aus dem Schlaf gerissen, stürzten die Bewohner auf die Straße. Auch wir standen da, nur notdürftig mit unseren Nachtsachen und einem schnell übergeworfenen Mantel bekleidet, zitternd in der Kälte, und sahen mit Schrecken Rauch und Flammen aus den Fenstern schlagen. So warteten wir auf die Feuerwehr, die den Brand löschen und uns die Rückkehr in die Betten ermöglichen sollte. In dieser Szene vermag ich heute ein Sinnbild unserer Situation in Europa zu erblicken, von dem wir uns nun bald trennen sollten, unserem Heimatkontinent, dem wir verarmt, verängstigt und hilflos zusahen, während er sich in der Feuersbrunst verzehrte. Denn bald darauf, Anfang Februar 1939, kam mein Vater aufgeregt von einem seiner häufigen Besuche des Hilfsvereins zurück, schon in der Tür triumphal unsere Pässe schwenkend. Sie waren aus Paris zurückgekommen, auf einer der ersten Seiten links oben, wie ich noch genau weiß, prangte in jedem ein imposantes bolivianisches Einreisevisum. Bolivien – wo war das noch schnell?

Das Schiff sollte von La Rochelle-Pallice, einem französischen Provinzhafen nach Südamerika gehen. Bis dahin war aber noch manches zu erledigen, zum Beispiel mußten wir dazu nach Frankreich. Ohne faschistisches Gebiet zu durchqueren, gab es aber dazumal nur einen einzigen Weg aus dem eingekesselten Prag: durch die Luft. Und so erlebte ich das aufregende Abenteuer des ersten Fluges gleichzeitig als Befreiung aus der politischen Umklammerung, die mich nun schon so lange gefangengehalten hatte. Als die Maschine von der Erde abglitt und unten alles immer ferner und kleiner wurde, verspürte ich das Gemisch aus Bangigkeit und erwartungsvoller Neugier, Macht und Magie, mit dem die Jugend überhaupt ins Leben hinausstrebt. Und etwas wie Zauberei, fand ich, mußte ja wirklich im Spiel sein, daß gerade ich aus dieser Bedrängnis gehoben wurde, in der Tausend und Abertausend andere zurückbleiben mußten. Friedlich dehnten sich unter mir die Äcker Mittel- und Südwestdeutschlands, durchschnitten von Straßen und Flüssen, besät mit Dörfern und Städten. Was war es, das es unmöglich machte, dieses Land als harmloser Reisender auf Erdbodenhöhe zu durchfahren?

Und nun Paris, wie wenig gerecht sind wir auch dir geworden, Stadt der Lichter, Hauptstadt der kultivierten Welt. Schon seit Kinderjahren, spätestens seit dem Französischunterricht im Gymnasium träumte ich von deinen Wundern. Jetzt war ich da, mitten unter deinen Denkwürdigkeiten, ohne mich auf dich einlassen zu dürfen, ohne echten Kontakt mit deiner Wirklichkeit. Dazu reichten die wenigen Tage nicht aus, die uns hier gegönnt waren, schon mein Schulfranzösisch erwies sich als höchst unsicheres Kommunikationsmittel. Zudem hatten wir viel zu viel Unpariserisches zu erledigen. Alle Wege, so schien es, endeten im Hilfsverein, der diesmal in einem stattlichen Haus untergebracht war. Dort hatten wir unsere Hoteleinweisung abzuholen und dort mußten wir uns allmorgendlich einfinden, um uns das Tagesgeld auszahlen zu lassen, denn wir besaßen ja keinen eigenen Pfennig mehr. Zwischendurch mußten wir aber auch zur Schiffsgesellschaft, der Pacific Steam Navigation Company, um die Schiffskarten abzuholen, Zwischendeck nach Arica, dem nordchilenischen Hafen, zu einer Reiseagentur, wo die Eisenbahnkarten Arica–La Paz für uns ausgestellt wurden, und zum chilenischen Konsulat wegen des Durchreisevisums, das man uns in die Pässe stempelte, nachdem wir endlose Fragebogen ausgefüllt und mancherlei Dokumente vorgewiesen hatten. Die kurze Zeit in Paris war also erfüllt von Besorgungen, Gängen und Verrichtungen. Aber ich kann sagen, daß ich in einem Bistro Kaffee mit Hörnchen zu mir genommen habe, daß ich mit der Metro gefahren bin und an einen Passanten, der von meiner heroischen Anstrengung nichts ahnte, die monumentale Frage gerichtet habe: »Comment va-t-on au Boulevard des Capucines?« Schon das war viel, würde Jahre vorhalten müssen, als holde Erinnerung an das freie Vorkriegseuropa. Schließlich war alles abgetan, es kam noch ein Abschiedsbesuch im Büro des Hilfsvereins, wo man uns mit Handschlag, Glückwunsch und pro Person acht Dollars als Landesumme und kleinem Rückhalt in die Neue Welt entließ, und schon saßen wir auch in dem Zug, der dem Hafen entgegenrollte.

Das Schiff hieß »Orduña«, die Krähe. Schwarz wie ihr Name und schier unübersehbar ragte ihr Riesenrumpf aus den sanft bewegten Wassern, als wir die schwankende Leiter emporstiegen. Es kam der Augenblick, wo sich der Koloß von fast zwanzigtausend Tonnen in Bewegung setzte und sachte von der Küste entfernte. Nach einer Weile war Europa nur noch ein grauer Strich, vom grauen Himmel und vom grauen Atlantik beinahe nicht zu unterscheiden, und dann war da gar nichts mehr als die nur vom Horizont begrenzte Fläche des Meeres. Erst siebzehn Jahre später sollte ich den Kontinent wiedersehen, in dem ich geboren war und wo ich die entscheidenden Impulse fürs Leben empfangen hatte.

Die Überfahrt, die einen ganzen Monat dauerte, setzte sich aus den heterogensten Impressionen zusammen, die letztlich zwei Wahrnehmungssphären angehörten. Eine dieser Erlebnisschichten war die abenteuerliche Durchmessung zweier Weltmeere, aufgenommen mit der gierigen Bereitschaft des noch nicht Siebzehnjährigen, die erregende, in sich selbst gekehrte Insularität eines Ozeandampfers, winziges Molekül der Zivilisation in einem menschenfremden Element, das sich sehr bald wild und feindlich genug zu gebärden begann. Immer höher ging die See, im berüchtigten Golf von Biscaya tobte ein regelrechter Sturm, der das gewaltige Fahrzeug zur sprichwörtlichen Nußschale machte. Haushoch schlugen die Wellen und fegten in gewaltigen Stürzen über das oberste Deck. Überall mußten für die Mannschaft Seile gespannt werden, kein Passagier durfte die Innenräume verlassen. Einsam, aber stolz thronte ich, von der Seekrankheit unangefochten, als einziger Eßlustiger in dem leeren Speisesaal. Auf und ab, von den stampfenden Maschinenräumen bis zur Bar, von der Küche bis zum Spielzimmer, in den Schranken gehalten nur durch die unüberschreitbare Grenze zur zweiten Klasse, durchstöberte ich unermüdlich das ganze Schiff, tagaus, tagein. Dann wurde das Wetter besser, das Meer glättete sich, die Sonne schien wieder, heißer mit jeder Seemeile. Tropische Gewässer, ungeahnte Temperaturen, fliegende Fische. Nach zehn Tagen das erste Land, die Bahamas. Wir hielten weit draußen vor den Inseln, aber die schwarzen Eingeborenen paddelten bis zu uns heran und tauchten in die grünkristallenen Fluten nach den Münzen, die ihnen von oben ins Wasser geworfen wurden. Aus unermeßlichen Tiefen schimmerten in sonderbarer Verkürzung die weißen Fußsohlen und rudernden Handflächen, bis das silbern glitzernde Stückchen Metall erreicht war und in der Faust des kühnen Tauchers verschwand. Und schließlich die ersten angelaufenen Häfen, wo man an Land konnte, das bunte karibische Kingston, Jamaikas Hauptstadt, sonderbar mit seinen schwarzen Menschen – der einzige Neger, den ich bis vor kurzem gesehen hatte, war der betreßte Portier des Kaffeeimporthauses Meinl in Wien gewesen – und das bazarartige, orientalische Gewimmel in den Geschäftsstraßen der panamaischen Hafenstadt Cristóbal Colón, die sündhafter sein sollte als das berüchtigte Marseille, wo man in einem der vielen indischen Läden Seidenhemden für einen Dollar kaufen konnte, sofern man ihn hatte, und wo schokoladenfarbige Mädchen, milch und bitter, unmißverständliche, aber leider unannehmbare Einladungen an den zwischen heiß und kalt hin- und hergerissenen, von wohligem Gruseln durchrieselten Jungen richteten.

Die mehrwöchige Fahrt hatte jedoch noch eine zweite, der ersten ziemlich unähnliche Seite. Man befand sich, unverkennbar, auf einem Emigrantenschiff, das aus einem Frachter der plötzlichen Konjunktur zuliebe notdürftig zur Beförderung von großen Menschenmengen hergerichtet worden war. Wir fuhren Zwischendeck und durften das keinen Augenblick vergessen: das Essen war nahezu ungenießbar, die Schlafsäle und Kabinen tief im Schiffsbauch versteckt und, seit man in tropischen Gewässern fuhr, erfüllt von einer dampfenden Hitze. Das bedienende Personal begegnete uns unverblümt verachtungsvoll. Der Kapitän soll gesagt haben, er bedaure die Länder, in die sich der Inhalt seines Schiffes entladen würde. Offenbar empfanden die Regierungen, deren Häfen man anlief, ebenso, denn in den meisten wurden nur die Passagiere der ersten und zweiten Klasse vom Schiff gelassen, während wir, Auswanderergesindel, an Bord bleiben mußten. Sehnsüchtig stand ich an Deck und sah, von der Sonne gebraten, vor mir die weißblinkende »Tropenperle« La Habana liegen, wo der exilierte Bettler unwillkommen war. Als Jahrzehnte später Castro die Herrschaft in Kuba übernahm, empfand ich schon um dieser einen Erinnerung willen eine tiefe Genugtuung darüber, daß jetzt die »Zeit der 3. Klasse« angebrochen war.

Nein, man wurde jeden Augenblick daran gemahnt, daß

diese »Krähe« kein gewöhnlicher Passagierdampfer war, sondern ein Transport von Vertriebenen und Besiegten. Nicht nur Flüchtlinge aus jeder Ecke Großdeutschlands bevölkerten in dichten Scharen unser Schiff, sondern auch Spanier und Lateinamerikaner, die auf der Seite der Republik gekämpft hatten und jetzt, wo der spanische Bürgerkrieg verloren war, entweder heimkehrten oder irgendwo Zuflucht suchten, wo man ihre Sprache verstand. Einen buntscheckigeren, faszinierenderen Menschenhaufen habe ich nie wieder beisammen gesehen: Leute, die im KZ gewesen waren, deren Geschäfte von der SA boykottiert und deren Klaviere in der Kristallnacht aus den Fenstern auf die Straße geworfen worden waren, und solche, die mit unzulänglichen Mitteln unter unvorstellbaren Verlusten und Entbehrungen Francisco Franco Widerstand geleistet hatten. Da waren die rauchenden, unglaublich schnell schwatzenden Chilenen, die schachspielenden Kubaner, jeder ein kleiner Capablanca, und die wohlerzogenen jüdischen Matronen aus Köln und Frankfurt, da waren norddeutsche Doktoren und Universitätsdozenten, die sich des gepflegten Intellektuellenidioms bedienten, und bayrische Naturburschen mit ihrem breiten Dialekt, die, weiß Gott wie, mit den Nazis in Konflikt geraten waren, Kaufleute aus der Tauentzienstraße, Ostjuden aus dem galizischen Städtel, verarmte österreichische Aristokraten, die sich noch krampfhaft an ein Restchen Vornehmheit und Luxus klammerten, und weit herumgekommenes Volk, das mit Scheunen und Nachtasylen, mit der Pariser Unterwelt, unsauberen Gefängnissen und der erbarmungslosen Fremdenpolizei aller Länder intime Bekanntschaft gemacht hatte. Und ein jeder wußte nicht nur einen, sondern viele Romane zu erzählen. Dieses Schiff war meine erste Universität, auf viele Jahre hinaus, und nicht die schlechteste.

Mein Glück wollte es, daß mich ein gebildeter spanischer

Ingenieur aus Bilbao unter die Fittiche nahm. Ich will sein Andenken ehren, indem ich seinen Namen hierhersetze: Mariano Perea. Mehr kann ich für ihn nicht tun, denn ich weiß nicht, wo er ist und ob er noch lebt. Viele Stunden des Tages, sehr zum Mißfallen seiner Frau, durfte ich in seiner Gesellschaft verbringen, abends auf Deck, in einem Kreis, der sich immer gleich um ihn bildete, seinem bezaubernden Spiel auf der klassischen Gitarre zuhören. Am Anfang hatten wir uns noch französisch verständigt. Aber sehr bald ging er zu seiner Muttersprache über, mit der vernünftigen Begründung, daß mir dort, wohin ich jetzt unterwegs war, ihre Kenntnis weit nützlicher sein dürfte. Nicht nur würdigte mich dieser intelligente, erfahrene Mann seines erziehlichen Gesprächs, sondern er erläuterte mir geduldig die subtileren Gebräuche seiner Sprache, deren Anfangsgründe ich mir, wie schon berichtet, notdürftig angeeignet hatte. Sehr schnell faßte ich das Gehörte auf, hier lag, das spürte ich selbst, ein wirkliches Talent in mir verborgen. Bereits nach wenigen Tagen plauderte ich mit meinem Mentor spanisch, immer wieder von ihm belehrt und korrigiert. Und als er nach drei Wochen in Callao, seinem Reiseziel, an Land ging, war ich in der Lage, meiner Abschiedstrauer, meinen herzlich empfundenen Abschiedswünschen in fließendem und, wie ich meine, korrektem Spanisch Ausdruck zu geben. Während des ganzen Restes dieser Reise hielt ich täglich einen intensiven Spanischkursus für die Emigranten ab, die sich in der neuen Sprache üben wollten, und bei der Landung half ich manchen mit den Zollformalitäten, von einem eingeborenen Dolmetscher kaum noch zu unterscheiden.

Der denkwürdigste Augenblick dieser lehrreichen, überaus lebensvollen Überfahrt kam aber eines Tages bei der Lektüre der telegraphischen Nachrichten, die jedesmal nach ihrer Durchgabe an einem Brett angeschlagen wurden. Zwischen manchen belanglosen, willkürlich zusammengeklaubten Meldungen war der lapidare Satz zu lesen: Prag von den Deutschen besetzt. Unter den Hunderttausenden, für die dieses Ereignis das Todesurteil bedeutete, waren wir auserkoren, zu überleben, ohne Sinn und Grund, ohne Verdienst, ja fast ganz ohne unser Dazutun. Und da ich in diesen Erinnerungen auch der Frage nachgehe, welchen Anteil der einzelne Mensch an seinem Schicksal hat, was er zu seiner Gestaltung nach eigener Einsicht beizutragen vermag, wird sich niemand wundern, wenn ich an dieser Stelle gestehe, daß ich angesichts solcher fundamentaler Einflüsse von außen nicht dazu neige, der Freiheit des Willens und der Selbstbestimmung eine übertriebene Bedeutung beizumessen. Und doch: ein Wille, eine individuelle Initiative hat bei unserer Rettung mitgeholfen. Vielleicht war es nicht eine einzige Tat, sondern das Werk setzte sich wie ein Mosaik aus vielen kleinen Teilen zusammen, vielleicht war es nicht immer unser eigenes Streben, das uns aus den Verstrickungen löste, sondern die Fürsorge anderer; aber selbst in diesen wilden, scheinbar von Zufall und Willkür regierten Zeiten lassen sich die intendierten Akte der Beihilfe und Förderung von den chaotischen Mächten blinder Unterjochung unterscheiden.

III. Neue Welt

Bolivien, wildzerklüftetes Indianerland hoch in den Anden, in dem ich zum Mann herangewachsen bin, Chile, Ecuador, Peru, Kolumbien: Südamerika, vielgestaltiger Kontinent, wo ich in feindseliger Liebe und intimer Fremdheit mehr als zehn Jahre zugebracht habe, welche Adjektive werden seiner Unvergleichlichkeit gerecht? Exotisch, prähistorisch, zukünftig, traumhaft, brutal, verzaubert? Wie nichtssagend sind doch alle diese Ausdrücke seiner unerschöpflichen Außerordentlichkeit, seinem überwältigenden Anderssein gegenüber. Wie begierig bin ich, Rechenschaft abzulegen und doch verzage ich vor dieser unlösbaren Aufgabe.

Welche Engels- oder Teufelszungen beschreiben die bolivianische Abgeschiedenheit jener Zeiten, die unendlich harschen Existenzbedingungen des 4000 Meter hohen, sandsturmgepeitschten, tundraartigen Altiplano, die tibetanische Einsamkeit, durch den in törichten Kriegen verlorenen Zugang zur See, und damit zur Welt, ins Unvorstellbare gesteigert? Eine Ahnung der uns bevorstehenden Isoliertheit beschlich uns schon in Arica, als wir bei der Landung erfuhren, daß wir den Zug nach La Paz eben versäumt hatten und nun fünf Tage auf den nächsten würden warten müssen. Öfter stelle sich die Verbindung zu dem sagenhaften Fabelreich Bolivien nicht her. Wie uneuropäisch mutete einen nach dem winkeligen, wintrigen Prag aber schon dieses Arica selbst an, mit seinen in geometrischer Exaktheit angelegten Straßen, dem bestialischen Gestank, der von den kalkweißen, inmitten der gleißenden Bläue des Stillen Ozeans der Küste vorgelagerten, von hunderttausenden Vögeln umschwebten Guanoinseln herüberwehte, mit der unbarmherzigen Sonne, die, durch keine Wolke gedämpft, glutheiß herniederbrannte. Japaner bedienten in Friseurläden, auf dem ausbetonierten Markt wurden von überdimensionalen Fischleibern mit einer Säge dicke Scheiben abgeschnitten. In der ganzen Stadt gab es nur ein paar halbvertrocknete Bäume und Sträucher, was wachsen sollte, mußte mit weit hergeholtem Wasser begossen werden, denn hier regnete es nie. Das hatte zur Folge, daß der in der Erdoberfläche enthaltene Salpeter von den Wassern nicht weggewaschen, sondern im einfachen Tagbau gewonnen wurde, eine berühmte Einnahmequelle des ganzen Landstrichs, die auch dem Hafen Arica Leben gab und Gewinn einbrachte. Aber für das Auge des Besuchers lag nichts Wohltuendes in diesem Reichtum, ihm präsentierte sich die Gegend als eine kahle, das Herz beengende Mondlandschaft. Mit Ungeduld warteten wir auf unsere Weiterfahrt, obgleich die Leute, nach Bolivien befragt, nichts Gutes verheißend die Mienen verzogen und die Achseln zuckten.

Die Bahnstrecke nach La Paz ist eine der höchsten der Welt, ein Wunderwerk der Technik, im neunzehnten Jahrhundert von Engländern gebaut und immer noch von einer englischen Gesellschaft betrieben. Langsam schraubt sich der Zug von der Küste in immer unwegsamere Bergwelten hinein, in eine vertikale Landschaft, deren Schroffheit so unüberwindlich scheint, daß man immer wieder glaubt, an die Grenze des Befahrbaren gelangt zu sein. Aber es geht unentwegt weiter, bis über fünftausend Meter. Ein hurtiger Bahnbeamter eilt mit einem Sauerstoffgerät durch die Abteile, hier und da den Atemlosen, vom Soroche, der Höhenkrankheit, Befallenen Erleichterung bringend. Endlich ist der oberste Paß überschritten, es geht wieder abwärts, bis man den sich zwischen den großen Gebirgsketten der Anden endlos dehnenden Altiplano erreicht hat, die wüstenartige, nur mit dem

Andenlandschaften

anspruchslosesten Gestrüpp bewachsene Hochebene, auf der in großen Abständen trostlose Indianerbehausungen auftauchen. Wir sind in eine weltabgewandte Gegend geraten, umgeben von den unübersteigbaren, weglosen Wänden des zweithöchsten Gebirgszuges der Erde. Jetzt senkt sich die Bahn. In langsamen Spiralen bohrt sie sich in einen Kessel hinein. Hütten, Häuser, der Bahnhof. Nach sechzehnstündiger Fahrt sind wir an unserem Bestimmungsort angekommen. La Paz liegt in einer Endmoräne, dreitausendsiebenhundert Meter über dem Meeresspiegel, an den Abhängen zieht sich die Besiedlung bis auf viertausend Meter hoch, die Luft ist dünn und trocken, sie dörrt einem die Kehle, überhaupt alle Schleimhäute aus. Beim Atmen kann man nie genug davon bekommen. In den ersten Tagen will man nichts essen, immer nur trinken, immer wieder trinken. Wie ein eiserner, schmerzhaft zusammengepreßter Ring legt es sich einem um die Stirn, bis sich der Organismus nach und nach dem geringeren Luftdruck angepaßt hat. Nicht nur daran muß man sich gewöhnen, fast nichts ist, wie man es kennt, weder in der Gesellschaft noch in der Natur. Wer mitteleuropäische Maßstäbe an das Gesehene, Erlebte anlegt, wird es nie verstehen. Und dennoch bleibt einem nichts anderes übrig, als sich eines in Europa ausgebildeten Wahrnehmungs- und Erkenntnisapparates zu bedienen, Erwartungen und Vorstellungen einer völlig anderen Kultur auf das neu auf einen Zutretende anzuwenden. Darin besteht das Dilemma. Es wird Jahre dauern, ehe sich aus dem Mitgebrachten und dem Vorgefundenen ein übergreifendes, weitere Bereiche der menschlichen Erfahrung erfassendes Bewußtsein herausgebildet hat.

Die erste Nacht wurde in einer einfachen Herberge, wo man den Schlafraum mit fremden Menschen teilen mußte, verbracht. Ein einzelner Dollar reichte erstaunlich weit, dennoch war unsere allzu kleine Reserve nahezu aufgebraucht. Man wird sehr bald eine Verdienstmöglichkeit suchen müssen. Wie sich aber zurechtfinden, wo alles, was einen umgibt, so völlig fremd ist; z. B. die Gerüche, in denen sich die primitiven hygienischen Verhältnisse zu erkennen geben, sowie der Rauch der vielen offenen, mit Lamadung und Tundragehölz unterhaltenen Feuer; die Geräusche der nie gehörten, unendlich melancholischen Indianermusik, die zuerst monoton bis zur Enervierung wirkt, die man aber niemals mehr aus dem Organismus verliert, wenn man sie ein paar Monate hindurch Nacht für Nacht gehört hat; die unvorstellbar armseligen Behausungen aus Adobe und Wellblech, die sich hinter dem engen, aus besseren Häusern gebauten Stadtkern weit in die Schluchten hinein und die Abhänge hinaufziehen.

Fremdartig sind vor allem die Menschen. Fast alle sind Indianer in ihrer typischen Tracht: Mützen mit runden Ohrlappen aus Lamawolle, buntgestreifte, mantelartige Ponchos, die bis zu den Knien reichen, kurze Leinenhosen, nackte Unterschenkel, Riemensandalen. Die Frauen tragen weite Rockschöße, mehrere davon übereinander, fast alle haben ein eng in Tücher gewickeltes Kind auf dem Rücken, auf dem Kopf »melonenartige« Männerhüte. Aber auch die Leute, die in westlichen Kleidern stecken, haben indianische Gesichter. Wir erfahren, daß fünfundneunzig Prozent der Bevölkerung Indianer sind, zwei Völkern angehörig, jedes mit einer eigenen Sprache: die Aymaras, die in und um La Paz angesiedelt sind, und in allen anderen Teilen des Landes die Quichuas oder Quechuas (sprich: Kétschuas), Nachfahren der Inkas. Die meisten können, außer ein paar Brocken, kein Spanisch, vielen ist »Bolivien« kein Begriff, die weit von den Städten wohnenden haben das Wort noch nie gehört. Auf den großen landwirtschaftlichen Gütern, den grenzenlosen

Haciendas, deren Ausdehnung nach den Zahlen der darauf ansässigen Indianerfamilien angegeben wird, weil sie noch niemand vermessen hat, leben sie in der harten Fron ungebrochener Leibeigenschaft, obgleich diese auf dem Papier abgeschafft ist. Wenn ein Indianer von der Hacienda flieht, kann er vom Militär eingefangen, zurückgebracht und den schwersten Strafen zugeführt werden. Heiraten darf er nur mit Erlaubnis des »Patrons«, trotz schwerer Arbeit bleibt er dem Besitzer stets verschuldet. Aber auch in den Städten fühlt sich der Indianer nicht frei. Ehrerbietig tritt er vom Gehsteig auf die Fahrbahn, wenn ihm ein Weißer begegnet, und wenn ein Angehöriger der gehobenen Stände ihn heranwinkt, dann kommt er und verrichtet die ihm aufgetragene Arbeit ohne Murren, noch froh, wenn er am Ende ein Trinkgeld statt eines Fußtritts bekommt.

Fast alle Menschen sind bettelarm und nur wenige sind Krösusse, die ihr Vermögen, hervorgegangen aus reichen Ländereien und erzhaltigen Bergwerken, mit Vorliebe in Paris verzehren. Patiño, der bolivianische Zinnkönig, war einer der zehn reichsten Männer der Welt. In den durchweg kleinen, extrem provinziellen Städten – nur in La Paz überstieg die Zahl der Einwohner 100 000 – gibt es eine kleine Mittelschicht von Kaufleuten, Lehrern, Beamten, freien Berufsausübenden und höheren Militärs. Ohne die Zustimmung oder Unterstützung der Armee kann nicht regiert werden. Der Präsident, German Busch, ein Deutschstämmling, ist Oberstleutnant, Held des vor kurzem verlorenen Chaco-Krieges. Bolivien hat in den hundert Jahren seiner Selbständigkeit mit allen Nachbarn Krieg geführt und in allen Kriegen Territorien verloren, im Rio-Acre-Krieg gegen Brasilien das reiche, wenn auch unerschlossene Gebiet des Mato Grosso, im Krieg gegen Chile die unentbehrliche Küste mit dem Hafen Antofagasta, im Krieg gegen Paraguay, der in Wirklichkeit einer zwi-

La Paz in den dreißiger Jahren, im Hintergrund der Illimani

schen den Ölgesellschaften Shell und Standard Oil gewesen sein soll, den Gran Chaco. Natürlich wird das Militär auch für die vielen innenpolitischen Unruhen benötigt. Dauernd war Revolution, wenn man auch glücklicherweise im Alltag nicht allzu viel davon merkte. Die verschiedenen politischen und wirtschaftlichen Cliquen befehdeten einander aufs bitterste und wenn es einer gelang, ein paar hochgestellte Offiziere oder ein in der Hauptstadt stationiertes Regiment für sich zu gewinnen, dann gab es »Revolución« mit geglücktem oder mißlungenem Coup d'état. Dann wurde ein wenig geschossen, man wurde gewarnt, bestimmte Straßen zu meiden, wenn man an Revolutionstagen einen Gang durch die Stadt machen mußte. Übrigens hatte Ernst Röhm, der SA-Oberst und Freund Hitlers, die Armee vor seiner Rückkehr nach Deutschland trainiert.

Für einen Nichteinheimischen ist es unerhört schwer, sich eine Vorstellung von dem zu machen, worum es in dieser Politik geht. Heute, im Rückblick, würde man vielleicht sagen, daß German Busch der erste »Modernisator« oder »Entwicklungsdiktator« des »unterentwickelten« Landes Bolivien gewesen ist. Der Chaco-Krieg war offenbar sein Urerlebnis, jene grundlegende Erfahrung, die ihm die Augen für die Mißstände und Nöte des Kontinents geöffnet hat. Als junger Offizier sah er die bodenlose Inkompetenz und Verderbtheit seiner Vorgesetzten. Noch zu meiner Zeit kursierten Anekdoten, die illustrieren sollten, wie dieser Krieg geführt und verloren wurde. Eine davon erzählt, daß im Laufe eines an der Front gehaltenen Gelages der Offiziere ein nacktes Mädchen auf einem Schild hereingetragen wurde, mit Bergen von Kaviar zwischen den Schenkeln und in den Achselhöhlen. In dieser Nacht soll der halbe, bis zur Bewußtlosigkeit betrunkene Divisionsstab gefangen genommen worden sein. Keinem Einsichtigen konnte verborgen bleiben, daß dieser

Krieg weder im Interesse Boliviens noch Paraguays ausgefochten wurde. Keiner dieser Staaten hatte die Mittel, sich die umstrittenen Ländereien, wie groß ihre Schätze auch gewesen sein mochten, zunutze zu machen. Soviel ich weiß, ist der Gran Chaco bis heute unausgebeutet geblieben.

Aus dem Fiasko dieses Krieges heimgekehrt, schien es Buschs Intention gewesen zu sein, etwas aus dem Land zu machen, Straßen zu bauen, Dämme und Bewässerungsanlagen zu errichten, Industrien zu gründen, den Indianern das Lesen und Schreiben beizubringen und sie in das Staatsgefüge einzubeziehen, den überwältigenden Einfluß der Ausländer und des ausländischen Kapitals einzuschränken, unter bolivianische Kontrolle zu bringen, die großen Reichtümer des Landes zu erschließen und die Masse der eingeborenen Bevölkerung daran zu beteiligen. Ich behaupte nicht, daß das leicht zu erreichende Ziele sind und bin gar nicht sicher, daß sich ein solches Programm in Bolivien durchführen läßt. Selbst die Revolution von 1952, die mit ungleich größerer Energie und auf breiter Massenbasis das gleiche Programm in Angriff nahm, ist nicht weit über die Anfänge hinausgekommen. Aber daß Busch derlei vorgeschwebt haben muß, kann man annehmen. Man kann das »Nationalismus« nennen, aber diese Vokabel ist europäischen Ursprungs, aus ganz anderen Erfahrungen gewonnen und auf andere Zustände angewandt. Wenn wir »Nationalismus« sagen, dann denken wir automatisch an die Einheit von Sprache und Kultur, an eine geschichtliche Kontinuität, in der ein sich als zusammengehörig empfindendes Volkstum entwickelt hat. Was waren aber die südamerikanischen Länder geschichtlich anderes als die willkürlich abgegrenzten Verwaltungsbezirke der spanischen Kolonialherrschaft, die sich erst seit grob hundert Jahren »selbständig« gemacht hatten, wenn dieser Ausdruck angesichts der Selbstherrlichkeit, mit der die ausländischen

Firmen, unterstützt von ihren Regierungen, darin schalteten, überhaupt zulässig ist. Welche Zusammengehörigkeit bestand zwischen den wenigen, von europäischem Wesen angerührten Städtebewohnern und der in prähistorischer Primitivität lebenden, ihrer eigenen Kultur beraubten und der offiziellen Landessprache kaum mächtigen indianischen Bevölkerung? Nein, der Haß auf die arroganten Fremden, die sich in Bolivien bereicherten und gleichzeitig mit ungeheurer Verachtung auf die Einheimischen herabblickten, hatte nichts mit dem gängigen europäischen »Nationalismus« zu tun. Ebensowenig konnten die Bestrebungen weniger Intellektueller und junger Militärs, die möglicherweise im Ausland studiert hatten und von einer bodenständigen Industrie, von Konfiskation der in ausländischen Händen befindlichen Bergwerke, von der Zähmung ihrer eigenen ausbeuterischen Oligarchien träumten, mit den hoffnungslos an die europäische Geschichte gebundenen Begriffen von »links« und »rechts« erfaßt werden, die man aber trotzdem immer wieder zur Erklärung dieser Länder und zur Rechtfertigung der von den Großmächten gegen sie ausgeheckten Politik heranzieht. Das hat die Hilflosigkeit der Politologen Erscheinungen wie Perón oder dem bolivianischen Movimiento Nacionalista Revolucionario gegenüber zur Genüge bewiesen. Viel richtiger wäre es gewesen, von »Kolonialismus« oder, weil nun einmal die spanische Herrschaft in großen, das Bewußtsein vieler Südamerikaner bestimmenden Befreiungskämpfen abgeschüttelt worden war, von »Post-Kolonialismus« zu sprechen. Diese Ausdrücke hätten so vieles erklärt, was uns danach entgegentrat: die weitverbreitete Xenophobie, unter der wir zu leiden hatten, die hemmungslose Ausbeutung der Indianer und Mestizen durch die herrschenden Schichten, die extreme Radikalisierung der Studenten und Akademiker, die Ahnungslosigkeit und Indifferenz gegenüber den europäischen

Entwicklungen, die uns so sehr beschäftigten, weil unser Schicksal und Selbstverständnis ein Teil von ihnen waren, die Primitivität und Rückständigkeit der Zustände, die Korruption und Unzuverlässigkeit der Leute, die einen zur Verzweiflung trieben, kurz alle jene Dinge, die uns von Anfang an von der Bevölkerung trennten und es uns unmöglich machten, je in ihr heimisch zu werden.

Aber für Wörter wie »Kolonialismus« und »Unterentwicklung« war es zu früh, es gab sie damals noch nicht, ebensowenig wie den dazugehörigen Begriffsapparat, den erst der Zweite Weltkrieg hervorgebracht hat, und so kam es, daß damals niemand so recht verstand, die direkt daran Beteiligten vielleicht am allerwenigsten, was eigentlich vorging. Zu früh war wohl auch die Erscheinung German Buschs. Ich spreche hier so ausführlich über ihn, weil er an der Regierung war, als ich ankam, aber es handelt sich um einen weitverbreiteten Typus, der sich seither in Südamerika, ja sogar in anderen Erdteilen durchgesetzt hat. Seine Maßnahmen, wie etwa die Devisensperre und die Erlasse gegen das ausländische Kapital, galten als linksdoktrinär und als Auswüchse der politischen Willkür. Daß er wegen irgendeiner Übertretung, ich weiß jetzt nicht mehr welcher, Mauricio Hochschild, einen der drei Zinngewaltigen des Landes, wenn auch nur auf kurze Zeit, ins Gefängnis sperren ließ, wurde als Akt reiner Demagogie angesehen, ausgeübt von einem Subalternoffizier, dem die Macht zu Kopf gestiegen war. Es kann nicht wundernehmen, daß er aus allen diesen Gründen das gesamte ausländische und ein Gutteil des inländischen »Establishments« gegen sich hatte. Seine Basis im Lande, ja selbst im Heer, war zu schmal, seine Anhängerschaft zu schwankend, er selbst zu ungefestigt, als daß er sich hätte halten können. Es gibt untrügliche Anzeichen dafür, daß das, was später als sein »Selbstmord« ausgegeben wurde, eine politische Hinrichtung war, gang und gäbe in jenen Zeiten und bis zum gegenwärtigen Tag. Von den vielen Machthabern, die während meiner knapp sechs bolivianischen Jahre vorübergehend die Szene beherrschten, Peñaranda, Quintanilla, Paz Estenssoro, Villaroel und wie die geringeren Potentaten alle hießen, hat kaum einer seine politische Laufbahn friedlich beenden können. Der eine wurde ins Exil getrieben, ein anderer gefangen gesetzt, ein dritter umgebracht. Das Schicksal Villaroels, des zur Präsidentschaft gelangten Majors, der alle Obersten und Generäle absetzen ließ, weil er einerseits auf die »Volkstümlichkeit« seines relativ niederen Ranges stolz war, aber andererseits als Staatsoberhaupt keine höheren Offiziere über sich dulden mochte, war nicht untypisch. Während einer der bereits erwähnten »Revolutionen« drangen seine Gegner in den Regierungspalast und warfen ihn aus dem Fenster. Unten aufgefangen, wurde er zur größeren Sicherheit und zur Abschreckung – wovor eigentlich? – an einen Laternenpfahl geknüpft. Plus ça change ...

Und so lebte das Land in ständigem Aufruhr, in einer explosiven Unruhe, ohne daß sich an den Zuständen und den Existenzbedingungen merklich etwas änderte oder gar verbesserte. Es war ein reiches Land, aber der Reichtum lag brach und was davon dennoch abgeschöpft wurde, kam der Allgemeinheit nicht zugute. Im Beni, zum Beispiel, einer tropischen Provinz in der Amazonastiefebene, grasten vielköpfige Viehherden, aber im Hochland, wo die Städte waren und die meisten Menschen lebten, gab es kein Fleisch. Denn wie sollte es transportiert werden? Ein Versuch mit Flugzeugen scheiterte, eine Bahn gab es nicht. In der Zeit, von der ich erzähle, existierte nicht *eine* asphaltierte Landstraße in Bolivien. Über halsbrecherische Pässe, in haarsträubenden Kurven, an steilen Felswänden und Abgründen vorbei, in deren Tiefen nicht selten die Überreste abgestürzter Fahrzeuge zu sehen waren, wanden sich mühsam ausgehauene Fahrwege, geröllbedeckt und vielfach nicht breit genug, um zwei Lastwagen aneinander vorbeizulassen, so daß manche von ihnen stundenweise nur für die Auffahrt und dann wieder für die Abfahrt freigegeben waren. Begegneten je einmal zwei Gefährte einander auf den Höhen, dann mußte langsam und waghalsig manövriert werden, bis sie wieder flott kamen. Benzin wurde in Fässern mitgeschleppt, denn Tankstellen gab es nicht. Schäden am Motor oder der Karosserie wurden von den findigen Chauffeuren oder ihren Gehilfen mit Kaugummi, Bindfaden und Spucke bekämpft. Eine größere Panne konnte ein Fahrzeug tagelang stranden machen, bis irgendwoher aus der Ferne ein Ersatzteil herangeschleppt wurde. Und auf diesen unvorstellbaren Strecken schoben sich zerbeulte Blechbusse und tausendfach geflickte Lastwagen – Privatautos sah man so gut wie nie – hoch beladen mit Waren und Menschen vorwärts und besorgten den Verkehr der Nation. In der Regenzeit verhinderten Erdrutsche, rasende Gebirgsströme, Überschwemmungen und abgesackte Straßenteile selbst diese prekären Verbindungen und schnitten ganze Landesteile voneinander ab. Die tief auf der Ostseite gelegenen Gebiete von Santa Cruz und Trinidad, reich an Zuckerrohr und Früchten jeder Art, blieben wochenlang unerreichbar. In den Bergen des Landes, das viermal so groß ist wie die Bundesrepublik, aber weniger als ein Zwanzigstel seiner Bewohner zählte, gab es reiche Erzlager, wo schon die Spanier Silber geschürft hatten und wo jetzt zu Tausenden Tonnen das Zinn gewonnen wurde, das Bolivien zu einem der ersten Zinnländer der Welt machte, aber es wurde von ausländischen Gesellschaften ausgebeutet, das leitende Personal bestand aus Landesfremden, der Gewinn floß in ferne Kontinente, während die einheimischen Bergarbeiter unter lebensgefährlichen Bedingungen und in krassem Elend Frondienste leisteten. Ich könnte mit diesen Schilderungen noch lange fortfahren, denn der Vorrat an Erlebtem und Beobachtetem, den meine Neugier, nein: meine jugendliche Empörung aufgespeichert hat, ist groß. Aber, ich muß innehalten, denn ich soll ja hier nicht wilde Länder und historische Bräuche primitiver Volksstämme beschreiben, sondern Rechenschaft ablegen vom Schicksal mitteleuropäischer Emigranten, die, den blutigen Wirren, die Hitler rührig vorbereitete, rechtzeitig entronnen, sich in jenen exotischen Gefilden wiederfanden und ihren Weg machen mußten.

Ist es nötig, zu beteuern, daß wir Immigranten in diese Welt paßten – um ein populäres Wort zu gebrauchen – wie die Faust aufs Auge? Zwischen Indianern und Europäern klaffte ein unüberbrückbarer Abgrund von Kulturäonen, der eben nicht nur linguistisch bedingt war und jede Gemeinsamkeit außer der oberflächlichsten ausschloß. Aber auch von der dünnen mittelständischen Schicht in den wenigen Städten, die ihnen soziologisch noch am nächsten stand, trennten die Neuankömmlinge nahezu unüberwindliche Schranken: der tief eingewurzelte Katholizismus des bolivianischen Bürgertums, die noch ganz von der kolonialen Vergangenheit geprägten Lebensgewohnheiten und Wertvorstellungen, der stark private Familiencharakter der spanischen Kultur, die niemals ganz beseitigte Sprachbarriere und ein schier unüberwindliches Mißtrauen auf beiden Seiten. Natürlich waren die bürgerlichen Kreise Boliviens psychologisch und weltanschaulich nicht völlig homogen und die aus vielerlei Ländern stammenden, eigentlich nur durch Hitlers Willen vereinigten Auswanderer waren es noch viel weniger – zwischen den Aufgeschlossenen unter ihnen und namentlich den Bereisten unter den Bolivianern kam es ja doch zu einer Art sozialen Berührung – so daß man sich hüten muß, gröblich zu verallgemeinern. Aber es leuchtet ein, daß die hauptsächlich aus großen Industriestädten kommenden Emigranten mit ihrer durch und durch weltlich- materialistischen Einstellung, ihrer viel ausschließlicher vom Kapitalismus bestimmten liberalistischen Weltauffassung, ihrer mitteleuropäischen Rührigkeit und Geschäftstüchtigkeit, dem Kontrast zwischen ihren Lebensansprüchen und ihrer Finanzlage, und vor allem wegen ihrer sexuellen Freizügigkeit – ich denke hierbei hauptsächlich an die ungleich größere Selbständigkeit der Frauen und Mädchen – auf Schritt und Tritt bei den Einheimischen Anstoß erregen mußten. Und umgekehrt blickten die Einwanderer mit kaum verhehlter Überheblichkeit auf die »Hinterwäldler«, die primitive Rückständigkeit in Technik und Hygiene, das Unmondäne ihres Denkens und Tuns, die Abgeschlossenheit und den Konservatismus ihres Lebens. Kurz, sie konnten zueinander nicht kommen, das dazwischen liegende Element war zu tief. Eine Einzelheit mag dies illustrieren: In den zehn Jahren meines südamerikanischen Aufenthaltes habe ich niemals das Haus eines Einheimischen betreten. Welcher Kontrast zu den Vereinigten Staaten, wo der Neuankömmling sofort in einen regen Verkehr mit den Amerikanern gezogen wird, wo er sich in kurzer Zeit als mehr oder minder akzeptierter Bürger fühlen kann! Im Gegensatz zu den USA sind zumindest die Andenländer, die ich am besten kenne, Bolivien und Ecuador, keine Einwanderergesellschaften, in die sich größere Mengen Fremder leicht integrieren können. Es war also eine Anomalie, die ungute ökonomische und soziologische Folgen haben sollte, daß sich plötzlich zehntausend Einwanderer mit hochmodernen Erwartungen in der völlig unvorbereiteten Andenwelt Boliviens zusammenfanden.

Es gibt einen sozialwissenschaftlichen Begriff, der ihre Desorientierung suggestiv beschreibt, den heute allenthalben erwähnten »Kultur-Schock«. Der Ausdruck war damals noch nicht gebräuchlich, aber die Erscheinung wohl. Sie tritt immer dann ein, wenn jemand aus seiner vertrauten Umgebung in eine fremde gerät, wo alles anders ist als gewohnt, die Gesichter, die Kleider, die Sitten, wozu womöglich noch die fremde Sprache kommt, die man niemals völlig beherrscht und die einen zwingt, ständig unter seinem geistigen Niveau zu leben, die fremde Psychologie und Lebensauffassung. Dieser Schock kann über einen ganz harmlosen Ferien- und Vergnügungsreisenden kommen, einen Geschäftsmann oder Handelsvertreter, ja einen Gelehrten, Diplomaten oder Forscher. Der so dem Unvertrauten Preisgegebene reagiert oft auf die neue Situation mit Unbehagen, Mißmut, Verstimmung, ja mit einer Gereiztheit, die sich bis zur Feindseligkeit und zum Abscheu steigern kann. Er findet alles, was ihm begegnet, weniger gut und zweckmäßig als zu Hause, die Leute weniger sympathisch, freundlich, ehrlich, die Straßen, Häuser, Küchen weniger gepflegt und sauber, die Einrichtungen weniger richtig und human, ja mitunter geradezu lächerlich, widersinnig und menschenunwürdig, die Politik falsch, korrupt, verlogen oder gewalttätig. Von all diesem gibt es auch die andere Variante, nämlich daß einem alles besser und schöner vorkommt als daheim, aber das ist bei weitem die seltenere. Gemeinsam haben beide, daß sie auf einer Selbstentfremdung beruhen und auf einer Urteilsstörung, die sich bis zum Gleichgewichtsverlust steigern kann, denn der Durchschnittsmensch ist ein Gewohnheitswesen, das nur ungern seine Routine aufgibt, und nicht recht weiß, was es mit dem Unbekannten anfangen soll.

Es ist verständlich, daß Emigranten, die ohnehin von allen Seßhaften scheel und mißtrauisch angesehen werden, die, gewaltsam in eine neue Umwelt gestoßen, alles, was sie hatten, zwangsläufig aufgeben mußten und keine unmittelbare Aussicht haben, ins Altvertraute, ihre Positionen, ihren Besitz, ihre Freundschaften, kurz, in ihre Heimat zurückzukehren, eine übertrieben schmerzliche Form dieses »Culture Shocks« erleben. Das ging in unserer Emigration so weit, daß die deutschen Flüchtlinge in Frankreich von den Franzosen den ironischen Spitznamen »les bei-uns« bekamen, weil sie jeden zweiten Satz mit den Worten »Bei uns in Deutschland ...« oder »Bei uns zu Hause ...« anfingen. Daß diese spöttische Bezeichnung keine Unrichtigkeit oder Unwahrheit ausdrückte, weiß ich aus eigener Erfahrung. Meine Erinnerung hält den besonders absurden Ausspruch eines deutschen Emigranten fest, der einmal im Laufe eines der endlosen Gespräche, die wir über unsere Herkunft und Schicksale führten – denn ein jeder hatte einen spannenden Roman zu erzählen –, mit eifervoller Wichtigkeit »Bei uns im KZ ...« sagte. Wir Menschen, wer immer und wo immer wir sein mögen, fühlen uns nicht allzu sicher in der Welt, nur oberflächlich sind wir mit dem uns Zugefallenen vertraut, mögen wir noch so selbstbewußte Töne von uns geben. Das ist der Grund, warum wir dauernd überkompensieren, warum wir unbedingt einer besseren Stadt, einem besseren Land, einer besseren Familie entstammen, in eine bessere Schule gegangen sein wollen, mehr Geld und schönere Sachen haben müssen als andere.

Der »Kultur-Schock« stellte sich mit extremer Heftigkeit bei den Emigranten ein, die in Bolivien gelandet waren, einem Land, wo kaum etwas an das erinnerte, was sie von Europa her kannten. Unterschiede, wie die zwischen Deutschland und Frankreich, schrumpften vergleichsweise zu einer Bagatelle zusammen angesichts solcher abgründigen Fremdheit. Die Menschen waren hier in der Tat in jeder Hinsicht anders als auf dem alten Kontinent, benahmen sich und reagierten auf ungewohnte Weise. Der Ablauf des täglichen Lebens, die Mahlzeiten und Höflichkeitsformen waren anders, die Läden

Markt in La Paz

waren mangelhaft ausgestattet, suchte man etwas Bestimmtes, dann konnte man es garantiert nicht bekommen, ging man auf den Lebensmittelmarkt, um etwas zum Essen einzukaufen, dann gab es da Paltas und Chirimoyas, Mangos und Papayas, Ají und Locoto, es gab allerlei tropisches Gemüse und Obst, ja es gab allerhand kurioses Zeug wie getrocknete Hundeembryos, die, wie wir erfuhren, von den Indianern zu Kultzwecken verwendet wurden, und es gab Kokain-Blätter, die man kaute wie anderswo die Lutschbonbons, aber es gab sehr wenig, womit eine Wiener oder Berliner Hausfrau etwas anzufangen wußte. Und so war es mit allem. Die Wohnungen waren schlecht, dunkel und kalt, oder, wenn sie neuer waren und Klos und Badezimmer hatten, dann waren sie unerschwinglich. Denn als erschwerende Lebenstatsache kam hinzu, daß die meisten keine finanziellen Mittel besaßen, was besonders spürbar wurde, weil die Alltagsbedürfnisse, die wir in Bezug auf Essen und Trinken, Wohnung und Kleidung mitgebracht hatten, sofern sie überhaupt zu befriedigen waren, sehr viel mehr Geld kosteten, als wir hatten. Die wohlhabenderen Auswanderer waren in »bessere« Länder gegangen, hatten sich für 1000 Pfund Zertifikate nach Palästina, mit Hilfe ihrer geschäftlichen oder verwandtschaftlichen Beziehungen Visen nach England, USA oder Australien verschaffen können. Wir gehörten zur zweit- oder drittletzten Emigrationswelle und mußten froh sein, unsere Haut gerettet zu haben, selbst wenn wir jetzt in den Anden saßen, unter nicht sehr bequemen Umständen. Nach uns entkam man höchstens noch nach Schanghai, und verglichen mit dem, was die Auswanderer dort auszuhalten hatten an ökonomischem Elend und später im Krieg von der japanischen Besetzung, ging es uns noch großartig. Aber das wußten wir damals nicht und die Misere anderer hilft einem ja bekanntlich nicht über eigene Widerwärtigkeiten hinweg.

Übrigens stimmten bei den meisten von uns die Visen in unseren Pässen nicht. Gefällige Konsuln hatten sie, aus Gewinnsucht oder aus humanitären Motiven, an die Hilfsorganisationen verkauft. So kam es, daß viele der Ankömmlinge, kleine Geschäftsleute oder Angestellte, die vielleicht nie einen Bauernhof gesehen und jedenfalls von der Bestellung eines Feldes und der Versorgung von Haustieren keine blasse Ahnung hatten, mit einem »Agrikultur-Visum« ins Land gekommen waren, verpflichtet, sich der Landwirtschaft zu widmen. Irgendwo weit in den Urwäldern an den tropischen

Strömen, dem Mamoré und Chaparé, Nebenflüssen des Amazonas, hätten sie sogar Land von der Regierung bekommen können, der es daran lag, diese fast unerreichbaren Gegenden zu erschließen und der Nationalökonomie anzugliedern. Ich könnte tragische Geschichten erzählen von idealistischen Siedlern, die, begreiflicherweise von der ganzen westlichen Industriezivilisation enttäuscht, diesen abenteuerlichen Weg gegangen sind. Meist sind sie gescheitert, denn keine noch so gut ausgerüstete Gruppe konnte auf die Dauer den furchtbaren Krankheiten, den Exzessen des Klimas, den Katastrophen einer extremen Natur trotzen. Schon die Entfernung war ein gewaltiges Hindernis: wegen der schlechten Straßen glichen die immer wieder nötigen Reisen in die größeren Städte richtigen Expeditionen. Die meisten Besitzer landwirtschaftlicher Visen waren im höchsten Grade ungeeignet für derlei waghalsige Experimente. Sie dachten nicht im Traum an ein Pionierleben in den fernen, gefahrvollen Amazonasprovinzen, ebensowenig wie meine Eltern und ich, die wir ein »Touristen-Visum« im Paß stehen hatten, im entferntesten damit rechneten, das Land in absehbarer Zeit wieder zu verlassen. Statt dessen mußten alle, die den Buchstaben der Vorschriften nicht erfüllten, die Regierungsämter aufsuchen und dort Bekanntschaft mit einer Sphäre machen, die sie noch mehr von dem Staat entfremdete, in dem sie lebten. Denn in den »Oficinas de Gobierno« herrschte Chaos und träge Willkür. Das bolivianische Büro harrt immer noch auf seinen satirischen Maler (Daumier hat für Frankreich Vergleichbares geleistet), wäre aber auch für einen Sozialwissenschaftler von lohnender Ergiebigkeit. Alle diese Stuben ähnelten einander zum Verwechseln: zu viele und daher beschäftigungslose Beamte lungerten in allerlei Posen herum, an den Wänden waren vergilbende, wurmzerfressene Aktenbündel aufgestapelt und gaben der Luft ihren Staubgeruch, einige präkolumbianisch anmutende Schreibmaschinen zeugten von dem Stillstand der Zeit und Tätigkeit, mit denen man es hier zu tun hatte. Zerlumpte »Chicos«, Knaben, die statt zur Schule zu gehen, Straßen und Märkte bevölkern, waren auch hier in gewohnter Evidenz und verrichteten gewisse charakteristische Dienste: der eine, ausgestattet mit dem traditionellen Rüstzeug des südamerikanischen Stiefelwichsers – dem Bänkchen mit erhöhter Fußstütze, Bürsten, Pinseln, schmutzigen Tüchern und farbigen Tinkturen – putzte einem süffisant zurückgelehnten Beamten die Schuhe auf Hochglanz, ein anderer servierte Kaffee, ein dritter verkaufte Zeitungen. Die Beamten waren zweifellos miserabel bezahlt, zutiefst gelangweilt und entschlossen, einerseits so wenig zu tun wie möglich, andererseits das Publikum die Macht, die sie immerhin hatten, so empfindlich spüren zu lassen, wie sie konnten, um auf diese Weise ihren kärglichen Geldbeutel oder wenigstens ihr Selbstbewußtsein zu kräftigen. Der Eintretende wurde wie auf Verabredung ignoriert, sein Gruß blieb unerwidert, so daß er sich aus einer »Partei« automatisch in einen Bittsteller verwandelte. War es ihm endlich gelungen, die Aufmerksamkeit auf sich zu lenken und sein Begehren anzumelden, dann bedeutete das noch nicht, daß nun seine Sache behandelt und erledigt wurde. Was immer sie sein mochte, sie wurde endlos hinausgezogen und verbreitete sich über viele andere Ämter von der gleichen Art. Jedes Anliegen mußte auf Stempelpapier in einem ganz bestimmten legalistischen Jargon, den nur Eingeweihte beherrschten, niedergelegt werden; für alles brauchte man vorschriftsmäßige Photographien, Begleitdokumente, bittschriftartige Gesuche, die sogenannten »solicitudes«, usf. Waren die Papiere, wie in unserem Fall, fremdsprachlich, dann mußten notariell beglaubigte Übersetzungen beigefügt sein. Bevor man überhaupt angehört wurde, mußte man die »Prestación vial«

vorweisen, eine Bescheinigung, die bewies, daß man sich am in Bolivien besonders darniederliegenden Straßenbau beteiligt hatte, entweder in körperlicher Mitarbeit oder durch Entrichtung einer festgesetzten Summe. Die Eintreibung dieser Gelder wurde übrigens als Konzession vergeben und von Geschäftsleuten gekauft, von deren Bütteln man ständig auf der Straße angehalten wurde, wo man zahlen oder einen schon gestempelten Wisch vorzeigen mußte. Zu anderen Zeiten war wieder ein anderes Dokument unerläßliche Vorbedingung jedweder amtlichen Handlung, wie etwa die Empfangsbestätigung der Summe, die zu einer »Campaña de Desanalfabetización« zu entrichten war, einer Aktion, die sich das Ziel gesteckt hatte, den Indianern das Lesen und Schreiben beizubringen. Auch hier hatte man eine Alternative: entweder zwei Analphabeten das Lesen zu lehren oder zu zahlen. Ich hege keinen Zweifel, daß die meisten dieser Gelder in private Taschen flossen, denn der Staatsapparat war namenlos korrupt, angefangen bei den bloßfüßigen Polizisten, die ohne Anlaß Passanten anhielten, um von ihnen eine »Buße« zu erpressen, bis hinauf zu den höchsten Stellen. Ich sehe mich noch jetzt unsäglich verlegen einen glattbödigen Audienzsaal durchschreiten, auf meinen ausgestreckten Händen eine Torte vor mir hertragend, die ich dem Herrn Minister überreichen sollte, weil wieder einmal irgendeine Aufenthaltsbewilligung abgelaufen war. Niemand entging der Berührung mit den Ämtern. War die Visumsangelegenheit gerichtet oder von vornherein in Ordnung, dann galt es, sich die Residenzerlaubnis zu erwirken, die periodisch erneuert werden mußte, und später brauchte man die »Cédula de Identidad«, einen Ausweis, auf dem neben dem Bildnis des Trägers seine Daumenabdrücke zu prangen hatten, die in dieser schreibunkundigen Gesellschaft die Rolle der Unterschrift vertraten. Und in den Pausen zwischen den Besorgungen dieser Papiere mußte man sich in Zeiten, wo das Standrecht herrschte – und es herrschte oft und lang – vor jeglicher Reise eine »Buena vista«, eine Art Abmeldestempel holen, ohne den man keine Bahnkarte bekam.

Leben kam in eine solche Amtsbude nur, wenn man dem Beamten eine Banknote zusteckte oder in Begleitung eines vornehmen Bolivianers erschien. Dann wurde man bebuckelt und umschwänzelt, dann erwachten die asthmatischen Schreibmaschinen zu einem munteren Geklapper, das Stempelpapier bedeckte sich rapide mit den vorgeschriebenen Phrasen, es stellte sich heraus, daß es auch ohne Dutzende von Photos und Fingerabdrücken ging, und man war im Nu abgefertigt. Was mich betrifft, so verfügte ich weder über das eine noch das andere Zaubermittel. Meine Berührungen mit der Bürokratie waren daher stets peinlich, etwas irritierte die Beamten an mir, und so blieben mir im Laufe der Jahre manche Demütigungen, ja selbst mehrfacher Arrest nicht erspart. Einmal verbrachte ich mehrere Tage in einem miserablen Gefängnis, weil ein mir völlig unbekannter Hund einen Radfahrer anfiel und biß, der sich als der Neffe eines Gouverneurs entpuppte. Als einziger Ausländer am Tatort beschuldigte man mich, der Besitzer des Biests zu sein. Es war Freitag, ich mußte bis Montag warten, ehe der Herr Comisario auftauchte, dem ich den einfachen Tatbestand aufklären durfte. Ein andermal wurde ich von einem Zug heruntergeholt, weil mein Reisenachbar ein damals noch seltenes Tonbandgerät mit sich führte und man uns kurzerhand beide für ausländische Spione erklärte und einlochte. Im Rückblick amüsieren einen solche Vorkommnisse eher, als daß sie einen ärgern; von den emotionellen Beimengseln befreit, besagen sie immerhin, daß viele Emigranten auch mit der Bürokratie auf gespanntem Fuß lebten.

Das war jedoch wirklich noch das Geringste. Die Hauptsache blieb, daß zehntausend aus ihrer Bahn geworfene, unzufriedene, verarmte und ungeduldige Fremde sich in einer nicht sehr großen, wenig aufnahmefreundlichen Stadt zusammendrängten, die weder wirtschaftlich noch psychologisch auf solchen Zustrom vorbereitet war, so daß sich bald nicht nur Irritationen im Verhältnis der Neuankömmlinge zur einheimischen Bevölkerung einstellten, sondern auch gewisse Störungen im Leben der Emigranten selbst. Der Verlust der Zugehörigkeit, die Erschütterung der Wertnormen, eine Schwächung des moralischen Sicherheitsgefühls – alles das machte sich bald bemerkbar und erzeugte ein bedenkliches Schwanken im sozialen Klima. Vom meteorologischen Klima sage ich nur so viel, daß es zwar viele Klagen über Höhe und dünne Luft sowie manchen Aberglauben hervorrief, aber im ganzen wohl recht gesund war, namentlich für Leute mit schlechten Lungen, während es sich auf Herzkranke schädlich auswirkte. So manche starben allerdings an Infektionskrankheiten.

Viel akuter erlebte ich junger, kerngesunder Bursche gewisse gesellschaftliche Erscheinungen. Äußerst empfindlich traf mich zum Beispiel die Entdeckung, daß es auch hier Antisemitismus gab, daß unsere Gewißheit, all dem faschistischen Unwesen für immer entronnen zu sein, auf einer bloßen Illusion beruhte. Freilich zögere ich, diesen Begriff auf eine so anders geartete Gesellschaft mit ihrer so uneuropäischen Zusammensetzung und Geschichte unqualifiziert anzuwenden. Zwar gibt es auch in der hispanischen Tradition eine seit der Inquisition nur zu wohlbekannte judenfeindliche Komponente und die Vokabel »judío« (»Jude«, »jüdisch«) ist geradezu als ein Schimpfwort mit der Bedeutung »Wucherer, Geizkragen« in den spanischen Wortschatz eingegangen. Wenn die Gassenjungen von La Paz gerade den Blonden unter den Europäern, vielfach Mitgliedern der englischen und deutschen Kolonien und eben nicht nur den jüdischen Emigranten nachliefen und »Judío« hinterherriefen, so hatte das in seiner Absurdität eher etwas Lächerliches als Beleidigendes. Aber Hitlers Gift, der moderne politische Antisemitismus, war auch hierher gedrungen und ich empfand es als tiefe Enttäuschung, als mir bald nach unserer Ankunft aus einem der Lautsprecher, die nach südamerikanischem Brauch an einer Ecke der volkreichen »Plaza«, dem städtischen Hauptplatz angebracht sind, eine judenfeindliche Propagandarede entgegenplärrte, die in ihrer Unflätigkeit und verleumderischen Irrationalität sehr gut von Julius Streicher, dem Herausgeber des *Stürmers*, selbst hätte verfaßt sein können. Wie weit der Arm der Nazis doch bereits reichte! Das sollten wir in mehr als einer Weise erfahren, solange wir in Bolivien lebten. Später, als der europäische Krieg in vollem Gang war, wurden im Urwald sogar Flugplätze zum Empfang der deutschen Invasoren ausgerodet und sonntags sah ich außerhalb der Minenstadt, wo ich arbeitete, deutsche Angestellte unseres Bergwerkes in SA-Uniformen exerzieren. Die deutsche Kolonie, deutschlandhörig wie sie war, finanzierte Zeitungen und Radiostationen, so daß man nicht nur faschistisch gefärbte, achsenfreundliche Nachrichten aus den Medien beziehen konnte, sondern auch die dazugehörige Weltanschauung mitgeliefert bekam, was sich nach Kriegsausbruch noch ungemein steigerte. Die Alliierten waren allerdings nicht faul und wirkten dem durch ihren Einfluß auf Nachrichtenagenturen, Rundfunk und Presse nach Kräften entgegen, so daß der Kampf der Meinungen jahrelang in der Öffentlichkeit ausgetragen wurde, zumal die Regierungen, so oft sie auch wechselten, neutral blieben. Erst ein paar Tage vor Waffenstillstand erklärten einige südamerikanische Republiken Deutschland den Krieg. Grotesk wirkte es, wenn auf dem Höhepunkt der Kampfhandlungen von zwei verschiedenen

Ecken der Plaza ohrenbetäubend die entgegengesetzten Ideologien verkündet wurden und in der Mitte unentwirrbar ineinanderflossen. Aber jene erste Judenhetze, so knapp nachdem ich geglaubt hatte, um den Preis der Entrückung in eine unwirtliche Ferne wenigstens diese Gemeinheiten abgeschüttelt zu haben, war doch ein arger Schlag, und daß diese dauernde Indoktrinierung auf die Bevölkerung ganz ohne Einfluß geblieben sein soll, darf man füglich nicht annehmen. Sie hat die Gehässigkeit, mit der man uns vielfach begegnete, sicherlich verstärkt.

Unter diesen Umständen begann ein recht chaotischer Prozeß der Einordnung, Anpassung, Weiterwanderung. Jedermann war es klar, daß die Stadt La Paz auf die Dauer einer solchen Menge von verdienstsuchenden Fremden nicht gewachsen war, eine Menge, die sich zudem mit jeder Ankunft eines Zuges noch vermehrte. Übrigens sahen wir die Neuankömmlinge samt und sonders im Moment ihres Eintreffens mit eigenen Augen, denn zu den diversen Ritualen, die sich rasch eingebürgert hatten, gehörte die Pilgerschaft zu dem hoch über dem Stadtzentrum gelegenen Bahnhof, an den Abenden, wo die Züge aus den nordchilenischen Häfen Arica und Antofagasta ihren durchgeschüttelten Emigranteninhalt ausleerten. Nicht bloße Neugier trieb uns hinauf, sondern ebensosehr die Hoffnung auf bekannte Gesichter, auf das Wiederfinden von Freunden und Verwandten. Erstaunliche, oft rührselige Szenen des Erkennens und Begrüßens spielten sich auf dem Bahnhof ab, die für Beteiligte und Zuschauer gleichermaßen nützlich waren und zur Sozialisierung unserer Gruppe beitrugen. Ein weiterer Ort, wo sich allwöchentlich das zugewanderte Volk drängte, war die Post. An einem bestimmten Wochentag, den wir bald heraushatten, wurden die Sendungen aus Übersee verteilt und der Empfang der Luftpostbriefe aus dem unglücklichen Europa oder den begehrten Emigrantenparadiesen, wie etwa den Vereinigten Staaten oder Australien, das Vorlesen bedeutsamer Passagen, der Austausch von Adressen und dergleichen mehr, gehörte zu den aufregenden Handlungen der Woche. Nie wieder in meinem Leben ist Post von solcher, das geistige Gleichgewicht erhaltenden Bedeutung gewesen. Mit besonderer Dankbarkeit möchte ich auch noch der in New York erscheinenden Emigrantenzeitung *Der Aufbau* gedenken – als bloßer Schatten ihrer früheren Glorie existiert sie übrigens bis zum heutigen Tage –, die von den meisten von uns abonniert wurde und mitsamt den Briefen einmal in der Woche erschien. Die dort enthaltenen Nachrichten, die Leitartikel mit der Analyse der Weltlage, der literarisch-kulturelle Teil, in dem vom Verbleib namhafter Künstler und ihren neuesten Taten berichtet wurde, und vor allem der Überblick, den sie über die Bewegungen der Emigranten in aller Welt bot, – all das trug zum unentbehrlichen Gefühl bei, daß wir nicht bloß Ausgestoßene und Vergessene waren, sondern zu einer zwar bedrohten und verfolgten, aber keineswegs wertlosen Gemeinschaft gehörten. Vielen halfen auch die von tüchtigen Journalisten verfaßten Artikel die entschwindende Muttersprache lebendig zu erhalten.

Dem Druck der immer größeren Zahl Fremder in La Paz wirkte bald ein gewisser Abgang entgegen. Es dauerte nicht lange, da entstand ein blühendes Gewerbe, das half, Scharen von Emigranten auf verschwiegenen Bergwegen über die fernöstliche Grenze nach Argentinien zu schieben. Manche abenteuerlichen Naturen versuchten es auch auf eigene Faust, einfach mit der Eisenbahn, die die Hauptstädte der beiden Länder miteinander verband. Die Anforderungen an Geschicklichkeit und Unverfrorenheit, die dazu gehörten, während der vier Tage, die die Fahrt dauerte, nicht geschnappt zu werden, waren gewiß groß und hielten viele, namentlich

Familien mit Anhang, von dem waghalsigen Experiment ab. Aber die Attraktion, die von Buenos Aires ausging, der fabelhaften Weltstadt, dem begehrenswerten Geschäftszentrum, war vielen unwiderstehlich. Wer die argentinische Metropole unentdeckt erreichte, konnte – so hieß es – untertauchen und mit der Zeit legale Aufenthaltspapiere erwerben. Ich habe so manchen kennengelernt, dem dieser Durchschlupf mißglückt war und der nun, um ein paar Hoffnungen und die letzten Dollars ärmer, dort beginnen mußte, wo er gehofft hatte, einen Endstrich gezogen zu haben. Aber daß das Wagnis Hunderten gelang, kann keinen Augenblick bezweifelt werden. Was freilich in der fernen Weltstadt aus ihnen geworden ist, wüßte ich nicht zu berichten.

Auch auf andere Weise erleichterte sich der Druck auf La Paz: Unternehmungslustige Emigranten oder solche, die der scharfen Konkurrenz und sich bald entwickelnden ökonomischen Halsabschneiderei der größten Stadt Boliviens entgehen wollten, zum Teil wohl auch auf der Suche nach geringeren Höhen und einem milderen Klima, wagten den Sprung ins Innere des Landes, das von der Außenwelt noch gründlicher abgeschnitten war als La Paz, meist in die Provinzhauptstädte, von denen Cochabamba, als zweitgrößte des Landes und wegen eines frühlingshaften, durch eine Höhe von bloß 2500 m bedingten Wetters eine gewisse Beliebtheit gewann. Meine Eltern gehörten zu denjenigen, die diesen Weg gingen, während ich zunächst noch in La Paz blieb, wie zu berichten sein wird.

Langsam gliederten sich die Emigranten in das Bestehende ein, indem sie sich ihm anbequemten und wohl zum Teil auch, indem sie es veränderten. Die Debatte, die immer wieder, von beiden Seiten geführt, aufflackerte, wer mehr vom anderen profitiert hätte, die Flüchtlinge von den Bolivianern, weil sie hier Unterschlupf fanden, oder die Bolivianer von den Emigranten, weil diese die Modernität ins Land brachten, wird wohl bis in alle Ewigkeit unentschieden ausgehen müssen. Immerhin, man fand Wohnungen, man knüpfte Bekanntschaften an, untereinander, aber auch mit den Ortsansässigen, man machte Fortschritte im Gebrauch der Landessprache. Viele fanden Anstellungen, die Wohlhabenderen, Unternehmenderen oder beruflich bereits Ausgebildeten (in Hinsicht auf die Zukunft hatten manche bereits in Europa »Umschulungskurse« mitgemacht) eröffneten allerlei Läden und Werkstätten. Einige hatten Maschinen mitgebracht und so entstanden Schneidereien, chemische Reinigungen, Holz- und Steinverwertungen, die das schon bestehende Baugewerbe belieferten, Lebensmittelgeschäfte, Gastwirtschaften, Pensionen und vieles dergleichen mehr. Schwer hatten es insbesondere die Akademiker, die wenigen, die an Schulen, Gymnasien und Universitäten gelehrt hatten, aber auch die Rechtsanwälte und Mediziner unter den Emigranten. Daß die in einem ganz anderen Rechtssystem beheimateten Juristen nicht in ihrem Beruf bleiben konnten, ist eher einzusehen, als daß das medizinisch arg unterversorgte Land den dazugekommenen Ärzten die Berufsausübung verweigerte. Es war empörend, zu sehen, wie die einheimische Ärztekammer es fertigbrachte, der Etablierung ihrer europäischen Kollegen jedes erdenkliche Hindernis entgegenzusetzen, woran Berufsneid, Inkompetenz und Minderwertigkeitsgefühle die Hauptschuld trugen. Ich habe mehr als einen Arzt gekannt, der in einem Land, wo seine Kunst kostbare Mangelware war, als Hausierer oder sonst in einer wenig gemeinnützigen Tätigkeit sein Leben fristen mußte. Auf jeden Fall taten Inhaber eines hochspezialisierten Berufs gut daran, sich so bald wie möglich umzustellen und ihren Erwerb auf andere Weise zu gewinnen. Die weniger Flexiblen unter ihnen waren gezwungen, jahrelang dahinzuvegetieren, beleidigt auf ihre Besonderheit pochend, während die Wendigeren bald wie die übrigen Emigranten eine andere, meist kommerzielle Tätigkeit ergriffen.

Fortschritte machte auch das kommunale Leben der Einwanderer. Anfangs war die Sammelstelle, durch die die Fäden ihrer Existenzen liefen, noch der Hilfsverein, der Unterkünfte vermittelte und Unterstützungen gewährte, der aber nach und nach, ganz entschieden aber seit Kriegsausbruch und seit dem Versiegen des Flüchtlingszustromes, an Wichtigkeit einbüßte. Statt dessen wurde eine jüdische Emigrantengemeinde gegründet, ich weiß nicht, auf Grund welcher legaler Bestimmungen. Ein Klublokal wurde eingerichtet, wo man Mahlzeiten einnehmen, abends beisammensitzen, Meinungen, Erinnerungen, Informationen austauschen, Zeitungen lesen, Karten, Schach und Tischtennis spielen konnte. Diese Gemeinde übernahm auch wichtige religiöse und wohltätige Funktionen. Kurz, die Emigranten verwandelten sich allmählich in Immigranten und damit in Individuen, deren Sinnen und Trachten immer weniger der Vergangenheit und dafür mehr der Gegenwart und Zukunft galt.

Dieser Prozeß wickelte sich freilich nicht reibungslos ab, es entstanden soziale Schäden mit ökonomischen und moralischen Begleiterscheinungen, die mir jungem Menschen viel zu schaffen machten und mein Lebensgefühl auf lange Zeit hinaus mitprägten. Inflation und schwarzer Devisenmarkt waren Zwillingsphänomene, die offensichtlich mit dem plötzlichen Eintreffen der Emigranten auf der bolivianischen Szene zusammenhingen. Innerhalb weniger Monate stieg der Kurs des Dollars von 30 auf 80 Bolivianos (oder Bobs, wie man die englische Ausdrucksweise übernehmend allgemein sagte), aber für die 80 konnte man sich weniger kaufen als vordem für die 30. Noch schlimmer war ein Schwindel- und Betrugswesen, das so um sich fraß, daß man bald niemandem mehr glauben und trauen konnte. Leute traten auf, die vorgaben, zu den Behörden Beziehungen zu unterhalten, und den Unerfahrenen unter der Versprechung, ihren in Europa verbliebenen Lieben Einreisen verschaffen zu können, die letzten Pfennige abknöpften. Bombensichere Geschäfte entpuppten sich als lockere Gespinste, die über Nacht zusammen mit ihren hoffnungsvollen Begründern und den von düpierten »Teilhabern« beigesteuerten Geldern verschwanden. Andere Unternehmungen konnten nicht starten, weil die von »hohen Gönnern« in der Regierung zugesagten Lizenzen ausblieben. Dunkle Geschäfte mancher Art sprossen aus dem Boden und platzten wie die Luftballons. Diejenigen, die zu ihnen beigesteuert hatten, konnten zusehen, wie sie mit den zerstreuten Fragmenten zurechtkamen.

Was mich Halbwüchsigen, aber bald ganz auf mich selbst Angewiesenen zutiefst aufrührte, war das sexuelle Gebaren, dem ich begegnete. Die Destabilisierung der aus so vielen Bindungen Gerissenen machte sich auch auf diesem Gebiet stark bemerkbar. Viele der Ehen unter den Emigranten waren schnell vor der Auswanderung aus bloßer Konvenienz geschlossen worden. Die Brüchigkeit solcher Verbindungen hatte ich schon auf dem Schiff mit einer Mischung aus Gruseln, Lüsternheit und Widerwillen wahrgenommen. Die Beachtung von Schillers Rat »Drum prüfe, wer sich ewig bindet«, war schon aus Zeitmangel unterblieben und die Folge davon war eine befremdliche Flüchtigkeit in den erotischen Beziehungen. Aber auch ältere, scheinbar solidere Ehen vermochten dem Wirbel der Verhältnisse nicht standzuhalten. Kleine Strukturfehler in solchen Ehen, dem Auge selbst des gewiegten Psychologen kaum erkennbar, wuchsen sich zu Rissen, ja zu unheilbaren Brüchen aus. Wenn man die behütete, überaus beschränkte Rolle bedenkt, die der verheirateten bolivianischen Frau damals (und vielleicht noch immer) aufgezwungen wurde, die neurotische Bevormundung der Mädchen aus »gutem Haus«, dann wird es verständlich, daß die jungen, ledigen Bolivianer aber auch ältere, höher gestellte Personen aus Wirtschaft und Politik die leichten, zugänglichen Emigrantinnen als eine Art Freiwild betrachteten. Von glühenden Blicken und Zuflüsterungen auf offener Straße bis zu viel konkreteren, kommerziell unterbauten Offerten spann sich ein verfängliches Netz, in dem sich oft die Unschuldigsten verhedderten. Natürlich geriet man auch umgekehrt in die schiefsten Mißverständnisse. Eine Einladung zum Kinobesuch, von dem bolivianischen Mädchen anstandslos angenommen, hatte nicht selten zur Folge, daß die Erwartete in Begleitung mehrerer Verwandter erschien, für die dann auch Eintrittskarten zu bezahlen waren. Für Verfehlungen, die in Europa keine gewesen wären, nahmen die gefürchteten Brüder oft eine buchstäblich blutige Rache. Die Verwicklungen, Verwirrungen und Verstörungen, die aus alledem entstanden, die Arrangements, die sich ergaben, die Ménages à trois oder mehr, die Gefahren und Händel, die Trennungen, Umgruppierungen und Verrätereien, deren ich Zeuge wurde, zeigten mir den Einfluß einer Macht auf das menschliche Zusammenleben, der der wirtschaftlichen nicht nachstand und den ich unter den geordneten Umständen meiner Kindheit nicht mit gleicher Illusionslosigkeit hätte kennenlernen können. Symbolisch kulminierte diese größere Lizenz in den Vorgängen in einem der neu gegründeten Nachtlokale, wo die allgemeine Kommerzialisierung in der Versteigerung junger Emigrantenmädchen an die Meistbietenden Ausdruck fand, was natürlich Öl auf das überall schwelende emigranten- und judenfeindliche Feuer goß. Es gab genügend viele Kreise, die ohnehin dazu neigten, alle auftretenden Übelstände im Lande den europäischen Hitlerflüchtlingen zur Last zu legen.

Verwandt mit diesen Erscheinungen war auch das Auftreten eines neuen, erregenden Menschentyps, des Schelms und Abenteurers, des unternehmenden Glücksjägers, der sich zur Befriedigung seiner Bedürfnisse auf das Ausgefallene und Verbotene, ja ans Kriminelle Grenzende verlegte, Charaktere, die auf eine außergewöhnliche Situation außergewöhnlich reagierten. Farbenvolle oder anrüchige Gestalten am Rande der normalen Gesellschaft gibt es überall zu allen Zeiten. Aus begreiflichen Gründen traten sie aber damals und unter den Lebensbedingungen, um deren Beschreibung ich mich bemühe und die ja selber kaum als »normal« zu bezeichnen sind, mit solcher Frequenz in Erscheinung, daß sie die Atmosphäre miterzeugen halfen, in der wir atmeten. Eben dieser Lebensluft wegen will ich in meinen Erinnerungen ein paar solcher Existenzen heraufbeschwören, die neben den vielen redlichen, hart und unter erschwerten Umständen arbeitenden Emigranten ihr Schelmenwesen trieben, das trotz seiner Abwegigkeit den grotesken Ausnahmecharakter unserer Emigration besser widerspiegelt als das brave Durchschnittstun der Mehrheit.

Da war zum Beispiel ein Individuum namens H., das schon zu Hause in Wien zu den unkonventionellen Ausnahmen gehört haben mußte, denn auf die unvermeidliche, tausendmal an jeden Emigranten gerichtete Frage, was er denn »früher« oder »drüben« gewesen sei, bekannte er sich zu dem Beruf eines Hutschenschleuderers im Wurstlprater, einer Tätigkeit, die daraus bestand, dem schaukelfreudigen Publikum des berühmten Vergnügungsparks den nötigen Schwung zu verleihen. Er sprach zum Entzücken derjenigen, die etwas auf urwüchsige Echtheit gaben, den unverfälschten Dialekt der Vorstädte, so saftig und treffsicher, daß ihm zuzuhören allein schon den humoristischen Genuß einer Varieténummer bereitete. Dieser H. verdiente sich nun ein Heidengeld durch geschickte Düpierung ehrgeiziger Ping-Pong-Spieler in allen Salons dieser Art in La Paz, nicht selten sogar in den Spielräumen der Emigrantenvereinigung. Trotz seiner fabelhaften Beherrschung dieses Sports wußte er sich als blutiger Anfänger hinzustellen und gleichzeitig als Spielpartner anzubieten, allerdings bei Aussetzung einer kleinen Prämie für den Sieger, um die Sache »spannender« zu gestalten. Seinen großartigen schauspielerischen Fähigkeiten, die er vermutlich den gewitzigten »Anreißern« des Praters abgeguckt hatte, ist es wohl zuzuschreiben, daß ihm praktisch jeder neue Tischtennispartner auf den Leim ging. Unausweichlich verlor er die ersten Partien, worauf er forderte, daß ihm sein Gegner erst 5, dann 10 Punkte vorgäbe, wobei freilich auch die Einsätze nach und nach erhöht, schließlich verdoppelt und verdreifacht wurden. Und so konnten sich seine Opfer, während sie schon hoffnungslos aufgespießt waren, noch in der Glorie ihrer vermeintlichen Überlegenheit sonnen. Jetzt aber wendete sich das Blatt. So wie er bisher ganz knapp zu verlieren verstanden hatte, so begann H. nun knapp zu gewinnen und gewann nicht nur das Verlorene zurück, sondern ein Erkleckliches dazu. Die vorausgegebenen Punkte wurden wieder zurückgenommen, endlich gab er seinen Partnern 10 oder gar 15 Punkte voraus und besiegte sie immer noch nach Strich und Faden, denn die meisten konnten nicht aufhören zu spielen, sie waren außerstande, sich mit dem plötzlichen, unerklärlichen Wechsel ihres Glückes abzufinden, zumal es immer um 2 bis 3 von H. scheinbar nur mühselig errungene Punkte ging. Am weitesten trieb er es einmal mit einem Urlauber, der aus dem Dschungel in die Stadt gekommen war, um sich nach den Mühen irgendeiner schweren Arbeit ein paar Wochen lang zu vergnügen. Sein Unglück wollte es, daß er zu Hause, in Böhmen oder Mähren, lokaler Jugendmeister im Tischtennis gewesen war und an die Niederlagen nicht glauben konnte, die H. ihm nach bewährtem Muster nun unerbittlich zuzufügen begann. In seiner Verbissenheit ließ sich der Verblendete auf immer höhere Wetten ein und wäre wohl ohne das Einschreiten von Leuten, die H.s Umtriebe bereits kannten, gänzlich abgebrannt und ohne Genuß seiner Ferien in den Urwald zurückgekehrt. H. war aber ein solcher Meister, daß seine Talente einer legitimeren Verwendung zugeführt wurden. Er beteiligte sich zunächst an in La Paz veranstalteten Turnieren, rückte immer höher auf und soll schließlich sogar an Südamerika-Meisterschaften teilgenommen haben. In diese hohen Regionen konnte ihm freilich keiner von uns folgen, eines Tages entschwand er ganz unseren Blicken, vielleicht nach Argentinien, Brasilien oder Chile, den fernen bewunderten und begehrten ABC-Ländern, und ward nimmer gesehen.

Einen anderen meiner Bekannten zog es fort von den Zentren jener Welt, die sich zivilisiert nennt, mit Verachtung der sogenannten unterentwickelten begegnet, aber letzten Endes den Forderungen wirklich zivilisierten Lebens weniger entspricht als diese. Ich kannte ihn noch vom Schiff her, eine Gemeinsamkeit, die Intimität verlieh und lange fortwirkte. Schon dort hatte er sich, im Gegensatz zu anderen, die sich selbst bemitleidend das schwere Los des Exilanten bejammerten, freudig zu dem neuen Zustand bekannt, der es ihm erlaubte, ohne Einspruch der Mutter die Rasierklinge am Handtuch abzutrocknen. Selbst La Paz war ihm zu modern und mechanisiert, und so machte er sich auf in den fernsten bolivianischen Winkel, die tropische Urwaldprovinz Beni, in den flachen Flußbecken des Ostens gelegen, mit der Hauptstadt Trinidad, die noch vor wenigen Jahren von wilden Indianern überfallen, ausgeraubt und verbrannt worden war. Was halfen da die militärischen »Strafexpeditionen«, die die Regierung nach solchen Geschehnissen aussandte, um sich bloß nicht den Anschein des Hinnehmens zu gaben? Trinidad war so beschaffen, daß die einen Haarschnitt benötigende Bevölkerung ins Gefängnis pilgern mußte, weil der beste Friseur wegen irgendeines Verbrechens dort saß. Übrigens geschah dies lediglich zu dessen Bequemlichkeit und nicht dem Gesetz zuliebe, denn die Tore der Anstalt waren offen und es stand den Insassen frei, sie zu durchschreiten. Wohin hätten sie auch sollen? In jenem idyllischen Ort wurde mein nur um wenige Jahre älterer, freiheitsliebender Freund Direktor des Elektrizitätswerkes. Wie er das angestellt hat, weiß ich nicht. Seine technische Erfahrung, so wußte ich aus früheren Erzählungen, beschränkte sich darauf, daß er sich schon einmal als Ingenieur und Dieselfachmann in ein fernes Bergwerk hatte bringen lassen, ohne allerdings den Schaden am großen Motor, der dort alles betreiben mußte, beheben zu können. Aber zu seinen Eigentümlichkeiten gehörte, daß er auf Fehlschläge ebenso stolz war wie auf geglückte Leistungen, denn Wagen war ihm alles. Schon seine erste Anstellung zeigte dies: er hatte auf die Zeitungsannonce geantwortet, mittels derer ein Glasbläser gesucht wurde, und mußte Buchstaben aus Neonröhren formen, was zunächst zu seinem eigenen Erstaunen gut gelang, erst als er ein O blasen sollte, verlor er seine vielversprechende Karriere. Von solchen Taten erzählte er ausführlich, wenn er aus fernen Gegenden in die Städte kam, die er zur Abwechslung und zu Einkäufen aufsuchte. Das nächste Mal berichtete er von der Hacienda mit den unzählbaren Viehherden, die er sich zugelegt, und der dunkelhäutigen Gattin, die er inzwischen erworben hatte. Die Ehe mit Einheimischen, und ganz besonders mit indianischen, war ein Tabu, das alle ausländischen Kolonien, so verschieden sie sonst waren, hochhielten, es zu durchbrechen galt als schlimme Form des »Verhiesigens«, des gefürchteten Verlusts der europäischen Identität. Bewundernd hörte ich seinen mephistophelisch aufrührerischen Reden gegen die abendländische Kultur zu, der er nun auch diesen Tort angetan hatte. Es ist gleichgültig, ob alles stimmte, dessen er sich rühmte, es hätte zumindest wahr sein können und bildete daher den Horizont des in dieser Welt Möglichen. Auch er verschwand auf Nimmerwiedersehen in den unzugänglichen Dschungeln des Amazonas. Vielleicht ist er heute Garagenbesitzer in Brooklyn. Aber ich ziehe es vor, mir ihn als ergrauten Kaziken und Patriarchen vorzustellen, herrschend über fruchtbare Tiefebenen und Gummihaine, in guten Augenblicken seine schwarzbraunen Enkelkinder auf den Knien schaukelnd und ihnen die wenigen deutschen Zaubervokabeln vorsprechend, die er noch weiß.

Ähnlich zivilisationsüberdrüssig verhielt sich eine mir ebenfalls befreundete Familie. Der Vater, ehedem Richter in Königsberg, wünschte der trügerischen Welt der Maschinen, des Rassenhasses und der Menschenverfolgung für immer den Rücken zu kehren. Mit Frau und Kindern trat er den mehrtägigen Maultiermarsch in den Urwald an, wohlverpackt in einer Kiste die Werke Ernst Wiecherts mit sich führend, die es ihm angetan hatten. Nun mußte erst gerodet, dann gebaut werden. Schließlich stand das Blockhaus da und das »einfache Leben« konnte angehen, das aber gar nicht so einfach war, nach den Krisen und Krankheiten zu urteilen, den Unfällen und Überfällen, die sie durchstehen mußten. Und das Schwierigste war vielleicht das tägliche Sich-Abrackern um das liebe Brot. Das ging aber alles noch hin, bis die Kinder heranwuchsen und eines Tages erklärten, vom Urwald hätten sie nun genug, jetzt wollten sie unter Menschen sein. Und damit war auch für die Wiechertsche Robinsonade der Eltern das Ende gekommen.

So oder so, das Wechseln der ökonomischen Tätigkeit – von Beruf kann ja wohl in keinem dieser Fälle die Rede sein –

war jedenfalls an der Tagesordnung, wenn es auch nicht immer so unbedenklich geschah wie bei einem Mann, den ich im Anklang an seinen wirklichen Namen Goldstück nenne, und dessen Karriere mir für jene Zeitumstände illustrativ vorkommen will, ob sie schon stark ins Kriminelle schillerte. Seine Bekanntschaft machte ich in La Paz aus der Entfernung, wo ich ihn bei Hochzeiten, Beschneidungen, Konfirmationen und Beerdigungen die Funktionen eines Rabbis ausüben sah. Diese Tätigkeit mußte er aber abrupt abgeben, als jemand beschwor und Zeugen beibrachte, die seine Behauptung bestätigten, der Mensch sei in Berlin Verkäufer und nicht Rabbiner gewesen. Unsere nächste Begegnung ereignete sich im Straßenverkehr einer anderen Stadt. Ich war mit dem Fahrrad zur Fabrik unterwegs, wo ich damals arbeitete. Bei einer Kreuzung wurde unsere Richtung angehalten und die Fahrzeuge der Seitenstraße vorgelassen. Der Verkehrspolizist, der solches bewirkte, war Goldstück. Bald darauf sollte ich ihn noch in einer dritten Inkarnation erleben. Sonntags findet auf der südamerikanischen Plaza traditionell ein Platzkonzert statt, aufgeführt von einer Militärkapelle. Das Volk macht mittlerweile Korso, auf und ab umwallen die Leute, Mädchen in einer Richtung, Burschen in der anderen, den kleinen Pavillon, in dem die Bläser und die Trommler gewöhnlich untergebracht sind. An diesem Rundgang beteiligte sich zuweilen auch die Emigrantenjugend, in der Regel unaufmerksam auf die musikalische Qualität der Darbietungen. Eines Sonntags blies das Orchester jedoch so kläglich, daß man aufhorchte. Dirigiert wurde von einem Leutnant, der seiner Aufgabe wenig gerecht zu werden schien, denn er fuchtelte am Ende einer Nummer noch mit den Armen und seinem Taktstöckchen in der Luft herum, wenn die Musiker ihre Bemühungen längst eingestellt hatten. In der schmucken Leutnantsuniform mit den für das Musikcorps symbolischen

Aufschlägen steckte kein anderer als wieder der wandlungsfähige Goldstück. Später wurde von ihm geflüstert, er sei im Oriente, dem Gebiet östlich der Anden, wohin wenige Emigranten kamen und das daher in ihren Gesprächen mit Wunderdingen angefüllt und geheimnisvollen Gestalten bevölkert wurde, gesehen worden, wie er als katholischer Priester bei einer Hinrichtung ministrierte. Doch das war bloßes Gerücht und ich kann nicht angeben, ob er seine Tage als bolivianischer Bischof oder General beschlossen hat, und auch diese Vermutungen äußere ich nur, weil Goldstück offenbar Beschäftigungen vorzog, wo er anderen Menschen etwas anschaffen konnte.

Die eben geschilderten Vorgänge hatten sowohl etwas Dreistes wie etwas ans Geheimnisvolle Grenzendes an sich. Ich will zum Abschluß noch einen Lebenslauf hersetzen, dessen Einzelheiten mir ganz durchsichtig sind, so rational und bieder folgen sie aufeinander. Es handelt sich um die Stationen in den Schicksalen eines Freundes und Weggenossen von mir, der weder ein Gaukler noch ein Gauner ist, sondern ein ganz waschechter Wiener, der in keiner Sprache, nicht einmal in der spanischen, den Mund auftun kann, ohne sofort den Wiener »Hieb« oder Bezirk erkennen zu lassen, in dem er aufgewachsen ist. Sein Mißgeschick oder Glück – wer kann das heute noch unterscheiden? – bestand bloß darin, daß er einen jüdischen Vater hatte, und so wurde er von denselben politischen Winden nach Südamerika verweht wie wir alle. Seine Irrfahrten und beruflichen Umstellungen erachte ich als charakteristisch für die Beweglichkeit und Wendigkeit, die man haben mußte, um in der Emigration zu überstehen. Ich stehe noch heute mit ihm in Verbindung und hoffe, er wird es mir verzeihen, falls er überhaupt diesen Bericht zu Gesicht bekommt, wenn ich um der guten Sache willen die Geheimnisse seiner Jugend ohne Nennung seines Namens hier preisgebe.

Als ich ihn kennenlernte, mochte er neunzehn Jahre alt gewesen sein. Seine nichtjüdische Mutter war ihm aus bloßer Treue in das südamerikanische Exil gefolgt, wo sie sich und ihn durch ihre Wiener Koch- und Schneiderkunst ernährte. Mein Freund selbst fabrizierte aus den Kisten, die die Habseligkeiten der Einwanderer enthalten hatten, sogenannte »Emigrantenmöbel«, einfachste Lattentische und -stühle, die jahrelang unseren einzigen Hausrat abgaben. Als aber keine Emigranten mehr kamen und alle Kisten zersägt und zu Mobiliar genagelt waren, da mußte er nach einem anderen Erwerb Ausschau halten. Geschickter und klüger als ich, der ich für einen Hungerlohn in einer Textilfabrik arbeitete, verlegte er sich auf die Herstellung von schmückenden Verzierungen für Damenhüte, die ihm zwar auch wenig genug eintrugen, aber ihm das ewige Einerlei und die Demütigungen einer Fließbandexistenz ersparten. Immer üppiger und bunter band er die Sträußchen, immer höher und abenteuerlicher türmte er die Federn, Beeren oder was sonst die Frauen damals auf den Häuptern zu tragen beliebten – umsonst, das weibliche Geschlecht in seiner anonymen Gesamtheit lohnte ihm die Mühe nicht, kaufte nicht das von ihm so erfinderisch Zusammengestellte, und so kam es, daß er, begleitet nur von seiner Mutter, die ihr Flick- und Nähhandwerk an jedem Ort ausüben konnte, wo die Menschen gewohnt waren, ihre Blöße zu bedecken, in die noch kleinere Provinzstadt Tarija zog, um dort die eben freigewordene Stelle eines Bäckers zu bekleiden. Dort habe ich ihn eine Weile aus den Augen verloren, zumal mein eigenes Lebensböckchen damals gerade beängstigende Kapriolen zu schlagen begann.

Ein paar Jahre später begegnete ich ihm wieder in einer kleinen Stadt, wo ich selbst als Minenarbeiter eine ziemlich miserable Existenz führte. In einem der steilen Gäßchen, die man sehr bald nur allzu genau kannte, erspähte ich eines

Tages einen neuen Laden, dessen Inhaber eben mein alter Freund war, diesmal in seiner Eigenschaft als Fabrikant von Koffern, Aktenmappen und vielerlei sonstiger Ledersachen, ein Handwerk, das sich der Fingerfertige inzwischen angeeignet hatte. In dem niedrig gelegenen, subtropischen Tarija war er ein Opfer der Malariakrankheit geworden, die ihn alle drei Tage aufs Lager warf, mit Fieberfrösten unbarmherzig durchschüttelte und schließlich erschlafft zurückließ. Da alle anderen Mittel versagten, schickten ihn die Ärzte in die Höhe, nach Potosi, der höchsten Stadt der Welt. Diese Luftveränderung hat ihn tatsächlich kuriert und es ihm ermöglicht, sein Kofferhandwerk, diesmal beim gleichen Leisten bleibend, in das sanftere Klima der verschlafenen, aber freundlichen Provinzhauptstadt Sucre zu verlegen.

Das nächste Mal trafen wir uns in der nordchilenischen Stadt Antofagasta. Mein Freund hatte sich seit unserer letzten Begegnung mit den Mechanismen der Schreib- und Rechenmaschinen vertraut gemacht und von nun an säuberte und reparierte er munter, erst in Chile, dann in Quito, der ecuadorianischen Hauptstadt, und schließlich in der Hafen- und Handelsstadt Guayaquil. Hier aber trat eine radikale Umwälzung in seinen materiellen Glücksumständen ein. Brauche ich zu betonen, daß ihm all die fleißigen und freudigen Handfertigkeiten, all sein arbeitsames Bemühen und Beflissensein nur wenig einbrachte, nur gerade so viel, um ihn über Wasser zu halten? Jetzt aber sollte alles anders kommen. Jemand hatte ihm einen Posten religiöser Artikel, Gebetbücher, Rosenkränze, Kreuze, Christusfiguren, in Kommission gegeben, der sich so schnell und lukrativ verkaufte, daß er blitzartig erkannte, wie falsch die Pfade mühseliger Arbeit waren, auf denen er bislang gewandelt war.

Ich fasse zusammen: Mein Freund ist heute reich. Er lebt als Privatier mit seiner Familie in einem lateinamerikanischen

Land, nur noch interessiert am Stand der Börsen, an der Inflationsrate und an Fragen der Steuerhinterziehung. Die Arbeit seiner geschickten Hände hätte ihn nie so weit gebracht. Aber die Belohnungen, die sich ihm so hartnäckig entzogen hatten, bescherte der religiöse Eifer der südamerikanischen Bevölkerung, die er mit ganzen Schiffsladungen von heiligen, vom Papst gesegneten Dingen versorgte, überreichlich. Ich habe ihn im Verdacht, der einträglichen Sache und den guten Beziehungen zu den kirchlichen Würdenträgern zuliebe zum Katholizismus übergetreten zu sein. Aber wer könnte ihm bei dem kaleidoskopartigen Wechsel seines Lebens diese kleine Korrektur verübeln?

In den Wendungen und Windungen dieser Lebensläufe spiegeln sich die Umstände, die sie hervorgebracht haben, und somit auch die Zwänge, denen die einzelnen Mitspieler ausgesetzt waren. Aber dazwischen gab es immerhin Luft, zu atmen, Ellbogenraum, sich zu bewegen, also genug Freiheit und Alternativen, so daß man sehr wohl vom Willen der Beteiligten und ihrer Verantwortlichkeit sprechen kann. Das wird noch viel deutlicher, wenn nun von der Person die Rede ist, deren Motive ich am besten durchschaue und von deren Tun ich daher am authentischsten Rechenschaft ablegen kann, nämlich von mir selbst. Die Geschichte meiner »Berufe« und Anstellungen, die Wechsel meiner Rollen, Arbeiten und Tätigkeiten liest sich, das charakteristische Emigrantenmilieu wie in einem Prisma zeigend, ohne daß ich allzuviel dazu getan hätte, ebenfalls wie das Leben eines Pikaro, wie ein Schelmenroman, in dem sich eigene Initiative und äußere Determiniertheit durchdringen.

IV. Abenteurer wider Willen

Der Emigrant als Pikaro

Der Pikaro- oder Schelmenroman zeichnet sich durch seinen episodenhaften Aufbau aus. Wie in einer Addition fügt sich eine Situation an die andere, in denen der pfiffige Antiheld nur deswegen übersteht, weil er sich anpaßt und die Püffe und Schläge, die er bekommt, nicht tragisch nimmt, sondern eher von der grotesk-humoristischen Seite. Zusammengehalten werden die nur lose miteinander verbundenen Episoden dadurch, daß sich aus ihrer Summe letzten Endes doch ein Gesamtbild ergibt: das einer durch und durch schlechten, dummen, boshaften und verlogenen Gesellschaft. Die Welt so zu verstehen, ist immerhin eine Einsicht.

Oberflächlich gesehen ähnelte mein zehnjähriger Streifzug durch Bolivien, Chile und Ecuador diesem Schema, denn scheinbar zusammenhanglos reihen sich die einzelnen Stücke aneinander und an der Schlechtigkeit der Welt lassen sie keinen Zweifel aufkommen. Von meiner inneren Erfahrung her ergibt sich aber ein etwas anderes Bild. Ich bin von einer eher schwermütigen als leichtherzigen Disposition und war tatsächlich weit entfernt davon, was ich sah, nicht ernst zu nehmen. Von meinen Erlebnissen geht zwar eine fast unwiderstehliche Verführung aus, sie in der Form von kleinen Grotesken und unverbindlichen Abenteuern zu schildern, was aber zu dieser Konzeption nicht paßt, das war das Bewußtsein, mit dem ich auf das mir Entgegentretende reagierte, denn die Umstände brachten es mit sich, daß ich meine südamerikanische Dekade als eine Art gespaltene Persönlichkeit erfuhr, dem äußeren Anschein nach zwar ein fahrender Gesell, ein wandernder Gelegenheitsarbeiter und Hans-Dampf-in-allen-Gassen, der sich aber für etwas anderes hielt, bereits stark von kulturellen Interessen bestimmt war und im Grunde nicht zu dem stand, was er tat, sondern vor allem zu dem, was zu unterlassen er gezwungen war. Objektiver Zwang und subjektiver Wille waren miteinander zerworfen, und es sah lange, verzweifelt lange so aus, als hätten die inneren Neigungen gegen die äußeren Umstände keine Chancen, bis eines Tages nun doch ein Umschwung eintrat und anfing, die einseitige Rechnung auszugleichen.

Wenn ich die Schicksale anderer Emigranten zum Vergleich und zum Kontrast heranziehe, dann gerate ich in Schwierigkeiten, denn es ist ja kaum jemand gegeben, sehr tief in die Seele seiner Mitmenschen hineinzublicken. Ich sehe mit scharfer Deutlichkeit eine Reihe von Lebensläufen sich vor meinem erinnernden Auge abspielen, aber das Entscheidende, das nuancenreiche Bewußtsein, das sie begleitete, bekämpfte, modifizierte oder resigniert vor ihnen kapitulierte, entzieht sich der Beobachtung. Ohne dieses sieht man aber nur die halbe, was sage ich, ein Viertel der Wahrheit. Wenn man sich fragt, warum man unter ähnlichen Umständen so anders geworden ist, dann stößt man immer wieder auf Unterschiede des Temperaments, der Vitalität, der Intelligenz und einer Reihe von anderen bestimmenden Elementen, die zweifellos eine Rolle spielen. Wenn nicht die Umwelt und der historische Moment ihre uniformierende Macht ausübten, könnte man überhaupt keine allgemeinen Aussagen über Gemeinschaftserlebnisse, wie Krieg, Emigration etc. machen. Selbst so meint man manchmal, wenn man Leute von der gleichen Sache, in die sie verwickelt waren, reden hört, sie sprächen über mondenweit voneinander verschiedene Ereignisse. Es kommt eben immer darauf an, wo, wann und wie jemand etwas erlebt und wer der Erlebende ist. Daraus entsteht zum Beispiel auch der nicht enden wollende Streit um den Nationalsozialismus. Dieses Regime, das meine ganze Existenz aufgewühlt hat, erschien Menschen, mit denen man sonst ganz gut über dieses und jenes reden kann, in einem total anderen Licht. Dazu eine aufschlußreiche Anekdote: Als meine Frau mit mir im Schlepptau eine ihr von früher bekannte Familie irgendwo in Nordwestdeutschland besuchte, fiel uns ein helleres Viereck in der Wandbekleidung auf. Daraufhin befragt, belehrte uns die Gastgeberin: »Da war doch früher das Hitlerbild!« Und, von meinen Lebensumständen vorher nicht in Kenntnis gesetzt, fügte sie noch hinzu: »Das war damals doch eine schönere Zeit!«

Aus all den Faktoren, die meine besondere Erlebnisweise Südamerikas beeinflußt haben, möchte ich nur einen, der allzu oft ungenügend beachtet wird, kommentierend herausgreifen: mein Alter. Ich bin der Ansicht, daß ich als Sechzehnjähriger die Verpflanzung nach Bolivien in einer besonders ungünstigen Entwicklungsphase durchzustehen hatte, als ich kein Kind mehr und noch kein Erwachsener war, von Europa nur die mir dort eingeflößten Erwartungen, aber noch keinerlei Errungenschaften mitbrachte, und dennoch nicht ungeformt und unbefangen ins neue Milieu hineinwachsen konnte. Wäre ich nur ein wenig jünger gewesen – ein einziges Jahr hätte da den Ausschlag geben können –, dann hätte ich, wenn schon nicht Bolivianer, denn das ist man und wird man nicht, so doch vielleicht Lateinamerikaner in einem weiteren Sinn werden können. Und als ein wenig Älterer mit bereits gestalteter Identität und Individualität, mit einem bereits gefestigtem Europäertum, hätte ich diese Lebensepoche als Zwischenspiel, als vorübergehendes Abenteuer angesehen, was sie ja für die meisten, einschließlich meiner selbst, in Wirklichkeit war, und mir das mir Gemäße bzw. Erreichbare daraus geholt. So aber war ich weder das eine noch das andere, ich habe das eine nicht aufgeben und das andere nicht erwerben können, und bin bis zur Stunde jemand geblieben, der im Grunde nirgends und in einem anderen Sinn wieder überall zu Hause ist. Auf dieser Doppeldefinition meiner Zugehörigkeit möchte ich aber bestehen, denn die Feststellung meines Mangels an Verwurzeltsein in einem religiösen, nationalen oder philosophischen Gefüge mit allen Nachteilen, die ein solches Fehlen und Freischweben in sich birgt, wäre einseitig ohne die ergänzende Erkenntnis der großen geistigen und emotionalen Vorzüge dieses Zustands. Ich sage dies in der Überzeugung, etwas zu sein, und gleichzeitig aus der skeptischen Erfahrung heraus, daß einem nichts geschenkt wird, sondern daß man für jeden Gewinn im Leben einen entsprechenden Preis entrichten muß. Die vielen, fast verwirrenden Möglichkeiten der Jugend verlieren sich, als Ersatz dafür gerät man in den Besitz von mehr oder minder handfesten Realitäten, aber die wieder eben um den Preis der Selbstbeschränkung und Selbstdefinition.

Genug der Spekulationen. Ich erachte es als meine Aufgabe, die Stadien meiner Fortbewegung auf dem südamerikanischen Gelände zu beschreiben, wobei ich zunächst chronologisch vorgehe und das Hauptaugenmerk auf die konkreten, materiellen Umstände meines Lebens richte, um dann die schwieriger zu erfassende geistige Entwicklung nachzuliefern.

Mein erster Job war nominell der eines Elektrikerlehrlings auf einem Neubau. In der Praxis wurde ich aber als Hilfsarbeiter für alle möglichen Verrichtungen verwendet. Ich mußte Zement mischen, Materialien von einem Ort des weitläufigen Gebäudes an den anderen schleppen, lange Rinnen für elektrische Drähte in die Betonwände hauen. Es war schwere körperliche Arbeit, und ich zog mir bald durch meine Ungelehrigkeit die Mißbilligung der Vorgesetzten zu. Sehr schnell lernte ich, daß zwischen der Leitung und den Arbeitern Interessenkonflikte bestanden: die einen wollten Herrschaft ausüben und wenig bezahlen, sie legten Wert auf eine gefügige Mannschaft, auf prompte und genaue Ausführung aller Befehle und maximalen Arbeitseinsatz, die anderen forderten höhere Löhne, respektvolle Behandlung und angenehme Arbeitsbedingungen, und auf keinen Fall wollten sie sich überanstrengen. Diese Gegensätze schlummerten oft lange unausgesprochen unter der Oberfläche, konnten sich aber dann plötzlich in mehr oder minder heftigen Zusammenstößen entladen. Wenn man hoch oben auf der Leiter stand und den schweren Vorschlaghammer vor Müdigkeit kaum mehr schwingen konnte, dann kam in diesem Augenblick garantiert der Elektroingenieur, nahm einem Hammer und Meißel aus der Hand und schlug mit seinen ausgeruhten Muskeln drauflos, daß die Funken stoben, um einem vorzumachen, wie es eigentlich gehen sollte. War man aber selber eifrig bei der Sache, dann ließ er sich natürlich nicht blicken. Ähnlich ging es frühmorgens: War man pünktlich, dann war weit und breit von keinem Aufseher etwas zu bemerken, wehe aber, wenn man sich um zwei Minuten verspätete, dann stand er gewiß mit gerunzelter Stirn und provokativ gezückter Uhr da, ein einziger stiller und manchmal gar nicht so stiller Vorwurf. Wie schwer hat es doch ein Jugendlicher, morgens aufzustehen! Es ist überhaupt einiges unzulänglich eingerichtet im Leben, zum Beispiel, daß die Alten nicht schlafen und die Jungen nicht aufwachen können. Ich jedenfalls verzichtete lieber aufs Frühstück, nur um ein paar Minuten länger schlafen zu können, die aber dann auch nichts nutzten, denn man kam ungewaschen und mit fliegendem Atem zur Arbeit, wurde gleich wegen irgendeiner verschlafenen Unachtsamkeit angeschnauzt und der Tag war so oder so verdorben.

Mein Groll gegen die »Herrschaftsverhältnisse« auf dem Bau hatte einen weiteren Grund. Mir war die Verantwortung für das Handwerkszeug meiner Arbeitsgruppe übertragen, oder vielleicht sollte ich sagen aufgehalst worden. Morgens mußte ich die benötigten Stücke herausgeben, abends nach Arbeitsschluß einsammeln. Samstag vor der Löhnung wurde Bestand aufgenommen und alles Fehlende von meinem Lohn abgezogen; oft wurde die Hälfte meines Wochenverdienstes einbehalten, denn die Geräte waren teuer und mein Stundenlohn niedrig, so niedrig, daß ich, wäre ich nicht bei meinen Eltern gewesen, selbst bei den bescheidensten Ansprüchen, nicht davon hätte leben können. Wie die Peones, die am Bau beschäftigten Handlanger, die auch nicht mehr bekamen, davon existieren konnten, war und ist mir rätselhaft.

Dazu kam, daß ich nichts über Elektrizität und elektrische Anlagen lernte, und das war doch der Sinn der ganzen Anstrengung. In den Beratungen, was denn nun mit mir geschehen solle, war man übereingekommen, daß jetzt in der Neuen Welt, im pragmatischen »Amerika« und in unserer besonderen pekuniären Lage eine intellektuelle Karriere nicht mehr in Frage kam und daß ich einen »praktischen« Beruf ergreifen müsse, man zitierte mir sogar das alte Sprichwort vom Handwerk, das angeblich einen goldenen Boden habe, absurderweise vorindustrielle europäische Erfahrungen auf die bolivianischen Verhältnisse anwendend. Diese Überlegungen, gegen deren Logik ich freilich aus Unerfahrenheit nichts vorzubringen wußte, hatten dazu geführt, daß ich zu den Hochbauelektrikern in die Lehre gegeben wurde. Die Verrichtungen, für die man mich aber verwendete, hatten mit dem Erlernen dieses Handwerks nichts zu tun, ich hätte sie jahrzehntelang treiben können, ohne je etwas »Elektrisches« zuwege zu bringen. (Wenn ich heute in meinem eigenen Haus wieder einmal vor einem elektrischen Problem versage, dann sagt meine Frau spöttisch: Ich dachte, du warst Elektriker! Aber solche Sticheleien ignoriere ich natürlich.)

Alle die geschilderten Unzulänglichkeiten waren aber nicht die eigentliche Ursache für das notwendige Scheitern dieses ersten Versuchs, mich nutzbringend in die Arbeitswelt einzugliedern. Das Ausschlaggebende war, daß der Keim des Widerwillens längst in mich gelegt worden war, ehe ich überhaupt wußte, wie ein Rohbau aussah. Jetzt war ja die seit Kindertagen gegen mich ausgestoßene Drohung, daß ich Handwerker werden müßte, wenn ich mich in der Schule nicht bewährte, krasse Wirklichkeit geworden. Und das war ganz und gar nicht das einzige, womit man mich mit Abscheu gegen einen manuellen Beruf erfüllt hatte. Bei solchen verbalen Vorhaltungen hatte es nicht sein Bewenden gehabt, von früh an hatte man mir systematisch eingeimpft, ja buchstäblich suggeriert, ich sei für jede Handarbeit zu ungeschickt, und wenn ich je einmal einen Hammer ergriff, um einen Nagel einzuschlagen, oder einen Schraubenzieher, um einen Bolzen zu lockern, dann nahm ihn mir meine Mutter sofort ab, mit höhnischen oder entsetzten Hinweisen auf meine Schwerfälligkeit. Ich würde etwas kaputt machen, mir den Daumen blau schlagen, ich solle solche Geschäfte anderen, kompetenteren Leuten überlassen und gefälligst zu meinen Schularbeiten zurückkehren. Das geschah so lange, bis ich selber an meine Unfähigkeit glaubte und ein Selbstverständnis erwarb, das voll von ungünstigen Voraussetzungen für meine elektrotechnische Laufbahn war, und es ist nicht zu verwundern, daß ich, sobald der anfängliche Reiz des Ungewöhnlichen, das für mich dieser Kalk- und Mörtelwelt anhaftete, verflogen war, nur noch mit Abneigung meinen Arbeitsplatz aufsuchte. Wie lächerlich muß es gewesen sein und dennoch wie symptomatisch für die Widersprüchlichkeiten meiner Lage, daß ich in den Arbeitspausen den Sinn der indianischen

Arbeiter, während sie an den Wänden hockten und Kokainblätter kauten, für das »Höhere« und »Ideale« zu erwecken suchte. »Wie heißt du?« konnte ich etwa einen mit pädagogischer Hinterhältigkeit fragen, und auf die Antwort »Cervantes« einiges über den berühmten Schriftsteller dieses Namens zum besten geben oder, wenn die Antwort »Murillo« lautete, Auskünfte über die spanische Malerei erteilen und etwas über die Verpflichtungen einfließen lassen, die sich den Trägern solcher glorreichen Namen stellten. Damals war ich erbost über das halb stupide, halb verlegene Grinsen, mit dem meine »Schüler« diese edlen Bemühungen aufnahmen, während sie doch eher für die Toleranz zu bewundern gewesen wären, mit der sie solche Ungereimtheiten über sich ergehen ließen. Das wahrscheinlichste freilich ist, daß sie zu sehr in ihrem Drogenrausch versunken waren, um auch nur zu ahnen, was der komische Gringo-Junge von ihnen wollte.

Für den Verlauf der Dinge im ganzen blieben meine kulturhistorischen Vorträge belanglos. Tatsache war, daß die gegenseitige Unzufriedenheit stetig wuchs, die meiner Oberen mit dem untüchtigen Lehrjungen und meine eigene mit dem ganzen Baukram, so daß an meinem Verbleib in diesem Gewerbe schließlich nicht mehr zu denken war. Ich hielt Ausschau nach einer anderen Beschäftigung und als sich bald etwas meinem Wesen Gemäßeres zu bieten schien, gab ich leichten Herzens mein Elektrikertum preis, ohne Kummer über die erste verpaßte Gelegenheit, ein nützlicher Faktor in der bolivianischen Nationalökonomie zu werden.

Rasch wusch ich mir eines Tages nach der Arbeit den Hals, warf ein sauberes Hemd über und eilte ans andere Ende der Stadt, auf der Suche nach dem »Instituto de Arqueología y Prehistoria«, weil sein Direktor, der sagenumwitterte Professor Arturo P., einen Assistenten und Privatsekretär brauchte. In der Abenddämmerung erreichte ich das mit den Ornamenten der Tiahuanaco-Kultur verzierte Haus. Auf mein Schellen öffnete ein alter Aymara-Indianer in gestreiftem Poncho, die Spitzmütze mit den langen Ohrlappen auf dem Kopf, klobige Sandalen an den Füßen, und sah mich fragend an. Zögernd, weil ich nicht wußte, wieviel Spanisch ihm zuzumuten war, trug ich mein Begehren vor. Der Professor sei er selber, brummelte mein Gegenüber und führte mich in einen Saal, der sofort mein Wohlgefallen erregte. Es war eine Bibliothek mit deckenhohen, buchgefüllten Regalen an allen Wänden. Auf großen Tischen, aber auch auf dem Fußboden lagen Haufen von beschriebenen und bedruckten Papieren, aufgeschlagene Zeitschriften, Bilder und Zeichnungen, Pläne und Stöße von Büchern. Zwischen präinkaischen Schalen und Vasen lag ein gelblicher Totenkopf. Ein Globus von ungewöhnlichen Dimensionen überragte diese wissenschaftliche Unordnung, die Universalität des hier waltenden Geistes andeutend. Etwas lakonisch und mürrisch, wie mir schien, fragte mich der alte Mann mit der vom Wetter bronzen gewordenen Haut, die ich für indianisch gehalten hatte, nach meinen ach so geringen Kenntnissen und Fähigkeiten. Schließlich wollte er wissen, woher ich sei. Als ich es ihm sagte, gab er dem bisher auf spanisch geführten Verhör eine überraschende Wendung, indem er in unverfälschtem Wienerisch fortfuhr: In wölche Schul' san'S denn 'gangen? Offenbar war es für die Besetzung des Postens eines Bürogehilfen in seinem wissenschaftlichen Institut von großer Bedeutung, welches Wiener Gymnasium ein Kandidat besucht hatte, denn er schien befriedigt, wurde freundlich, erklärte mir die erwarteten Leistungen und trug mir die in Frage stehende Position ohne weiteres an. Das Monatsgehalt übertraf zwar meine Bauarbeitereinkünfte nicht – hier wie dort betrug es umgerechnet etwa zehn Dollars – aber ich sollte zu ihm ziehen, weil er mich immer bei der Hand haben wolle, und außerdem würde neben meinem Quartier auch für meine Kost gesorgt werden, ich könne einfach meine Mahlzeiten an seinem Tisch einnehmen. Aber ich glaube, ich hätte das Angebot auch ohne diese Vergünstigungen angenommen, so faszinierten mich die geheimnisvollen Dinge, die ich zu sehen bekommen hatte. Ganz trunken vom Erfolg meines Bittgangs, von der Erlösung aus der Baufron und von den Zukunftsaussichten, die sich mir eröffneten, legte ich den Weg zu der Behausung meiner Eltern zurück, ungewiß, ob sie mir gestatten würden, meine Zelte anderswo aufzuschlagen, zum ersten Mal unter fremdem Dach.

Aber auch bei ihnen hatten sich fast gleichzeitig Entwicklungen abgespielt, die solchen Plänen entgegenkamen. Auf Grund seiner Erfahrungen und Vorkenntnisse in der Textilbranche hatte mein Vater bald nach unserer Ankunft eine gute Anstellung in einer englischen Textilfabrik gefunden, und jetzt sollte der ganze Betrieb in die aufstrebende Provinzhauptstadt Cochabamba, die ich schon erwähnt habe, verlegt werden. Mein neuer Posten paßte also recht gut in diese Konstellation. Meine Eltern würden übersiedeln, sich dauerhafter einrichten als in dem bisherigen La Pazer Provisorium, und ich könnte dann später gegebenenfalls zu ihnen stoßen. Einstweilen aber sollte ich die mir gebotenen Obliegenheiten bei Arturo P. übernehmen.

Es kam der Abend, wo ich meinen Eltern, die am nächsten Morgen abreisen sollten, Lebewohl sagen mußte. Statt mich zu ärgern wie sonst, rührten mich diesmal die trivialen, sich auf zuträgliches Essen und gesunde Kleidung beziehenden Ratschläge meiner Mutter. Mein Vater sagte wenig. Ich reichte beiden die Hand und machte mich auf den langen nächtlichen Weg ins Haus, wo man mir bereits eine Kammer bereitgestellt hatte. Über mir wölbte sich der gestirnte Himmel, vor mir in der Schwärze dehnte sich undurchdringlich das Leben. Oben glitzerten die Sterne in der klaren Bergluft, die durch keine Abgase, keine Verschmutzung getrübt war, aber, wie mir schien, kalt und abweisend. Eine unendliche Bangigkeit schnürte mir das Herz zusammen, zum ersten Mal zog ich allein ohne die Eltern hinaus, ganz mir selbst überantwortet, in einem fremden, unheimlichen Land, in dem ich kaum einen Menschen kannte und in dem ich nun in allem auf mich selbst angewiesen war. Meine Eltern habe ich bald wieder gesehen, habe in den kommenden Jahren noch oft mit ihnen zusammengewohnt und -gewirtschaftet. Aber es war niemals mehr dasselbe, denn in dieser Nacht habe ich mich innerlich von ihnen trennen müssen, während dieses halbstündigen nur von den Sternen erhellten Weges an den düsteren Bergen vorbei wurde ich endgültig erwachsen. Ich glaube nicht, daß ich mich der Tränen schämen muß, die mir unaufhörlich über die Wangen strömten, ungehemmt, denn in der einen Hand trug ich einen Koffer, in der anderen einen Ränzel. Einige Tage später wurde ich siebzehn.

Bei Arturo P. verbrachte ich eine bewegte, ungemein lehrreiche Zeit. Meine Aufgaben waren vielfältig, ich war eine Art von »Mädchen für alles« in seinem selbst aus diversen Bruchstücken zusammengesetzten wissenschaftlichen Reich. Ich mußte die Bibliothek ordnen, einen Katalog anlegen, die Neuerwerbungen eingliedern. Dabei konnte es nicht ausbleiben, daß ich manches vom Inhalt dieser Werke aufnahm und mir gewisse natur- und kulturkundliche Kenntnisse über die Geschichte und Vorgeschichte Südamerikas aneignete, besonders über die Kultur von Tiahuanaco am Titicacasee, über die P. eine Reihe von Schriften und Bildbänden veröffentlicht hatte. Seinem sprunghaften, cholerischen Wesen entsprachen die wildgewagten, soviel ich ausmachen konnte, in der einschlägigen Zunft sehr umstrittenen Theorien, vor allem was das Alter dieser Ruinen betraf, das er im Gegensatz zu den

Präkolumbianische Steinkolosse, Tiahuanaco

meisten Gelehrten, die nüchterner von zweitausend Jahren sprachen, mit Hilfe von meteorologischen und astronomischen Berechnungen auf zehntausend schätzte. Am meisten interessierten mich, wie ich gestehe, die zwei oder drei mit dem etwas altertümlichen Wort »Belletristik« überschriebenen Bücherbretter in der P.schen Sammlung, deren kunterbunten Inhalt ich, beleuchtet von der nackten elektrischen Birne über meinem Bett, Nacht für Nacht lesegierig in mich aufnahm. Reisebücher von Sven Hedin, von Richard Haliburton, aber auch die Romane von John Knittel und Adrienne Thomas sowie allerlei anderes krauses Zeug waren dabei. Zu meinen bibliothekarischen Arbeiten gesellten sich aber noch viele andere. Ich mußte Briefe schreiben, Zeitungen lesen, Artikel ausschneiden, spanische, deutsche und französische Abhandlungen exzerpieren und je nach Bedarf übersetzen. Daneben lief fast täglich eine besondere Dienstleistung. Don Arturo, wie er allgemein genannt wurde, schrieb gerade an einem Werk, das er wohl im Anklang an Otto Weiningers berüchtigtes Buch *Nariz y Carácter* (Nase und Charakter) betitelte. Es konnte passieren, daß er mich, impulsiv wie er war, um vier Uhr früh aus dem Bett trommelte, um mir aus diesem Traktat in die Feder zu diktieren. Ich gebe zu, daß diese Praktiken viel dazu beitrugen, meine Abneigung gegen das ganze Projekt zu wenden, zu dessen Förderung ich selbst in der untergeordneten Befugnis eines Stenotypisten äußerst ungern beitrug. Obschon mir alle Vorkenntnisse fehlten, entwickelte ich bald eine tiefe Skepsis gegen die biologistische, sozialdarwinistische von Cesare Lombroso und Max Nordau beeinflußte Physiognomik, die Don Arturo da betrieb. Ohne daß ich diese geistesgeschichtlichen Zusammenhänge im geringsten hätte erkennen und benennen können, rebellierte ich gegen die Grundthese, daß man den Charakter eines Menschen von der Form seiner Nase und anderen körperlichen Merkmalen ablesen könne. Schon damals wehrte sich ein erwachendes humanistisches Gewissen in mir gegen die Schädelmessungen, die er aus allerlei Tabellen abschrieb, und die er selbst an den Totenköpfen, die er besaß, ausführte, und ich kann Ausdrücke wie dolicho- und brachyzephal, die er stets im Munde führte, immer noch nicht ohne einen leisen Widerwillen hören. Besonders mißfielen mir die antisemitischen Ausfälle, die ihm bei all dem unterliefen. Heimlich bei mir nannte ich den entstehenden Traktat, auf den mein Chef enorm stolz war, ein Machwerk, dem ich aber, wie ich heute einsehe, auch manches verdanke, neben der Auseinandersetzung mit vielen in der Geistesgeschichte vorkommenden Personen und Theorien, vor allem meine kritische, zur Ungläubigkeit neigende Einstellung zu monokausalen Welterklärungen, die mir später bei eigenen Arbeiten sehr zunutze gekommen ist.

Dies war der erste Anstoß dazu, daß ich allmählich den ganzen Gelehrtenapparat, der uns umgab, freilich mehr aus Ahnung denn aus fundierter Einsicht, als pseudowissenschaftliche Scharlatanerie zu durchschauen meinte. Eine indirekte Bestätigung meiner Zweifel erhielt ich von dem eindrucksvollen Gegenbeispiel eines berühmten Besuchers, dem Direktor des Musée de l'homme in Paris, Paul Rivet, der nach La Paz kam, um Studien zu betreiben, und eine Reihe von Vorträgen über die Urbesiedelung Amerikas hielt. Für die Dauer seines Aufenthaltes war er Gast bei Don Arturo und somit mein Hausgenosse. Als Handlanger, der den Projektionsapparat und den Bildschirm zu betreuen hatte, durfte ich diesen Vorträgen beiwohnen und erfuhr auf diese Weise zum ersten Mal, was selbstkritisches wissenschaftliches Arbeiten war. Mit großer Vorsicht, auf linguistischer und technischer Übereinstimmung aufbauend, trachtete Paul Rivet, die Idee plausibel zu machen, daß die Indianer über eine Inselkette im Süden, ähnlich den nördlichen Alëuten, von Asien her nach Südamerika gekommen seien, in grauer Vorzeit, als die Kontinente noch enger zusammenhingen. Unnötig zu sagen, daß Arturo P. auch hierin eine gegenteilige These vertrat, nämlich daß der amerikanische Mensch in Amerika entstanden und daher der amerikanische Erdteil als eigenständige Wiege der Menschheit zu betrachten sei. In delikaten, seinen Gastfreund durchaus nicht preisgebenden Ausführungen ließ Paul Rivet durchblicken, daß er von dieser und anderen Hypothesen Don Arturos aus methodischen Gründen nicht allzu viel hielt. Daß er auch mich in solche Gespräche zog, lag wohl an meinen erst schüchternen, aber dann immer mutigeren Anläufen, mit dem Fremden in seiner Muttersprache zu parlieren. Vielleicht erkannte er auch die Einsamkeit und Verlorenheit des jungen Menschen. Fast zwanzig Jahre später war es mir vergönnt, ihn wenige Monate vor seinem Tod noch einmal zu sehen. Im Museum des Menschen auf der Place Trocadéro in Paris erfuhr ich die Adresse des längst Emeritierten, suchte ihn in seiner Wohnung auf und bat, mich ihm ohne Nennung meines Namens, nur mit dem Hinweis, daß er mich aus Südamerika kenne, anzumelden. Mittlerweile war ich nicht nur Mitte dreißig, sondern trug außerdem noch einen umfangreichen Bart. Dennoch erkannte er mich nach einer halben Minute durchdringender Musterung. »Vous êtes le jeune sécretaire autrichien de M. P. que je connaissais en 1939 ou 40.« Paul Rivet war jemand, für den andere Menschen existierten.

Vielleicht war Arturo P. kein bedeutender Wissenschaftler, aber er war ein großer Abenteurer, und die sind wahrscheinlich viel seltener. Auch die Erforschung der südamerikanischen Prähistorie betrieb er mit der spontanen Leidenschaftlichkeit des wahren Abenteurers, der am Aufstöbern von Anschaulichkeiten und beweiskräftigen Funden die größte Freude hat und in der Theorie zur Monomanie und zu überraschenden Schlußfolgerungen neigt. Ein sehr bekannter Vertreter dieses Typs war Schliemann. Eine solche Passion entströmt dem Unterbewußtsein, wird von der Ratio nur notdürftig kontrolliert, läßt sich nur schwer in die Normen einer Zunft oder Institution pressen und nimmt daher leicht scharlatanartige, auch in anderen Lebensäußerungen dem Bürgerlichen suspekte Formen an. Vielleicht kann man sich auch Paracelsus als so einen Menschen vorstellen. Ich enthalte mich des Urteils, ob Don Arturo dieses Format gehabt hat, aber die vorhandene Substanz reichte auf jeden Fall aus, die Einbildungskraft seines jungen Mitarbeiters und Privatsekretärs nachhaltig zu beeindrucken. Je länger ich mit ihm zusammenhauste, desto häufiger traf ich auf Spuren seines wechselreichen Lebens, obwohl er mich nicht in sein Vertrauen zog. So fand ich eines Tages ein Dokument, durch welches er zum Korvettenkapitän der schwedischen Flotte ernannt wurde. Wie hatte der Wiener Ingenieur – auch für die Erwerbung dieses Diploms gab es amtliche Beweise – diese phantastische Verwandlung durchgesetzt? Dann hatte er, das wußte jedermann in La Paz, am Anfang des Jahrhunderts im Krieg gegen Brasilien ein bolivianisches Flußschiff auf dem Rio Acre kommandiert. Parallel zu diesen militärischen gab es aber auch akademische Ehrungen, denn mir fiel unter alten Papieren eine Urkunde in die Hand, mittels deren Kaiser Wilhelm II. ihn »gebührenfrei« zum Professor der Geographie gemacht, und eine andere, die ihn zum Mitglied irgendeiner wissenschaftlichen »Royal British Society« erklärt hatte. In Bolivien, wo er sich ein ganzes Imperium aufgebaut hatte, war er hoch angesehen. Er war nicht nur Direktor des archäologischen Instituts, sondern auch des prähistorischen Museums, das er selber ins Leben gerufen hatte. Anschließend an unser Haus stand eine ihm gehörige Ziegelfabrik, mit deren Verwaltung und deren Problemen wir viel zu tun hatten. Im Innern des Landes besaß er mehrere Kaolingruben und in der Nähe des Rio Desaguadero eine Experimentierfarm mit neuartigen Bewässerungsanlagen, wo er den Bolivianern Lektionen in der Handhabung moderner betriebswirtschaftlicher Methoden und in der Zucht einer andinen Getreideart, des Quinoa, zu erteilen hoffte. Obgleich es mit seinen Söhnen, Angestellten und Bediensteten dauernd pekuniären Zank gab, mußte er viel Geld haben oder wenigstens ehedem reich gewesen sein, denn es hieß, er habe der Regierung schon oft hohe Summen vorgeschossen, unter anderem eine Anleihe zum Druck der ersten bolivianischen Briefmarken. Tatsächlich gingen die Staatsminister ein und aus bei ihm und in den

Telefongesprächen mit hochgestellten Persönlichkeiten, deren Zeuge ich wurde, entpuppte er sich als Mann von Einfluß. Durch ihn erfuhr ich auch – er unterbrach sich eines Tages im Diktieren, um mir diese Mitteilung zu machen – vom bevorstehenden Ende German Buschs. »Man« hätte nun genug von ihm und seinen Albernheiten, er werde nun bald aus dem Wege geräumt werden. Als dann wenig später das Land von dem sensationellen »Selbstmord« des Präsidenten unterrichtet wurde, konnte ich daher von Anfang an nicht recht an diese Todesart glauben.

Auf dem Gebiet der Erotik soll Don Arturo ähnlich aktiv gewesen sein und es wurde trotz seines Alters immer noch viel von seinen Taten geflüstert. Bei manchen Indianern mit kaukasischer Gesichtsbildung wurde von seiner Vaterschaft gemurmelt. Unleugbar war, daß eine erwachsene Tochter, offensichtlich indianischer Abkunft, sich uneingeschränkter Anerkennung erfreute und viel im Hause verkehrte. Zu meiner Verwirrung war sie mit einem bayrisch redenden Lautenspieler, namens Sepp, verheiratet und erzählte gern von dem Aufsehen, das ihre Aymara-Amme mit ihrer typischen Tracht in München erregt hatte. Man berichtete mir auch, daß eines Tages, lange vor meiner Zeit, ein junger Mann an der Tür gestanden habe, der vorgab, Carlo zu heißen, aus Neapel und Don Arturos Sohn zu sein. Dieser habe ihn nach seinem Geburtsjahr gefragt, an den Fingern zu rechnen begonnen und zugegeben, daß alle diese Angaben möglicherweise stimmen konnten, da er sich in der Tat zur fraglichen Zeit in Neapel aufgehalten habe. Carlo sei dann ins Haus gekommen und in der Ziegelei beschäftigt worden, aber nach einer Weile so plötzlich verschwunden gewesen wie er aufgetaucht war.

Jetzt freilich sah man nur zwei Söhne, die beide im Nebenhaus wohnten und sich ganz wie legitime Sprößlinge und zukünftige Erben gebärdeten. Sie stritten gewaltig miteinander und mit ihrem Vater, wobei es, soviel ich ausmachen konnte, immer um Geld ging. Aber auch von den Söhnen profitierte ich, denn sie nahmen mich auf allerlei Fahrten mit, wodurch ich Teile der Umgebung kennenlernte, unter anderem das Gebiet, wo die Skihütte stand, wahrscheinlich die höchste der Welt, die sie auf dem Berge Chacaltaya erbaut hatten. Eine Skivereinigung, der Club Andino Boliviano, wurde gegründet, dessen ersten Wettbewerb ein bolivianischer Chauffeur, der noch nie auf Brettern gestanden hatte, gewann, offenbar weil er als einziger eingeborener Teilnehmer die enorme Höhe und Luftdünnheit – der Chacaltaya muß über fünftausend Meter hoch sein – vertrug.

Bei seinem mißtrauischen und gleichzeitig vulkanischen Temperament war das Zusammenleben mit meinem Arbeitgeber, zumal es sich auf alle Stunden des Tages und oft auch des Abends erstreckte, nicht unproblematisch. Ich will die Schuld an den Gereiztheiten und Zerwürfnissen nicht ihm allein in die Schuhe schieben. Ich muß, wenn ich versuche, mich in meine damalige Verfassung zurückzuversetzen, ein naseweiser, vielleicht nicht unwilliger, aber wenig tüchtiger Mitarbeiter gewesen sein, mit linkischen Manieren und ziemlich träge in der Ausübung seiner Pflichten, scheinbar bescheiden und beflissen, dabei aber von der Egozentrik jugendlicher Unerfülltheit. Wir müssen ein kurioses Paar abgegeben haben, der brummige, aufbrausende Hagestolz und der neugierig herumspähende Junge, wenn wir zusammensaßen und meistenteils stumm unsere Teller leer löffelten. Diese Stille konnte aber in gräßliches Getöse umschlagen, wenn Don Arturo das Essen nicht schmeckte oder aus unersichtlichen Gründen sonst mißfiel. Dann sprang er auf und würgte die röchelnde Indianerin, die unsere Mahlzeiten in einer die rudimentärste Hygiene verspottenden Küche bereitete, worauf er laut hantierend selber etwas ebensowenig Genießbares kochte.

Auf dem Rücken hatte diese Köchin ein Wickelkind, ein Bündel, aus dem es stets übelriechend troff. In der Küche liefen immer mehrere quietschende Meerschweinchen herum, bolivianische Leckerbissen, deren Zahl Don Arturo genau im Kopf haben mußte, denn wenn nur eines fehlte, dann setzte es Ohrfeigen, bis die Schuldige, wahrheitsgemäß oder unter dem Druck der Umstände, gestand, eines verzehrt zu haben. Oder er tobte, oben mit der Frackjacke angetan, aber unten noch in Unterhosen steckend, auf dem Sprung zu irgendeinem Bankett, durchs Haus und brüllte nach seinen Frackhosen, die er für gestohlen hielt. Denn er war extrem argwöhnisch, fühlte sich von Dieben umgeben, womit er sicher nicht unrecht hatte, alles entschwand ihm, Kleider, Manschettenknöpfe, Wertgegenstände und Geld, und immer gerade, wenn er es am dringendsten benötigte. Auch gegen mich richtete sich manchmal sein Zorn. Da er meine Passion kannte, hatte er mich unaufhörlich in Verdacht, ihm seine Bücher zu entwenden. Ich ertappte ihn dabei, wie er in meiner Abwesenheit mein Zimmer durchstöberte und ehe ich sein Haus auf immer verließ, ließ er mich meinen Koffer aufmachen, um zu sehen, welche Werte ich ihm noch zu guter Letzt entführen wollte. Wenn er über ein Versäumnis oder eine Verfehlung von mir aufgebracht war, dann grollte und fluchte er oder machte beißend sarkastische Bemerkungen. Bei einer solchen Gelegenheit warf er mir eine Beleidigung an den Kopf, mit der er mich besonders empfindlich treffen wollte: »Kein Wunder, daß man euch nicht mag in der Welt.« Damit waren die Juden gemeint, obwohl er oder vielleicht gerade weil er, wie allenthalben gemunkelt wurde, selbst jüdischer Herkunft war. Dabei konnte er auch, verdeckt von seiner rauhen Art, gütig und besorgt sein. Aber ich war damals noch zu jung, um ein Organ für derlei verstecktes Wohlwollen zu haben.

Es läßt sich nicht sagen, wie lange unser Beisammensein, trotz dieser Unstimmigkeiten, gedauert und welche Form es noch angenommen hätte, wenn mich meine Eltern nicht eines Tages aufgefordert hätten, mich ihnen wieder anzuschließen. Sie hatten, schrieben sie, eine geräumige Wohnung gemietet, mein Vater verdiente jetzt nicht schlecht und ich könnte bei ihnen ein bequemeres Leben führen. Besonders priesen sie mir, im Gegensatz zu den harschen Kälten von La Paz, wo zum Beispiel im Juli und August die Pfützen über Nacht zufroren, das milde balsamische Klima des tiefer gelegenen Cochabamba, das zu allerlei Freiheiten Gelegenheit bot.

Daß ich auch bei Don Arturo keinen Beruf erlernen und keine Karriere machen würde, war mir inzwischen klar genug geworden, und so schied ich ohne Bedauern. Ich habe so ausführlich über ihn berichtet, weil ich finde, daß seine farbenvolle Persönlichkeit Aufschluß über das Milieu zu geben vermag, in dem wir lebten. Eine so vielseitig begabte, eigenwillige Individualität hätte sich anderswo kaum entfalten können, wenigstens wüßte ich nicht, wo außer im damaligen Bolivien ein solches Maß an abenteuerlicher Unkonventionalität mit dem hohen Respekt zu verbrüdern gewesen wäre, den ihm jedermann entgegenbrachte. In seinem skurrilen, ja etwas verrückten, aber ungemein lebendigen Haus habe ich viel vom menschlichen Charakter, von den Wegen der Welt und höchst eindrucksvoll von der Selbstbestimmung des außergewöhnlichen Einzelnen gelernt. Das empfand ich schon damals dunkel und das betone ich nachdrücklich noch jetzt. Und wenn ich das Schiff, auf dem wir die Überfahrt in diesen fabelhaften Kontinent bewerkstelligten, meine erste Universität nennen durfte, dann muß ich gerechterweise Don Arturo P.'s »Instituto de Arqueología y Prehistoria« als meine zweite bezeichnen.

Wie La Paz hatte Cochabamba teil am tropisch-andinen Klima. Tag und Nacht waren annähernd gleich lang, die Nächte waren kühl, die Tage warm, es gab nur zwei Jahreszeiten, eine trockene und eine Regenzeit. Aber die fünfzehnhundert Meter, um die Cochabamba niedriger lag, machten sich in der dichten Vegetation, der landwirtschaftlichen Fruchtbarkeit und einer paradiesischen Milde der Luft sehr bemerkbar. Als ich ankam, wurde die Plaza, das kommerzielle und topographische Zentrum der mit geometrischer Planmäßigkeit erbauten Stadt, erstmalig gepflastert. Sieben oder acht Straßenecken in jeder Richtung von der Mitte aus, damit hatte es ein Ende. An der einen Seite des quadratischen Hauptplatzes standen ein paar Taxis, Privatautos gab es nur eine Handvoll, mit La Paz war die Stadt durch eine Bahn, mit den übrigen Teilen des Landes durch Lastwagenverkehr verbunden. Ich erwähne dies alles, um zu illustrieren, in welche klimatische und technische Idylle sich ein paar hundert Emigranten zurückgezogen hatten. Auch hier gab es wieder eine einheimische Bevölkerung, allerdings bestehend aus einem anderen Indianerstamm, den Quechuas, mit anderen Hüten und Überhängen, auch hier wiederum die gleichen ausländischen Kolonien: Die »Austriacos« und die »Turcos«, so genannt nach den Ländern, aus denen sie ursprünglich gekommen waren, in Wirklichkeit Jugoslawen, denen die Haushaltungs- und Eisenhandlungen gehörten, und Araber aus Syrien, Libanon und Palästina, Besitzer der Stoff- und Kleidergeschäfte, und die schon länger eingesessenen Deutschen, die uns ebenso spinnefeind waren wie die in La Paz. Übrigens waren sie wegen ihrer Arbeitsamkeit und Korrektheit, ihrer Landeskunde und Seßhaftigkeit – viele waren mit Bolivianerinnen verheiratet und daher mit dem Bürgertum verwandt und verschwägert – sehr beliebt, im Gegensatz zu den Angelsachsen, die als arrogant galten, sich niemals mit der bodenständigen Bevölkerung einließen, kein Spanisch lernten und das Weite suchten, sobald sie sich bereichert hatten. Der Einfluß der deutschen Kolonie hat, solange der Krieg währte, den deutschen Emigranten sicher nicht genützt, obgleich sich diese Behauptung nicht leicht beweisen läßt. Es gibt Berichte darüber, mit welchem wechselnden Erfolg die deutschen diplomatischen Vertretungen in den verschiedenen lateinamerikanischen Ländern sich nach Beendigung des Krieges darum bemühten, Frieden und Eintracht zwischen den beiden ehedem so gründlich geschiedenen Gruppen zu stiften.

So waren die Hitlerflüchtlinge wieder einmal auf sich selber angewiesen. Einige waren angestellt, einer reparierte Fahrräder, zwei waren Taxichauffeure, die meisten eröffneten kleine Geschäfte und Betriebe vielerlei Art, wie chemische Reinigungen, Schuh- und Kleiderläden, Schneidereien und Lebensmittelgeschäfte, auch Mittagstische, Pensionen und Gaststätten, wo in der Hauptsache wiederum Emigranten verkehrten. Sie gründeten eine Gemeinde mit einem Versammlungslokal, religiöse Einrichtungen, eine Sportgruppe. Meine La Pazer Isolierung, die schon fast neurotische Ausmaße erreicht hatte, durchbrechend, nahm ich hier ein wenig teil am geselligen Leben, das sich die Emigranten aufbauten. Es gab sogar eine Jugendgruppe, man spielte Fußball und Ping-Pong, man tauschte Marken, traf sich in Cafés mit glanzvollen europäischen Namen wie »Pigalle«, »Maxim« und »Danubio Azul« (Blaue Donau), wo emigrierte Musikanten Filmschlager und Stücke aus Lehar-Operetten spielten, man traf sich in der Post, im Kino, das jedermann sonntags besuchte, bei einem Glas Bier, auf der Plaza zweimal des Tages zur Zeit der Nachrichten, man flirtete. Und so habe ich während des Jahres, das ich in Cochabamba verbrachte, etwas Jugendlichkeit nachgeholt, durchaus in dem konventionellen Sinn, den man diesem Phänomen zu geben pflegt.

Die wichtigste Freizeitbeschäftigung war jedoch das Reden. Wo zwei Emigranten zusammenkamen, da wurde auch schon losgelegt, was sofort einen dritten und vierten herbeizog und wieder einmal die lebhafteste Erörterung der Lieblingsthemen in Gang brachte. Denn es ging immer wieder um die gleichen Dinge. So bescheiden das intellektuelle Niveau der meisten auch war, sie hatten alle Ungeheuerliches erlebt und waren dadurch über sich selbst hinaus gesteigert worden und so wußten sie von Außergewöhnlichem zu berichten, von den Grausamkeiten der Konzentrationslager, dem Irrsinn der Kristallnacht, dem Verrat von Nachbarn und alten Freunden, aber auch von Beispielen spontaner Hilfsbereitschaft, ja sogar heroischen Widerstands gegen Hitler. Es wurde endlos diskutiert über die Schuld oder Unschuld des deutschen Volkes, das unterschiedliche Verhalten der sozialen Klassen und der diversen deutschen Regionen. Der eine schwor, daß die Bayern, der andere, daß die Preußen die Hauptursache des Übels waren, einer hielt Hamburg, der nächste Berlin für die eigentliche Hochburg der Rebellion gegen das Regime, es gab solche, die das Gros des deutschen Volkes von jeder Verantwortung freisprachen und sich unerschütterlich zu ihm bekannten, und andere, die alle Deutschen des In- und Auslandes, mitsamt ihrer Sprache, in Grund und Boden verdammten. Hochbeliebt waren Streitgespräche zwischen Österreichern und Deutschen, denn es gab ja von beiden genug, über die Wesensgleichheit oder -verschiedenheit der beiden Völker, über den Grad ihrer Beteiligung am Faschismus, die Rolle Hitlers. Den einen bedeutete es viel, daß Hitler Österreicher war, den anderen, daß er es in Österreich zu nichts gebracht hatte und erst in Deutschland zu Macht und Ehren gekommen war. Viel Absurdes, aber auch manches Kluge wurde über deutsche Geschichte, Nationalcharakter und Kollektivschuld geäußert und die meisten

Argumente vorweggenommen, die nach 1945 die europäische Öffentlichkeit beschäftigten. Weil sie das Zeitgeschehen unmittelbar an ihrem eigenen Leib erfahren hatten, während die meisten Europäer noch ahnungslos im Alten verharrten, waren diese sonst wenig bemerkenswerten Auswanderer in ihrem Bewußtsein der Allgemeinheit voraus. Obgleich sie mehr oder weniger unpolitisch waren, wurden sie an ihren Kaffeetischen zu tiefsinnigen Politikern, und das Erstaunlichste war die Vielfalt der Ideologien, die man zu hören bekam.

Ein weiterer, anscheinend unerschöpflicher Themenkreis drehte sich um die Auswanderung selbst, es wurden Geschichten erzählt, wie ein verweigertes Visum erschlichen, wie große Vermögen illegal ins Ausland verschoben, Zollbeamten das Fell über die Ohren gezogen, Grenzen schwarz überschritten wurden, Geschichten über die Gefühllosigkeit der Behörden gegenüber den Flüchtlingen in allen Ländern, über französische und englische Internierungslager, abenteuerliche Fluchtwege über Spanien und Portugal, über Polen, Sibirien und Japan. Für alle Varianten gab es Beispiele, irgend jemand fand sich immer, der das Ausgefallenste erlebt hatte, kollektiv hatten sie Weltgeschichte getrieben, waren lebendige Zeugen von Ausnahmezuständen und Grenzsituationen.

Gegenstand täglicher Diskussionen war selbstverständlich auch der Krieg. Es gab mehrere Salonstrategen entgegengesetzter Orientierungen und jeder mit seinem Kreis von Anhängern, die über jede noch so geringfügige Veränderung auf den Kriegsschauplätzen Bescheid wußten und uns mit ihren Erklärungen des militärischen und politischen Geschehens, mit ihren Prophezeiungen, ihren kurz- und langfristigen Prognosen in Atem hielten. Und es gab natürlich auch Geopolitiker hochfliegenden Geistes, die, statt sich mit dem militärischen Kleinkram zu verzetteln, die Welt großräumig und großzügig neu verteilten. Den Ausbruch des Krieges hatten die Emigranten einstimmig begrüßt, eine andere Möglichkeit, die Welt von ihrem Todfeind zu befreien, sahen sie nicht. Aber in den ersten Jahren der Kriegsführung geschah wenig, was sie ermutigte und aufrichtete, ein Land nach dem anderen fiel dem Moloch in die Hände und es fehlte nicht an apokalyptischen Schwarzsehern, die bereits die Eroberung Südamerikas weissagten. Den Tiefpunkt erreichte unser Kummer am Tag des Falls von Paris, denn darin sahen wir die symbolische Unterjochung der europäischen Kultur, an der wir trotz unserer Verschiedenheiten doch alle irgendwie hingen. Aus allen diesen Gesprächen und Diskussionen, als Meinungen verkleideten Emotionen, von Wünschen oder Befürchtungen beflügelten Welterklärungen habe ich unendlich viel gelernt, am eindringlichsten vielleicht, wie man nicht über die Menschheit und ihre Geschichte reden soll.

Das alles spielte sich aber sozusagen am Rande meines Lebens ab, denn seine Mitte wurde von der Tagesarbeit in Beschlag genommen. In der Textilfabrik, in der mein Vater beschäftigt war, wurde auch ich als Hilfsarbeiter in der Schärabteilung eingestellt, wo meine Aufgabe darin bestand, nach bestimmten, genau vorgeschriebenen Mustern das Seiden-, Baumwoll- oder Kunstgarn auf sogenannten Bäumen aufzuziehen, die ihrerseits dann in die Webstühle kamen. So und so viele Fäden, so und so viele mit einer Handkurbel durchgeführte Drehungen, von acht bis fünf Uhr, von Montag bis Samstag. Auch zu dieser Arbeit zeigte ich kein Geschick, die Fäden verhedderten sich mir, ich verwickelte sie immer schlimmer und verwandelte den ganzen Apparat in ein gräßlich verfitztes Knäuel, so daß mir meine Mitarbeiter ständig zu Hilfe eilen mußten. Aber selbst diese schrecklichen Pannen waren mit ihrer Aufregung und der Furcht vor »höherer«

Entdeckung noch besser als die stupide, geisttötende Routine dieser Arbeit, wenn sie glatt verlief. Ich litt unsäglich unter ihrem mechanischen Zwang, am Ende der Mittagspause konnte ich mich nicht von meinem Buch losreißen, am Morgen war ich nicht aus dem Bett zu bringen, und vollends unerträglich war es, wenn nach dem freien Wochenende eine neue Strophe des ewig gleichen Lieds begann. Niemand sprach nun mehr von einem »Beruf« oder einer »Karriere«, offenbar entzogen sich für mich diese Begriffe in Bolivien der Verwirklichung, sie waren übrigens auch der Mehrzahl der Emigranten fremd, sie alle lebten ja von der Hand in den Mund und so kam auch für mich nur ein »Verdienst« in Frage, warum sollte für mich denn eine Ausnahme gemacht werden. Mein Tageslohn für diese quälende Arbeit war freilich von einer deprimierenden Geringfügigkeit, er betrug fünfzehn Bolivianos zu einer Zeit, wo man achtzig für einen Dollar, sieben für ein halbwegs anständiges Mittagessen und einen für ein Glas Bier bezahlen mußte. Hätte ich nicht bei meinen Eltern gelebt, so wäre ich verelendet, und mir ist es bis heute unverständlich, wie sich meine bolivianischen Mitarbeiter über Wasser hielten. Der Wohlstand, in dem die Besitzer und leitenden Angestellten der Fabrik lebten, die Misere und Botmäßigkeit der Arbeiter, die Ausnutzung ihrer Arbeitskraft und die geistige Verdummung, der sie unterworfen waren, radikalisierte mein Denken und Empfinden gewaltig. Und so setzte sich die intellektuelle Spaltung meines Bewußtseins auch in dieser Lebensphase fort. Von einem verlogenen, den im wilhelminischen Staat herrschenden Verhältnissen unterwürfigen Roman von Ganghofer konnte ich bis zu Tränen gerührt sein, nur weil er mir das verlorene Europa vorspiegelte, und über den Schriften von Marx und Bucharin, die ich gleichzeitig mit Feuereifer studierte, von Weltrevolution und gerechten Gesellschaften träumen.

Mitten im Jahr verlor mein Vater seinen Posten. Einige Monate lebten wir kärglich von Erspartem. Kurze Zeit spielte mein Vater mit dem Gedanken einer Weiterwanderung nach Ecuador, wo ein Verwandter von uns gelandet war. Aber ohne Geld ließ sich das Visum nicht beschaffen. Da sich trotz verschiedener Anläufe in Cochabamba keine Erwerbsmöglichkeit auftat, beschloß mein Vater, zum dritten Mal zu übersiedeln, in die noch kleinere und noch weniger entwikkelte Provinzstadt Sucre, wo er hoffte, mit einer Hemdenerzeugung unseren Lebensunterhalt zu verdienen, weil es diesen Industriezweig in den isolierten Regionen des Departements Chuquisaca noch nicht gab.

Aus dem Erlös unserer letzten Besitztümer hatte mein Vater zwei Nähmaschinen gekauft. Zusammen mit dem Rest unserer Habseligkeiten wurden sie in Kisten verpackt und auf einen Lastwagen verladen, mit dem auch wir selbst, die Eltern neben dem Chauffeur in der Kabine, ich hoch oben zwischen Kisten und Ballen, die Fahrt nach unserem neuen Bestimmungsort antraten. Sie sollte einige Tage dauern, wurde aber zu einer Kette von Abenteuern, die sich über Wochen erstreckte. Ich versuche, einiges von dieser Fahrt wiederzugeben, weil es vielleicht imstande ist, anzudeuten, wie sehr man in den Städten, und mochte der Komfort, den sie zu bieten hatten, noch so bescheiden sein und mochten die Emigranten über seine Unzulänglichkeiten noch so sehr die Nase rümpfen, von der Zivilisation umhegt war und wie wild und ungezähmt die andine Wirklichkeit außerhalb dieses schützenden Umkreises sich gebärdete.

Anfangs ging es noch gut, die schönste Landschaft flog vorbei, der Staub, den wir aufwirbelten, blieb zurück. Unplanmäßig begann die Reise erst zu werden, als beim ersten längeren Halt, an einem Knotenpunkt und Umschlagplatz des Lastwagenverkehrs, unser Fahrer erklärte, er führe nun doch nicht nach Sucre, sondern nach Santa Cruz, ich weiß nicht mehr, aus welchem Vorwand. Keine Bitten und Vorstellungen halfen, wir wurden ausgebootet, unsere Kisten mußten abgeladen werden und standen nun verwaist mitten in der Gegend. Und was noch schlimmer war, unter den Dutzenden Lastern, die hier tankten und rasteten, fand sich keiner, der nach Sucre fuhr. Das Dorf bestand aus einer desolaten Tankstelle mit einer verrosteten Pumpe und ein paar Adobehütten, die am Abhang hockten. Wir mußten im einzigen Tambo des Ortes Obdach nehmen, einer Herberge von ausgepichter Primitivität, mit kleinen Löchern von Schlafkammern um einen Hof herum, in dem Pferde und Maultiere herumstanden und räudige Hunde und Katzen herumschlichen. An einer Schnur hingen Fleischfetzen, wie an einer Wäscheleine, sogenanntes Charqui, zum Trocknen, ein jeder von Hunderten von Fliegen dicht besetzt. Erst nach ein paar öden Tagen ergatterten wir einen Camion, der bereit war, uns nach Sucre mitzunehmen.

Ich überspringe jetzt kleinere Mißhelligkeiten im Gebirge, eine Panne, die den Chauffeur und seinen Gehilfen – den jeder Laster mitführt – zwangen, am Rande eines Abgrunds prekäre Reparaturen auszuführen, knapp vermiedene Zusammenstöße mit entgegenkommenden Fahrzeugen, verwartete Stunden, während welcher die Auffahrt zu irgendeinem Paß untersagt war, weitere Übernachtungen in unbeschreiblichen Bergnestern. Das Hauptabenteuer begann in einem Flußbett mit grobem Schotterboden, durch das der Weg führte, reichlich bestreut mit Felsstücken und praktisch ununterscheidbar von der übrigen Talsohle. In den meisten anderen Ländern, die ich kenne, würde man eine solche Strecke nicht als befahrbar ansehen. Unregelmäßig wand sich der Fluß durch diese Schlucht, nur einen kleinen Teil ihrer Breite einnehmend. Plötzlich bedeckte sich der Himmel und

»Das Hauptabenteuer begann in einem Flußbett mit grobem Schotterboden . . .«

es brach ein Regen herein. Die Regenzeit hatte noch nicht angefangen, dieser unerwartete Guß schien die erste Botschaft ihres Herannahens zu sein. Außer daß ich oben auf meiner Plattform naß wurde, dachte ich mir nichts Besonderes, bemerkte aber, daß wir unsere Geschwindigkeit verdoppelten. Etwas war in den Chauffeur gefahren. Bald sollten wir erfahren, was seine Unruhe verursachte! Es war kaum eine Stunde seit dem Beginn des Wolkenbruchs vergangen, da ertönte hinter uns ein lautes Brausen und Dröhnen. Wir hatten Glück, es gelang dem Fahrer, den Lastwagen auf einer erhöhten Schotterinsel in Sicherheit zu bringen, schon waren wir links und rechts von schlammbraunen Fluten umtobt. Und der Regen hielt an. Bis zu den steilen Seitenwänden war der Canyon von einem reißenden, schäumenden Fluß erfüllt, dessen Fluten auf ihrem Höhepunkt die Räder unseres Gefährts beleckten und drohten, es in den Wirbel der Wellen hineinzuspülen. Zwei Tage lang standen wir inmitten des tobenden Elements. Zum Essen gab es nur eine Ziege, die ein Teil der mitgeführten Fracht war, aber jetzt ohne Rücksicht auf den Besitzer geschlachtet und an einem Ast als Spieß gebraten wurde. Allmählich fiel das Wasser ein wenig, in halsbrecherischer Fahrt konnte der Camion durch eine Furt an eine flachere Stelle des Ufers gebracht werden, wo wir ein elendes Dorf erreichten. Es stellte sich heraus, daß wir beinahe an das Ende der Schlucht gelangt waren, als uns die Springflut erreichte. An ein Weiterfahren war nicht zu denken, die halbe Straße war weggerissen worden. Wir befanden uns in einem Malariagebiet, fast in jeder Hütte lagen fiebernde Kranke. Wir fanden Unterkunft in dem einzigen betonierten Raum des Dorfes, der Schule, wo wir uns zwischen den Bänken einrichteten, zum Essen gab es kaum etwas. Tagelang mußten wir warten, bis die notdürftigsten Straßenreparaturen ausgeführt waren. Endlich konnte die Fortsetzung der Reise gewagt werden. Nach einer zermürbenden Fahrt auf der immer wieder durch Erdrutsche und abgesackte Ränder unterbrochenen Straße erreichten wir, abgezehrt und erschöpft, das Städtchen Sucre, das uns wie ein anheimelnder

Hafen, eine freundliche Stätte der Kultur und Bequemlichkeit vorkam.

Der Verfassung nach war Sucre die Hauptstadt nicht nur des Departements Chuquisaca, sondern des ganzen Landes. Mit dem ihnen eigenen Lokalpatriotismus bestanden die Bewohner auf dieser Auszeichnung. Bei keiner Radiomeldung verfehlte der Ansager, seine Station als in der »Capital de Bolivia« befindlich auszugeben. Aber längst hatte ihr La Paz den Rang abgelaufen, nach und nach waren sämtliche Regierungsfunktionen dahin abgewandert, alle ausländischen Konsulate, Legationen, Botschaften, alle internationalen Vertretungen hatten sich dort eingerichtet, nur der Oberste Gerichtshof des Landes, letztes Überbleibsel der einstigen Glorie, behielt seinen Sitz in Sucre, einem stillen, schwer erreichbaren Landstädtchen kolonialer Prägung, dem kleinsten, schläfrigsten Ort, in dem ich längere Zeit, auch hier wieder etwa ein Jahr, gelebt habe. Nicht seine Kleinheit bedingte allerdings die tiefe Isolierung, die Sucre charakterisierte, sondern die Tatsache, daß es gleichzeitig auf hunderte Kilometer das größte und bedeutendste Kultur- und Einkaufszentrum war.

Und doch waren auch hierher wieder ein paar von Hitlers Vertriebenen verschlagen worden, etwa zwanzig oder fünfundzwanzig an der Zahl, Juden und Nichtjuden, Deutsche, Österreicher und Böhmen, die den ökonomischen Möglichkeiten gehorchend wie überall kleine Geschäfte und Handwerksbetriebe aufgemacht hatten, ja eine Fußstunde von der Stadt entfernt eine Hacienda betrieben, wohin man am Sonntag zum Mittagessen hinausspazieren konnte, ein Mikrokosmos der Emigration. Bald kannte ich alle so gut, daß ich noch heute ihre Lebensgeschichten erzählen könnte, denn in unserem menschlichen Verkehr waren wir hier noch viel mehr als anderswo aufeinander beschränkt, die Fremdheit zwischen uns und den tief in den Sitten und der Denkweise früherer Jahrhunderte, im Grunde noch in der spanischen Kolonialzeit lebenden bolivianischen Familien war zu unüberwindlich.

Manchmal hört man die Redensart: es war, als stünde die Zeit still. Wenn irgendwo in der Welt, dann ist dieses Gefühl in Sucre über mich gekommen, weil dort absolut nichts geschah und Zeit ja durch Geschehnisse erlebt wird. Und doch spitzte sich unsere ökonomische Lage gerade in diesem schlichtesten und harmlosesten aller Orte zu einer richtigen Krise zu. Ein Zimmer mit sogenanntem »indischem« Klo (weil »jenseits des Ganges«), wo wir zu dritt hausten, und auch ein Geschäftslokal mit Werkstatt wurde in der Nähe gemietet (in Sucre war natürlich alles »in der Nähe«), wo mein Vater seine Nähmaschinen aufstellte. Meine Mutter kaufte noch ein paar Lebensmittel ein, aber dann war unsere Barschaft restlos aufgebraucht, ich glaube, wir hätten nicht genug Geld gehabt, eine Zeitung zu kaufen. Auf ein altes Brett malten wir unseren neuen Firmennamen, »Elite«, der nach gutem kommerziellen Brauch so ziemlich das Gegenteil von dem besagte, was wir waren, und brachten es über dem Eingang unseres Etablissements an. In die Regale kamen zwei Stücke Popelin-Stoff, aus denen die ersten Hemden gemacht werden sollten. Dann warteten wir, und es ist ein sonderbares Gefühl, für seine Lebenserhaltung nichts mehr tun zu können als Warten. Die Rettung näherte sich uns in Gestalt unseres Hauswirts, eines kultivierten Mannes, eines ehemaligen bolivianischen Botschafters in Belgien, der sich, wohl um die gute Nachbarschaft und Geschäftsverbindung einzuleiten, Maß für zwei Hemden nehmen ließ. Geistesgegenwärtig verlangte mein Vater eine »Anzahlung«, und damit waren die nächsten Mahlzeiten gesichert. Ich muß noch nachträglich die Gelassenheit und Zuversicht bewundern, die mein Vater in all den bedrohlichen Tagen zur Schau brachte, wodurch er meiner Mutter und mir die ärgsten Sorgen erspart hat. Von nun an ging es mit seinen Geschäften aufwärts, er ist seither nie wieder so nahe an das Nichts geraten wie bei jener Gelegenheit. Um die Stellagen im Verkaufsladen zu füllen, gab man den Hemden, die im Hinterstübchen genäht wurden, allerlei andere Waren zur Begleitung, Leibchen, Höschen und nach und nach alles, was zur Bekleidung des Menschen dient. So kam ein Handel zustande, der meinen Eltern, solange sie in Sucre lebten, ein hinreichendes Auskommen gewährte.

Anders verhielt es sich mit mir. Das liebe, somnolente Sucre hatte für mich nichts übrig, ich war jetzt um die neunzehn Jahre alt, ein eigener Verdienst war nicht nur eine ökonomische, sondern ebenso sehr eine psychologische Notwendigkeit geworden, denn, ob ich wollte oder nicht, in einer Welt, wo der Erfolg nach dem Einkommen gemessen wurde, hing mein Selbstbewußtsein damit zusammen. Jede meiner Bemühungen verwandelte sich jedoch in einen Fehlschlag. Die einzige größere Industrie in Sucre war eine Zigarettenfabrik, aber ich wurde nicht genommen; wie ich aus der Oper *Carmen* hätte wissen können, beschäftigte man nur Arbeiterinnen, die zudem noch so schlecht bezahlt wurden, daß sie, wie jedermann im Ort wußte, bei einer beliebten, aber paradoxerweise nicht sehr hoch geachteten Nebenbeschäftigung Zuflucht suchen mußten.

Ebenso erfolglos war mein Gastspiel in unserem eigenen Geschäft, wo ich mich, da ich sonst nichts zuwege brachte, als Verkäufer nützlich machen sollte. Ich konnte und wollte mich jedoch zu dem Zureden und Feilschen, das ein wichtiger Bestandteil des lokalen Geschäftsgebarens war, nicht verstehen. Im Gegenteil, ich war ungehalten, wenn ich in meiner Lektüre von Bucharins *ABC des Kommunismus* oder des

Engelsschen Werkes über die Familie, die ich mit derselben verbissenen Gläubigkeit studierte wie etwa ein Gesundbeter die Bibel, durch eine Käuferin unterbrochen wurde, die irgendeinen profanen Gegenstand, sagen wir ein Mieder, forderte. Mit einer Geste, in die ich die ganze Verachtung zu legen trachtete, die ich tatsächlich für sie und mein degradierendes Tun empfand, knallte ich ihr das Gewünschte auf die Theke, ohne mich auf weitere Verhandlungen einzulassen, in der gewöhnlich sehr schnell erfüllten Hoffnung, zu meiner Verelendungstheorie und meinem Mehrwert zurückkehren zu dürfen.

Die finstere, geschäftsfeindliche Verfassung, in der ich mir gefiel, führte, ich beklage es, zu Spannungen mit meinem arbeitsamen Vater, der weniger unter den Widersprüchen im kapitalistischen System als denen in der Aufführung seines Sprößlings litt. Scheel beobachtete er mein Tun bzw. Nichtstun von der Werkstätte aus, und es gelang ihm nicht selten, einen Kunden, den ich vergrault hatte, von der Straße zurückzuholen und einen beide Teile befriedigenden Handel mit ihm zu tätigen, einen Vorgang, dem ich mit vor Ekel herabgezogenen Mundwinkeln beiwohnte.

So ging es nicht weiter und es wurde beschlossen, daß ich außerhalb des Familienbetriebs eine Beschäftigung suchen sollte. Etwas für mich Passendes fand sich nicht, da dies aber mein kommerzielles Jahr zu sein schien, wurde ich Einkassierer rückständiger Zahlungen. Ein ortsansässiger Geschäftsmann händigte mir einen Stoß Schuldbücher aus, die zwecks Ratenverkäufe angelegt worden waren, und nun sollte ich von Haus zu Haus gehen und die säumigen Zahler zur Ordnung rufen. Dafür sollte mir ein stattlicher Prozentsatz der eingeheimsten Gelder zustehen. Aber in den Wochen, in denen ich mich diesem deprimierenden Handwerk widmete, habe ich keinen Groschen kassiert. Die Türen wurden mir vor der Nase zugeschlagen oder gar nicht erst geöffnet, ich bekam eine Flut von Entschuldigungen oder von Schimpfreden zu hören, was ich allerdings nicht bekam, war Geld.

Angesichts dieses Versagens entschloß ich mich schließlich, einen Rat zu befolgen, den ich von allen Seiten hörte: ich solle mit einer Ladung Ware in die entlegenen Dörfer, vornehmlich die Minenorte fahren, wo es keine Geschäfte gäbe, dort könne ich alles, und sei es der älteste Ladenhüter, mit Profit losschlagen. Bereitwillig gab man mir ein Sammelsurium von Sachen, ich vermute, daß es nicht die schicksten waren, in Kommission, Kleider und Schals, Hemden, Krawatten, Hosen und Schuhe, Rasierzeug, Seife, Zahnbürsten, jede Art Toilettenartikel, Nachtgewänder, Hüte, Strümpfe und was es sonst an Überflüssigem gibt, das die Leute in seltsamer Übereinkunft zu ihren Unentbehrlichkeiten erklärt haben. Alles das wurde in eine Kiste gesteckt und ich fuhr mit der Bahn in Richtung Uyuni, in jenen Teil des bolivianischen Hochlandes, wo die großen Blei- und Zinkgruben sind.

Dieses Unternehmen war ein laufendes Mißlingen von A bis Z. Ich erkläre hiermit, daß ich nicht die geringste kaufmännische Eignung besitze. Dafür hatte ich schon damals die handgreiflichsten Beweise und sollte für die Übertretung dieses inneren Gesetzes hart bestraft werden. Es begann damit, daß meine Warenkiste zu groß und zu schwer war. Um ihrer Beweglichkeit willen hätten die Sachen auf mehrere kleine Ballen verteilt sein sollen. Zum Transport meines Monstrums wurden mindestens fünf oder sechs Indianer benötigt, bei meiner Ankunft im Morgengrauen waren aber keine zugegen. Ich stand auf dem von eisigen Winden gepeitschten Bahnhof ratlos neben meiner Kiste. Mit vorgebeugtem Kopf kämpfte ich mich durch den Sandsturm über eine gottverlassene Fläche in den trüben, menschenleeren Ort. Die Temperatur war arktisch, der Teich auf der Plaza zugefroren. Ein entenartiger Vogel, der den Schnabel unter dem Flügel barg, war das einzige Lebewesen. Es wirkte aber herzzerreißender, als wenn da gar nichts gewesen wäre.

Ich sehe, ich muß die Art meines Berichts ändern. Statt eine Liste von peinigenden Details aufzustellen, die selbst nach nahezu vierzig Jahren nicht viel von ihrem Schrecken eingebüßt haben, raffe ich das Geschehene zusammen, zumal ich es ohnehin dem Leser überlassen muß, sich das Wichtigste, nämlich den verkrampften Zustand meines Gemüts selbst auszumalen. Einige Männer wurden gefunden, die die Kiste auf einen Lastwagen hoben. Stunden später war ich in dem einzigen, trostlosen Hotel der Zinngrube Pulacayo, einer der größten im Lande, zusammen mit meinen Waren verstaut. Wie sie loswerden? Ich versuchte alles. Ich drapierte mir Anzugstoffe über die Schulter, nahm ein paar Sächelchen in die Hand und hausierte von Tür zu Tür, den Arbeiter- und Angestelltenfrauen meine Kostbarkeiten offerierend. Ich verfertigte ein Pappschild, auf dem ich in kunstvollen Buch-

»Ich drapierte mir Anzugstoffe über die Schulter . . .«

staben die Ankunft der »sensationellsten und elegantesten« Warensammlung im Zimmer Nr. 11 des Hotels »Pulacayo« ankündigte und jedermann aufforderte, diese Nachrichten nach der berühmten Melodie des Schlagers *Allá en el Rancho Grande* singend zu verbreiten. Dieses Plakat befestigte ich mir auf dem Rücken und wandelte so durch die Gassen der Leidstadt, hinter mir, gleich dem Rattenfänger von Hameln, einen Schwanz Dorfjugend herziehend, die lauthals sang: »Allá en la pieza once, allá donde vivía ...« (Dort, auf Zimmer elf, wo ich einst wohnte). Ich trieb eine Schachtel auf, in der ich so attraktiv wie möglich Halstücher, Socken, Kämme, Gürtel schichtete. Damit placierte ich mich auf dem Wochenmarkt, die Passanten zum Schauen, Staunen und Kaufen animierend. Der Erfolg war gleich Null. Nur ein Posten Empfängnisverhütungsmittel erfreute sich enormer Popularität. Ach, hätte ich doch Tonnen davon gehabt! Denn sonst wurden meine Schätze gemieden, als hätte sich eine Verschwörung gegen mich gebildet oder als stünde ich unter Polizeiverbot.

Ich war verzweifelt. Ich fror. Eines Morgens beim Putzen verlor ich einen Zahn. Ich hustete. Ich bekam Blasenkatarrh. Der einzige warme Ort war das Kino, eine miserable Bretterbude, die ich allabendlich aufsuchte. Ich blieb für beide Vorstellungen. Man spielte Walt Disneys *Schneewittchen und die sieben Zwerge*. Ich habe den Film zwei dutzend Mal gesehen. Schon oft ist es mir gelungen, die Menschen mit meinen minutiösen Detailkenntnissen seines Inhalts zu verblüffen. Aber meine Waren wurde ich deshalb nicht los. Da ich nicht mehr die Kraft hatte, die unversehrte Kiste über das halbe Altiplano nach Sucre zurückzuschleppen, ließ ich Zettel drucken, die ich eigenhändig verteilte, die Einwohner von Pulacayo mit ungeheuren Preissenkungen und nie dagewesenen Draufgaben in mein Hotelzimmer lockend. Und jetzt ging es. Um zu überleben, so sagte ich mir, mußte ich fort von hier, um fort zu kommen, mußte ich die Waren los werden. Tief befriedigt verließen mich die ersten Käufer, wie ein Lauffeuer verbreitete sich die Kunde von dem verrückten Wohltäter der Menschheit, von der Billigkeit aller guten Dinge, die er bei sich hatte. Ich verkaufte mit schmalem Profit, zum Einkaufspreis, zu halben Preisen und zum Schluß verschenkte ich. Und von all den frohen Gesichtern wurde auch ich heiterer und gelöster. Endlich bekam ein Tischler die Kiste für ein paar Pfennige, und einen kleinen, absolut unverkäuflichen Rest nähte ich in einen Jutesack, der so leicht war, daß ich ihn allein auf den Lastwagen heben konnte. In einem Anflug von Galgenhumor gönnte ich mir auf der Rückfahrt im Speisewagen eine warme Henkersmahlzeit. Zuhause mußte ich mit einer fiebrigen Erkrankung ins Bett; sofern sie nicht aus seinem eigenen Laden stammten, mußte mein Vater noch lange die Waren abzahlen, die dazu bestimmt gewesen waren, meinen Wohlstand zu begründen und dann nur dazu gedient hatten, ein paar ausgemergelte Minenarbeiter und ihre jammervollen Frauen glücklich zu machen. So endete mein erster und einziger Versuch, mich als selbständiger Kaufmann in der Welt umzutun.

Aber eine Welt, die so wenig Verständnis für meine Bedürfnisse aufbrachte, die sich so schnöde weigerte, meine Talente zu honorieren, eine solche Welt mußte verändert werden. Ich trat einer trotzkistischen Vereinigung bei. Dieser Schritt war wohlüberlegt. Trotz Hitler, trotz des russischen Feldzuges, trotz meiner linken Tendenzen und trotz meiner neunzehn Jahre war ich, darin hunderttausend klügeren und besser informierten Intellektuellen voraus, verstört und angeekelt von den stalinistischen »Säuberungen« (ich bin allergisch gegen abstrakte oder euphemistische Vokabeln, die menschenfeindliche Aktionen verschleiern sollen, wie die »Endlösung« der Nazis oder die »Pazifizierung« der Vietnamesen durch die Amerikaner), unversöhnlicher Gegner des byzantinischen Tyrannen, der sie angestellt hatte, und hielt schon damals das sozialistische Experiment in Sowjetrußland für gescheitert. Trotzki, der wie wir im Exil schmachtete, schien mir hingegen eine gangbare Alternative anzubieten. Außerdem ging es gar nicht um Trotzki, sondern um eine bolivianische Gruppe, die seinen Namen verwendete, aber sonst, wie ich meinte, ein eigenes, sehr vernünftiges Programm zur Verbesserung der so sehr, so furchtbar verbesserungsbedürftigen Zustände Boliviens zusammengestellt hatte. Meine neuen Parteifreunde waren übrigens Hitlergegner und alliiertenfreundlich, und das war auch ein wichtiger Punkt meines politischen Engagements.

Wenn ich als Trotzkist in gräßliche Staatsstreiche verwikkelt gewesen wäre oder rücksichtslose Terroristenakte ausgeführt hätte, ich würde die Gelegenheit ergreifen, sie hier und jetzt einzugestehen, denn sie wären ja längst verjährt und die Regierung der Vereinigten Staaten von Amerika würde mich sicherlich nicht an Bolivien ausliefern. Zudem habe ich mir an meinem fünfzigsten Geburtstag geschworen, hinfort die Wahrheit zu sagen, die ganze Wahrheit und nichts als die Wahrheit. Aber es gibt nichts zu beichten. Meine trotzkistischen Genossen waren zwar bekümmerte, aber friedliebende Menschen, und so beschränkten wir uns darauf, statt ihre Leiber zu zerschmettern, die Geister unserer Mitmenschen zum Licht der Erkenntnis zu führen. Wir gaben eine Zeitung heraus, die wir in Anbetracht der Kleinheit unserer Schar, aber im Vertrauen auf ihre aufklärerische Brisanz *La Chispa*, den Funken, nannten und in der wir laufend aus unserem besseren Verständnis heraus die Lage der Welt und der Provinz kommentierten. Mir fiel in diesem Blatt die Betreuung der Witzecke zu, und ich habe in dieser Befugnis unendlich viel dazu getan, Hitler und Konsorten dem Spott der Bewohner Chusquisacas preiszugeben. Am 1. Mai, dem Tag der Arbeit, tat ich zum Ärger der konservativen Geschäftsleute eine provozierend rote Krawatte um den Hals, und in Gesellschaft einiger tollkühner Gleichgesinnter bemalte ich nächtlicherweise aus einem roten Farbtopf wichtige Wände unserer Stadt mit aufrührerischen Voraussagen, wie »Los Aliados vencerán« und »Hitler perecerá« – Die Alliierten werden siegen, Hitler wird zugrundegehen.

Ich bin sicher, daß diese Umtriebe viel zur Beseitigung des Faschismus beigetragen haben, aber mir haben sie keinen roten Heller eingebracht. Gerade darum mußte ich mich aber dringend kümmern. Mein Anzug war zerschlissen, ich brauchte unbedingt einen neuen, meine Schuhe waren abgetreten. Ich konnte immer bei meinen Eltern mitessen und erkläre hier dankbar, daß sie stets hilfsbereit und aufopfernd einsprangen, wenn ich sie brauchte. Aber überschüssiges Geld war nicht vorhanden, und es konnte mir nicht entgehen, daß mich ihre Blicke sorgenvoll und mißbilligend streiften. Inmitten aller Konfusionen war mir das eine klar, daß ich nun irgendwie Geld verdienen mußte, daß ich eine gewinnbringende Beschäftigung brauchte. In Sucre war aber eine solche nicht zu haben, die wenigen lokalen Möglichkeiten hatte ich ja zur Genüge durchprobiert. Ich kannte jetzt Bolivien hinreichend, um zu wissen, daß mir, der ich zum Kaufmann so gar nicht taugte, nur mehr der Ausweg übrig blieb, im Bergbau, der die gesamte bolivianische Wirtschaft beherrschenden Industrie, Unterschlupf zu suchen. Und so machte ich mich nach Potosí auf, in die Minenstadt, wo schon die Spanier Silber geschürft hatten, so viel, daß man daraus, wie es hieß, eine Brücke nach Madrid hätte bauen können. Und in der hölzernen Maschinerie der Potosiner Münze, wo das Metall geprägt wurde, konnte man die tiefen Mulden sehen, die

Potosi und sein »reicher Berg«

Tausende Sklavenschultern hineingedrückt haben. Jetzt war das Silber längst versiegt, dafür wurde aber in großen Mengen Zinn gewonnen.

Alles, was ich bis dahin erlebt hatte, war gegen den Ernst des Lebens, der mich dort in Empfang nahm, nur ein humoristisches Vorgeplänkel gewesen. Die Jahre, die ich in den Zinngruben der Compañía Minera Unificada del Cerro de Potosi verbracht habe, bilden das Zentrum meiner Exilerfahrung, sie sind die lehrreichsten meines Lebens, sie haben sich tief in mein Bewußtsein eingegraben und sind ein unverlierbarer Teil meines Weltverständnisses überhaupt geworden.

Potosi liegt hoch; zwischen viertausend und fünftausend Metern, die Angaben widersprechen einander, zieht es sich die Hänge hinauf, die höchste Stadt der Welt in einer Landschaft von abweisender, beinahe schon erhabener Sterilität. Der Cerro Rico, durchbohrt von Schächten, Gängen und Stollen, ein roter Bergkegel, aus dessen Eingeweiden seit Jahrhunderten die Erze geborgen werden, Reichtum und Wahrzeichen der Stadt, ist noch um ein paar hundert Meter höher. Wer nach Potosi kommt, kommt in eine verfremdete Welt, wo die Luft dünn und der Druck niedrig ist – Wasser siedet schon bei so niedrigen Temperaturen, daß man die Eier nicht richtig kochen kann –, er muß sich erst akklimatisieren, auch psychologisch an die kahlen, pflanzenlosen Berge gewöhnen, an die Kälte, die schäbige Häßlichkeit der Stadt selbst. Der klimatische Anpassungsprozeß machte mir keine Schwierigkeiten, nach ein paar mit trockener Kehle verbrachten Tagen bewegte ich mich und atmete auf viertausendfünfhundert Metern so frei und leicht wie auf zweitausend. Mit der Trostlosigkeit des dortigen Lebens habe ich mich nie abgefunden.

Einen Job bekam ich sofort. Der Business Manager, ein properer Schwede – in welcher Weise diese Mine »international« war, gedenke ich noch zu sagen – schickte mich zum Mill Superintendent, dem Herrn über das gewaltige Hüttenwerk, wo das Erz aufbereitet wurde. Schon von weitem hörte man die Maschinen stampfen. Im Hüttengelände selbst war man umtobt von einem gigantischen Getöse, das nicht nur die Ohren betäubte, sondern den Kopf durchdrang und den ganzen Körper mitvibrieren ließ. Das mit der Seilbahn hoch vom Berg herangeschleppte Erz donnerte in einen überdimensionalen, hölzernen Silo, zyklopische Zerkleinerer und Mahlmaschinen knackten und krachten nervenerschütternd, die Treibriemen kreischten, die Motoren rasten, die laufenden Bänder rollten, die Jigs rüttelten, die Siebe rasselten, das Wasser rauschte, Hunderte Eisentische, über die der Kies und Sand geschwemmt wurde, schütterten und surrten rhythmisch in verschiedenen Tonlagen, die Schleudern zischten, und das Ganze war ein ununterbrochenes Pandämonium, das nur bei Schichtwechsel minutenlang von einer in alle Poren dringenden Sirene überheult wurde. In dieser Hölle sollte ich fortan leben.

Der Machthaber über dieses Reich, ein kleiner, eher schmächtiger Amerikaner, musterte mich eine Weile aus blassen Augen. »Sie sind sehr jung«, zweifelte er. Ich entgegnete: »Alter ist eine bloße Quantität.« »Sind Sie willig, Nächte hindurch zu arbeiten? Bis zu den Knöcheln im Schlamm und kaltem Wasser zu waten? Auf Sonn- und Feiertage zu verzichten?« Als ich alle diese Fragen durch das uns umgebende Brausen vernommen und mit Ja beantwortet hatte, wurde ich angestellt, als Nachtwächter bzw. als Aufseher der Nachtwächter, deren Aufgabe es war, die Ausgänge zu kontrollieren, jeden, der sie durchschritt, abzusuchen, die Mauern, die das weitläufige Hüttenwerk einschlossen, im Auge zu behalten, kurz, den Diebstahl des hier erzeugten Feinzinns zu verhindern. In der letzten Zeit waren Unmengen dieses kostbaren Endprodukts abhanden gekommen, und die Gesellschaft hatte beschlossen, einen verläßlichen, d. h. europäischen Aufpasser zu engagieren, um dem Geheimnis auf die

Spur zu kommen und die Verluste abzustellen. Zum ersten Mal in meinem Leben verdiente ich mehr, als ich brauchte, dafür waren auch die an mich gestellten Anforderungen unmenschlich. Ich mietete anfangs ein Zimmer in der Stadt und stieg Nacht für Nacht hinunter in diesen Hades, wo man sein eigenes Wort nicht verstand. Unablässig machte ich meine Runden, überraschte die mir unterstellten Wächter, beobachtete die Arbeiter bei ihrem Tun, schrieb meinen nächtlichen Bericht. Bald kannte ich jede Maschine, die Leute, die sie bedienten und den Grad des Feinzinns, der an dieser Stelle produziert wurde. Ich kannte jeden Werkzeugschuppen, jede Tenne, wo der Zinnstaub getrocknet und in Säcke gefüllt, jeden Lagerraum, wo sie gestapelt wurden. Schnell hatte ich die Tricks heraus, mit denen sich die Arbeiter in den Besitz kleiner Metallmengen setzten. Das Konzentrat trat in Form von Staub, Schlamm oder feinstem Kies auf, die man sich in die Haare schmieren oder in die Schuhe füllen konnte. Im Banco Minero wurden keine Fragen gestellt, sondern bloß Gewicht und Zinngehalt ermittelt und der Gegenwert ausgezahlt. Aber gleichzeitig erkannte ich auch, daß diese winzigen Unterschleife die fehlenden Riesensummen nicht erklären konnten. Erst nach Monaten dieser aufreibenden Arbeit, wo ich nicht nur den vom Superintendenten vorausgesagten Unbilden ausgesetzt war, sondern auch der eisigen Nachtluft und einer permanenten Schlaflosigkeit – in einer Hinsicht hatte ich es schlechter als die Arbeiter, die wenigstens alle vierzehn Tage ihre Schicht wechselten –, stellte sich heraus, daß der ganze phänomenale Verlust auf einem Rechenfehler beruhte. Damit wäre auch mein Posten hinfällig geworden, wenn ich nicht während der Zeit Bekanntschaft mit dem amerikanischen Metallurgen gemacht hätte, der mich als Gehilfen anforderte und so vor neuerlicher Arbeitslosigkeit bewahrte. Von da an wurde ich zum bleibenden Angestellten, der von Job zu Job geschickt wurde, vom metallurgischen Labor zum chemischen, von der Hütte in die Mine, und der Firma je nach Bedarf in einer oder der anderen Kapazität jahrelang diente.

Im metallurgischen Laboratorium erprobten wir experimentell die Methoden der Erzaufbereitung, d. h. die Trennung der niedrigen von den wertvollen Gesteinen, die dann in großem Maßstab in die Hüttenpraxis umgesetzt wurde: meist auf der Grundlage des höheren spezifischen Gewichts der edleren Metalle, von denen sich die leichten Beimengungen durch Wasser wegspülen ließen; auf elektro-magnetischem Wege bei den Wolframerzen, die umso häufiger auftraten, je tiefer man in den Berg eindrang; oder mit chemischen Mitteln, der sogenannten Flotation, wobei die unwichtigen Bestandteile durch Zusatz von Ölen und Essenzen als glitzernder Schaum abgeschöpft werden konnten. Bei alldem spielten ökonomische Überlegungen eine Rolle, man mußte den Zinnkontrakt kennen, wissen, welche Konzentrationsgrade am lukrativsten, welche Unreinheiten strafbar waren.

Während dieser interessanten Tätigkeit erlitt ich einen Unfall. Meine Hand geriet in eine Eisenschraube und, obgleich die Maschinerie auf mein Schreien gleich abgestellt wurde, war das, was ich hervorziehen konnte, nur noch ein blutiger Klumpen aus Fleisch, Sehnen und Haut. Das Kompanie-Hospital, das ich auf diese Weise kennenlernte, würde sich fugenlos in Dantes Inferno einpassen lassen. Während der Zeit, die ich dort verbrachte, riß der Strom der eingelieferten Verunglückten und Verstümmelten nicht ab. Die Sicherheitsmaßnahmen im Bergwerk spotteten, wie mir Kenner versicherten, jeder Beschreibung. Ärzte und Pfleger rannten in blutigen Kitteln umher, es wurde gehackt und gesägt wie in einer Fleischbank. Auch mir wollte man die Hand gleich amputieren, aber ich weigerte mich und auch mein Vorgesetzter erhob Einspruch, worauf mir achselzuckend willfahrt wurde. Auch das war schließlich eine Art Entscheidung, die das Leben beeinflußte. Man wusch die Wunde, richtete die Knochen, legte einen Verband an. Mit einem Indianer ohne Anhang hätte man, soviel wurde mir klar, kein solches Federlesen gemacht. Dazu gab es weder Zeit noch Arbeitskräfte. Ich bekam eine Infektion, der Arm schwoll bis zur Achsel an, tagelang lag ich in hohem Fieber. Beinahe hätten also die Ärzte recht behalten, denn jetzt ging es um mehr als die bloße Hand. Aber Geschwulst und Fieber verschwanden endlich doch, man sieht jetzt eine Narbe, die vom Handrücken bis zum Handteller durchgeht, aber es ist immerhin dieselbe Hand, mit der ich diese Erinnerungen niederschreibe.

Im chemischen Laboratorium, in das ich nach einer Zeit versetzt wurde, lernte ich die Techniken der Analyse, ich mußte filtrieren, pipettieren und titrieren können, mit Mikrowaagen und Retorten umgehen, Atomgewichte und Feingehalte ausrechnen. Täglich wurden zwanzigtausend Gesteinsproben aus den verschiedensten Teilen des Berges gebracht, die auf ihren Zinngehalt untersucht werden sollten. Die Resultate zeigten, ob man auf dem richtigen Wege zu den reichhaltigen Adern war. Das Labor glich einer Fabrik, mit sechzig Personen wurde in zwei Schichten gearbeitet. Abends nach der Arbeit studierte ich Chemie. Mit der Zeit wurde ich so beschlagen, daß man mir die Bestimmung neu auftauchender Substanzen anvertraute. Heute habe ich natürlich alles vergessen, aber es war ein Moment, wo ich mich als analytischer Chemiker hätte durchschlagen können.

Diese löbliche Professionalität wurde aber abgebrochen, als mich die Direktion wieder einmal an anderer Stelle brauchte. Der Posten eines Chefs der sogenannten »Relaves« und »Veneros« war vakant geworden, und ich wurde plötzlich Vorgesetzter von Hunderten Menschen, eine Verant-

Auf der »störrischen Bestie« (Mitte), ca. 1942

wortung, die mich noch im Zurückerinnern schreckt, wahrscheinlich heute mehr als damals. Die »Veneros« waren alluviale Zinnanschwemmungen, wo das Metall in geringer Tiefe, in halbem Tagbau gewonnen wurde. Die uns zur Verfügung stehenden Hilfs- und Sicherheitsmittel waren völlig unzureichend, es ereigneten sich wöchentlich Verschüttungen, oft mit tödlichem Ausgang, und es war bedrückend, zu sehen, wie die armen Menschen ihre Toten bejammerten und doch den gewaltsamen Bergtod resigniert als eine erwartete Alltäglichkeit, eine ihnen auferlegte Naturnotwendigkeit akzeptierten.

»Relaves« hießen die über das ganze Gebiet verstreuten Stellen, an denen die Spanier Silber gewaschen und das vorhandene Zinn achtlos in dem Erdreich belassen hatten. Ich bekam ein Maultier, eine störrische Bestie, die mir viel Galle bereitete, mich aber immerhin viele Kilometer weit getragen hat, überallhin, wo ich anhand alter Pläne ein spanisches »Ingenium« vermutete. Ich ließ den Zinngehalt überprüfen und, wenn es sich lohnte, die Bearbeitung des Flecks vertraglich einem Privatunternehmer übertragen. Die weiten, nicht ungefährlichen Ritte in die einsame Bergwelt, der Umgang mit Kaufleuten und Minentechnikern, die rechtlichen und finanziellen Kenntnisse, die ich mir aneignen mußte, machten diese Arbeit, die der eines Bergbauingenieurs entsprach, zu einer meiner interessantesten.

Widersinnigerweise setzte ihr diesmal, im Gegensatz zu früheren Abenteuern, mein Erfolg ein Ende. Glückliche Funde, ehrgeizige und gewinnsüchtige Arbeiter, mein eigener Fleiß im Aufspüren der alten Zinnböden und im Überwachen der Ausbeutevorrichtungen erhöhten die Produktion um ein Mehrfaches. Nun gehörte es zu dieser halb freiberuflichen Position der »Relaves« und »Veneros«, daß ihr Leiter am Gewinn, den seine Abteilung einbrachte, prozentual beteiligt wurde. Monatelang wurde mir mein Gewinnanteil anstandslos ausgezahlt, aber am Ende stießen die Buchhalter doch auf meine sprunghaft erhöhten Einkünfte, und ich wurde zum Lohn für das Geleistete als Wieger in die gefürchtete höchste Mine strafversetzt! Humanitäre Bedenken hemmten diese Gesellschaft nicht. Nun mußte ich bei Morgengrauen mit einem Lastwagen in schwindlige Höhen fahren, wo eiskalte Winde bliesen und ich im Freien bei jedem Wetter das Gewicht der aus der Grube kommenden Erze festzustellen und zu registrieren hatte, ein stupides Verfahren, das jeder Volksschüler hätte bewältigen können und dessen Vorteil für die Firma nur in der Ehrlichkeit und Genauigkeit des Wiegers bestand. Dieser letzte Wechsel in meinen Glücksumständen war mir aber zu viel. Verärgert durch die fragwürdigen Motive, die Unpersönlichkeit und Rücksichtslosigkeit der Behandlung, die man mir angedeihen ließ, zermürbt an

Körper und Seele von den Strapazen und Entbehrungen dreier Jahre kündigte ich meinen Posten von einem Moment zum anderen. Ich hatte alles satt, die Kompanie, die Mine, Potosi, das ganze Land, ich sehnte mich nach anderem. Und so kehrte ich mit einem bestimmten Plan dieser unwirtlichen Welt den Rücken.

Zwei Gegebenheiten hatten mir das Leben in Potosi so schwer gemacht. Die eine war etwas Subjektives, das meine überempfindliche Sensibilität übertrieb: mein persönliches Gefühl für die Ödnis, die Melancholie und Einsamkeit nicht nur der physischen, sondern auch der seelischen und kulturellen Landschaft. Kein Wäldchen, keine Wiese milderten die Maßlosigkeit der uns umgebenden Steinwelt. Kein Konzert, kein Schauspiel, nichts Künstlerisches versöhnte das Herz. Die amerikanischen Filme, die allwöchentlich gezeigt wurden, wirkten mit ihrem grotesken Milieu inkongruent und erhöhten nur die unstillbare Sehnsucht nach etwas Besserem. Eine europäische Frau, die hierher verschlagen wurde, war eine Sensation, die die Männer um ihr bißchen Verstand zu bringen drohte. Die Beschreibung der herrschenden sexuellen Nöte und Auswüchse erspare ich mir. Eine krude Sexualität, Karten und Alkohol waren die einzigen Fluchtwege. Wer sie nicht beschritt, schloß sich aus der einzigen existierenden Gemeinsamkeit aus.

Der andere Faktor war die Soziologie der Mine, die nur einen ganz Unempfindlichen unberührt lassen konnte. Wer an die totale gesellschaftliche Bestimmbarkeit des Menschen glauben wollte, der konnte sich hier sein Beweismaterial holen. Auf der obersten Sprosse der Stufenleiter standen die mächtigen Ingenieure, die Superintendenten der Mine und der Hütte, der General Manager, die in luxuriösen Häusern wohnten. Sie waren Amerikaner. Etwas tiefer in der Hierarchie standen die Nordeuropäer, Deutsche, Engländer, Skandinavier, die die mittleren Führungspositionen innehatten, als Chefs der pulpería, der Werkstätten, der Verwaltungsbüros. Dann kamen die Bolivianer aus bürgerlichen Familien, die Wert darauf legten, »Weiße« zu sein. In der Buchhaltung, in der Verwaltung, im Außendienst, vor allem in der Rechtsabteilung fanden sie ihre nicht unansehnlichen Stellungen. Der nächsten Kategorie gehörten wir selber an, jüdische Emigranten zumeist, die, wie ich schon andeutete, in den unteren Schichten immerhin noch Vertrauenspositionen innehatte. Gleich unter uns kamen die Mestizen und Cholos, mit anderen Worten, die kleinbürgerlichen Bolivianer gemischter Abstammung, die spanisch sprachen und lesen und schreiben konnten. Sie wurden als kleine Angestellte, subalterne Bürobeamte, Vorarbeiter verwendet. Auf der untersten Ebene befanden sich die Massen der indianischen Minenarbeiter in ihrem unvorstellbaren Elend. Das Strukturgesetz, das hier aufzuscheinen beginnt, würde man heute rassistisch und kolonialistisch nennen. Die wenigen Ausnahmen davon bestätigten hier wirklich nur die Regel, denn sie zeigten, daß nicht ein tyrannischer Wille am Werk war, sondern daß sich in diesen Hierarchien das Wertsystem der Welt spiegelte.

Um meine Entrüstung über diese Verhältnisse verständlich zu machen, muß ich noch ein wenig bei den indianischen Peonen und Minenarbeitern verweilen. Wie die Mineros nach allerlei Umwälzungen heute leben, weiß ich nicht. Damals waren ihre Löhne völlig unzureichend. Für sauberes Wohnen, für gesunde Ernährung, selbst für die rudimentärsten Schutzvorrichtungen bei ihrer Arbeit war in keiner Weise gesorgt. Es waren verhungerte, abgerissene, schmutzige Gestalten, denen jedermann gern aus dem Weg ging. Die Pulpería, das firmeneigene Waren- und Lebensmittelhaus, wo Essen und Bekleidung zu erschwinglichen Preisen erhältlich waren,

Bergwerk in der bolivianischen Kordillere

Die »Wohnung« eines Bergarbeiters

milderte die Grausamkeit der Zustände etwas. Charakteristisch für Bolivien sowie die Intentionen der Kompanie war, daß dort auch Kokain, wie überall in Form von getrockneten Blättern, zu einem Bruchteil des Einkaufspreises zu haben war. Frühmorgens vor der Arbeit hockten die Arbeiter da und kauten die »Coca« zusammen mit den obligaten, die chemische Reaktion erst auslösenden Pottasche-Kügelchen in sich hinein. Während des Tages, wenn die Wirkung nachlassen wollte, wurde frisch nachgekaut, eine Backe war immer voll von dem übelriechenden, schwarzgrünen Blätterbrei. Fragte man einen Indio, warum er das täte, dann lächelte er wohl verschmitzt und gab zur Antwort: »Me da fuerza, señor« – Herr, es gibt mir Kraft. In der Tat konnte ein Mann unter dem Einfluß der Droge einen Sack mit Barrilla oder Zinnstaub steile Abhänge hinaufschleppen, den ich Mühe gehabt hätte, auch nur vom Boden aufzuheben. Das Kokain macht die Menschen aber nicht nur »stark«, sondern auch gefügig. Der benebelnde Rausch, in den es sie versetzte, half ihnen, die Qualen ihrer Existenz zu ertragen. Widersetzlichkeit oder Auftrumpfen gab es nur äußerst selten. Ein einziges Mal kam es in den drei Jahren zum Streik. Vom Generaldirektor verständigt, ließ der Gouverneur von Potosi das Militär ausrücken und die unbotmäßigen Peone wie Leibeigene an ihre Arbeit zurücktreiben. Alte Bergarbeiter habe ich nicht gesehen. Ich kann es mir nicht anders denken, als daß das alkaloide Gift nach und nach den Organismus angreift. Aber das Bergwerk tat auch das seinige dazu, so daß man sogar mit großer Wahrscheinlichkeit den Lebensablauf des Einzelnen anhand seiner Tätigkeiten voraussagen konnte. Mit fünfzehn kam er als Alarife, als Handlanger, der etwa dem Ingenieur seine Instrumente nachtrug, in die Mine. Die bestbezahlte Arbeit seines Lebens bekam er um die zwanzig herum, als eigentlicher Minero. Von einer dichten Staubwolke umhüllt stand er vor dem Gestein und trieb mit einem Preßluftbohrer den Stollen voran. Trotz der Maske, die er dabei tragen sollte, aber oft aus Bequemlichkeit nicht trug, erkrankte er nach einigen Jahren am »Mal de Minas«, »Staublunge«, wie es auf deutsch wohl heißt. Er mußte an die Luft, aus dem Berg heraus, fristete noch eine Zeit seine Existenz mit leichteren Arbeiten und starb zwischen dreißig und vierzig.

Nominell sind die Indios »Christen«, was heißt, daß die Kirche ihnen ein dünnes Mäntelchen katholisch verbrämten Aberglaubens übergeworfen hat und sie im übrigen gewähren läßt. Manchem ihrer Feste, die mich urheidnisch anmuteten, habe ich beigewohnt. Zuerst wird wirklich irgendein Heiligenbild nach besonderem Ritus in großer Prozession zur Kirche getragen, damit ist dem neumodischen Zwang Genüge getan. Oben auf dem Berg geschieht dann das Eigentliche. Lamas werden gefesselt zur Erde geworfen, zur Betäubung flößt man ihnen etwas Pisco, den bolivianischen Branntwein, ein und stopft ihnen Coca ins Maul, dann wird ihnen der Hals mit einem Messer durchgesäbelt. Das Blut wird aufgefangen und die Mineneingänge werden rundum damit bespritzt, das soll die Menschen das Jahr über vor Unfällen schützen. Schließlich wird viel Schnaps als Weihgabe für die Götter auf den Boden gegossen. Ein Gelage beendet das Fest.

Die Indianer sind gedrückte, ausgebeutete Menschen, denen man ihre Kultur und Identität genommen hat. Das Argument, sie kennten nichts Anderes und wollten daher nichts Besseres, sie seien nun einmal gerade dieses Leben gewohnt und im Grunde glücklich, habe ich immer für törichte oder böswillige Ideologie gehalten, nach dem simplen Grundsatz: »Was du nicht willst, das man dir tu', das füg' auch keinem andern zu«, und jenem anderen, den ich mir selbst zurechtgelegt habe: »Wer von einem Zustand profitiert, der soll ihn auch nicht loben«, oder, wenn das zuviel von den fehlbaren

Potosi, Stadttor

Menschen verlangt ist, wenigstens: ». . ., dem soll man seine Lobpreisungen nicht glauben.«

Doch die Bilanz wäre ungenügend, wenn ich das Positive der Potosiner Jahre ganz unerwähnt ließe. Irgendwie steht jeder zu seinem Leben und verwirft nicht leicht, was ihm widerfahren ist, selbst wenn es hart war. Wo die Umstände mit Lebenslust kargten, dort gewährt immer noch die Erfahrung Gewinn. Darüber hinaus verdanke ich Potosi auch ganz Konkretes, zuvörderst meine Geläufigkeit in der englischen Sprache, mit der ich bis dahin in den schülerhaften Anfangsgründen steckengeblieben war. Mit der Hilfe Norman Andersons, des Metallurgen, der sich des vazierenden Nachtwächters freundschaftlich angenommen hatte, erreichte ich darin jenen Grad der Kompetenz, der mich intellektuell und auch beruflich in späteren Jahren so sehr gefördert hat. Mit keinem besseren Leitfaden als dem *Life Magazine* wagte ich mich in das Labyrinth einer trügerischen Sprache, die so unschuldig beginnt und umso untraktabler wird, je weiter man in sie eindringt. Norman las mir einen Artikel vor, ich sprach ihn nach, lernte ihn auswendig, übersetzte ihn anhand eines Wörterbuchs, ließ mir eigentümliche Redewendungen und dunkle Stellen erläutern sowie die Aussprache verbessern. Nach einigen solcher Lektionen konnten wir schon dazu übergehen, uns auch im täglichen Betrieb des Englischen zu bedienen.

Von freudigem Nutzen, aufs schönste das Horazische *utile cum dulci* verbindend, waren für mich auch die Bücher meines Chefs im chemischen Labor, eines Wieners, der in ebenso unwahrscheinlicher wie unleugbarer Weise seine Bibliothek in diese Wildnis gebracht hatte. Hätte ich in diesen drei Jahren nichts getan, als die dreihundert Bände gelesen, auf die ich meine Lektüre schätze, dann hätte sich darum allein schon mein Aufenthalt in Potosi gelohnt. Von Flaubert bis Dostojewski, von Dickens bis Ibsen, von Thomas Mann bis Gide, von Proust bis Rilke, vom Koran bis Gobineau las ich kreuz und quer den Kanon des europäischen Bildungsbürgertums, was eine gute Ergänzung meiner sozialwissenschaftlich-zeitgeschichtlich orientierten Belesenheit war und, was ich freilich nicht ahnen konnte, eine gute Basis für meinen späteren Beruf abgeben sollte. Ich kann also nicht sagen, daß ich all die Jahre nicht aus den Anden herausgekommen bin. Alltäglich, allnächtlich flog ich auf den Flügeln der dichterischen Phantasie in alle geographischen, historischen und seelischen Regionen der Menschheit.

Zu den guten Dingen, deren ich in Potosi teilhaftig wurde, rechne ich auch die ein wenig rauhe, ein wenig oberflächliche

Kameradschaft im »Rancho Judío«, im Juden-Rancho oder Ghetto, wie im Volksmund das Haus hieß, in dem sich eine Reihe von uns mitteleuropäischen Kompanie-Angestellten zusammenfand und wirtschaftete.

Es war eine zusammengewürfelte Gesellschaft, aber gerade deswegen denkwürdig. Der eine war drüben Taxichauffeur gewesen und konnte uns stundenlang mit kesser Berliner Schnauze die Geschichten seines abwechslungsreichen Gewerbes auftischen. Ein anderer, ein blonder Hüne, war eines Tages mit einer Schußwunde aus irgendwelchen Unwegsamkeiten hilfesuchend zu uns gestoßen, des Deutschen kaum noch mächtig, verstört, »verhiesigt«. Jemand hatte ihm das Geld abgeknöpft, mit dem er seine Eltern aus Europa hatte herüberbringen wollen, worauf er sich aus Gram in eine der vielen kleinen Minen zurückgezogen hatte, die im Inneren des Gebirges verstreut sind. Dort war er in Streit geraten und hatte, verwundet, zu uns gefunden. Ein dritter war ein Knabe von siebzehn, über dessen Naivitäten man sich lustig machen konnte, den man aber gleichzeitig verhätschelte. Und so hatte jeder seine Eigenheiten und seine Vorzüge, wir aßen, tranken und zankten zusammen, wir spielten Skat, Bridge und Schach, wir erzählten einander unsere Witze und unsere Abenteuer. Manchmal saßen wir um den rauchigen Kamin und einer spielte auf der Ziehharmonika die deutschen und österreichischen Melodien, die jeder kannte. Und wenn es auch nur Schlager- und Filmmusik war, so erinnerte sie uns doch an etwas Gehabtes, bildete eine Gemeinsamkeit zwischen uns und ließ uns die Gegenwart ein wenig besser bestehen.

Das Köstlichste waren aber die Reisen nach Sucre, das man im Autocarril, einer Art Schienenbus, in sechsstündiger Talfahrt erreichte. Wenn die Station »Cumbre«, die Paßhöhe, wo noch die Bergwinde heulten, überschritten war und man tiefer und tiefer in die Flußtäler hineinsank, die ersten grünen Haciendas erblickte und an den Haltestellen die ersten Bananen feilgeboten wurden, wenn die lauen subtropischen Lüfte hereinwehten, dann wurde es einem weit und sonderbar ums Herz.

Diese erlösende Fahrt nach Sucre machte ich jetzt, nachdem ich gekündigt hatte, zum letzten Mal, doppelt erlöst, weil ich nun nicht mehr in die Mine zurück mußte. Es war spät im Jahre 1944, der Krieg ging seinem Ende zu, längst brauchten wir nicht mehr zu bangen, daß Hitler ihn gewinnen könnte. Im Gegenteil, man konnte jetzt wieder an die Ausführung eines alten Wunsches denken, den bloß der Krieg vereitelt hatte, an das Weiterwandern in ein anderes Land. Nicht nur mein Streben, auch das meiner Eltern ging in diese Richtung, und da unsere Mittel immer noch nicht für weite Reisen ausreichten, machten wir fast automatisch Chile zu unserem Ziel; Chile, das Land am Meer, Chile, das fortgeschrittene, aufgeklärte Land mit der glänzenden Hauptstadt Santiago. Ich kürze jetzt ab, um über Bolivien nur noch das Wesentliche zu sagen, nämlich wie wir es verließen. Was früher nicht möglich gewesen war, gelang jetzt, wir bekamen ein Visum. Daß es bloß ein befristetes Touristenvisum war, bereitete uns keinen Kummer, das war uns schon einmal begegnet, wir würden es uns richten, dachten wir. Meine Eltern mußten erst ihre Sachen in Ordnung bringen, das Geschäft liquidieren. Ich besaß nichts, also hatte ich auch auf nichts zu warten und fuhr voraus, um die Dinge auszukundschaften.

Zum letzten Mal stand ich auf dem Bahnhof von Sucre, auf dem ich so oft gewesen war, als Ankömmling, als Begleiter, der jemand wegbrachte, als Neugieriger, der sehen wollte, welche interessanten Persönlichkeiten die Welt diesmal zu uns entsandte, oder als trauriger Fahrgast auf der Rückreise nach Potosi. Nahezu sechs Jahre waren mir in Bolivien vergangen, verflogen, wechselvolle Jahre in einem schwierigen, aber faszinierenden Land von kaleidoskopartiger Buntheit, das für immer zu verlassen ich mich jetzt anschickte, ein Land, in dem ich manche Bitternis ausgestanden hatte, in dem ich aber zum Mann herangereift war und das sich mir bereits in diesem Moment des Abschieds zu verklären begann, weil ich soviel jugendliche Substanz darin zurückließ. Auf dem Bahnsteig stand auch eine junge Frau, die mir Lebewohl sagen wollte. Damit berühre ich eine Sphäre meines Lebens, die ich als »unhistorisch« ausgeklammert habe, die es aber natürlich gab. Ich erwähne meine Begleiterin gerade an diesem Punkt, weil ihre Präsenz dem Abschied von Bolivien einen ganz besonderen Tropfen beimischte, einen Duft von Unwiederbringlichkeit.

Der Held besteht weitere unglaubliche, nichtsdestoweniger wahrhaftige Abenteuer zu Wasser und zu Lande

Die Übersiedlung in ein anderes Land, die in sechs Jahren so gut wie vergessene Erfahrung, daß es jenseits von dem isolierten Bolivien noch eine andere Welt gab, bildet in meinen Erinnerungen einen Gefühlsbruch, der einen neuen Abschnitt rechtfertigt, selbst wenn er in meinem Leben die fundamentale Veränderung, auf die ich und die Leser schon begierig warten, noch nicht bringt. Denn die unfreiwillige Schelmenexistenz setzte sich einstweilen unerlöst fort. Aber als der Zug den Westabhang der Anden hinunterfuhr und die Luft dicker und schwerer in die Lungen strömte, als ich das Meer nach Jahren eines Hochgebirgsdaseins wiedersah, da hatte ich doch das Empfinden, daß jetzt vielleicht ein neues, freieres Leben begänne. Und ganz wurde diese Hoffnung auch nicht enttäuscht, denn Chile war etwas ganz anderes als der abgedichtete, abgeschnittene, fast luftleere Raum, aus dem ich eben herniedergestiegen war. Schon Antofagasta, der Hafen mit seiner Bewegung, seiner Geschäftigkeit, war etwas Aufmunterndes und Anregendes, der bei Nacht einem Lichtermeer glich, das mich Hinterwäldler blendete. Und nun gar erst Santiago, die Millionen- und Weltstadt! Ich weiß nicht, wie sie auf jemand wirkt, der aus London oder New York kommt. Ich erinnere mich eines viel späteren Erlebnisses mit Reykjavik, von wo aus ich eine Wandertour in die unbewohnte Nordwestecke Islands unternahm. Bei meinem ersten Eintreffen war mir Reykjavik als fades, trauriges Fischernest erschienen, aber nach vierzehn Tagen im weglosen, menschenleeren Norden bewunderte ich die Stadt als herrliche Metropole und Ausbund raffinierter Kultur. Ich kann also nur sagen: Ich, der ich jahrelang von neuzeitlichem Menschenwerk nur gesehen hatte, was Sucre und Potosi zu bieten haben, war von Santiago überwältigt, von den Menschenmengen, den eleganten Straßen, den Alleen, Parks, Hochhäusern, vom Verkehr, von den Schaufenstern, den Waren, den Läden, den Speisen. Zwei Tage lang stürzte ich mich in den Strudel, flanierte die Alameda entlang, trank kleine Mokkas in der brasilianischen Kaffeesiederei, nahm meinen ersten Milk-Shake in einer blitzenden Milchbar ein, probierte den chilenischen Once, eine Art Jause, ging in ein Konzert und schrieb mich – Höhe des zivilisatorischen Luxus – in einer Leihbibliothek ein. Aber ich sollte nicht recht in den Genuß der Weltstadt kommen, denn der Aufenthalt in Santiago gestaltete sich schwierig und blieb von kurzer Dauer. Sofort stellte sich die alte Frage nach dem leidigen Geld, und da lernte ich die strahlende Stadt von einer anderen, einer sehr glanzlosen Seite kennen.

Auch hier gab es natürlich Flüchtlinge vor dem Nazismus, man schätzte sie auf fünfundzwanzigtausend, und auch hier fehlte es nicht an einem politischen Antisemitismus (der erst neulich wieder, unter der Junta des Generals Pinochet, giftig angeschwollen ist), aber beide Phänomene neutralisierten sich in der internationalen Atmosphäre eines spanisch sprechenden Landes, wo der Nationalheld O'Higgins und der Torwart der Fußballmannschaft Livingstone hieß und wo in einigen südlichen Städten, vor allem Valdivia, Deutsch eine offizielle Sprache war. Wir waren nicht ganz ohne Anhang in dieser neuen komplizierten Umgebung. Schon von Bolivien aus hatten wir Kontakt zu Bekannten aufgenommen, Preßburgern, die im Hause der Großmutter gewohnt hatten und mit der Familie von weither vertraut waren. Diese Leute redeten mir nun zu, Ratenhändler zu werden, Waren in den Vorstädten auf Abzahlung zu verkaufen. Dies bezeichneten sie als die beste, die einzige Art, in Santiago mittellos anzufangen und doch »wie ein Graf« zu leben. Um mich in die Geheimnisse dieses Geschäfts einzuweihen, nahm man mich auf »grand tour« mit. Der Weg zur Grafschaft begann jenseits des Mapocho-Flusses im Proletarierbezirk, wo die Arbeiter in armseligen, notdürftig aus Erde, Pappe und Blech zurechtgezimmerten Behausungen wohnten, einer Vorstufe der heutigen Barriadas, der fürchterlichen Elendsviertel, die der Schrecken und die Scham der großen südamerikanischen Städte geworden sind. Was ich zu sehen bekam, weckte ungute Erinnerungen in mir. Mein Lehrmeister schob einen Handkarren vor sich her, in dem allerlei Waren verstaut waren, Geschirr, Schürzen, Tücher, und bot sie bei jeder Haustür an. Die Anzahlung einer sehr kleinen Summe, zwei oder drei Pesos, genügte, um in den Besitz des gewünschten

Gegenstandes zu gelangen. Es wurde ein Zahlbuch angelegt, in das Name, Adresse, Preis und Datum notiert wurden. Der Käufer verpflichtete sich zu geringfügigen wöchentlichen Zahlungen, die Verkaufssumme jedoch überstieg um ein Vielfaches den Preis, der in einem der Warenhäuser für den gleichen Gegenstand zu entrichten gewesen wäre. Sobald das Geschäft abgeschlossen war, ging man eine Tür weiter. Am nächsten Tag zogen wir ohne Handwagen aus, bloß mit den Schuldbüchern bewaffnet, denn heute wurde nur kassiert. Die chilenischen Arbeiter waren von einer rührenden Ehrlichkeit und bezahlten nur dann nicht, wenn sie, durch Krankheit oder Arbeitslosigkeit zurückgeworfen, absolut nicht dazu imstande waren. Manchenorts fanden wir die fälligen Geldscheine mit einem Glas oder einem Aschenbecher beschwert, auf uns wartend vor, während die Leute ausgegangen waren. Unter diesen Umständen war es wirklich ein leichtes und einträgliches Geschäft. Mein Begleiter wollte mir, um mich zu lancieren, großzügig sogar einen Teil seines Distrikts abtreten, denn es gab natürlich viele Hausierer, auf Einteilung wurde strikt geachtet, man durfte einander nicht ins Gehege kommen. Ich aber, durch meine bolivianischen Erfahrungen gewitzigt, lehnte schaudernd ab. Von der Ausbeutung dieser Armen, die sich das alles in jedem Laden für ein Drittel hätten kaufen können, wollte ich nicht leben, nicht einmal als »Graf«. Der Blick hinter die Kulissen hatte mich gewaltig ernüchtert.

Also mußte ich eine andere Arbeit finden, und das war, wie man mich gewarnt hatte, nicht einfach. Es lief darauf hinaus, daß ich mir nach und nach drei Jobs zulegen und zusammenpassen mußte, um mich durchzuschlagen, buchstäblich von morgens bis mitternachts. Von acht bis zwei diente ich als Faktotum bei einem geizigen, scheelsüchtigen Importeur, dem ich nichts zur Zufriedenheit machen konnte und der mir oft und gern prophezeite, daß ich dereinst verhungern würde. Wahrscheinlich wäre es wirklich dazu gekommen, wenn ich bei ihm hätte bleiben müssen. Eine meiner Verwendungen war, verkaufte Ware abzuliefern. So schleppte ich die Importprodukte der Firma, Motoren, Kannen mit Parfümessenz, Haushaltungsgeräte, von einem Ende der Stadt zum anderen. Vor jedem Gang berechnete mein tyrannischer Chef die erlaubte Dauer meiner Abwesenheit, die ich nicht überschreiten durfte. Kam ich zurück, dann wurde mir diktiert, spanisch und englisch, ich mußte Briefe und Kostenvoranschläge tippen und zur Post bringen.

Um zwei Uhr eilte ich zu meiner nächsten Wirkungsstätte, einer großen Kürschnerei, wo ich in einem letzten Anlauf, mir doch noch eine Berufsausbildung anzueignen, eine Lehrlingsstelle ergattert hatte. Hier stand ich bis zwölf Uhr nachts und sollte Bälge strecken und nageln, weiße Streifen aus schwarzen Fellen herausschneiden, Pelzteile zusammennähen und viele andere Handgriffe lernen, die zum Handwerk gehören, aber wegen meiner manuellen Ungeschicklichkeit machte ich kaum Fortschritte. Vormittags wurde ich also kujoniert, nachmittags litt ich unter meiner eigenen Unzulänglichkeit und beide Jobs zusammen brachten mir nicht genug zum Leben ein. Ich mußte daher mein Einkommen an den Wochenenden ergänzen, indem ich, der ich selbst kein Abitur hatte, unbegabten Gymnasiasten Nachhilfeunterricht im Englischen und anderen Fächern erteilte. So verbrachte ich die meisten Stunden des Tages und der Woche mit unbefriedigenden Arbeiten, hastete von einem Ort zum anderen, kam selten zurecht, schlief zu wenig, verdiente zu wenig und hatte zu wenig Zeit, um an den Vorzügen Santiagos teilzuhaben. So wäre ich, wie unzählige andere kleine Leute, denn Millionen leben ja nicht anders, in der großen Stadt aufgerieben worden und versandet, wenn mir die chilenischen Behör-

Mit den Eltern in Cuenca (Ecuador), ca. 1946–1948

den, allerdings unfreiwillig und ohne jede humane Absicht, nicht zu Hilfe gekommen wären, indem sie uns – meine Eltern waren längst hier – die Aufenthaltserlaubnis verweigerten. Ich habe gegen die bolivianische Bürokratie wegen ihrer trägen Willkür gelästert, aber uns war die chilenische, mit pedantischer Sachlichkeit arbeitende, nicht günstiger. Im Gegenteil, wir konnten es uns nicht »richten« (was freilich auch hier nur eine Frage der Summe war, die man anlegte), unser Touristenvisum war und blieb befristet, zweimal wurde es auf unser Ansuchen verlängert, dann bekamen wir den Ausweisungsbefehl.

Was tun, wohin sich wenden? Nach Bolivien wollten wir nicht zurück. Zu den USA, dem großen Magneten der Auswanderer, hatten wir keine Beziehungen. Der Krieg war inzwischen wirklich zu Ende gegangen, man hatte in Santiago zur Feier ein wenig auf den Straßen getanzt, aber man war immer weit vom Schuß gewesen, und jetzt war man zu weit vom Waffenstillstand, um sich im täglichen Leben davon getroffen zu fühlen. Der Gedanke an eine Rückkehr nach Europa kam zu diesem Zeitpunkt keinem von uns. Die Vorstellung vom Verbannten, der jahrelang auf seiner unausgepackten Kiste sitzt, dem Signal entgegenfiebernd, das ihn in die Heimat zurückruft, mochte auf einige Exilschriftsteller zutreffen, aber nicht auf uns, wir hatten ja in Europa nichts und niemand, zu dem wir zurückkehren konnten. Wir fühlten uns nicht als verbannt, sondern als vertrieben, aus Emigration war längst Immigration geworden, nur waren wir im Augenblick ohne Land, in das wir »immigrieren« konnten. In der Not reaktivierten wir einen alten Plan, wir hatten ja einen Verwandten in Ecuador, mit dem wir in Briefwechsel standen und der uns sehr aufmunterte, es mit diesem Land als nächstem zu versuchen. Die Beendigung des Krieges erleichterte die Ausführung solcher Vorhaben, ein Visum wurde erstaunlich bald beschafft, ein ganz solides sogar, das uns nicht nur zum Besuch Ecuadors, sondern zur regelrechten Einwanderung berechtigte.

Die Gastvorstellung in Santiago hatte bloß ein halbes Jahr gedauert. Ohne tieferen Trennungsschmerz schifften wir uns eines Abends im reizvollen Valparaiso ein und sahen den berühmten Halbkreis seiner Lichter hinter dem Horizont verschwinden, während sich unser Küstendampfer langsam nordwärts pflügte. Ich liebe Seereisen sehr und genoß diese Fahrt, von Pelzen, Korrespondenzen und Grammatikpauken befreit, in vollen Zügen. Das Schiff war ein Frachter, der Salpeter führte und alle kleinen chilenischen und peruanischen Häfen, Coquimbo, Antofagasta, Iquique, das Arica seligen Angedenkens und Mollendo anlief. Man durfte aussteigen und nach Belieben herumwandern. Von Callao aus, wo wir mehrere Tage zum Löschen anlegten, konnte man mit der Straßenbahn nach Lima hineinfahren, so daß ich auch die peruanische Hauptstadt einer gründlichen Besichtigung unterzog. Ich lernte unterwegs manches über die Salpetergewinnung und erfuhr die Ursache für die Trockenheit der chilenischen und peruanischen Küsten: der kalte Humboldtstrom, der von Süden nach Norden den Kontinent entlangfließt, kühlt die über ihn hinweg vom Ozean zum Land strebenden Wolken so abrupt ab, daß sie ihren Inhalt ins Meer ergießen. Auf der anderen Seite fängt die Barriere der Anden jeden von Osten kommenden Niederschlag ab, so daß es westlich der Gebirgskette nie recht regnet. Fallen alle fünfzig Jahre einmal durch Zufall ein paar Tropfen vom Himmel, dann erschrecken die Kinder, die derlei nie gesehen haben, und müssen von den Erwachsenen beruhigt werden. Am Nordende von Peru wendet sich der Humboldtstrom plötzlich in scharfem Bogen nach Westen, an den Galápagos-Inseln vorbei, so daß die Küste von Ecuador reichhaltig

Feuchtigkeit bekommt und von wuchernder Tropenvegetation bedeckt ist.

Auch die Mitreisenden trugen viel zu meiner Belehrung und Unterhaltung bei. Da war ein Wanderzirkus, dessen lustige Mitglieder viele Kniffe kannten und uns Essen aus der ersten Klasse verschafften. Ein südamerikanischer Diplomat, ein wenig blasiert, aber sehr amüsant, erzählte ironische Anekdoten über seine Regierung und seine Karriere. Ein ranghoher Salesianer auf Inspektionsreise berichtete über die Moral des katholischen Klerus sowie die Leistungen und Rückschläge der katholischen Missionen in den Ländern, die er besucht hatte. Fast jeder der Reisenden wußte ungewöhnliche Erlebnisse mitzuteilen, wodurch mir meine eigene Existenz weniger ausgefallen vorkam. Die interessanteste Persönlichkeit an Bord war ein peruanischer Patrizier namens Juan Seoane, der dank einem politischen Wechsel nach langem argentinischem Exil in seine Heimat zurückkehren konnte, mit haarsträubenden Einzelheiten von seinen zehn Jahren in peruanischen Gefängnissen erzählte und auch ein aufregendes Buch *Hombres y rejas* – Menschen und Gitter – über seine Erlebnisse geschrieben hat und den Kritiker deswegen heute den »zeitgenössischen Dostojewskij« nennen. Wieviel Fleiß und Mühe doch die Historiker auf die Erforschung der politischen Wirren, Grausamkeiten, Unterdrückungen und Verfolgungen in den europäischen Ländern wenden, während die Geschehnisse, die sich in fast allen lateinamerikanischen Ländern abgespielt haben, kaum bekannt und noch weniger wissenschaftlich untersucht sind, obgleich sie manches Europäische an grotesker Wildheit in den Schatten stellen. So verflogen mir die drei Wochen dieser Reise im Nu, mir war das Schneckentempo unseres Bootes noch zu schnell. An meinem 23. Geburtstag landete ich mit einer Mischung von Bedauern und Erwartung im ecuadorianischen Hafen Guayaquil.

Dort erreichte uns durch das internationale Rote Kreuz seit Jahren die erste Nachricht von unseren Preßburger Verwandten, eine Trauerbotschaft. Sie stammte vom ältesten Bruder meiner Mutter und bestand aus zwei französischen Worten: »Resté seul«. Von der ganzen, vielverzweigten Familie war er der einzig Überlebende. Als Konvertit zum Katholizismus hatte er unter dem Tiso-Regime gewisse Vorteile genossen und war dann später, als die deutschen Nazis solche Bevorzugungen abgestellt hatten, in einem Bunker in den slowakischen Wäldern bis zum Kriegsende untergetaucht. Im Laufe der Zeit erfuhren wir Einzelheiten von der Ermordung unserer Verwandten. Ein Onkel war im KZ wegen »Widersetzlichkeit« mit dem Gewehrkolben erschlagen worden. Seine Frau und zwei kleine Töchter hatte man in Auschwitz vergast. Ein anderer Onkel, auch in einem östlichen Lager interniert, hatte sich gemeldet, als nach Feinmechanikern gefragt wurde. Er wurde von den anderen Gefangenen getrennt und blieb seitdem verschollen. Wir wissen nicht, was aus ihm geworden ist. Meine Großmutter wurde im Alter von fünfundsiebzig, mein Großvater als über Achtzigjähriger verschleppt. Die Großmutter hat man, wie wir von Augenzeugen wissen, auf der Landstraße erschossen und in einen Graben geworfen, weil sie bei einem Marsch nicht mithalten konnte. Von den letzten Tagen meines Großvaters erzählte mir ein Preßburger Überlebender, den ich in Montreal aufgetrieben habe: er habe in der Küche von Auschwitz gearbeitet und meinem furchtbar abgemagerten Großvater, bei dem er in der Jugend als Uhrmacherlehrling gearbeitet hatte, aus Dankbarkeit eine Kartoffel gebracht. Für diese Gabe habe ihm der alte Mann die Hand geküßt. Am nächsten Tag sei er wieder mit etwas Eßbarem aus der Küche zum Großvater geeilt, der sei aber verschwunden gewesen und nie wieder gesehen worden. Die meisten Mitglieder der Familie sind in den Vernichtungslagern umgekommen. Nicht in allen Fällen gelang es mir, zu erfahren, wann und wie sie ihren gewaltsamen Tod gefunden haben. Es genügt freilich, zu wissen, daß eine vielköpfige Sippe, bestehend aus Frauen und Männern, aus Menschen jeder Altersstufe, unter ihnen eine ganze Reihe Kinder, vom Erdboden weggetilgt worden sind. Seither habe ich kaum Verwandte in dieser Welt.

Meine Eltern und ich trennten uns in Ecuador sogleich. Sie begaben sich nach Ambato, einer kleinen Provinzstadt, wo sich mein Vater, dank seiner Hemdenkunst, an einem Geschäft beteiligen konnte. Aus wohlerrungener Erfahrung wußte ich, daß kleine indianische Marktflecken mein Fortkommen nicht gerade zu begünstigen pflegten und reiste daher lieber ohne Umschweife gleich bis in die Hauptstadt. Im Ankommen in fremden Städten hatte ich mir mittlerweile eine gewisse Routine erworben. Kaum war ich der alten Blechkiste von Bus entstiegen, da machte ich mich auch schon auf die Wohnungssuche. Ich wußte ziemlich genau, welche Art Logis für mich in Frage kam, da meine Finanzen extravagante Sprünge nicht erlaubten. Es dauerte auch nicht lange, da hatte ich eine leere Kammer gemietet. Mein zweiter Gang führte auf den Indianermarkt, wo ich für wenig Geld ein Bettgestell und einen Strohsack kaufte. Auf meinem eigenen Rücken schaffte ich beides in mein Quartier. Für weitere Möbelstücke war kein Platz. Drei Nägel in der Wand dienten als Schrank, der Koffer verschwand unter dem Bett. Mein Einzug in Quito war vollendet. Für gewisse Zwecke stand das Klo der Hauswirtin, ein Stockwerk höher, zur Verfügung. Waschgelegenheit gab es keine, aber zwei Ecken weiter befand sich, was in Wien ein »Tröpferlbad« hieß, drei oder vier dem Syndikat der Chauffeure gehörige Duschen, die das »Publikum« für einige Pfennige mitbenutzen durfte.

Quito in den späten vierziger Jahren

Nach dem andersartigen Chile mutete Ecuador wie ein Abbild von Bolivien an, z. B. in der Zusammensetzung der Bevölkerung, mit seinen Indianern, Mestizen und Weißen, den mehr oder weniger in sich geschlossenen Kolonien der Ausländer. Auch die soziale Struktur und die Politik ähnelten den bolivianischen Verhältnissen. Ebenso wiesen Meteorologie und Topographie manche Verwandtschaften auf: Die Kette der hohen Anden mit Gipfeln wie dem Chimborazo, dem Tunguragua und dem Cotopaxi, mit dem kaum erschlossenen Ostabhang und den sich daran anschließenden tropischen Tiefebenen, von Urwaldflüssen durchzogen, die hier statt Chaparé und Mamoré Napo und Pastaza hießen. Alles hatte andere Namen, aber war im Wesen vergleichbar.

Nicht minder wichtig sind aber die Unterschiede. Das Land ist kleiner, viel weniger dünn besiedelt, weniger einsam. Die meisten Städte liegen niedriger, das Klima ist daher sanfter, wozu auch beiträgt, daß der Äquator mitten hindurch-

Das Äquatorialdenkmal verschönernd

läuft. Ein paar Kilometer von Quito steht ein Äquatorialdenkmal, von einer französischen geodätischen Expedition errichtet. Der wichtigste geographische Vorteil, den Ecuador Bolivien gegenüber besitzt, ist aber die Küste. Die größten Ozeandampfer konnten zu meiner Zeit nicht bis nach Guayaquil heranfahren, sie mußten in einer entfernten Bucht vor Anker gehen und Fracht sowie Passagiere auf kleineren Fahrzeugen den Guaya-Fluß hinauf in die Stadt schiffen. Aber das reichte zu einem regen Austausch hin, genügte, um den Hauch der weiten Welt hereinzulassen und auch die geistige Atmosphäre zu beeinflussen. Ecuador war eine sanftere, gezähmtere, übersehbare Fassung einer Andenrepublik und damit etwas ganz anderes als Bolivien.

Wiederhole ich mich? Oder beginnt ein vorgeprägtes, unausweichliches Muster meines damaligen Lebens durchzuscheinen? Ich brauchte einen Job, ich sah die Stellenangebote in den Zeitungen durch und bewarb mich bei verschiedenen

Firmen, bei der Shell-Company, bei Import-Export-Gesellschaften, weil ich dort die nötige finanzielle Potenz vermutete. Bei der US Military Ground Mission, der neu installierten amerikanischen Militärmission, wurde mir die Position eines Dolmetschers und Übersetzers angeboten. Vorher mußte ich mich, zusammen mit einem Dutzend konkurrierender Kandidaten, examinieren lassen, aber mein Englisch war jetzt stichfest, einen Besseren fanden sie nicht, und so war ich wieder einmal im Brote. Muß ich nach all dem Bisherigen betonen, daß ich kein Militarist bin, daß ich vor Uniformen zurückschrecke und Militärmissionen für total überflüssig halte? Obgleich meine Abneigung damals vielleicht noch nicht ganz so entschieden war wie heute, betrachtete ich doch schon das Treiben dieser im diplomatischen Umgang unerprobten, auf den schlüpfrigen Pfaden einer südamerikanischen Republik dahinstolpernden Militärs mit wacher Skepsis. Zwar, waren ihnen denn ihre Vorgänger, die Italiener, vorzuziehen? Daß die Kriegsgeschicke deren Niedergang und den Aufstieg der Amerikaner herbeigeführt hatten, entsprach nur meinen Erwartungen, war, wie ich meinte, was mir die Weltgeschichte schuldete. Aber jetzt im konkreten einzelnen sah die Sache doch etwas bedenklich aus. Diese anmaßenden, unliterarischen Typen sollten die neuen Machthaber sein? Um diese, teils aufgeblasenen, teils pfiffig-intriganten Gestalten sollte sich hinfort alles drehen? Und wozu brauchte Ecuador all die komplizierten Waffen, deren Handhabung ich aus elend geschriebenen Broschüren ins Spanische übersetzen mußte? Was sollte dieses »Lend-Lease«, das ein Land, welches Straßen und Brücken, Traktoren und Hospitäler benötigte, mit Tanks und Jeeps, Maschinengewehren und Munition überhäufte? Hatten diese Dinge eine andere Funktion, als den nächsten Putsch vorbereiten zu helfen? Ich lernte hier an kleinen, lokalen Beispielen Fragen stellen, die ich später mit der gleichen Berechtigung auf globale Probleme anwandte. Alles kam mir wie eine nicht übermäßig unterhaltsame Farce vor. Ich sah, wie die Waren des amerikanischen Militärkaufhauses, die Konserven und die Zigaretten, die Gummistiefel und die Windjacken, begehrte Artikel in Ecuador, auf dem Schwarzen Markt landeten, wie die Offiziere beider Armeen, ohne sich zu lieben oder zu achten, einander scheu oder neugierig umkreisten, übel voneinander sprachen und voneinander zu profitieren trachteten. Was ging's mich an? Ich übersetzte und dolmetschte, damit ich den Mittwochnachmittag und das Wochende frei hatte und meine hundert Dollars im Monat ausgezahlt bekam. Jeder Korporal der Mission verdiente ein Vielfaches davon. Wer sich weigerte, als Hausierer chilenischen Arbeitern die schwer verdienten Céntimos aus der Tasche zu ziehen, der endete, so schien es, als Helfershelfer des Militarismus und Imperialismus in Ecuador. Das System war überall dasselbe, ein Entrinnen schien nicht möglich. Immerhin bin ich froh, sagen zu können, daß menschliche Sympathien stärker sind als institutionelle Hindernisse. Persönlich bin ich in der Mission immer gut behandelt worden, was ich nicht von allen meinen Chefs in der Vergangenheit sagen konnte, am wenigsten von den europäischen, und daß zwischen mir und einem der Offiziere der Militärmission eine Freundschaft entstehen konnte, die später in den Vereinigten Staaten fortdauerte, spricht für eine gewisse Unabhängigkeit des Individuums von Systemen und Hierarchien.

Was ich sonst noch in dieser Zeit in Quito getrieben habe? Ich bin auf Berge gestiegen, habe mit den besten Meistern Schach gespielt (noch besitze ich Zeitungsartikel, in denen meine Partien beschrieben werden), ich habe mich mit jungen und älteren Leuten zu allerlei Unternehmungen zusammengetan, ich habe als Schauspieler an einem Emigrantentheater mitgewirkt, wo wir von Curt Götz bis zurück zu Schiller alles, was lustig oder bühnenwirksam ist im deutschen Drama, aufführten, ich habe täglich eine Mahlzeit gegessen und mir mit dem Geld für eine zweite Bücher gekauft, ich habe mir ein Heft angelegt, in das ich Aphorismen und gelungene Formulierungen eintrug, auf die ich beim Lesen stieß, und ich habe selber angefangen, kleine Essays, Skizzen und Gedichte aufzuschreiben. Und obwohl ich mit mir und der Welt zerfallen war, weil ich Kräfte in mir spürte, die nach Verwirklichung drängten, aber in dieser Welt eben unverwendbar waren, habe ich es zwei Jahre in Quito ausgehalten. Schließlich nahmen mein Mißmut und meine innere Unruhe überhand, ich wurde des ganzen Krams, der Militärs beider Länder, der Stadt und der Leute sowie meines dazugehörigen Lebens so überdrüssig, daß ich alles hinwarf und zur Luftveränderung, und wohl auch in der geheimen Hoffnung auf Erfüllung, die sich an jede Veränderung knüpft, in die geschäftige, tropische Hafenstadt fuhr, die Rivalin des gebirgigen, eher lethargischen Quito, nach Guayaquil, wo es so feuchtheiß war, daß man vor dem Schlafengehen alle Ecken nach Skorpionen absuchen mußte, daß die Stiefel über Nacht verschimmelten und die Socken sich in wollige Flocken auflösten, die Straßen sich mit einem Teppich brauner Käfer bedeckten, in die die Autos zwei Furchen hineinfuhren, und die jungen Mütter in ihrer Angst die Babys unter den Wasserhahn hielten, um sie etwas abzukühlen. Dies alles war mir gerade recht, denn es kam meiner Sucht nach Erneuerung entgegen.

Ohne Job ging es allerdings auch hier nicht, hier vielleicht noch weniger als anderswo, denn es scheint, daß die Menschen in der Tropenhitze womöglich noch kaltherziger sind als sonst. Und jetzt tritt in der Geschichte ein Mitspieler auf, der in diesen Memoiren schon früher eine kleine Rolle übernommen hat, mein Wiener Verwandlungskünstler, dem wir zuletzt als Rechen- und Schreibmaschinenmechaniker begegnet sind. Etwas an ihm und mir bewirkt, daß wir immer wieder aufeinanderstoßen. Wir haben uns nicht nur in verschiedenen Städten Boliviens, Chiles und Ecuadors gefunden, sondern sind einander Jahre später, als wir längst jeden Kontakt zueinander verloren hatten, in Lima in die Arme gelaufen und zum letzten Mal in Texas auf dem Flughafen von Houston. Viel weniger wunderbar war unsere Begegnung in Guayaquil, wo ich ihn jedesmal aufsuchte, wenn ich an die Küste kam. In seine Werkstatt ging ich täglich während meiner Arbeitssuche und diskutierte mit ihm über meine Bemühungen, Fehlschläge und Aussichten. Hier war es auch, wo ich den Tip empfing, der meinem Leben einen nicht unbeträchtlichen Ansporn geben sollte.

Zu den Aufträgen, die mein Freund in der Ausübung seines Handwerks übernommen hatte, gehörte die Instandhaltung aller Büromaschinen der Compañía Bananera del Ecuador, einer Niederlassung der United Fruit Company. Seine monatliche Inspektionsrunde fiel gerade in die Zeit meiner Anwesenheit in Guayaquil, und bei seiner Rückkehr berichtete er aufgeregt, er habe in den Korridoren reden gehört, daß die Cia. Bananera einen Buchhalter brauche. Zunächst war ich außerstande, die Beziehung zu erkennen, die diese Nachricht zu mir haben sollte. Aber da kam ich schön bei ihm an! Er sparte nicht mit Beschimpfungen, um mich aufzurütteln, schalt mich furchtsam, feig und faul, gab mir selbst die Schuld an meinem unbefriedigenden existentiellen Zustand und zwang mich förmlich, mein Glück da zu suchen, wo der Fingerzeig des Zufalls hinzuweisen schien. Schließlich ließ ich mich bereden, angefeuert durch seinen Eifer machte ich mich auf den Weg. Der Personalchef empfing mich mit den üblichen Fragen nach dem Woher und Wieso. Ich merkte richtig, wie er die Ohren spitzte, als ich in den Katalog meiner Kenntnisse und Fähigkeiten gleisnerischerweise etwas über Buchhaltung einflocht. Daß ich fließend Spanisch und Englisch konnte, die Landes- und die Geschäftssprache, hat sicher auch eine Rolle gespielt, kurz, ich kam sowohl beschwingt wie beschämt zu meinem Freund zurück, denn ich war zu günstigen Bedingungen in der Contaduría, der Buchhaltung der Cia. Bananera del Ecuador angestellt worden.

An dem Montagmorgen, als ich meine Stellung antreten sollte, war es mir allerdings etwas mulmig zumute. Wie lange, so fragte ich mich nicht ganz ohne Grund, wird es dauern, bis man mir auf die Schliche kommt und mich mit Schimpf und Schande davonjagt? Kaum hatte ich aber meinen zukünftigen Arbeitsplatz betreten, da schickte man mich eilig wieder heim, meine Übernachtsachen zu holen, ein Schiff ginge gerade zur Plantage, und ich sollte mit, es sei ohnehin Gepflogenheit der Gesellschaft, neuen Angestellten Einblick in alle Teile des weitläufigen Betriebs zu geben. Ich hatte also noch einen Aufschub bekommen, packte meine Siebensachen und fuhr mit einem Boot der Kompanie den trägen Guayas hinunter ins offene Meer und dann einen Dschungelfluß aufwärts ins Herz der Plantage, wo tropische Früchte, Kaffee und als weitaus wichtigstes Produkt in endlosen Hainen Bananen gezogen wurden. Beim australischen Manager der Farm gab es zunächst ein Abendessen, bei dem mir vieles erzählt und erklärt wurde. Am nächsten Tag bekam ich ein Pferd und den Auftrag, zu den Außenstationen der Plantage zu reiten, quer durch die Bananenwälder, und anhand von Listen, die man mir mitgab, den Bestand an Gebäuden, Fuhrwerken, Maschinen und Werkzeugen zu prüfen. Dieser Anforderung war ich auch ohne buchhalterische Vorbildung gewachsen und machte mich vergnügt auf den Ritt, denn es galt ja nur, Vorhandenes auf einer getippten Liste abzuhaken und Fehlendes anzukreuzen. Ich war mehrere Tage unterwegs, lernte die Leute und ihre Tätigkeit kennen und fand, durch mein wundes Gesäß ständig daran erinnert, daß bei weitem das Schwierigste, was man mir bisher zugemutet hatte, das Fertigwerden mit dem Pferde war, übrigens einer friedlichen Kreatur, denn bis dahin hatte ich es nur mit einem Maultier zu tun gehabt, was eine ganze Weile zurücklag und eine andere Technik des Reitens erforderte.

Vor der Rückkehr nach Guayaquil wohnte ich noch einer Bananenverladung auf offenem Meer bei. In der Nähe der Flußmündung war ein Frachter der Grace Line vor Anker gegangen und die Kähne der Plantage, vollbeladen mit eben geernteten Bananen, legten an einer Plattform an, über die braune Gestalten die giftgrünen Stämme in die Pfannen eines Aufzugs warfen, der an der schwarzen Schiffswand auf und nieder lief. Schaurig war es anzusehen, wie ein am Aufzug postierter Machete-Schwinger mit zwei blitzschnellen, haarscharf an Hals und Schulter des Trägers vorbeisausenden Schlägen seiner Klinge die beiden Enden des Bananenstammes kappte, ehe er in den Aufzug fiel und an Bord gehievt wurde. Oben angekommen, fuhr der Aufzug mit seiner Last auf der anderen Seite wieder hinunter in den Bauch des Schiffes, wo die Bananen in Kühlräumen untergebracht wurden. So machte ich vom Anpflanzen bis zum Versand mit allen Phasen des Bananengeschäfts Bekanntschaft.

Endlich kam doch der Tag, an dem ich die Funktionen übernehmen mußte, für die ich angeheuert worden war. Aber man verfuhr weiter glimpflich mit mir, die mir übergebenen buchhalterischen Operationen waren so genau begrenzt und bezeichnet, das mir Unverständliche wurde so gut erklärt, daß ich mich bald in dem fremden Element bewegte wie ein Fisch im Wasser und so schnell in die Organisation eingliederte, als hätte ich wirklich schon lange Zeit in der Branche

Als Mitarbeiter der Cia. Bananera, Guayaquil (sitzend, 3. von rechts)

gearbeitet. Ich behielt also meinen Job bei der Cia. Bananera und lebte geraume Zeit in Guayaquil, so gut man dort eben leben kann, wie immer in meine Lektüre vertieft und meine poetischen Erzeugnisse hervorbringend, dabei aber nicht unaufmerksam auf die Manifestationen des grellen, lauten Lebens um mich her, zumal mir das Treiben in einer tropischen Handelsstadt durchaus neu war.

Die United Fruit Company ist verschrien als halsabschneiderisches, ausbeuterisches Unternehmen, das in die Politik der Länder, in denen sie ihre Zweigniederlassungen hat, auf die übelste Weise und zuungunsten der arbeitenden Bevölkerung eingreift. Sie ist sogar zu einer Art Symbol für die Exzesse des Monopol-Kapitalismus der USA in Südamerika geworden. Wahrscheinlich gibt es Gründe für dieses Bild. Ich bin nie dazu gekommen, mich mit diesen Vorwürfen ernstlich auseinanderzusetzen. Von meiner persönlichen Erfahrung mit der Firma her kann ich sie nicht bestätigen. Der

Leser dieser Seiten wird sich erinnern, daß ich nicht gezögert habe, soziale Übel anzuprangern, wo sie mir auffielen. Von der Cia. Bananera muß ich sagen, daß die Arbeiter und Angestellten nicht schlecht behandelt wurden, daß die Löhne sich mit den in Guayaquil geltenden Tarifen vorteilhaft verglichen, für Behausung, Hygiene, Ernährung und Gesundheit der Arbeiter besser gesorgt war als für den ecuadorianischen Durchschnitt und daß die ganze Atmosphäre, das Arbeits- und Verkehrsethos, das sich in einer großen Gesellschaft unwillkürlich herstellt, kein schlechtes war. Und so hätte ich wohl fort und fort bei der Firma arbeiten können, denn wenn ich auch kein guter Buchhalter geworden bin, so war ich wohl auch nicht ganz unbrauchbar und wurde jedenfalls nicht an die Luft gesetzt.

Doch die Geschichte geht anders weiter. Jetzt ist nämlich der Punkt erreicht, wo jener Umschwung eintritt, der die Voraussetzung für diese Autobiographie ist. Man kann auch so sagen: Die Pikaro-Existenz war an ihr Ende gelangt, sie schlug um und gab einer Entwicklung Raum, die zu einer Warte führte, von der aus dieser Rückblick sinnvoll ist. Freilich geschah dies nicht mit einem Mal, nicht so unvermittelt, wie es in der Darstellung klingen mag. Hoffentlich ist es mir gelungen, hinter der Chronik einer sich frivol gebenden Abenteuerlichkeit, auch die Bitternis durchspüren zu lassen, die profunde Unzufriedenheit, die ich mit mir und meinen Lebensumständen empfand. Sie hatte mit Ecuador, einem freundlichen Land, das ich jedem anrate zu bereisen, der sich für das Ineinander von Schönem und Ungewöhnlichem begeistern kann, nichts zu tun. Während ich scheinbar schelmisch von Land zu Land, von Ort zu Ort, von Beschäftigung zu Beschäftigung glitt, gärte es in Wirklichkeit in meinem Innern, es braute sich ein Gewitter zusammen, das schließlich zum Ausbruch kam und mein Leben veränderte.

V. Die Wendung

Was macht ein Literaturhistoriker? Er hält Vorlesungen und Seminare ab, bildet Studenten aus, kritisiert Referate, vergibt Themen für Doktorarbeiten, prüft und begutachtet. Er liest alte und neue Werke und Arbeiten über diese Werke, er reflektiert über seinen Forschungsgegenstand, besucht Archive und Kongresse und publiziert die Resultate seiner Recherchen in Form von Vorträgen, Büchern und Aufsätzen. Es ist ein Beruf wie andere auch. Aber zwischen dem Elektriker und Sekretär, dem Textilarbeiter und Minenangestellten, dem Hausierer, Dolmetscher und Buchhalter, den ich beschrieben habe, und diesem Professor für Literaturgeschichte, der ich nun schon so lange bin, liegen doch geistige und professionelle Barrieren, und ich muß jetzt trachten, in meinem Lebensbericht die getrennten Sphären miteinander zu verbinden. Diese Autobiographie wäre sehr unvollständig und unbefriedigend, wenn ich nicht über die intellektuelle Entwicklung Aufschluß geben könnte, die mir den Übergang von der einen in die andere ermöglicht hat.

Ganz überraschend kommt diese Verwandlung allerdings nicht. Einige Zeichen und Vorausdeutungen, wichtige sie bedingende Elemente sind unvermeidlicherweise schon von Anfang an mit in die Darstellung geflossen, selbst dort, wo ich den Nachdruck auf die vordergründigen Bewegungen, die Orts- und Berufsveränderungen zu legen versuchte. Wie unzulänglich es mir auch erschienen war, ich habe nicht verschwiegen, daß mir das Gymnasium, vielleicht das allgemeine geistige Klima Wiens, Anstöße zum Lesen gegeben hat. Elterliches Entgegenkommen und eigene Anlage steigerten das

Bedürfnis zur Passion, zum unentbehrlichen »Lebensmittel«. Was immer die jeweilige Lektüre bot, Eskapismus, Zerstreuung, Welterklärung, ideologische Hilfskonstruktion, emotionale Nahrung, Surrogat für äußere Erfolge und Befriedigungen, das Faktum einer kontinuierlichen Zufuhr von Lesestoff in meine jeweilige Metamorphose bleibt. Mein Gebrauch der Bücherbestände von Arturo P. in La Paz und meines Chemikerfreundes in Potosi sowie gewisser anderer Bibliotheken ist in die Erzählung eingegangen. Nicht so deutlich wurde vielleicht die unternehmende Zähigkeit, mit der ich immer und überall, selbst unter sehr ungünstigen Bedingungen, Lesbares aufzustöbern verstand. Keine Institution, kein Mensch war sicher vor meinem unersättlichen Verlangen. Kam ein neuer Emigrant in die Stadt, wo ich gerade wohnte, so machte ich mich alsobald auf und stellte, nach den flüchtigsten Präliminarien, die Frage, um derentwillen ich gekommen war: »Haben Sie Bücher mitgebracht?« Niemand konnte sich meiner Insistenz erwehren, selbst bei Pedanten und Sonderlingen, die Gedrucktes prinzipiell nicht verliehen (manchmal wünsche ich, daß ich die Kraft zu solcher Weigerung in mir fände!), wußte ich es einzurichten, daß ich das Vorhandene an Ort und Stelle, ohne es dem schützenden Argusauge des Besitzers zu entführen, zu mir nahm. Nie wieder habe ich in meinem Leben so viel gelesen wie damals, wo ich nicht mußte, und mit Neid erinnere ich mich auch der mir seither zum Teil wieder abhandengekommenen Intensität des Lesens, bei der mir beinahe buchstäblich alles übrige Hören und Sehen verging, z. B. bei den Novellen Kellers und Storms, bei Thomas Manns *Zauberberg*, und ich in einer Art Trance einherging, in einem schmerzlichen, seelischen Aufruhr, nur mehr an den Schicksalen der dichterischen Gestalten Anteil nehmend.

Daß ich alles Geschriebene wie Kraut und Rüben zusammenlas, Simples und Abstruses, Gewichtiges neben Trivialem, Eintagsfliegen der Mode nicht minder als Altehrwürdiges, bloß Informatives ebenso wie künstlerisch Geformtes, versteht sich bei meinen Beschaffungsmethoden von selbst. Diesen wenig selektiven Eklektizismus, der mir mit der Zeit ein gewisses Unbehagen bereitete, betrachte ich heute als vorteilhaft für eine möglichst breite Grundlage und ein undogmatisches Verständnis der heterogenen Wirkungsmöglichkeiten von Literatur. Dennoch lassen sich, wie ich schon andeutete, selbst in dieser Vielfalt zwei Richtungen erkennen, die unwillkürlich aus den vorgegebenen Situationen und meinen Bedürfnissen resultierten: da meine »Versorger« dem europäischen Mittelstand anzugehören pflegten, fand und las ich bei ihnen beträchtliche Teile der Unterhaltungs- und Bildungslektüre dieser Schicht und meine politische Neigung verschaffte sich die »linke« Literatur mancher Länder.

Von meinem glücklichen Verhältnis zu den Sprachen war gleichfalls schon die Rede gewesen. Ihm verdankte ich eine relativ hohe Gewandtheit in mehreren fremden Sprachen, vor allem im Spanischen und Englischen, und was ebenso wichtig war, meine bleibende Vertrautheit mit der Sprache meiner Kindheit, dem Deutschen, die ohne diese natürliche Neigung durch die lange Trennung von ihrem Nährboden sicherlich gelitten hätte. Ganz abgesehen von den praktischen Vorteilen, die ich daraus zog, lebte eine immer bereite Freude an der Sprache in mir, die mich auf Wortspiele, Mehrdeutigkeiten, Witz, Sprachornamente wie Reim und Klangfiguren achten ließ und mir Spaß an jeder sprachlichen Spielerei machte. Als mir Freuds Schriften über die Fehlleistungen und den Witz sowie sprachhistorische und linguistische Untersuchungen anderer Art in die Hände gelangten, fanden sie mich wohl vorbereitet. Diese Sensibilität erwarb ich nicht mit einem Mal, ich mußte durch manche Entwicklungsphase hindurchgehen und ließ mich von manchem rhetorischen Schwindel, mancher sich tief oder brillant gebärdenden Unart betören. Aber das Ausschlaggebende ist, daß mich zeitlebens eine ausgeprägte Lust am Wort beseelte, die vielleicht auch aus meinem frühen Wiener Milieu stammte, mich aber auf jeden Fall für ein philologisches Studium prädestinierte.

Meine geistige Fortbildung wurde natürlich von gewissen Erlebnissen beeinflußt und ich habe in diesen Memoiren halb ernsthaft, halb scherzend eine Schiffsreise und eine Anstellung zu meinen frühen Universitäten erklärt. Dazu gesellen sich allerdings noch viele andere Einflüsse, von denen ich einige herausgreife, die ich von vornherein als wichtig für meine intellektuelle Entwicklung erkannte.

Große Dankbarkeit bewahre ich einem Menschen, den ich in einer kleinen bolivianischen Pension kennenlernte, einem Argentinier, der sich auf einer Studienreise befand. An dem grünen Stern in seinem Knopfloch erkannte ich ihn als Esperantisten und gewann ihn für mich, indem ich ihn auf esperanto ansprach (wenn ich gleich nicht sehr sattelfest in dieser Sprache war und unsere Konversation bald auf spanisch fortgeführt werden mußte). Er war Arzt, hatte sich aber zu der Überzeugung durchgerungen, daß die moderne Medizin mit ihren chemischen und chirurgischen Besessenheiten auf dem Holzweg war, weil sie seiner Meinung nach nur die Symptome der Krankheiten bekämpfte, diese selbst aber und deren Ursachen unangetastet ließ. Dies betrachtete er als Vergewaltigung der Natur. Statt dessen hatte er sich einer Naturheilkunde verschrieben, die auf die inneren Rhythmen des Organismus achtete, ein strenges Vegetariertum befürwortete und überhaupt ein Heil- und Lebensregime empfahl, das »natürliche« Mittel anwandte. Das Fruchtbare an seinem Denken war, daß er bei der Medizin nicht haltmachte, sondern seine therapeutischen Grundsätze zu einem Weltbild ausbaute, das auf der Pflege der Natur in allen Sphären beruhte. Alles das machte tiefen Eindruck auf mich, weil es kritisch mit dem Bestehenden abrechnete und doch nichts Künstliches und Angehängtes war, sondern ganz zu dem Menschen gehörte und völlig von ihm gelebt wurde. Nur wenige Tage verbrachte ich in seiner Gesellschaft, dann reiste er ab und ich habe ihn nicht mehr gesehen. Aber jahrelang noch versah er mich mit teilweise von ihm selbst verfaßten Schriften, die sowohl die Esperanto-Bewegung wie den »Naturismus« betrafen, so daß ich gründlich in seine Philosophie eingeweiht wurde. Sie beschränkte sich natürlich nicht auf die paar Gemeinplätze, die ich hier angeführt habe. Es ist aber auch nicht nötig, daß ich im Einzelnen auf seine Lehre eingehe, denn nicht sie ist es, die mir zum bleibenden Besitz geworden ist. Ebensowenig wie ich glaube, daß die Leiden der Welt von ihrem babylonischen Sprachgewirr herrühren, das durch eine Einheitssprache von der Art des Esperanto aufgehoben werden könnte, kann ich mir die Heilung der kranken Menschheit von Schlammbädern, Kaltwasserkuren und Pflanzenkost erhoffen. Aber so wie mir ein weltweiter Universalismus ehrwürdig ist, der sich müht, die Klüfte zwischen Völkern und Individuen zu ignorieren und für den Esperanto nur ein unzulängliches, aber deswegen nicht gleich ein verächtliches Beispiel ist, so sehe ich in der Naturmedizin, an die mein Bekannter unter Einsatz seiner ganzen Persönlichkeit glaubte, ein Symptom jener Ehrfurcht vor der Natur, die den heutigen Gesellschaften so sehr vonnöten wäre. Das daraus ableitbare Prinzip der Achtung und Schonung der Natur ist mir davon geblieben und eine Facette meines Denkens geworden.

Ein anderer Freund von mir, der weniger durch eine ausgeklügelte als durch eine gelebte Philosophie auf mich gewirkt hat, war ein Ostjude mit Jiddisch als Muttersprache, in der er wunderbare Erzählungen und Gedichte schrieb. Von ihm lernte ich, welch ein kräftiges und gleichzeitig subtiles Ausdrucksmittel diese törichterweise von vielen für Jargon oder Kauderwelsch gehaltene Sprache ist, in der es auch eine bedeutende Literatur gibt. Als Zionist war er nach Palästina gegangen, als Sozialrevolutionär von den Engländern ins Gefängnis geworfen und dort von seinen arabischen Mitgefangenen zu einem Weltverständnis bekehrt worden, das sich mit den landläufigen Definitionen des Zionismus nicht mehr vertrug. Nach seiner Entlassung aus der Haft war er zuerst nach Paris und, als sich die politische Lage in Europa verschlechterte, nach Südamerika weitergewandert. In ihm bewundere ich den politischen Dichter, der es verstand, ohne Religion, ohne Nationalismus, nur auf Grund seines Engagements in diesen für die Juden düstersten Zeiten rebellischer Jude und schöpferischer Nonkonformist zu sein. Die unter Deutschen jüdischer und nichtjüdischer Abstammung verbreitete Verachtung für die angebliche ostjüdische Minderwertigkeit zerstob in seiner Gegenwart wie ein Schwaden verunreinigter Luft vor einem frischen Windstoß.

Die meisten Emigranten in Quito waren an philosophischen und schöngeistigen Dingen nicht mehr interessiert, als die Leute im allgemeinen eben sind. Zu meinem Glück lebten aber dort, als ich ihrer am meisten bedurfte, gleich zwei Intellektuelle, deren jeder wie ein Magnet die aufgewecktere Emigrantenjugend anzog und etwas wie ein Studienseminar um sich versammelte. Dabei waren sie grundverschieden und die wenigen jungen Leute, die wie ich bei beiden hospitierten, lernten zwei mögliche geistige Grundhaltungen in ihnen kennen. Der eine war der Typ des Forschers und Historikers. Allwöchentlich scharte sich ein Häuflein Beflissener um den Patriarchen, der uns dann, in herausfordernder Inkongruenz zu dem Leben, in das wir außerhalb seiner schützenden

Wände verwickelt waren, aber wohl gerade deswegen um so eindrucksvoller, sorgfältig vorbereitete, materialreiche kulturgeschichtliche Vorlesungen über das siebzehnte und achtzehnte Jahrhundert hielt. Seine umfangreiche Bibliothek, die mir viel später - aber das ist eine eigene Geschichte - ganz zugefallen ist, stand uns auch außerhalb der angesetzten Zusammenkünfte zur Verfügung, und einige von uns würdigte er auf seinen sonntäglichen Spaziergängen des Gesprächs.

Der andere, Verfasser geschichtsphilosophischer Spekulationen, war eher der Typus des vom Wissenskram unabhängigen Denkers und Dialektikers. Klassisch für den Verächter äußerlicher Mißhelligkeiten war seine Antwort auf die unvermeidliche, täglich neugestellte Frage an den Emigranten, was er denn »tue«. Mit der lakonischen Behauptung »Ich denke« schnitt er jede weitere Erörterung der ökonomischen Umstände seines Lebens ab. Auch bei ihm fanden wir uns periodisch zu Diskussionssitzungen ein. Jemand verlas irgendein kurzes thesenartiges Referat, sozusagen um den Ton anzugeben, und dann wurde mit allen Mitteln der Logik, der Ironie und der Kritik darüber hergezogen. Der Meister hörte sich die Debatte solange an, wie sie ihm fruchtbar zu sein schien, wenn sie sich aber verwirrte oder in haarspalterisches Wortgeplänkel ausartete, schaltete er sich ein und rückte den Gegenstand mit ein paar prägnanten Sätzen ins rechte Licht. Auf diese Weise habe ich beträchtliche Fortschritte im Verständnis Rilkes und der Tiefenpsychologie, Spenglers und des Marxismus gemacht. Man könnte die beiden Lehrer, die es ohne Gehalt und Bestallung waren, aus purer Lust an der Sache und aus Erbarmen mit der vernachlässigten Jugend, nach dem altbekannten Schema als Stoffhuber und Sinnhuber charakterisieren. Nicht das, sondern das hohe Niveau und die selbstlose Begeisterung, mit der sie es waren, hat uns so ungemein gefördert.

Solche und ähnliche Begegnungen hielten das Feuer des geistigen Widerstands gegen die Unerquicklichkeiten der Außenwelt in mir wach, und aus der Triade Belesenheit, Lust am Wort und unmittelbarer Lebenserfahrung bildete sich im Lauf der Jahre meine geistige Persönlichkeit. Sie erzeugte eine Distanz zwischen mir und der Mehrzahl der Emigranten, der einzigen Bezugsgruppe, die mir geblieben war, und führte meine Entfremdung auf eine letzte Steigerungsstufe. Eine wachsende Einsamkeit des Empfindens bestimmte lange Zeit mein Bewußtsein, artikulierte sich aber dafür in einer poetisch-literarischen Orientierung und verschaffte sich endlich in einem radikalen Umschwung Luft.

Die Krise brach als körperliche Krankheit aus, aber es gibt untrügliche Anzeichen dafür, daß auch das Gemüt beteiligt war, auf der instinktiven Suche nach einer Ausflucht von seinen Konflikten mit der Welt. Während der akuten Phase der Erkrankung schwebte ich lange Zeit zwischen Leben und Tod. Als sie abklang, wußte man, daß in vielen Jahren ungesunder Ernährung gewisse parasitäre Organismen den meinigen befallen hatten und daß diese tropischen Erreger an Ort und Stelle nicht bekämpft werden konnten. Ich mußte dazu nach New York, einem der anerkannten Zentren tropischer Medizin, oder ich bildete mir das wenigstens ein. Damals schien mir diese Notwendigkeit logisch und unausweichlich, heute vermute ich in meinen damaligen Reisewünschen die schlauen Winkelzüge meines Unterbewußtseins. Von meinem Gehalt als Angestellter der Compañia Bananera hatte ich mir genug zurückgelegt, um die Hinfahrt zu bestreiten und vielleicht noch die ersten Tage durchzustehen, der Rest mußte sich finden.

Die Erlangung des amerikanischen Visums stellte kein Problem dar, für Krankenzwecke konnte man jederzeit eines beantragen, die peinliche Frage, die der Konsul aufwarf, war bloß, wohin er es mir stempeln sollte, denn ich besaß ja kein gültiges Reisedokument mehr, nachdem mein reichsdeutscher Paß mit dem einst glänzenden, aber nun längst verblichenen roten »J« vor Jahren abgelaufen war. Verblichen war auch das Deutsche Reich selbst, eine diplomatische Vertretung in Ecuador hatte es nicht mehr, ebensowenig gab es eine österreichische, die einen neuen Paß hätte ausstellen können. Da ich inzwischen auch keine andere Staatsbürgerschaft erworben hatte, gab es nur das Hilfsmittel eines »Salvoconducto«, eines ecuadorianischen Reisepapiers für Staatenlose, das mir auf dem labyrinthischen Amtswege mit dem üblichen Spießrutenlaufen durch die verzwickten Zuständigkeiten endlich ausgefolgt wurde.

Es kam der spannende Moment, da stand ich halb verwilderter Hinterwäldler an der Pennsylvania Railroad Station, umbraust von Taxis, Autobussen und Privatwagen, die alle auf einen einzigen bedeutungslosen Punkt zuzurasen schienen, nämlich auf mich, der sich umstellt und fast erschlagen fühlte von den eine vertikale Landschaft bildenden Wolkenkratzern, denn von einer bedrohlichen Sache durch Hörensagen zu wissen ist eines, ihr leiblich und wirklich ausgesetzt zu sein etwas ganz anderes. Daß ich, der ich mich auf dem Chimborazo für weitaus geborgener gehalten hätte als in Manhattan, von dieser Stadt zuerst wie erdrückt und dann in allen Lebensgeistern angeregt war, möge man mir glauben, mir aber die Beschreibung meiner Eindrücke erlassen, da es mir im Augenblick um anderes geht. Ich begnüge mich mit den Feststellungen, daß ein scheuer, linkischer Fremdling selbst in New York nicht so leicht verloren geht, daß ich eine erträgliche Unterkunft fand, daß eine caritative Vereinigung mit ihrer Unterstützung gerade in dem Moment einsprang, als mir meine schwindsüchtige Börse die ihrige aufkündigte und daß ich in einer der riesigen und unpersönlichen, aber mit allen medizinischen Schikanen ausgestatteten Polikliniken beinahe kostenlos behandelt und in komplizierten Prozeduren von meinen Parasiten befreit wurde. Gegen Ende meines dreimonatigen Aufenthalts bewegte ich mich schon fast wie ein gewöhnlicher Tourist durch die Megalopolis, in der mich die verwahrlosten Slums und die Stromer der Bowery, New Yorks Sauf- und Jammerstraße, nicht weniger fesselten als die Kunstschätze des Metropolitan Museums und der eleganten Frick Gallery.

Ein amerikanisches Erlebnis muß ich aber doch besonders hervorheben. Ein Schulkamerad aus dem Wiener Gymnasium, mit dem ich in all der langen Zeit einen Briefwechsel aufrechterhalten hatte, war als Physiker in Boston tätig und lud mich ein, ihn von New York aus auf ein paar Tage zu besuchen. Stolz zeigte er mir die prächtigen Gebäude und gepflegten, mit schönen alten Bäumen bestandenen Parkanlagen seiner Alma Mater, der Harvard University, einer der fabelhaften Elite-Hochschulen des amerikanischen Ostens. Jeder unvoreingenommene Besucher ist von dem Campus einer großen amerikanischen Universität mit ihren vielfältigen Einrichtungen und ihrer landschaftlichen Weitläufigkeit beeindruckt, wie sehr war ich armer Schlucker es erst, der schon vor der abstrakten Idee einer Universität, dem unerreichbaren Mekka seiner Wünsche, in Ehrfurcht erstarb. Wie durch eine Traumwelt ließ ich mich führen und sah die Lehrsäle und die Kunstsammlungen, die Laboratorien und sogar die obligaten Glasblumen im Agassiz-Gebäude mit hochfliegenden Emotionen. Die Studenten jedoch, die sauberen Jungen und Mädchen, viele von ihnen jünger als ich, Bücher oder Tennisschläger unter dem Arm, auf dem Weg in die Klassen, in die Widener Library, die weltberühmte Forschungsbibliothek, oder zu den Sportplätzen, den »Yard«, den ummauerten Kern der Universität überquerend, sah ich mit jener Mischung aus brennendem Neid und selbstloser Heldenverehrung, die charakteristisch ist für die Zurückgebliebenen und Zukurzgekommenen. Wer mir in dieser Minute vorausgesagt hätte, daß ich in wenigen Jahren, versehen mit einem Doktorat, als Dozent in akademischen Amt und Würden an dieser selben Universität eine Lehrtätigkeit ausüben würde, den hätte ich einer psychiatrischen Behandlung für dringend bedürftig gehalten.

Es versteht sich von selbst, daß ich mit sehr leichtem Gepäck in die Vereinigten Staaten gereist war, das weitaus wichtigste Mitbringsel aber waren für mich meine Wiener Schulzeugnisse, die ich mir wie durch ein Wunder durch alle Wirren der Emigration gerettet hatte. Ich habe mich heute im Verdacht, daß ich zu dem alleinigen Zweck, diese Zeugnisse nach New York zu bringen, die ganze schwierige und aufwendige Reise inszeniert habe und daß die anderen Absichten, die ich verfolgte, einschließlich der doch bestimmt notwendigen Verarztung, nur Vorwände waren, beruhigende Auskünfte für die Welt, die für alles irgendwelche einleuchtenden Begründungen braucht. Um diese Behauptung verständlich zu machen, muß ich etwas zurückgreifen.

Im Rückblick mag es gerade die Trivialität einiger meiner Beschäftigungen sein, die amüsiert, die Ausgefallenheit und Härte mancher anderer, die fasziniert. Zur Zeit, als ich sie ausübte, war ich weniger belustigt und gefesselt als verbittert und verstört, zumal ich mir im geheimen statt all der verhaßten Jobs nichts sehnlicher wünschte als zu studieren. Als ich zwanzig wurde, zweiundzwanzig, schließlich vierundzwanzig, gesellte sich zu diesem vagen Wunsch eine furchtbare, wachsende Panik, daß ich über all diesem Weiterrutschen und Fortwursteln mein eigentliches Leben versäumen, daß es zu spät werden könnte, etwas aus mir zu machen, was ich selbst als bedeutend und richtig anerkennen konnte. Meine autodidaktische Vielleserei wurde mir selbst problematisch, ich begann einzusehen, daß ich den relativen Wert des Gelesenen nicht zu beurteilen wußte, daß meine Kenntnisse eher einem Sammelsurium von Unzusammenhängendem glichen als einem geordneten geistigen Besitz, kurz, ich begriff, daß mir die Disziplin eines geregelten Studiums unter kompetenter Anleitung fehlte. Meine Not wurde so dringend, daß ich eines Tages, ohne genau zu sehen, wie sich das Weitere in meiner ungastlichen Umwelt würde gestalten lassen, den ersten praktischen Schritt unternahm. Ich legte meine auf allen Kreuz- und Querfahrten aufbewahrten Schulzeugnisse zusammen, fügte spanische Übersetzungen bei und reichte beim ecuadorianischen Unterrichtsministerium, natürlich auf Stempelpapier und in der amtsüblichen Juristensprache, ein Gesuch um Erlaubnis ein, das Bachillerato, das südamerikanische Äquivalent des Abiturs, durch Prüfungen zu absolvieren. Ich bekam einen abschlägigen Bescheid: man werde mein Gesuch erst dann berücksichtigen, wenn meine Urkunden von einer zuständigen Behörde beglaubigt würden. Es war kurz nach Kriegsende, in Ecuador gab es derzeit, wie gesagt, weder eine deutsche noch eine österreichische Vertretung, und bei der spanischen Botschaft, die angeblich die Geschäfte dieser Länder betreute, wies man mich mit meinem ebenso trivialen wie unerfüllbaren Anliegen kurzerhand ab. Es blieb also alles beim Alten. Ich wußte aber, daß eine österreichische Vertretung in New York eröffnet worden war, und als ich mich selbst dahin aufmachte, war es bei mir beschlossene Sache, dort die Legalisierung meiner Zeugnisse zu betreiben.

Auf dem österreichischen Konsulat in New York wurde ich mit Zuvorkommenheit empfangen, was von der Behandlung, die ich sonst in Ämtern erfahren hatte, wohltuend abstach. Man stellte mir unverzüglich einen österreichischen

Paß aus, erließ mir wegen meiner Mittellosigkeit die Gebühren und schließlich bescheinigte man mir, daß meine Zeugnisse von einem anerkannten, immer noch in Wien existierenden Gymnasium stammten. Der ecuadorianische Konsul in New York wiederum mußte die Echtheit der Unterschrift des österreichischen Konsuls bestätigen, und alle diese Urkunden, Erklärungen und Namenszüge ließ ich mir von einem Notar beglaubigen. Es war ein verwickeltes Stück Arbeit, das mehrere Tage und Dollars beanspruchte, aber schließlich hatte ich alle Papiere, Übersetzungen, Unterschriften, Stempel etc. in einem hübschen Packen beisammen.

Meine Aufenthaltsbewilligung in den Vereinigten Staaten war nahezu abgelaufen, jemand schenkte mir einen »duffle bag«, einen groben von den amerikanischen Soldaten im Krieg gebrauchten Kanvassack, den stopfte ich mit meinen Habseligkeiten voll, kaufte mir für fünfundzwanzig Dollar eine Busfahrkarte nach Miami und fuhr um Mitternacht los, nun doch etwas besorgt, wie ich mit dem wenigen Geld, das mir geblieben war, die weite Strecke nach Ecuador zurücklegen würde. Ich war mehrere Wochen unterwegs, es war wieder einmal eine strapaziöse, sogar eine riskante Reise, aber sie führte ans Ziel, und zwar in mehr als einem Sinn.

Zunächst ließ sich alles noch recht fröhlich an. Bei Nacht schlief ich in den Bussen, bei Tag stieg ich aus und besichtigte die Orte, in denen wir eben angelangt waren, und obwohl ich mir auf diese Weise meine Stationen nur sehr bedingt aussuchen konnte, verbrachte ich immerhin einen Tag in Washington, wo ich die wichtigsten Sehenswürdigkeiten kennenlernte, einen Tag in Charleston, Südkarolina, einem Mittelpunkt der ehemaligen Plantagenkultur mit palastartigen Herrenhäusern und parkähnlichen Gärten, und einen in St. Augustine, einem floridianischen Kurort, der mit seinen Befestigungen noch

»Jemand schenkte mir einen ›duffle bag‹ . . .«

sehr an die ursprüngliche spanische Herrschaft erinnerte. Hier verdiente ich mir sogar durch spanisch-englisches Verdolmetschen eine Stadtrundfahrt. Und da ich unterwegs wenig aß, hielt ich es bis Miami aus, wo ich in leidlicher Verfassung, doch meines fahrenden Nachtquartiers beraubt, ausstieg. Nun mußte ich mit meinem Wenigen rigoros haushalten und beschloß daher, die warmen Nächte in den Parks zu verbringen. Ich hatte aber nicht damit gerechnet, daß ich ständig von der Polizei verscheucht werden würde, die einen weder auf den Bänken noch auf dem Rasen in Ruhe ließ. Die anderen Tippler und Bummler belästigten mich ebenfalls mit allerlei Zumutungen und unerfüllbaren Anträgen. Außerdem war es unersichtlich, wie ich auf diese Weise jemals von hier fortkommen sollte. Ich entschied mich daher schon am zweiten Tag, von einer Adresse Gebrauch zu machen, die ich mit mir führte, es war die eines wohltätigen jüdischen Frauenvereins, in dessen Büroräume ich mich sehr verlegen begab. Ob den braven Matronen, die dort Dienst taten, eine Vagabundenexistenz wie die meine Grauen einflößte? Sie ließen sich jedenfalls nichts merken, sondern beschränkten sich darauf, in einer Kartothek nachzusehen, ob ich ein notorischer, rückfälliger Mendikant sei, der alle zwei Monate um eine milde Gabe bei ihnen vorspräche, und nahmen mich, als ich mich als unbeschriebenes Blatt entpuppte, in ihre kundigen, amerikanischen Frauenhände. Ein Hotelzimmer wurde mir angewiesen und eine nun schon recht dringend gewordene Mahlzeit vorgesetzt. Der größte Dienst, den mir die menschenfreundlichen Damen geleistet haben, war aber die Beschaffung eines Platzes auf einem Frachtflugzeug, das mich von Miami nach Barranquilla an der kolumbianischen Nordküste brachte. Wie ich sonst jemals über das karibische Meer gekommen wäre und wo ich ohne diese Hilfe heute säße, weiß ich nicht, jedenfalls nicht im Deutschen Literaturarchiv von Marbach am Neckar, wo ich dieses niederschreibe.

Auch für Barranquilla hatte ich eine Adresse, die des jüdischen Hilfsvereins. Lange irrte ich mit meinem grobleinenen Sack auf der Schulter durch die Vororte, bis ich das Haus fand. Dieser Kontakt erwies sich aber als Versager. Der Vorsteher der Organisation war im Hauptberuf Bäcker, ich traf ihn an, wie er vornübergebeugt, die Ärmel bis zu den Ellenbogen aufgerollt, in einem Trog Teig knetete, eine Tätigkeit, während welcher er meine Geschichte mit ablehnender Miene anhörte, ungerührt von meinen Beteuerungen, daß ich keine finanzielle Unterstützung, sondern bloß Rat suchte, wie man billig auf dem Landweg nach Ecuador kommen könne. Ecuador sei sehr fern, entgegnete der Mann, ganz Kolumbien liege noch dazwischen (was ich natürlich sehr wohl wußte), im übrigen habe er, wie ich sehen könne, einen anstrengenden Beruf, der es ihm nicht erlaube, sich mit solchen geographischen Fragen abzugeben. Er nannte mir ein Café in der Innenstadt, wo die reichen Juden ihren Nachmittagskaffee einnähmen, die möge ich fragen. Damit war ich entlassen. In Ermangelung genialer Einfälle wanderte ich wirklich zu dem Kaffeehaus, aber es war voll von Menschen und ich fühlte mich wieder einmal außerstande, zwischen Juden und Nichtjuden zu unterscheiden. Zudem wäre es mir furchtbar albern vorgekommen, in eine Gaststätte zu dringen und wildfremde Leute, ganz gleich welcher Religion, um den Landweg nach Ecuador zu fragen. Unschlüssig wanderte ich weiter.

Da erspähte ich einen verbreiteten sephardisch-jüdischen Namen auf einem Firmenschild. Ich trat in das Geschäft, nach jedem Strohhalm haschend, der dahergeschwommen kam, und präsentierte dem Besitzer mein nun schon routiniertes Sprüchlein. Er bekannte, Mitglied der sephardischen Gemeinde zu sein, die aber mit der aschkenasischen, der ich meiner Geburt nach zuzurechnen sei, in Uneinigkeit lebe. Er werde mich daher zwar an die rechte Stelle bringen, dann müsse er mich aber meinem Schicksal überlassen. Wenigstens brauchte ich nicht zu Fuß weiter zu marschieren, wir stiegen in seinen Wagen und fuhren bis zu einer Ecke, von wo aus er mir in einiger Entfernung das Geschäft des aschkenasischen Gemeindevorstehers zeigte. Jetzt mußte ich einen neuen Anlauf nehmen, es wiederholte sich die bereits eingespielte Szene, und ich war heilfroh, als mich mein Gegenüber am Ende meiner Rede nicht fortschickte, sondern sich bloß nachdenklich am Kopf kratzte. Nein, vom Landweg wisse er nichts, wer von hier nach dem Süden wolle, nach Cali zum

Beispiel, der flöge seines Wissens mit dem Flugzeug, aber er wolle sich erkundigen, jetzt sei es Abend, ich solle die Nacht in einer billigen Herberge, die er mir beschrieb, verbringen, morgen werde man weitersehen. Entmutigt wandte ich mich zum Ausgang, ich hatte keine Wahl, als diesen Rat zu befolgen.

Zwischen Tür und Angel durchzuckte mich ein Geistesblitz. Aus dem Unbewußten hochgestiegen, kam mir die Erinnerung, daß ich in Wien einen älteren Freund namens Paul Rosenzweig gehabt hatte, der in der kritischen Zeit nach Kolumbien ausgewandert sein sollte. Meine Eltern waren mit der Familie dieses Paul, eines Medizinstudenten, befreundet, und mein Vater hatte ihn mir eine Zeitlang zum Hauslehrer gegeben, weniger weil ich seiner Hilfe bedurft hätte, als weil er dem jungen Menschen einen kleinen Nebenverdienst zuschanzen wollte. In meiner Bedrängnis drehte ich mich jetzt noch einmal nach dem Geschäftsmann um und fragte ihn, im Grunde ohne Glauben und Hoffnung, ob ihm ein Paul Rosenzweig in Kolumbien bekannt sei. Zu meinem freudigen Schrecken erklärte er mir, daß er einen Paul Rosenzweig aus Wien kenne, der jetzt Pablo Rode heiße und ein Hotel in Cartagena habe, hoffentlich sei es derselbe, den ich meinte.

Ein Lichtstrahl in der Dunkelheit! Besonders das Wort »Hotel« hatte begreiflicherweise eine elektrisierende Wirkung auf mich. Ich ließ alle anderen Erwägungen fahren, mit eiligen Danksagungen verließ ich das Lokal und bestieg am nächsten Halteplatz einen Bus nach dem nur wenige Stunden entfernten Cartagena, alles auf diese Karte setzend. Unterwegs war ich in besserer Stimmung als seit langem und unterhielt die ungläubigen Passagiere, simples kolumbianisches Landvolk, mit Berichten über die Wunder New Yorks, die ich noch vor einer Woche mit eigenen Augen gesehen haben wollte. Erst als wir nach Mitternacht in Cartagena einfuhren und ich mir die Verlegenheiten der Ankunft und die Schwierigkeiten des Wiedererkennens ausmalte, sank mein Mut etwas. Der erste Empfang schien meinen Befürchtungen recht zu geben. Schon von weitem winkte mir der Nachtportier mit unmißverständlichen Gesten ab, alle Zimmer seien besetzt, ich solle es anderswo versuchen. Aber ich war schon zu weit gegangen, um mich jetzt noch abweisen zu lassen. Ich fragte nach Don Pablo. Der liege krank im Hospital! Mein Herz sank um zwei weitere Stockwerke. Was nun? Eine letzte, allerletzte Chance: Paul hatte eine Schwester gehabt, Franziska. Wie es mit der Schwester stünde, Doña Francisca, ob sie hier sei? Ja, die Schwester sei wohl hier. (Erleichtertes Aufatmen: also wenigstens handelte es sich um die richtigen Leute, und, gottlob, manche Familien blieben selbst in diesen turbulenten Zeiten beisammen!) So möge er die Schwester rufen. Aber die schlafe doch oben in ihrem Zimmer, schließlich sei es ein Uhr morgens! (In einem solchen Moment verloren die gewöhnlichen bürgerlichen Rücksichten ihre Gültigkeit.) So müsse sie eben aufgeweckt werden. Zögernd, aber sich meiner Bestimmtheit fügend verschwand der Portier um den nächsten Treppenabsatz. Es folgten für mich bange Minuten. Ich hatte Pauls Schwester Franziska das letzte Mal gesehen, als ich fünfzehn war, mit der diesem Alter eigenen Schwärmerei hatte ich das hübsche, damals achtzehn- oder neunzehnjährige Mädchen aus der Ferne bewundert wie ein ätherisches, unnahbares Wesen. Hatte sie mich überhaupt bemerkt, wußte sie von meiner Existenz? Was sollte ich jetzt zu ihr sagen, wo wir beide zehn Jahre älter waren und sich so vieles ereignet hatte, wie mich ihr erkennen geben? Wort für Wort legte ich mir die Sätze zurecht, so wirkungsvoll wie nur möglich, mit denen ich sie überreden, mein nächtliches Eindringen entschuldigen wollte. Da kamen sie auch schon die Treppe herunter, eine etwas verschlafene junge Dame im Kimono, die mich ohne jede Begeisterung musterte, und hinter ihr der Hotelangestellte, mit unverhohlener Neugier die kommende Szene erwartend. Ich holte tief Atem und begann, sobald sie auf der unteren Stufe angelangt war, meine zurechtgelegte Ansprache, die mit den wenig sensationellen Worten anfing: »Ich bin Egon Schwarz . . .«

Weiter kam ich nicht. Sie ergriff meine beiden Hände, sie wußte alles, erinnerte sich an alles. Die Leiden der Reise hatten ein Ende. Ich wurde sogleich im Hotel einquartiert und eine ganze Woche in Cartagena, einer alten spanischen Stadt kolonialen Charakters festgehalten. Paul kam aus dem Hospital nach Hause, es wurde Wiedersehen gefeiert, ich wurde nach meinen Eltern, nach unseren Umständen und Erlebnissen ausgefragt. Man zeigte mir die Sehenswürdigkeiten der Stadt. Ich badete im Meer. Aus einem Landstreicher hatte ich mich plötzlich in einen Urlauber verwandelt. In diese Tage fiel mein sechsundzwanzigster Geburtstag. Als ich zum Frühstück kam, war der Tisch geschmückt und als Geschenk, mit einem bunten Bändchen umwunden, lag die spanische Fassung von Aldous Huxleys Roman *Point, Counterpoint* da. Woher man das wußte? Ich hatte meinen kostbaren neuerworbenen österreichischen Paß Franziska zum Aufbewahren in der feuerfesten Kasse des Hotels gegeben und sie hatte eben ein bißchen darin geblättert. Beim Abschied bestand man darauf, mir meine jämmerlichen paar Dollars in kolumbianische Währung umzuwechseln, und händigte mir ein ganzes Bündel von Scheinen aus. Auf mein Erstaunen, meinen Protest erwiderte man mir, es stimme schon, dies sei der offizielle Wechselkurs, zumindest in diesem Hotel sei er es, und dabei blieb es. So war ich meine finanziellen Sorgen los, die Reise konnte weitergehen, denn auch über die Route wußte man hier Bescheid. Ich war noch lange unterwegs, die Schlaucherei war bei der von meinen Finanzen immer noch diktierten Art der Fortbewegung groß, aber die quälende Ungewißheit war beseitigt, jetzt war bloß noch Geduld erforderlich. Nach vielen langen Tagereisen, auf denen nur kurze Strecken bewältigt wurden, mit Bus, Bahn und Lastwagen, auf schlechten Straßen und mit Nachtrasten in elenden Unterkünften, über die Orte Cali, Popayan und Pasto überschritt ich endlich die Grenze, rollte über das ecuadorianische Hochland weiter südwärts: Tulcan, Ibarra, Otavalo, Quito. Die Beglaubigung meiner Schulzeugnisse hatte mich etwas gekostet, aber ich war angelangt.

Dieses Abenteuer war das letzte meiner Pikaro-Existenz, ein Wendepunkt auf meinem Lebensweg, der von nun an ein »Weg zurück« wurde. Jetzt konnte ich mein Gesuch mit besseren Unterlagen erneuern, es wurde angenommen, und ich zog nach Cuenca, wo meine Eltern wohnten, einer abseits der Hauptverkehrslinien gelegenen Provinzhauptstadt stark kolonialer Prägung von der Art Sucres und Cochabambas, wie ich sie schon so gut kannte. Hier befand sich das Colegio »Benigno Malo«, in dem ich das Abitur ablegen, und eine der vier oder fünf ecuadorianischen Universitäten, wo ich nach bestandener Prüfung mein akademisches Studium beginnen wollte. Ich hatte einen ganzen Sommer, um die Gegenstände vorzubereiten, auf denen laut Ministerialbescheid der Nachdruck der Prüfungen liegen würde: Spanische Sprache und Literatur, ecuadorianische Literatur, Geschichte Südamerikas unter besonderer Berücksichtigung der ecuadorianischen, Geographie und politische Einteilung Ecuadors. Was in sechs Jahren Colegio, vom zwölften bis zum achtzehnten Lebensjahr, in diesen Fächern durchgenommen wird, macht einen beträchtlichen Stoff aus, aber ich war wie der Diener im Märchen, der, von den Gewichten an seinen Beinen befreit, nun unaufhaltsam vorwärtsschnellt. Ich hatte lange nichts mehr systematisch studiert, mir machte die Aufgabe Spaß und ich unterzog mich ihr mit großem Eifer. Die schriftlichen und mündlichen Prüfungen fanden statt, ich bestand sie ohne Schwierigkeiten, man überreichte mir eine Urkunde, der zufolge ich berechtigt war, den Titel eines »Bachiller en Humanidades Modernas« zu tragen. Jetzt hatte ich meine »Matura«, der Riß von 1938 war zugewachsen. Mit meinem neuen Diplom in Händen schrieb ich mich an der Universität Cuenca in der »Facultad de Jurisprudencia y Ciencias Sociales« ein, als Student der Rechts- und Sozialwissenschaften. Zu diesem Zeitpunkt wußte ich ziemlich genau, was ich wollte, wenn ich gleich keineswegs sicher war, daß es sich durchführen ließ. Der Vorteil meines für einen Studienbeginn immerhin ziemlich vorgeschrittenen Alters bestand darin, daß ich Zeit genug gehabt hatte, meine Talente zu erkunden und meine Interessen zu definieren. Daran, daß ich zu Philologie und Literaturgeschichte neigte, konnte kein Zweifel sein, am liebsten hätte ich mich an einer »Facultad de Filosofía y Letras« immatrikuliert, aber in Cuenca, wo ich meiner Eltern und unserer Finanzen wegen studieren mußte, gab es nur drei Fachbereiche, Ingenieurwesen, Medizin und eben Jus. Die Studenten selbst hielten nicht viel von ihrer Universität, sie nannten die Juristen »ladrones«, Diebe, die Mediziner »carniceros«, Metzger, und die Ingenieure »albañiles«, Maurer. Ich wählte also unter drei Übeln das von meinem Gesichtspunkt geringste. Dieser Zwang bereitete mir jedoch keinen Gram, ich hatte ja nicht vor, Rechtsanwalt zu werden, nicht nur wußte ich, daß diesen Beruf nur ausüben konnte, wer enge familiäre und politische Beziehungen im Lande besaß, sondern mir hätte selbst ohne diese Hindernisse vor der bloßen Möglichkeit einer solchen Tätigkeit gegraut. Mir kam es hauptsächlich auf den Anfang an, ich wollte mein juristisches Studium nur als Sprungbrett benutzen, um irgendwo anders eine meinen wirklichen Wünschen besser entsprechende Ausbildung zu erwerben.

Darum war ich auch nicht übermäßig enttäuscht, als sich der Lehrbetrieb an der Universität Cuenca als Posse oder, wenn man an die verratenen Studenten denkt, als Tragikomödie entpuppte. Alle Fächer waren vorgeschrieben, der Student konnte nicht einen Gegenstand, nicht einen Lehrer selbst wählen. Unsere Professoren waren praktizierende Advokaten in der Stadt, ihre schlechtbezahlten Dozenturen behandelten sie als untergeordnete Nebenbeschäftigung, auf die sie so wenig Zeit und Energie wie möglich verschwendeten. Aus vergilbten, zerfallenden Blättern, wahrscheinlich ihren eigenen, aus der Jugend stammenden Kollegheften, lasen sie Lektionen vor, so daß der Eindruck einer zeitlosen, unveränderlichen Materie entstand, die die Studenten eifrig mitschrieben. Hier konnte man wirklich sagen, daß die Aufzeichnungen aus den Notizbüchern der Professoren unverändert in diejenigen der Studenten übergingen, ohne die Gehirne der Beteiligten auch nur zu berühren. Textbücher wurden nicht verwendet, die meisten Studenten betraten während ihrer Studienjahre die Bibliothek nicht und lasen auch sonst keine Bücher. Nach den »Vorlesungen« (das waren sie hier im engsten Wortsinn) eilte ich nach Hause und schrieb meine Notizen ins Reine, womit ich mir alles für die Examina über das Bürgerliche Gesetzbuch, ecuadorianisches Staatsrecht, klassische Nationalökonomie etc. »aneignete«.

Aus dem Rahmen fielen nur zwei Vorlesungen, die das Gemeinsame hatten, unter einem harmlosen oder undurchsichtigen Namen ein ganz eigenes Anliegen zu verfolgen. Die eine nannte sich »Territorialrecht« und bezweckte, die Studenten mit den Übergriffen vertraut zu machen, die sich das Nachbarland Perú im Laufe der Geschichte an Ecuador hatte zuschulden kommen lassen. An Perú blieb dabei kein gutes

Haar, seine Gebietserwerbungen wurden als brutale oder intrigante Räubereien, seine Annäherungen und Konzessionen als Heucheleien entlarvt, während Ecuador als selbstloses, lammfrommes Opfer hingestellt wurde. Ich kann die Berechtigung dieser Thesen weder bejahen noch leugnen, schon deswegen nicht, weil es nie zu einem regelrechten Unterricht kam; der Professor war dem Becher leidenschaftlicher zugetan als der Wissenschaft und ließ vier Fünftel der Stunden ausfallen. Emotional war ich an der Sache nicht beteiligt, denn wie die Dinge standen, schien es mir für die wenigen Menschen in den fraglichen Territorien, vor allem jenseits der Anden im Amazonasbecken, gleichgültig, ob sie von einer peruanischen oder ecuadorianischen Verwaltung vernachlässigt wurden. Da aber Ecuador das kleinere, schwächere der beiden Länder ist und tatsächlich viel ecuadorianisches Gebiet von Perú übernommen wurde, neige ich dazu, diese Darstellung für im Prinzip richtig zu halten. Das Kuriose war, daß ein solcher Gegenstand zum offiziellen, obligatorischen Lehrplan gehörte.

Der andere untypische Kursus wurde von einem feurigen, rhetorisch wirkungsvollen Dozenten, dem jüngsten und begabtesten der Fakultät, abgehalten. Hinter seinem Titel »Internationales Recht« verbarg sich ebenfalls eine politische Intention, denn nach den einleitenden Vorlesungen über die Entstehung internationaler Körperschaften und die Organisation der eben gegründeten ONU wurde der Rest des Jahres den skandalösen Einmischungen und Beutezügen der Vereinigten Staaten in Südamerika gewidmet, von der Doktrin Monroes bis zur Anzettelung des panamaischen Aufstands gegen Kolumbien als Vorbereitung für den Bau des Panama-Kanals, von der Gängelung Kubas nach dem spanisch-amerikanischen Krieg bis zur Bevormundung der zentralamerikanischen Staaten und Mexikos. Die Kombination von minutiöser

Dokumentierung, funkelnder Ironie und gekränkter Rechtschaffenheit, deren sich der Redner bediente, brachte eine brisante Wirkung hervor. Die Studenten gerieten in Rage, ihr tiefsitzendes Ressentiment gegen den übermächtigen, profitgierigen und arroganten Koloß im Norden brach wild hervor und riß die Menge hin. Auf diese Weise erlebte ich sozusagen vor meinen Augen die Radikalisierung der südamerikanischen Akademiker, von der man so viel liest. Trotz des demagogischen Einschlags und der Tendenz, sozio-ökonomische Probleme auf die nationale Ebene zu verschieben, war dies die einzige Vorlesung von Erkenntniswert, die ich in Cuenca gehört habe.

Überdies fand der latente Hang zum Radikalismus, der viel mit der Unfähigkeit des Landes, ausgebildeten Akademikern entsprechende Tätigkeiten zu eröffnen, zu tun hatte, in der Studentenschaft auch andere Ausdrucksformen. An irgendeiner der größeren Universitäten, wenn ich mich recht erinnere in Guayaquil, war wegen wirklicher oder eingebildeter Unrechtmäßigkeiten Streik ausgebrochen, und die Studenten der übrigen Hochschulen hatten sich solidarisch erklärt. Was eben noch eine träge, gleichgültige Herde gewesen war, von nichts Schlimmerem als einer gähnenden Langeweile geplagt, verwandelte sich in einen aufgeregten Haufen. Plötzlich waren wie auf Bestellung Führergestalten vorhanden, hitzige Versammlungen wurden abgehalten, zündende Reden geschwungen, vorher nicht bemerkte oder nicht der Rede wert befundene Mängel am Lehrkörper, am Lehrplan, an der Verwaltung, in der Regierung, von denen es weißgott unzählige gab, wurden angeprangert, dem Rektor eine lange Liste von unabdingbaren Forderungen überreicht. Da er sie nicht erfüllte und nicht erfüllen konnte, wurde das Universitätsgebäude – es gab nur ein einziges – von ein paar Studenten besetzt, der Rektor und die Dekane, die Professoren und die übrige Studentenschaft, die Kuratoren, Bibliothekare, Sekretäre und Pedellen ausgesperrt, und wir hatten unseren eigenen Streik, der wochenlang dauerte. Den in der Universität Eingeschlossenen brachte man täglich Essen in einem Korb, der an einem Strick hinaufgezogen wurde, wir anderen trafen uns außerhalb, diskutierten die Übel der Welt, sandten freundschaftliche Botschaften an die Studenten der anderen Hochschulen in Quito, Guayaquil und Loja, und herausfordernde an den Unterrichtsminister, unter der Bevölkerung verteilten wir aufklärende Pamphlete, bis der Elan nachließ und schließlich verrauchte, weil auf all das absolut nichts geschah.

Ich möchte eine Episode unter Hunderten von grotesken Szenen herausgreifen, obschon sie an und für sich völlig belanglos war, für mich jedoch immer etwas Bedeutsames gehabt hat; ja sie ist mir zu einem Symbol für ganze Aspekte Lateinamerikas geworden. Als eine unserer Streikaktionen war ein Besuch der Nachbaruniversität Loja geplant worden. Wir »organisierten« einen alten Lastwagen und setzten uns in Bewegung. Zur größeren Unabhängigkeit von den äußerst seltenen und unzuverlässigen Pumpen führten wir unser eigenes Benzin in einem offenen Faß mit, das einträchtig neben den lärmenden, singenden, rauchenden Studenten auf der hinteren Plattform stand. Auf einmal warf einer der Kommilitonen, der sich eine Zigarette angezündet hatte, das noch brennende Streichholz achtlos mitten ins Benzin. Schreckengelähmt starrte ich in die schwappende Flüssigkeit, auf deren Oberfläche das Stümpfchen unbegreiflicherweise ohne Schaden verglomm. Ebensogut hätte das Fahrzeug mit uns allen in die Luft fliegen können. Zornig stellte ich den fahrlässigen Studenten zur Rede, der mir nur gutmütig den Arm um die Schulter legte und mich mit gemachtem Staunen entwaffnend fragte: »Ja bist du denn abergläubisch, Gringuito?«

Irgendwie wurde endlich der Streik beigelegt, das Gebäude wieder freigegeben, ohne daß sich das Geringste an dem früheren Zustand geändert hätte. Ich glaube aber nicht, daß jemand durch den Streik benachteiligt oder beeinträchtigt wurde, die Dozenten und Angestellten der Universität bekamen Ferien von ihrer offenkundig wenig geliebten Beschäftigung, den Führern der Bewegung bot sich Gelegenheit, die Massen zu lenken und zu beherrschen, die Studenten fühlten sich von der Routine erlöst, von den unvorschriftsmäßigen Ereignissen prickelnd angeregt und an den Höhepunkten vom Gemeinschaftserlebnis berauscht. Die Presse hatte etwas zu berichten, der Unterrichtsminister und einige Regierungsmitglieder waren in aller Munde, sie mußten reisen und verhandeln und am Ende konnten sie für sich in Anspruch nehmen, den Konflikt geschlichtet zu haben. Mit dieser ein wenig frivolen Analyse will ich aber nicht sagen, daß ein solcher Aufruhr auf lange Sicht nicht doch etwas zur Veränderung des Bewußtseins und zur Verbesserung der Zustände an den ecuadorianischen Hochschulen beitragen konnte, oder gar, daß Proteste des Sinns und der Würde entbehren, wenn sie nichts fruchten, sondern nur, daß ich als Nichtecuadorianer und Außenseiter die Universität eher von der komischen Seite erlebte, egal ob nun gerade die Szene »Streik« oder die Szene »Semester« aufgeführt wurde. Da ich ja im Gegensatz zu den anderen wirklich studieren wollte, mußte ich mich darum kümmern, daß ich an eine bessere Universität kam, wo mein Interessengebiet auf hohem Niveau vertreten war.

Zu diesem Zweck entfaltete ich eine weitläufige Tätigkeit, die viel Umsicht und Mühe erforderte. Ich machte Abschriften meiner Zeugnisse und meines Diploms, ich fügte eine Liste mit den Vorlesungen bei, die ich belegt hatte, sammelte meine Dichtungen, Essays und Übersetzungen (ich hatte zum Beispiel Rilke ins Spanische übertragen), die inzwischen an verschiedenen Stellen erschienen waren und setzte einen langen Bewerbungsbrief auf. Das Ganze schickte ich in alle Welt, an Dutzende Institute, einschließlich mehrerer europäischer, aber in der Hauptsache doch an amerikanische Universitäten, deren Adressen ich einem in der Bibliothek vorhandenen Nachschlagewerk entnahm und wo ich alles in allem, so kurz nach dem Krieg, die besten Aussichten zu haben glaubte. Wenn man bedenkt, daß es damals noch keine phototechnische Reproduktion gab, kann man sich ausrechnen, wieviele Stunden ich täglich damit verbrachte, jede einzelne Unterlage auf der Schreibmaschine neu abzutippen und wieviel Privatunterricht ich erteilen mußte, um für all das Porto dieser Sendungen aufzukommen. Das Ergebnis war im Vergleich zu diesem Aufwand entmutigend. Manche der Angeschriebenen anworteten überhaupt nicht. Mein Gesuch und die Lebensgeschichte, die sich indirekt darin spiegelte, muß sehr eigentümlich gewirkt haben und dem Durchschnittsbeamten in der Registratur einer Universität unverständlich geblieben sein. Wie ich später erfuhr, waren Bewerber aus Südamerika von vornherein suspekt (was heißt, daß ich für mein Schicksal auch noch bestraft wurde). Ebensowenig konnte ich ahnen, daß mich gerade die eingeschickten Gedichte, die ich naiverweise für einen besonderen Beweis meiner Befähigung zu einem Philologiestudium hielt, automatisch zu einem unsoliden Bewerber stempelten. Wie sollte ich in meiner Unerfahrenheit damals schon wissen, daß zünftige Philologen und Literaturwissenschaftler nichts schlimmer fürchten als das Schöpferische und Poetische. In Südamerika war es ja anders, da mußte jeder ein »Poeta« sein, der etwas auf sich hielt, je extravaganter und grandioser seine Rhetorik, um so besser.

Einige Universitäten wären willig gewesen, mich probeweise zu einer Aufnahmeprüfung zuzulassen. Aber mit der Aufnahme allein wäre mir gar nicht gedient gewesen, ich war ja völlig mittellos und brauchte eine finanzielle Unterstützung, sei es in der Form einer Hilfsassistentstelle oder eines Stipendiums, die mir als blutigem Anfänger und unausgewiesenem Fremden, wie mir heute klar ist, unerreichbar waren. Wenn ich jetzt, aus meiner Kenntnis der akademischen Bürokratie heraus, an meine damaligen Hoffnungen denke, dann graut mir noch im Nachhinein vor ihrer Aussichtslosigkeit. Es vergingen die Wochen und Monate mit meinen immer flehentlicher werdenden Bewerbungen und den stummen oder expliziten Absagen, die darauf erfolgten. So ging auch das Studienjahr an der Universität Cuenca zu Ende. Ich hatte gefürchtet, daß mich der Streik um die nötigen Scheine bringen könnte, aber die Schlußprüfungen wurden planmäßig abgehalten, ich bestand sie mit Leichtigkeit und habe später, als ich bereits außer Landes war, noch einen Preis als der beste Student meines Jahrgangs nachgeschickt bekommen. Einstweilen aber saß ich da, von einer brütenden Schwermut befallen, weil ich nicht mehr an die Erfüllung meiner Wünsche, an die Erlösung aus meiner bisherigen, unhaltbar gewordenen Existenzform glauben konnte.

Unter all den negativen Antworten, die ich bekommen hatte, war eine einzige ermutigende gewesen, vom Leiter der germanistischen Abteilung einer großen amerikanischen Staatsuniversität in Ohio, einem Professor Bernhard Blume. Er schrieb mir, daß ihn meine Bewerbung interessiere, gab zu, daß wegen meiner unorthodoxen Ausbildung gewisse bürokratische Hindernisse beständen, versicherte aber, daß er sich bemühe, sie aus dem Wege zu räumen und mir eine finanzielle Hilfsquelle aufzumachen. Dieser Brief versetzte mich in Begeisterung. Als aber Monate hingingen, ohne daß sich etwas regte, und als ich auf weitere Anfragen nur kurzen, vertröstenden Bescheid bekam, verfiel ich wieder in meine Gott und die Menschheit verklagende Melancholie.

In einer denkwürdigen Sekunde, die ich im Nachsinnen über mein Schicksal noch oft wiedererlebt habe, änderte sich jedoch die Welt mit einem Schlag. Nichtsahnend öffnete ich, wie jeden Tag, das Postfach. In dem metallenen Geviert lag – ich sehe ihn noch deutlich vor mir – ein einziger Brief aus USA. Der Absender war ein mir völlig unbekanntes Otterbein College. In erregter Vorahnung brauchte ich eine ganze Weile, um den Umschlag zu entfernen. Das Schreiben enthielt ein Stellenangebot. Zu einem Jahresgehalt von zweitausend Dollar, für mich damals eine Unsumme, sollte ich in der Fremdsprachenabteilung so und so viele Stunden täglich Deutschunterricht erteilen. Man wisse, hieß es weiter, daß ich vorhätte, meine eigenen akademischen Studien zu betreiben und habe daher alle Lehrverpflichtungen auf die Vormittage gelegt. Otterbein College, in Westerville, Ohio gelegen, sei nur achtzehn Meilen von Columbus, dem Sitz der Ohio State University entfernt, bequem mit dem Greyhound-Bus zu erreichen.

Diesen plötzlichen Umschwung in meinen Glücksumständen verdanke ich Bernhard Blume. Unter welch ungewöhnlichen Bedingungen er mir die Wege geebnet hat, konnte ich erst viel später gebührend erfassen. Etwas an meinem unkundigen Bewerbungsschreiben muß ihn berührt haben, denn er hat für mich eine Assistentenstelle beantragt und mich, selbst nachdem die Ernennung an meiner unzureichenden Vorbildung gescheitert war, weiter im Auge behalten. Als man sich nun vom Otterbein College mit der Bitte an ihn, den Leiter des weithin größten germanistischen Instituts, wandte, einen Halbtags-Deutschlehrer zu empfehlen, schlug er mich vor, einen völlig Unbekannten, der Tausende Kilometer weit in einer Indianerrepublik saß, statt einen seiner eigenen Doktoranden, die in den damaligen schlechten Zeiten nervös auf Arbeitsmöglichkeiten warteten. Ich will meinen Kollegen nicht nahetreten, aber ich vermute, was ihn zu dieser Handlungsweise befähigte, war der Umstand, daß er nicht von Haus aus Akademiker gewesen ist, sondern ein Künstler, der das Ausgefallene und Riskante liebte. Bernhard Blume hatte seine Laufbahn als Schriftsteller in Deutschland begonnen, als erfolgreicher Romancier und Dramatiker, der aus Widerwillen nicht allein vor Hitler, sondern ebensosehr vor der Reaktion seiner Landsleute auf den Nationalsozialismus Deutschland den Rücken gekehrt hat. Ihn habe, sagte er mir einmal, das Wörtchen »eigentlich« aus der Heimat vertrieben. Auf die Frage, was sie denn von Hitler hielten und ob sie gedächten, sich dieses Regime gefallen zu lassen, hätten seine Freunde nämlich geantwortet, »eigentlich« seien die Zustände unzumutbar, aber sie hätten Rücksicht zu nehmen auf ihre Karrieren, ihre Positionen, ihre Einkünfte, ihre Familien, und da könnten sie weder auswandern noch groß opponieren. In Amerika mußte Blume umsatteln – denn was soll ein deutscher Stückeschreiber in einem englischsprechenden Land? – und obgleich er manchmal spöttisch-bedauernd anmerkte, daß er aus Kürschners Künstlerkalender in Kürschners Gelehrtenkalender hinübergewechselt sei, hat ihm die Profession durch vielerlei Ehrungen bescheinigt, daß er auch auf dem neuen Wirkungsgebiet als Lehrer und Forscher Hervorragendes geleistet hat. Ich kann und will nicht leugnen, daß ich zu seinen Gunsten voreingenommen bin. Nichtsdestoweniger traue ich mir zu viel Umsicht, Erfahrung und Objektivität zu, als daß ich einem Menschen, bloß wegen der Wohltaten, für die ich ihm Dank schulde, nur gute Eigenschaften andichten sollte. Im Gegenteil, es ist ja leider eine alte psychologische Erfahrung, daß man Leuten gegenüber, denen man Dank schuldet, besonders kritisch ist. Ich bin ein paar Jahrzehnte lang mit Bernhard Blume umgegangen und habe in ihm den geistig unbestechlichsten und doch gütigsten, den souveränsten und dennoch bescheidensten Menschen bewundern gelernt.

Die beiden schwierigsten Probleme, das des Studiums und das des Lebensunterhalts, waren nun gelöst, und es blieb nur noch die Sorge um die Finanzierung meiner Reise. Aber auch sie wurde mir auf menschlich schöne Weise abgenommen. Durch die Vermittlung meines Harvarder Freundes schickte mir ein Wiener Physiker die erforderliche Summe, mit der Bedingung, sie zurückzuzahlen, »sobald es mir besser ginge als ihm«, die ich so abänderte: »sobald ich es ohne allzu großes Opfer könne«.

Man hatte sich angeschnallt, die Stewardeß ihr Sprüchlein hergesagt, die Maschine rollte an, erhob sich in die Lüfte. Südamerika lag unter mir. Heftig widerstreitende Gefühle bestürmten mich. Wie hätte ich auch die Trennung von dem phantastischen Kontinent, wo ich die zehn bedeutsamsten Jahre meiner Jugend in einem Reigen von Abenteuern verlebt hatte, gleichgültig hinnehmen sollen? Trauer und Freude, Schmerz und Zuversicht ließen mich zu keiner eindeutigen Empfindung gelangen. Um den inneren Konflikt zu beruhigen, schloß ich die Augen und sagte mir: »Du hast dein Leben geändert.«

Auch aus der heutigen Sicht ist es nicht abzustreiten, daß ich ein Recht auf diesen Gedanken hatte, daß ich viel eigene Initiative entwickeln mußte, daß ich Jahre hindurch, unter überwältigend ungünstigen Bedingungen und gegen jede Wahrscheinlichkeit des Gelingens zäh an einem Plan festgehalten, keine Mühe und keine Arbeit zu seiner Förderung gescheut habe. Damit scheint sich auch die Frage nach dem menschlichen Willen, nach der Mitwirkung der Person am eigenen Schicksal zu erledigen. Dennoch zögere ich mit meiner Zustimmung. Gewiß, ohne diese Anstrengungen wäre der Erfolg unvorstellbar gewesen. Aber ich glaube auch dargestellt zu haben, wie alles an einem Haar hing, wie wenig versprechend die Dinge dastanden bis zum plötzlich eintretenden, nicht mehr erwarteten glücklichen Ausgang. Ich spreche nicht davon, daß ja auch der innere Drang, der mich in allen Verwicklungen und Verstrickungen nicht verließ, ein dunkler, fast unbewußter Trieb, mir schon in früher Kindheit eingegeben war, woran kein Verdienst ist. Wer sich solches zum Verdienst anrechnet, der kommt zu dem Schluß, der nicht weiterführt, daß das »Leben« die Macht sei, die alles bestimmt, die nimmt und gibt und treibt. Und dieses »Leben« ist ein zu weites Feld für analytisches Nachdenken. Aber ich weiß ja, daß mir alles Wollen und Tun nichts genützt hätte, wenn ihm die Umstände nicht entgegengekommen wären, vor allem, wenn unter Hunderten, an die meine Flaschenpost gerichtet war, nicht der eine gewesen wäre, der die Botschaft gehört und dazu noch den nötigen Glauben aufgebracht hat.

VI. Der Weg zurück

Um diesem Lebensbericht seine Abrundung zu geben, müssen dreißig Jahre überbrückt werden. Im Grunde ist das Thema, das anfangs angeschlagen wurde, der Gegenstand, um dessentwillen ich so viel Vergangenes aufgerührt, so viel scheinbar Verschollenes noch einmal vergegenwärtigt habe, erledigt. Das soll natürlich nicht heißen, daß seit meiner Ankunft in den Vereinigten Staaten nichts mehr Erwähnenswertes geschah. Im Gegenteil, ich blicke auf reiche, wechselvolle Jahre zurück. Aber die exponierte Bezogenheit meines Lebens auf die Historie, die gefährliche Nähe zu einer Macht, die leicht zerstört, wenn man ihr unmittelbar ausgeliefert ist, hatte nachgelassen, meine Existenz viel von ihrem kruden Spielballcharakter verloren, den man dann zu empfinden und erleiden beginnt, wenn man durch irgendwelche gewaltsamen Erschütterungen aus den gewöhnlichen Verknüpfungen gerissen wird. Die Haupttendenzen in meiner Entwicklung seither glaube ich, mit den Begriffen Einbeziehung, Verflechtung, Rückkehr bezeichnen zu können. Es dauerte nicht lang, da fand ich meine Lebensgefährtin, eine Deutsche, die den Krieg unter der Naziherrschaft, also auf der anderen Seite verbracht hatte, aber von den gleichen Zeitwirren zerzaust worden war und daher die gleiche historische Zeichensprache verstand wie ich. Die Versöhnung und Verständigung, die in der Weltgeschichte zwischen den beiden Gruppen leider so tragisch fehlschlug, haben wir auf der persönlichen Ebene in einem dauerhaften Bund erzielt. Da die nordamerikanische Sozietät aufnahmewillig ist, erlebten wir gemeinsam unsere Reintegration. Unsere Anpassung an die vorgefundenen Verhältnisse ließe sich überspitzt als eine bewußte Verbürgerlichung nach außen hin bezeichnen, die zwar niemals restlos zu bewerkstelligen ist, so sehr man sich auch bemühen mag, aber deren gradueller Fortschritt unseren extremen Individualismus, das rohe Außenseitertum und die krasse Nichtdazugehörigkeit beschwichtigte. Obgleich wir wie andere Leute Kinder aufgezogen haben, in einem Haus wohnen, Kleider und Möbel besitzen, Auto fahren und am geselligen Leben teilnehmen, stellen die seßhaften, mit sich und der Welt einigen Leute noch immer amüsiert, vielleicht sogar leicht befremdet das Unkonventionelle, Illusionslose, »Zigeunerhafte«, wie es manche nennen, an uns fest. Aber der Wunsch, unsere Abseitigkeit aufzuheben, gab gewissermaßen die Richtung unseres Lebens an. Die Bemühung, so zu werden wie andere sind, mag subjektiv für uns etwas Abenteuerliches gehabt haben, aber kaum für diese anderen, und das Gelingen dieses langsamen Prozesses kann nicht das gleiche allgemeine Interesse beanspruchen wie die soziale Desintegration, der ein Individuum im Aufruhr der faschistischen Epoche ausgesetzt war. Bei Walter Benjamin heißt es einmal: »Kaum hat der Held sich selber geholfen, so hilft uns sein Dasein nicht länger.« Darum werde ich jetzt summarisch vorgehen und statt der Details die großen Linien des noch Geschehenen nachzeichnen.

In einer Hinsicht hatte ich in den Staaten fast augenblicklich Erfolg, nämlich im akademischen Bereich. Ein sich mit niederdrückender Regelmäßigkeit wiederholendes Entwicklungsmuster in meinen früheren Beschäftigungen war ja die Wechselwirkung meines eigenen Ungenügens und der Unzufriedenheit meiner Vorgesetzten gewesen, die einander gegenseitig verstärkten und jedesmal zur Unterbrechung meines Arbeitsverhältnisses geführt hatten. Nichts davon trat in der Sphäre meiner neuen Tätigkeit ein. Intellektuell ausgehungert wie ich war, stürzte ich mich mit Feuereifer in meine Studien. Die vielen Stunden des Tages, die ich dem Lehramt widmen mußte, kompensierte ich durch besondere Arbeitsintensität und erregte damit die Aufmerksamkeit meiner akademischen Lehrer. Obgleich ich mit meinen siebenundzwanzig Jahren wie die eben aus der Highschool entlassenen Achtzehnjährigen am Jahresanfang als »Freshman« eingestuft wurde, verlieh mir die Universität, indem sie mir nach dem dort herrschenden Punktsystem meine südamerikanischen Studien und meine Kenntnis mehrerer Fremdsprachen anrechnete und mir ferner gestattete, eine Reihe von Fächern durch Fleißprüfungen zu absolvieren, statt erst nach vier Jahren schon am Ende des ersten Jahres den Bachelor of Arts. Auch hier bekam ich einen Preis als bester Student des Jahres. Jetzt konnte ich mich als »graduate student« den eigentlichen fortgeschrittenen Studien der Philologie zuwenden, indem ich mich nach anfänglicher Miteinbeziehung der romanischen Literaturen mehr und mehr auf die Germanistik verlegte, worin man, wenn man will, auch eine Art Rückkehr erblicken kann.

In meiner Lehrstelle fühlte ich mich ebenfalls sehr wohl. Anfänglich habe ich wohl als Lehrer eine ziemlich komische Figur präsentiert, wie es oft geschieht, wenn man unter veränderten Umständen eine alte Tätigkeit wieder aufnimmt oder nachahmt, denn ich setzte unwillkürlich ein Betragen, das ich von meinen Gymnasiallehrern her kannte, in meiner neuen Umgebung fort, wo es absurd wirken mußte. Trotz meiner Vorbehalte war es ja das einzige Lehrverhalten, mit dem ich vertraut war. Erst als ich mir, durch Intuition und Beobachtung meiner selbst, dieser Fehlhaltung bewußt wurde, entwickelte ich eine adäquatere, demokratischere Pädagogik. Der Lust, jetzt auf meinen vielfältigen Erfahrungen beruhende Reflexionen über das amerikanische Hochschulwesen anzustellen, das so kompliziert ist, daß sein Verständnis eine eigene Wissenschaft erfordert, muß ich widerstehen. Nur so viel will ich erwähnen, daß das Otterbein College von einer konservativen religiösen Sekte so strenger Observanz geführt wurde, daß Studenten und Lehrer weder rauchen noch Alkohol trinken durften. Nichts an mir paßte in diese Atmosphäre. Im Gegenteil, sowohl mein Lebensstil wie meine Weltanschauung mußten dort befremdlich wirken, und dennoch wurde ich von Studenten und Kollegen nicht nur geduldet, sondern geachtet und mit gastlicher Liebenswürdigkeit als Gleichberechtigter behandelt. Viele Häuser öffneten sich mir und ich habe in wenigen Monaten engere Beziehungen zu den Einheimischen geknüpft als während einer Dekade in Südamerika. Sowohl die große öffentliche Ohio State University mit ihren siebenundzwanzigtausend Studenten und einer verzweigten Verwaltung wie auch das kleine christliche College mit seinen sechshundert Schülern zeigten sich mir gegenüber von einer Toleranz und einer Flexibilität, die es mir ermöglichte, in kürzester Zeit heimisch zu werden. Dieses gute Einvernehmen mit der Akademie ist mir bis zum heutigen Tag geblieben, obgleich ich mehrmals den Ort meiner Tätigkeit gewechselt habe, so daß ich sagen kann, mir Heimatlosem sei die amerikanische Universität eine Art Heimat geworden, was freilich nicht heißen soll, daß ich ihre vielen Schwächen nicht gewahr wurde, sondern nur, daß ich eine Institution gefunden habe, die mich mitsamt meinen Mängeln und Vorzügen akzeptiert und in der ich funktionieren kann, indem ich meine Fähigkeiten einsetze und weiter ausbilde. Ich bin mir nicht bewußt, das Studium der Literaturwissenschaft, das ich nun in Erfüllung meiner kühnsten Wünsche betreiben durfte, von Anfang an als Beruf oder gar als Broterwerb angesehen zu haben. Ich betrachtete es vielmehr als Privileg und gab mich ihm hin, so gut ich es verstand, ohne zu fragen, was für materielle Vorteile ich daraus ziehen könne. Ich mußte schwer arbeiten, früh am Morgen aufstehen, viele Stunden unterrichten, jeden Tag lange Busreisen machen, abends einerseits meine Unterrichtsklassen präparieren und die schriftlichen Übungen oder Prüfungen meiner Studenten verbessern, andererseits mein Studienpensum bewältigen und Referate schreiben. Mit meinem Einkommen konnte ich keine großen Sprünge machen, aber an Armut war ich so gewöhnt, daß ich sie fast als Naturzustand empfand, jedenfalls keinen Gedanken daran verschwendete. Übrigens beantwortete sich die Frage nach der Zukunft und nach einem Beruf ganz von selbst. Da es keinem Menschen an der Universität einfiel, daß jemand ohne Berufsaussichten studieren könne, wurde ich automatisch als zukünftiger Akademiker behandelt, und in diese Rolle muß ich von selbst nach und nach hineingewachsen sein, jedenfalls erinnere ich mich nicht an einen Zeitpunkt, wo mir dieses Selbstverständnis an irgendeinem Erlebnis oder äußerem Anlaß plötzlich gekommen wäre. Als ich so weit war, bekam ich ein Thema für eine Magisterarbeit, sobald ich den Magister hatte, wurde ich Institutsassistent, was um so natürlicher vor sich ging, als die Zahl der studierenden Veteranen des zweiten Weltkriegs abnahm, um derentwillen ich vom Otterbein College angeheuert worden war, und ich mich ohnehin nach einer anderen Arbeit umsehen mußte. So wechselte ich ganz zur Universität über. Schließlich machte ich den Doktor, knapp fünf Jahre nach meiner Ankunft in den Staaten, und danach wurde mir die erste vollzeitliche Universitätsdozentur angeboten. Von nun an durchlief ich die normale akademische Stufenleiter vom Instructor über den Assistant und Associate Professor bis zum Ordinarius. Niemand zog die Richtigkeit oder die Notwendigkeit dieses Vorgangs in Zweifel, weder ich noch irgendjemand in meiner Umwelt, und so fiel mir das, was mir in Südamerika so viele quälende Sorgen bereitet und sich mir doch immer wieder entzogen hatte, ein Beruf, bloß dank der Anstrengungen, denen ich mich freudig unterzog, nicht aus Pflicht, sondern einem Bedürfnis folgend, beinahe ohne mein Streben in den Schoß.

Nur in einer Hinsicht hatte ich ein Dilemma zu überwinden, das aber ein inneres und kein eigentlich institutionelles war. Als ich anfing, beherrschte der New Criticism, die angelsächsische Variante der europäischen werkimmanenten Textanalyse, das Literaturstudium in Amerika, die besten, intelligentesten Dozenten waren dieser Methode verschrieben. Aus einer Reihe von Gründen, unter denen die Reaktion gegen die frühere trockenpedantische und philiströse Behandlung der Dichtung vielleicht überwog, wurde jetzt Hagiographie mit den großen metaphysischen Dichtern getrieben und ihre Werke ausgelegt wie die Heilige Schrift. Der vom Dichter hergestellte Text galt als unantastbar, als Orakel, in das man hineinhorchen mußte, um seinen hohen Sinn zu erahnen, dessen Äußerungen Wort für Wort einer scharfsinnigen Exegese zu unterwerfen waren. Die inneren Korrespondenzen, der Klang der Silben und Reime, die melodische Linie der Verse, die Kadenzen der Sätze, der Tiefsinn der Metaphern wurde ehrfürchtig belauscht, die geheimen Stimmigkeiten der Teile, die Strukturelemente, die ein in sich geschlossenes Ganzes herstellen, wurden mit Eifer gesucht und gefunden, der Selbstverweisungscharakter des dichterischen Werkes zum Hauptgegenstand der Untersuchung gemacht. Diese Orientierung bedingte selbstverständlich eine ausgesprochene Präferenz für bestimmte Dichter, denn nicht jeder Text stellt solche hohepriesterlichen, quasi religiösen Kunstansprüche, nicht jeder Schriftsteller wendet sich ausschließlich an ein hochgebildetes, verfeinertes Publikum, das Geschmack an der Entschlüsselung komplizierter Sprachfiguren findet. Alles, was also diesen Anforderungen nicht genügte, wurde zur Trivial- und Unterhaltungsliteratur gestempelt, als Kolportage, ja Makulatur abgetan. Mit Verachtung und intoleranter Verleugnung behandelte man alles, was ein Werk und einen Dichter ans materielle Leben, an die Gesellschaft und die Geschichte knüpft, denn die Funktion der Kunst sollte es ja gerade sein, sich über die platte Alltäglichkeit der profanen, kommerziellen Umwelt zu erheben, den Eingeweihten in eine höhere, autonome Sphäre zu entrücken.

Gerade mit dieser Geschichte hatte ich aber meine besonderen, unauslöschlichen Erfahrungen gemacht. Mir schien eine Beschäftigung mit Kunst, die dieser Macht keine Rechnung trug, hoffnungslos weltfremd zu sein. Nicht, daß ich gar keine Freude am New Criticism gehabt, die von seinen Jüngern entwickelten Techniken in Bausch und Bogen abgelehnt hätte. Ich erwies mich sogar als gelehriger Schüler und entwickelte beträchtliche Fertigkeit in der Handhabung der neukritischen Mittel. Bis zum heutigen Tag betrachte ich das genaue Lesen, den Respekt vor den Intentionen des Schriftstellers, das Verständnis für seine handwerkliche Kunst, seine Ausnutzung der Gattungsgesetze, der einer Sprache innewohnenden Assoziativkräfte als unentbehrliches Rüstzeug des Literaturwissenschaftlers. Aber den weltanschaulichen Flügen der werkimmanenten Kritik konnte ich nicht folgen. Die historische Bedingtheit alles Menschlichen war mir von Jugend auf zu sehr eingeprägt worden, das Wissen um sie zu sehr in Fleisch und Blut übergegangen, als daß ich mich hätte überreden lassen, sie aus meinem Denken auszuschließen, und es fügte sich ganz von selbst, daß ich mit meinen historisierenden Tendenzen auch vor der Kunst nicht Halt machte und eine Methode, einen Kult nicht ausnahm, der sich von diesen Abhängigkeiten frei dünkte. Kurz, zwischen meiner literarischen Ausbildung und meinem geschichtlichen Bewußtsein entstand ein Abstand, den zu schließen mir zu einem existentiellen und professionellen Anliegen wurde. Es war, als bestünde ich aus zwei getrennten Hälften, einer literaturkritischen und einer lebensmäßigen, und als dürfte ich nicht eher ruhen, als bis ich die beiden zusammengebracht hätte, denn die Scheidung meines biographischen von meinem beruflichen Ich bereitete mir fühlbares Mißbehagen. Die Überbrückung des Spalts beschäftigte mich zwei Jahrzehnte lang.

Mein erster Versuch, eine Annäherung meiner »Hälften« herbeizuführen, bediente sich der vergleichenden Literaturgeschichte. Ich fühlte, daß jeder legitime Vergleich literarischer Werke aus verschiedenen Gesellschaften deren besondere Entstehungsbedingungen in Betracht ziehen müsse. Meine Vertrautheit mit zwei Sprachen und Kulturen kam mir zuhilfe. Ich verlegte mich auf die Untersuchung der deutsch-spanischen Beziehungen, die ich nicht mehr von einem bloß literarischen, sondern von einem allgemeineren, »kulturellen« Gesichtspunkt betrieb. Im Rahmen dieser Studien schrieb ich ein Buch über Hofmannsthal und Calderón, in das ich eine historische Dimension einbaute. Ein belgischer Rezensent dieser Arbeit vermerkte zu meiner Freude, daß sie die erste sei, die es dem Leser erlaube, Hofmannsthal in das Koordinatensystem der europäischen Sozialgeschichte einzufügen.

Aber mein Ehrgeiz verlangte eine noch tiefere Durchdringung zwischen der Literatur und ihrem sozialgeschichtlichen Nährboden. Und so begannen meine langen Studien der deutschen Geschichte und Politik, die natürlich auch ein Akt der Selbstreflektion waren. Meine beiden Bücher *Nation im Widerspruch* und *Verbannung* sind ein Resultat dieser Bemühungen, ohne sie jedoch erschöpfend zu enthalten. Im ersten versuchte ich die beiden deutschen Traditionen, die humanistische und die besessene, miteinander zu konfrontieren, das zweite sollte eine Phänomenologie des deutschen, von Hitler bewirkten Exils bieten.

Seither habe ich größere Sicherheit in meinen Methoden gewonnen. Weil sowohl meine Lehre wie meine Forschung der neueren Literatur galten, beanspruchten die ökonomischen und sozialen Mächte, die den Hintergrund dieser Literatur ausmachen, meine dringende Aufmerksamkeit. Es ist nicht schwer, in den Erscheinungen der Säkularisierung, Modernisierung und Demokratisierung die Grundtatsachen zu erkennen, die unser Zeitalter bestimmen. Man könnte sagen, daß die moderne Kulturgeschichte aus den vielfältigen Reaktionen auf die stufenweise Ausbreitung der Industrialisierung besteht. Ohne alles und jedes unmittelbar auf diese Dynamik zu beziehen, bemühte ich mich um ein immer tieferes Verständnis dieser auch die Literatur mitformenden Kräfte. Meine Vorlesungen über Faschismus und deutsche Literatur, mein Buch über die Verbindung von Poesie und Politik bei Rainer Maria Rilke, ein Essay über die verschiedenartigen Rezeptionen Hermann Hesses in Amerika und Deutschland, eine Anthologie über die äußere und innere Emigration vor Hitler, alle diese Arbeiten weisen schon in ihren Titeln auf die Richtung meiner Interessen. Ein Gutes an meinem neuen und eigentlichen Beruf ist, daß man sich in seiner Ausübung auch einmal einer reinen Liebhaberei widmen darf. Und so fand ich endlich Zeit, mir einen alten Wunsch zu erfüllen und ein Buch über einen besonders geschätzten Dichter zu schreiben, Joseph von Eichendorff, in dem ich aber wieder, nun schon beinahe gewohnheitsmäßig, die gesellschaftsbezogene Komponente berührte. Es ist kaum abzuleugnen, daß die ganze Epoche einem Lebensgefühl wie dem des frisch-fröhlich-freien Romantikers in seiner teils munteren, teils beschaulichen Innerlichkeit nicht günstig war und, da es sich ja dabei um historisch bedingte Haltungen handelt, auch nicht sein konnte. Auch in diesem Sinn will ich den Titel, den ich meinen Lebenserinnerungen gegeben habe, verstanden wissen. Aber unter den vielen, heute noch möglichen Beschäftigungen ist die des Literaturhistorikers nicht die verächtlichste, die es sich zur Aufgabe macht, Dichtwerke vergangener Zeit ein wenig länger vor Vergessenheit zu bewahren und damit der eigenen einen Spiegel vorzuhalten.

Daß ich auf diese Weise entgegen der alten Tradition das Poetische mit dem Soziopolitischen in Zusammenhang gebracht habe, belastet mein Gewissen nicht. Niemals hat sich die Germanistik gescheut, von anderen Fächern, von der Anthropologie bis zur Zoologie, zu borgen. Diesen Tatbestand kann man auch anders ausdrücken: als höchst flüchtige Substanz ist die Germanistik selten im Naturzustand anzutreffen, sondern hat eine unmißverständliche Neigung sich mit anderen, oft gar nicht solideren Stoffen zur Bildung neuer Verbindungen zusammenzuschließen. Die gleichen Leute, die heute entsetzt die Hände über dem Kopf zusammenschlagen, wenn wir uns Hilfe bei den Sozialwissenschaften holen, fanden alles in schönster Ordnung, solange man sich an Theologie oder Ästhetik orientierte.

Aber werfen wir doch einen Blick auf diese »Germanistik«, mit der ich es als Forscher und Lehrer zu tun hatte. Wie alle Dinge, hat sie ihre aufschlußreiche Geschichte. Bevor man sagen kann, wie man sich mit einem Gegenstand beschäftigen soll, muß man wissen, was er ist. Die übliche Definition der Germanistik als Studium der deutschen Literatur ist unzureichend wegen der großen Variationen in der Bedeutung der Begriffe »deutsch« und »Literatur«. Germanistik ist nicht an allen Orten und zu allen Zeiten dasselbe. Es gab eine Zeit, da gehörte in ihren Bereich alles von Gotisch bis Goebbels, von den schwerterrasselnden Germanen bis zu den esoterischen Problemen der neuesten Lyrik. In jenen Tagen war Germanistik das Wissen um alles Deutsche und mußte verstanden werden als Ausdruck von Deutschlands Rolle als Weltmacht, die alle diese disparaten Dinge aus ideologischen Gründen eifrig unterstützte. Diese Träume sind längst verflogen und haben einer neuen Wirklichkeit Platz gemacht.

Als der zweite Weltkrieg zu Ende war, glich Deutschland einem Haufen rauchender Trümmer. (Ich spreche hier von der westdeutschen Entwicklung, die ich nicht nur besser kenne, sondern mit der ich in vielerlei berufliche Berührung kam.) Nichts schien von der alten Ordnung übriggeblieben zu sein als eine einzige Institution: die Universität, die sich weiter der hohen Achtung der Bevölkerung erfreute und mit unvermindertem Konservatismus an die Fortsetzung ihrer gewohnten Geschäfte machte. Aber diese erstaunliche Robustheit, diese scheinbare Unerschütterlichkeit erwiesen sich als Täuschung. Unter dem ehrwürdigen Efeu hatten die Mauern die gleichen Risse erhalten wie die anderen Institutionen, und in den sechziger Jahren brachen sie mit der sprichwörtlichen deutschen Gründlichkeit ein. Was sich vor den Augen der faszinierten Beobachter abspielte, das war die Verwandlung einer elitären Akademie in das gehobene Ausbildungsinstrument einer modernen Massengesellschaft. Diese Umwälzungen zerstörten allerdings auch die alte Ideologie. Die letzten Reste einer korrumpierten Romantik, die Deutschland beherrscht hatte, wurden weggefegt und gaben einem pluralistischen Denken Raum, das der demokratischen Ordnung, die sich spät, doch anscheinend verläßlich gegründet hatte, besser entsprach.

Die Germanistik blieb davon nicht unberührt. Indem es pragmatischer und weniger nationalistisch wurde, mehr nach der Aufklärung hin als an der Romantik orientiert, paßte sich dieses große und angesehene Studiengebiet augenfällig den neuen Gegebenheiten an. Der literarische Kanon wurde geändert, fortschrittlichere Autoren wurden aufgenommen, der Nachdruck von der abstrusen auf die populärere Literatur verlegt, die Werke der aus dem Dritten Reich verbannten Schriftsteller besonderer Aufmerksamkeit wert gefunden, ganze Bewegungen, die von den Nazis in Mißkredit gebracht worden waren, wie der Modernismus und der Expressionismus, feierten ihre Wiedereinsetzung, verleumdete Autoren wie Heine erlebten in Seminaren, Tagungen und denkmalartigen Editionen ihre Auferstehung, die kritische Tradition der intellektuellen Linken, vertreten nicht nur durch Marx und seine Nachfolger, sondern noch mehr durch die Mitglieder der Frankfurter Schule wie Walter Benjamin, Theodor Adorno und deren Jünger bildeten ein Orientierungsfeld von intensiver Ausstrahlungskraft. In dieser Atmosphäre hatte man mit den Metaphern, Wortspielen und Rhythmen, die in der werkimmanenten Epoche so zentral gewesen waren, wenig Geduld. Aber der »New Criticism« in seiner deutschen Ausprägung war auch aus anderen Gründen diskreditiert, denn er war von den Professoren der unmittelbaren postnationalsozialistischen Epoche, die dem Regime treu gedient oder ihre Kompromisse mit ihm geschlossen hatten, als Schild gegen das Eindringen geschichtlicher Denkweisen gebraucht worden, als Abwehr gegen das Verlangen der neuen Generation nach »Bewältigung der Vergangenheit«.

Das alles hatte seine tiefen Einwirkungen auf die deutschen Universitätsinstitute Amerikas, die bis weit in den Krieg hinein noch im Schlepptau des »Reichs« gestanden hatten und jetzt ebenfalls einer gründlichen Neuorientierung bedurften. Gerade weil die deutschen Abteilungen ja die besondere Aufgabe haben, den einander folgenden Studentengenerationen eine Idee von den deutschen Entwicklungen zu geben, kann es nicht wundernehmen, daß sie empfänglich sind für die Strömungen, die aus den Ländern kommen, deren schöpferische Beiträge den Hauptgegenstand ihrer Studien ausmachen. Für mich persönlich hatte dieser Umschwung aber noch eine ganz besondere Bedeutsamkeit, denn wie die deutschen Studenten hatte ich ja selbst die faschistische Ideologie und die reaktionären Traditionen abgelehnt, auf denen sie beruhte. Wie sie war ich, wenn auch in umgekehrter Reihenfolge, dem Wechselspiel historischer Erfahrungen und einer ästhetisierenden Literaturauffassung ausgesetzt gewesen. Sehr bald befand ich mich in der Rolle eines Vermittlers zwischen der deutschen und amerikanischen Szene, zwischen denen, die in der Literatur eine Kunst sehen, und denen, für die sie vor allem die Geschichte widerspiegelt, und ich bin zu dem Schluß gekommen, daß das eine das andere nicht ausschließt.

Um die Wichtigkeit des sorgfältigen Studiums der Texte zu illustrieren, greife ich zu einem Gleichnis. Die Werkimmanenz des »New Criticism« ist, nicht ganz zu Unrecht, in Zweifel gezogen worden, aber man muß zwischen einer Methode und der Ideologie ihrer Praktiker unterscheiden lernen. Man braucht nicht aufzuhören, mit Messer und Gabel zu essen, weil Hitler mit Messer und Gabel gegessen hat. Wer das »close reading«, die Kunst des genauen, einfühlsamen Lesens verachtet, tut im Grunde das Gleiche, was er den Neukritikern vorwirft: er ignoriert den historischen Zusammenhang, der dem isolierten Detail seinen Sinn gibt. Eine Methode, die unter besonderen Umständen für bestimmte Zwecke angewendet wurde, kann, wenn die Lage sich verändert hat, für ganz andere Ziele eingesetzt werden. Ziehen wir zum Vergleich einen Gegenstand heran, der noch unverkennbarer als die Literatur vom Spielcharakter geprägt ist, das Schachspiel, auf das meine Wahl gefallen ist, weil es ebenso wie die Literatur eine lange Geschichte hat, sich großer Beliebtheit erfreut und offenkundige ästhetische Qualitäten besitzt. Kein Zweifel, man könnte das Schachspiel von seiner soziohistorischen Dimension her angehen, seine Entwicklung studieren von der Einbürgerung in Europa bis zu den Saalschlachten der modernen Weltmeisterschaften mit ihren Zuschauermassen, der Intervention des Fernsehens, der Presse, der Juristen, der Funktionäre, mit allen ökonomischen und machtpolitischen Begleiterscheinungen. Einer Untersuchung wert wären aber auch die Veränderungen in den inneren Belangen des Spiels, die imstande sind, Licht auf die geistesgeschichtlichen Abläufe in der Welt zu werfen. So könnte man z. B. auf die unverkennbar feudalen Ursprünge des Schachspiels hinweisen, die sich schon in den Figuren zeigen, dem König und seinem allmächtigen Großwesir (erst im galanten Europa mit seiner latenten Frauenemanzipation ist diese Figur zu einer »Königin« umgetauft worden), dem niedrigen Adel und seinen Türmen, Läufern und Rössern, und schließlich den Bauern, unter denen das eigentliche Gemetzel angerichtet wird. In diese Betrachtung gehören auch die Verschiebungen in der Philosophie des Schachs mit dem deutlichen Übergang von einer »romantischen« Spielweise, wo der Sieg durch Sachopfer erzwungen und dadurch die Gewalt des »Geistes« über die »Materie« erwiesen werden soll, zu einer »technischeren« Methode, wo es vor allem auf Strategie und Position ankommt, deren mathematische Berechenbarkeit sich neulich in dem Auftreten des Computers als Schachspieler ausdrückt. Läßt sich daran nicht eine Tendenz der gesamten Menschheit ablesen? Jedenfalls wäre die Untersuchung aller dieser Aspekte ein durchaus legitimes Mittel zum Verständnis eines weitverbreiteten Phänomens, aus dem sich zweifellos eine ganze Reihe von Einsichten über den Menschen und seine Welt gewinnen ließen. Aber wer der Sache auf den Grund gehen will, wer wissen möchte, was das

Spiel im Innersten zusammenhält, der kann nicht auf die Analyse einzelner Partien unter Meistern verzichten. Der Kern des Schachspiels ist und bleibt, was Bogoljubows zwanzigster Zug war und wie Tartakower darauf geantwortet hat.

Ich erspare mir die Nutzanwendung meiner kleinen Parabel. Sie enthält manche Ähnlichkeiten mit der Literatur. Aber man sollte darüber die großen Verschiedenheiten nicht vergessen, von denen ich nur die wichtigste betonen möchte. Lassen wir die Frage beiseite, inwieweit das Schachspiel als Kunstwerk etwa in der Art einer musikalischen Komposition angesehen werden könnte. Daß eine ästhetische Dimension vorhanden ist, geht schon daraus hervor, daß man so oft von »schöneren« und »eleganteren« Lösungen bestimmter Schachprobleme sprechen hört. Was der Schachpartie auf jeden Fall mangelt und was das literarische Werk so sehr auszeichnet, ja sein wahres Wesen ausmacht, das ist ein Medium, das auch außerhalb seiner eng begrenzten Welt Geltung hat, ein Medium mit eigenem, substanzreichem Leben. Ich meine natürlich die Sprache, die Gesellschaft und Literatur gemeinsam haben und die dem literarischen Werk erst seinen kommunikativen Charakter verleiht. Da es für ein Publikum geschrieben ist, von Organisationsformen verbreitet wird, die zum herrschenden ökonomischen System gehören, und von einer breiten Öffentlichkeit absorbiert wird, ist es ganz anders als das Schachspiel mit tausend Fäden an die historische Wirklichkeit gebunden und von ihr abhängig. Wenn es also auch, wie das Gleichnis gezeigt hat, nötig ist, das literarische Werk in seiner inneren Gesetzmäßigkeit zu erkennen, kann es dabei nicht sein Bewenden haben.

Ein Ding allein aus sich selbst erklären wollen ist eine Münchhauseniade, vergleichbar dem vergeblichen Wunsch, sich am eigenen Zopf aus einem Sumpf zu ziehen. Will man ein Ding verstehen, so genügt es nicht, sich darein zu versenken, sondern man muß einen Beobachtungsposten einnehmen, der außerhalb liegt, den Gegenstand in seiner Umwelt betrachten, die Perspektive, aus der man ihn sieht, mit in Rechnung stellen, mit anderen Worten, es von einer ihm fremden Sphäre her erklären. Naturwissenschaftler sind sich dieses Grundsatzes längst bewußt. Ein Biologe ruht nicht, ehe er ein lebendiges Ding aus seinen chemischen Voraussetzungen verstanden hat, der Chemiker gibt sich erst zufrieden, wenn es ihm gelungen ist, ein Problem in physikalischen Ausdrücken zu beschreiben. Auch hier will ich mich eines parabelartigen Beispiels bedienen, um zu veranschaulichen, wie ein Sprachtext seinen wahren Sinn nicht eher enthüllt, als bis sein Zusammenhang mit dem historischen »Kontext« deutlich gemacht wird.

In einem Naziarchiv fand sich nach dem zweiten Weltkrieg ein Brief, in welchem ein junger Offizier von seinem Vorgesetzten wegen seiner unerschütterlichen Treue zum Nationalsozialismus gelobt wurde. Eifrige Denazifizierungsbeamte, die dem Anschein allzu schnell Glauben schenkten, waren bereits im Begriff, den jungen Menschen auf Grund dieses Empfehlungsschreibens zur Rechenschaft zu ziehen, als sich im letzten Augenblick ein ganz anderer Sachverhalt ergab: der Offizier war wegen gewisser kritischer Äußerungen über das Regime in schweren Verdacht geraten, der lange Arm der Geheimpolizei hatte schon nach ihm gegriffen und der scheinbar inkriminierende Brief war von seinem Kommandanten geschrieben worden, um ihn vor politischer Verfolgung zu schützen. Dieser Akt wieder wurde verständlich, wenn man bedachte, daß sich in der Armee Reste der Unabhängigkeit von der Staatsmacht, ja des Widerstandes gegen sie erhalten hatten. Der Text des Briefes für sich selbst vermittelte also ein ungenügendes, ja völlig irreführendes Bild der Wirklichkeit. Erst die Kenntnis des historischen Hintergrundes, aus dem das sprachliche Dokument hervorgewachsen war, enthüllte dessen wahre Bedeutung. Die in diesem Beispiel steckende Lehre kann, mutatis mutandis, auch auf jeden literarischen Text angewendet werden.

Mit solchen Gedanken trug ich mich in der Ausübung meiner Profession jahrelang, ja das Nachdenken darüber ist keineswegs abgeschlossen, von Arbeit zu Arbeit versuche ich dem Verständnis einer komplexen Problematik näher zu kommen, die sich mehr und mehr als das zentrale intellektuelle Anliegen der Gegenwart erweist. Der breite Raum, den ich diesen Reflexionen gegeben habe, rechtfertigt sich, so möchte ich meinen, durch die ganze Richtung dieser Lebenserinnerungen. Indem ich zu erkennen versuche, warum ich meinem Beruf gegenüber bestimmte Haltungen eingenommen habe, verfolge ich bloß die von Anfang an Individualität und geschichtliche Umstände verbindende Linie. Wer seine Ansichten so weit wie möglich zu ihren Ursprüngen zurückverfolgt, wird entdecken, daß es keine von den geschichtlichen Umständen freie Objektivität gibt, daß unsere noch so persönlichen Perspektiven jeweils abhängig sind von dem Ort, an den uns das Leben gestellt hat, ja mehr noch: von der Summe der Erfahrungen, die uns geformt haben. Nicht anders verhielt es sich auch mit der Ausübung meiner Funktionen als Literaturhistoriker, die, wie ich hoffe, dargestellt zu haben, grundsätzliche Erlebnisse meiner Zeit integrieren mußten, um Ausdruck meiner Persönlichkeit zu werden. Und so könnte ich, um die Untrennbarkeit meines professionellen Wirkens von der Geschichte meines Lebens zu betonen, vielleicht etwas überspitzt aussagen, daß ich auf der Suche nach authentischer Selbstverwirklichung eine autobiographische Methode der Literaturbetrachtung entwickeln mußte.

Viel weniger Kummer hat mir sonderbarerweise ein anderer potentieller Konflikt zwischen meinem Beruf und meinen Lebenserfahrungen gemacht, ob er mich gleich oft genug zum Nachdenken und zu Diskussionen mit Kollegen veranlaßte. Das Studium der deutschen Literatur und Kultur, die im Laufe ihrer historischen Entfaltung, gelinde gesprochen, immer in einer gewissen Spannung zum Judentum standen, durch einen deutschsprechenden und -schreibenden Juden, und zwar so bald nach dem zweiten Weltkrieg und den Judenmassakern der Deutschen, bedarf in der Tat einer Erklärung, vielleicht sogar einer Rechtfertigung. Wirklich stößt man bei der Durchleuchtung der deutschen Traditionen immer wieder auf Antisemitismus, völkisch Aggressives und sonst weltanschaulich Widriges. Aber mein Denken war niemals nationalistisch ausgerichtet, wie ich es ansah, hatten nicht »die« Deutschen diese Dinge gesagt und getan, sondern Individuen, die für sich und darüber hinaus für bestimmte Gruppen und Strömungen standen. Für einen jeden von ihnen gab es andere Denker und Schriftsteller, die dergleichen besser und artikulierter bekämpften als ich es je gekonnt hätte. Andere Kulturen waren keineswegs von diesen Fehlern frei, weder die russische noch die spanische, weder die französische noch die englische. Wer Ärgerlichem aus dem Weg gehen will, der widme seine Energien nicht gerade der Betrachtung der Geschichte. Ich war an Phänomenen der Literatur interessiert, an dem, was sie zu leisten vermag, an der Art, wie sie zustande kommt, wie sich die Welt in ihr spiegelt und wie sie sich in der Gesellschaft verhält, und an der deutschen Literatur, weil ich die Sprache am besten beherrsche, mit ihren Feinheiten und Eigenheiten vertraut bin. Ich habe bestimmt ebensoviel nichtdeutsche Literatur gelesen wie deutsche und ebensogern. Der Anthropologe identifiziert sich ja auch nicht mit den primitiven Volksstämmen, die er studiert, um seine Erkenntnisse zu gewinnen, und so attachiert er auch einer Kultur werden mag, er kann doch nicht alles gutheißen, was er in ihr vorfindet. In deutscher Sprache sind humanistische Visionen entworfen worden, deren Höhenflügen man sich getrost anvertrauen darf. So manche Emigranten verfielen in den Fehler, ihren berechtigten Ingrimm an der deutschen Sprache auszulassen, oder alles zu verurteilen, was aus der Kultur stammt, die sie verstoßen hatte. Viel empfänglicher bin ich den skeptischen Fragen gegenüber, die das ganze spezialisierte, bis zu einem gewissen Grad unvermeidlich antiquarische Stöbern in der Literaturgeschichte in Zweifel ziehen, in einer Welt, die von ganz anderen Problemen erschüttert und zerfleischt wird. Aber auch diese Zweifel, so sehr ich intellektuell ihre Legitimität anerkenne, bedrängen mich kaum emotional, denn ich habe mich zu meiner Lebensbeschäftigung zu mühsam durchgearbeitet, um sie wegen gewisser Zustände aufzugeben, für die ich doch kein Hilfsmittel weiß. Nützlicher scheint es mir, meinen Gegenstand so zu behandeln, daß er für die Zustände in der Gesellschaft relevant wird. Vielleicht hängt aber meine besonders kritische, wenig ehrfürchtige und affirmative Art als Publizist und Literaturhistoriker, die so manche meiner Kollegen stört, doch mit meiner besonderen Situation in dem Fachbereich und mit den Umwegen zusammen, auf denen ich zu ihm gestoßen bin.

Während sich diese Spannungen in der Sphäre der Gedanken und Gefühle erzeugten und entluden, nahmen die äußeren Umstände unbekümmert darum ihren munteren, eigengesetzlichen Verlauf. Als es deutlich wurde, daß wir nicht in Ohio bleiben würden, unternahmen wir zur Planung unserer Zukunft zweierlei. Wir setzten uns vor eine Landkarte und wo immer eine erhöhte Braunfärbung schöne Landschaften versprach, da schrieben wir unsere Bewerbungsschreiben hin, und hatten bald die Freude, von der University of Washington in Seattle, idyllisch zwischen Meer und Gebirge gelegen, zum Weiterstudium angenommen und mit Assistentenstellen finanziell versorgt zu werden. Unsere zweite Vorkehrung bestand aus dem Ankauf eines Autos, eines zehn Jahre alten Chevrolets, der bereits über hunderttausend Meilen abgedient hatte, aber immer noch lief. Es war frustrierend, daß ich, des Steuerns eines Kraftfahrzeugs unkundig, allmorgendlich an meinem Wagen vorbeimußte, um die zeitraubenden Busfahrten zu meinen verschiedenen Arbeitsstätten zu unternehmen, bis ich ein paar freie Stunden fand, um die Autoprüfung abzulegen.

Zu den guten Dingen in Amerika gehört die größere Freiheit des Einzelnen. So z. B. braucht man sich nicht bei jedem Ortswechsel bei der Polizei zu melden, bei der enormen Beweglichkeit der Bevölkerung würde das schnell zu einem vollständigen Chaos führen, und man braucht sich auch nicht den Kosten und Schikanen einer Fahrschule zu unterwerfen. Auf welche Weise man das Autofahren erlernt hat, kümmert die Behörden nicht, sie stellen nur fest, ob man es kann. Trotzdem ist das Fahren in USA, verglichen mit den Quälereien und motorisierten Aggressionen in Europa, fast eine Erholung. Aber das ist eine Sache, die einen eigenen Traktat verdiente.

Genug, es kam der große Augenblick, wo wir allen unseren Freunden und Bekannten ade gesagt, unsere sämtlichen irdischen Besitztümer verstaut hatten und vielleicht etwas unsicher, aber wohlgemut unser zerbeultes Auto, das die mannigfaltigen Spuren meines Lernprozesses an sich trug, gen Westen steuerten. Ich war jetzt schon zwei Jahre im Lande und recht weit herumgekommen, nach New York, Boston und ins nördliche Neuengland auf der einen Seite, zu den großen Seen und nach Chicago auf der anderen. Aber mein eigentliches Amerikaerlebnis begann erst jetzt. Ohio ist für

Dorle und Egon Schwarz, Seattle 1952

den Neuankömmling ein sehr geeigneter Staat, um mit dem vielseitigen Land eine erste Bekanntschaft zu schließen. Mit seiner halb landwirtschaftlichen, halb industriellen Ökonomie, im Norden an den Erie-See, jenseits dessen schon Kanada liegt, im Süden an Kentucky grenzend, dem Mittelwesten, dem Kerngebiet der Staaten, angehörig, aber in verhältnismäßig enger Nachbarschaft mit dem Osten – der nächste Staat in dieser Richtung ist schließlich schon Pennsylvania – ist Ohio eine Kreuzung vieler amerikanischer Tendenzen. Aber mit seinem extremen kontinentalen Klima, den eisigen Wintern und sengenden Sommern, die beinahe ohne Übergang ineinander umschlagen, mit seiner fast überall flachen Landschaft ist Ohio nicht gerade die anziehendste Gegend der Erde. Was die Vereinigten Staaten von Amerika sind, das kann nur der erahnen, der ausgerüstet mit Schlafsäcken und Kochgeschirr durch die endlosen Weiten des Westens gezogen ist und sich seinen unvergleichlichen Schönheiten vorbehaltlos hingegeben hat. Und wenn man mich fragt, was ich in diesem Land, in dem ich jetzt immerhin schon dreißig Jahre lebe, für das Beste halte, so zögere ich keinen Augenblick mit meiner Antwort: die riesigen Nationalparks und Naturschutzgebiete, die es den Menschen möglich machen, die Welt in unversehrtem Zustand kennenzulernen. Der Geist, der schon im neunzehnten Jahrhundert dafür gesorgt hat, diese unermeßlichen Ländereien den zukünftigen Generationen unberührt aufzubewahren, aber heute noch immer wirksam ist, gehört freilich dazu. Doch ich will nicht ins Schwärmen geraten, sondern nur berichten, daß meine junge Frau und ich sechs Wochen unterwegs waren, daß wir durch den Rocky Mountains National Park in Colorado, durch die Einsamkeiten Utahs und Neumexikos, am Grand Canyon von Arizona vorbei nach Los Angeles kamen und von dort in langsamer Fahrt die ganze Küste von Kalifornien, Oregon und Washington entlang Seattle erreichten. Daß wir die ganze Zeit über kein Hotel benutzten, sondern die Nächte im Freien verbrachten und auch den Restaurants fern blieben, war nicht nur eine von unserem schlaffen Geldbeutel diktierte Maßnahme, sondern gehörte zu dem Stil der ganzen Reise, auf der wir sozusagen von unserer neuen Heimstätte Besitz ergriffen. Seither haben wir in ähnlicher Weise, in den letzten Jahren allerdings mit zunehmenden Konzessionen an die kreatürlichen Bequemlichkeiten, wie es Leuten in den Fünfzigern geziemt, das Land kreuz und quer durchstreift (im Lauf der

Jahre sind noch Kanada, Mexiko und Zentralamerika dazugekommen), und wir haben neunundvierzig von den fünfzig Bundesstaaten kennengelernt. Und wenn die jungen Leute Woodie Guthries Lied anstimmen, das in den Jahren des Widerstands gegen den Vietnam-Krieg zu einer Art Protestgesang geworden ist, sozusagen als Antwort auf das »America, love it or leave it« der Kriegsbefürworter und Reaktionäre:

This land is your land, this land is my land
From California to the New York island,
From the redwood forest to the Gulf Stream waters,
This land was made for you and me,

dann habe ich das Gefühl, daß sich der Text auch auf mich bezieht. In diesem Sinn kann ich von mir sagen, daß ich Amerikaner geworden bin.

In Seattle haben wir drei wunderschöne Jahre verbracht, deutsche Sprache und Literatur lehrend, aber meistens studierend, denn wir hatten unsere »Comprehensives«, die anspruchsvollen Doktorprüfungen vor uns. Und danach schrieb ich meine Doktorarbeit, als guter Aufklärer über den Freigeist Georg Christoph Lichtenberg, den Göttinger Physiker und Populärphilosophen der zweiten Hälfte des 18. Jahrhunderts. Aber wenn ein paar freie Tage kamen, dann packten wir unsere Zeltsachen in den alten »Chevy« und verschwanden in den Bergen, wo man wochenlang umherstreifen konnte, ohne einer Seele zu begegnen, außer vielleicht einem Bären, der nachts vom Waldesrand herübertrottete und an den Schlafsäcken schnüffelte, aber der hatte vielleicht gar keine Seele. Washington ist einer der zauberhaftesten der fünfzig Staaten: die hohe Bergkette der Cascades, die sich mit dem Mt. Baker, dem Mt. St. Helen, dem Mt. Adams und dem majestätischen Mt. Rainier bis über 4000 Meter erheben, zerteilen ihn in zwei Hälften, eine feuchte westliche mit mildem Klima, wo es das ganze Jahr über weder heiß noch kalt wird, die mit Wäldern, Strömen und Seen sich bis zu einer abwechslungsreichen Küste mit vorgelagerter Inselwelt hinunterzieht; und eine östliche wüstenartige, durch die sich der Columbia River hinschlängelt, die den Liebhaber großartiger Landschaften nicht weniger begeistert mit ihrem vielgestaltigen Reichtum. Die Geburten unseres Sohnes und unserer Tochter unterbrachen immer nur zeitweilig unsere unersättlichen Forschungsfahrten in die Berg- und Inselwildnis. Sobald der Säugling ein paar Wochen alt war, wurde er in eine gehäkelte Tischdecke gewickelt, die ihm das Atmen gestattete, und in der Art der indianischen »Papoose« machte er auf dem Rücken seines Vaters die schwierigsten Besteigungen mit.

Die frühen fünfziger Jahre waren für Akademiker keine leichte Zeit, aber ich übergehe die vielen vergeblichen Versuche, die ich, das Doktordiplom endlich in der Tasche, unternahm, um eine akademische Position zu finden. Vielleicht waren es die ersten Publikationen, die damals von mir bereits erschienen waren, wahrscheinlich aber mein ganz unverdientes Glück, was mir eine Anstellung an der Harvard University am anderen Ende des Landes eintrug. Daß jemand von der University of Washington nach Harvard berufen wurde, war damals eine Seltenheit, von der jedermann redete, so daß sich die ungewöhnliche Kunde immer weiter verbreitete; schließlich kam es dazu, daß mich Leute fragten, ob ich schon von der Neuigkeit gehört hätte; jemand aus den Geisteswissenschaften ginge nach Harvard!

Nun mußten wir wieder einmal den Kontinent überqueren. Der Chevrolet, um drei anstrengende Jahre und viele Tausende Meilen älter, war jetzt so schadhaft, daß fast der ganze Boden weggerostet war und man, vorne sitzend, sorgfältig ein haltbares Plätzchen für seine Füße suchen mußte. Zudem hatte wenige Tage vor der Reise die elektrische Anlage ihren Geist aufgegeben, so daß man weder die Scheinwerfer einschalten noch Hupe oder Scheibenwischer betätigen konnte. Ein gutmütiger Mechaniker, der das Ansinnen, den Schaden zu finden, als aussichtslos verwarf, drückte mir eine Handvoll Sicherungen in die Hand und zeigte mir, wo ich eine blitzschnell hineinzuschieben hatte, falls die Polizei uns zur Kontrolle anhalten sollte, denn das würde die Lichter ein paar Sekunden lang zum Brennen bringen. Ein mitleidiger Mensch schenkte uns noch einen alten Reifen zur Reserve, denn ich besaß deren nur vier, und so fuhren wir eines schönen Tages ostwärts, wie wir vor drei Jahren gekommen waren, mit Sack und Pack, vermehrt allerdings um zwei kräftige Sprößlinge. Es ging extrem langsam, mehr als vierzig Meilen in der Stunde schaffte die alte Karre nicht mehr, die wir nach einem der Helden in Waldemar Bonsels' *Biene Maja* »Mistkäfer Kurt« getauft hatten. Unter unseren Füßen sahen wir durch den löchrigen Boden die Landstraßen Amerikas vorbeisausen, aus den Fenstern wehte wie eine Friedensfahne stets eine Windel zum Trocknen. Begegneten wir unterwegs einem Kaninchen, das den Tücken des Autoverkehrs ohne allzu große körperliche Entstellung zum Opfer gefallen war, dann wurde es im Kofferraum verstaut, während der nächsten Rast enthäutet und auf einem geschälten Ast als Spieß gebraten. Manchmal spitzten sich die Schwierigkeiten der Fortbewegung zu wahren Krisen zu: so z. B. als mitten in der Weltverlassenheit von Wyoming ein Reifen platt wurde und der geschenkte Ersatzreifen nach zwei Minuten Fahrt in tausend Stücke zersprang. Da standen wir nun am Rand der Straße, bleiben konnten wir nicht wegen der Klapperschlangen, weiter konnten wir nicht, weil wir nur drei Reifen hatten. Außerdem kam die Dämmerung und wir verfügten über keinerlei Lichter, die unseren Weg hätten erhellen können! In dieser Not montierte ich wieder das Rad mit dem platten Reifen auf und rollte im Schritt durch die Nacht auf den nächsten, viele Meilen entfernten Ort zu, wo wir nach Mitternacht ankamen, einer winzigen aus drei Hütten bestehenden Siedlung. Dort zelteten wir am Wegrand und kauften am nächsten Tag für die Hälfte unserer Barschaft einen Reifen, den wir selber auf die Felge ziehen mußten, weil der Besitzer des Ladens, aus dem er kam, seinen gebrochenen Arm auf einer Schiene trug. Es würde die ohnehin schon überdehnten Proportionen meines Berichts allzu sehr belasten, wenn ich mich jetzt aller Abenteuer dieser Reise einzeln erinnern wollte. Berichten will ich lediglich noch, daß uns im Staate New York, höchstens noch zwei Tagesreisen von unserem Ziel, unser Schicksal tatsächlich zu ereilen drohte. Eine Sirene heulte auf, eine Polizeistreife kam in Sicht, ich mußte anhalten, die Autopapiere vorweisen. Auf den Gedanken, daß dieses Auto gestohlen sein konnte, ist der Ordnungshüter wohl nicht gekommen, aber unser ganzes, verwahrlostes Aussehen hatte eben seinen Argwohn erregt, denn schließlich ist es ja seine Aufgabe, die Besitzenden vor unliebsamen Berührungen mit den Besitzlosen zu schützen. Nun war der Moment gekommen, auf den ich längst vorbereitet war: ich sollte die Scheinwerfer anstellen und auf die Bremse treten, um die Schlußlichter aufleuchten zu lassen. Schnell schob ich eine der geschenkten Sicherungen an die bezeichnete Stelle, einen Augenblick lang taten die Lichter ihre Schuldigkeit, der Polizist mußte sich zufrieden geben. Nachdenklich musterte er mich, indem er mir meinen Führerschein wieder aushändigte. Auch ihm war offenbar ein Licht aufgegangen. Mit seinen Augen auf unser Gerümpel im Fond des Autos deutend, fragte er: Sie kommen wohl in den Osten, um ein neues Leben anzufangen? Ich sagte ja und wir durften weiterfahren, denn das war erlaubt, und so kamen wir nach Cambridge.

Ganz so unrecht hatte der Mann natürlich nicht, denn die

unsrige war ja eine Fahrt in die Respektabilität gewesen, ich war jetzt Dozent an einer der berühmtesten Universitäten des Landes, und auch finanziell ging es von nun an aufwärts mit uns. Ich muß hier einschieben, daß unter allen freien Berufen derjenige eines Universitätsprofessors damals in Amerika der am wenigsten geachtete und am schlechtesten bezahlte war. Jeder Arzt und Rechtsanwalt stand bei der Bevölkerung in höherem Ansehen und verdiente ein Vielfaches von dem Einkommen eines Hochschullehrers. Aber gerade um diese Zeit kündigte sich eine Veränderung an, es war die Zeit der sich immer weiter ausdehnenden kommerziellen und politischen Auslandsbeziehungen der Vereinigten Staaten, und Professoren gewisser Fachbereiche wie Nationalökonomie und Politologie, Chemie und Physik wurden immer mehr als Berater der Regierung und der großen Konzerne herangezogen. Das Prestige, das sie dadurch in der Öffentlichkeit erwarben, färbte auch auf uns andere ab, die wir völlig nutzlose Wissenschaften betrieben. Und als dann die Russen ihren Sputnik in den Weltraum schleuderten und die nationalstolzen Amerikaner sich gerade auf dem Gebiet, auf dem sie sich für unerreichbar hielten, der technischen Beherrschung der Natur, von nicht übermäßig beliebten Rivalen übertroffen sahen, da wurden Milliarden in die Schulen und Universitäten gesteckt. Irgendwie hatte sich der öffentlichen Meinung die naive Hoffnung bemächtigt, daß ein rapider Aufschwung in der Kenntnis der Mathematik und der Fremdsprachen der Nation zu dem ihr gebührenden Vorrang über alle anderen Mächte zurückverhelfen würde. Von da ab wurden die Lehrstellen vermehrt und die Gehälter angehoben. Als dann Kennedy gewählt wurde und er die Schlüsselpositionen seiner Regierung mit Professoren von Harvard und anderen Universitäten besetzte, da begannen wir, etwas bei den Leuten zu gelten und allerlei Vorteile aus diesem Wandel der Meinungen

Dorle, Rudolf, Egon und Caroline Schwarz mit dem ersten Haustürschild (Cambridge, Mass., Weihnachten 1957)

zu ziehen. Das dauerte etwa zehn Jahre. Seither ist wieder ein Umschwung eingetreten und die Amerikaner haben längst keine offene Hand mehr für ihre Schulen und Universitäten, die inzwischen in einer veritablen Krise stehen. Die jungen Leute bekommen keine Stellen mehr, es entsteht ein akademisches Proletariat, man schränkt sich auf der ganzen Linie drastisch ein, und nach und nach, dank der Inflation, mit der die Gehaltserhöhungen in keiner Weise Schritt halten, werden wir auf unsere ehemalige materielle Bedeutungslosigkeit reduziert. Und doch zehren wir in dieser mageren Zeit immer noch, sofern wir überhaupt Positionen haben, von den fetten sechziger Jahren.

Die sieben Jahre, die ich mit meiner Familie als Dozent der Harvard Universität in Massachusetts verbracht habe, waren eine gesegnete Zeit. Ein reges intellektuelles Leben, eine ausgedehnte Geselligkeit, die Ankunft einer zweiten Tochter, der Erwerb eines bescheidenen, aber netten Häuschens mitten im

Grünen, mehrere Reisen nach Europa, das wir von Lappland bis Andalusien und den Peloponnes durchzogen, ließen uns kaum zu Atem kommen. Und unser unersättliches Verlangen nach den Weiten der amerikanischen Landschaft konnte leicht durch Forschungsfahrten in die Berge von New Hampshire und Vermont, an die einsamen, zerklüfteten Küsten von Maine beschwichtigt werden. Und als wir eines Tages aufschauten, um zu verschnaufen, da waren wir vierzig!

Am Anfang der sechziger Jahre zogen wir nach St. Louis, weil ich die Stellung an der Washington University annahm, die ich immer noch innehabe, was aber nicht bedeutet, daß wir deswegen total seßhaft geworden sind. Vortrags- und Forschungsreisen führten uns in mehrere Länder, ich war zwischendurch Gastprofessor in Hamburg, in Berkeley und an anderen Universitäten. Auch in Wien bin ich mehrmals gewesen. Mit sehr sonderbaren Gefühlen stand ich zum ersten Mal in der Mitte der fünfziger Jahre wieder vor dem halb zerbombten Haus in der Geologengasse, wo ich aufgewachsen bin, und vor dem Gymnasium, wo ich mich einst mit ungewissem Erfolg abgemüht hatte. Aber jedesmal wenn ich wiederkomme, spüre ich weniger von den alten aus Süßem und Bitterem gemischten Empfindungen, unterscheide ich mich weniger von den Touristen, die um der Sehenswürdigkeiten willen angereist sind. Ein Unterschied wird wohl immer bleiben, im Gegensatz zu den meisten Fremden weiß ich ziemlich genau, wo ich mich befinde und wohin ich will, in einigen Teilen der Stadt ist mir die Häuserlandschaft so vertraut, daß ich geschlossenen Auges angeben könnte, wie das nächste Gebäude aussieht und wie die nächste Quergasse heißt. Und wenn die Leute im breitesten Wiener Dialekt reden, so verstehe ich jedes Wort, jede Nuance. Daran wird sich nichts mehr ändern. Auch Preßburg habe ich wiedergesehen. Fassungslos starrte ich, dort wo voreinst das Haus der Großmutter gewesen war, in eine tiefe Grube, als sei es der Abgrund der Zeiten selber. Statt der dreißig Jahre hätten es auch dreihundert sein können, seit ich an der gleichen Stelle gestanden hatte. In der Tiefe lagen Mauertrümmer, es wuchs etwas Gebüsch und Unkraut dazwischen und ein paar Kinder spielten in dem Geröll. Die Judengasse war dem Erdboden gleichgemacht, ein sich weithin erstreckender Schutthaufen, aus dem nur ein einziges, aus dem Mittelalter stammendes Haus gespenstisch hervorragte, das offenbar wegen seines gotischen Stils geschont worden war.

St. Louis, wo wir die meiste Zeit verbringen, ist nicht das achte Weltwunder, aber mit seinen zweihundert Jahren eine für amerikanische Begriffe alte Stadt. Hier findet man alles, was man zum Leben braucht, ja noch mehr, denn es gibt Museen und Bildergalerien, ein ausgezeichnetes Symphonieorchester, vorzügliche Kammermusik, mehrere Theater und Universitäten mit einem bewegten kulturellen Leben. Es gibt sogar so etwas wie eine literarische Tradition: T. S. Eliot ist hier geboren, Tennessee Williams hat hier seine besten Stücke geschrieben. Seine *Glasmenagerie* ist voll von lokalen Anspielungen, auf die Stadt und die Washington University, die er kurz besucht hat. Der Missouri und Mississippi bilden, wo sie noch relativ unberührt sind, jene Flußlandschaft, die Mark Twain, der jahrelang nicht weit von hier in Hannibal zu Hause war, in seinen Büchern verewigt hat: wenn man eine Weile auf die trägen Wassermassen geblickt hat, gerät man in eine erwartungsvolle Stimmung, als würden im nächsten Augenblick Tom Sawyer, Huckleberry Finn und der Neger Jim auf ihrem Floß vorübergleiten. Karl May läßt seinen *Winnetou* hier beginnen. Hier ist es, wo das deutsche Greenhorn, bestimmt, später der unbezwingliche Old Shatterhand zu werden, sein erstes Pferd bezähmt und von einem deutschen Büchsenschmied seine legendären Büchsen erwirbt, den Bärentöter und den Henry-Stutzen, mit dem er, ohne zu laden, fünfundzwanzig Schüsse abgeben kann. Tatsächlich war St. Louis im 19. Jahrhundert ein wichtiger Umschlagplatz, der letzte Vorposten der westlichen Zivilisation, wo sich die Expeditionen mit allem Nötigen ausrüsteten und von wo aus sie ihre wagemutigen Fahrten in den weglosen Westen antraten. Wie ja auch von hier Lewis und Clark zu ihrer berühmten Forschungsreise auszogen. Ein dichter Schiffsverkehr verband die Stadt mit dem Süden. Mit dem Raddampfer konnte man den Mississippi hinunter bis New Orleans fahren. Den symbolischen Höhepunkt hat die Stadt um 1904 erlebt, als mit fabelhaftem Aufwand die Weltausstellung und die Olympiade hier abgehalten wurden. August Sauer, Professor für Germanistik an der Universität Prag, war gekommen, um einen Vortrag über den Einfluß der amerikanischen auf die deutsche Literatur zu halten. Max Weber war zu Besuch hier und die Beobachtungen, die er mit seinem scharfen soziologischen Blick anstellte, eröffneten ihm das erste Verständnis für den Zusammenhang zwischen der protestantischen Kirche und dem Geist des Kapitalismus. Seit jenen Tagen hat Chicago der Stadt den Rang abgelaufen, aber ein Besuch in St. Louis lohnt sich immer noch, und wenn der Besucher ein unberührtes Stück Welt sehen will, dann empfehle ich ihm einen Ausflug in die Ozarks, ein von urweltlichen Flüssen zerschnittenes, höhlen- und quellenreiches, waldiges Plateau, wo die Farmer nicht nur wie zu Shakespeares Zeiten reden, sondern auch zum Teil noch so leben wie damals. Hier ist noch unverfälschtes Amerika.

Freilich lebe ich um keiner dieser Attraktionen willen in St. Louis, sondern weil es der Sitz der Washington University ist, einer alten privaten Universität, deren humaner Geist mich nun schon so lange hier festhält, ob ich gleich vielerlei Gelegenheit zur Veränderung gehabt hätte. Hier lehre ich nun schon seit geraumer Zeit, hier habe ich mich mit den Problemen der universitären Selbstverwaltung beschäftigt, hier mich an den politischen Protestbewegungen der Vietnam-Zeit beteiligt. Aber allmählich hat sich doch manches verändert. Eines Tages bemerkte ich zu meinem Erstaunen, daß ich der älteste im deutschen Institut bin, so etwas wie ein altes Möbelstück, das zur Einrichtung der Universität gehört, kein »ehrwürdiger Greis« – mit diesen Worten hat man Immanuel Kant in der Aula der Königsberger Universität zum Anlaß seines fünfzigsten Geburtstags angeredet! –, aber eine Art »elder statesman« der Universität, und da habe ich mir gedacht, die Zeit sei reif, meine Autobiographie zu schreiben und darzustellen, wie denn nun alles so gekommen ist. Das habe ich getan und an dieser Stelle breche ich den Bericht auch ab, denn jetzt ist mein Leben endgültig in ein Gleis gefahren, wie es deren genügend gibt, es ist zu einem Universitätsleben geworden, das sich nicht mehr sehr von anderen unterscheidet. Aber ehe ich die elektrische Schreibmaschine abstelle – so muß man ja heutzutage sagen, obgleich es vielleicht besser klänge, wenn man sagen könnte: »ehe ich die Feder aus der Hand lege« –, will ich zum Abschluß versuchen, mein Verhältnis zu Amerika, genauer zu den Vereinigten Staaten von Amerika zu beschreiben. Mein Bericht hat mit der Beschreibung Wiens begonnen, des Ortes, der eine Zeitlang meine Heimat war, aber im Laufe der geschichtlichen Entwicklungen diesen Charakter für mich verlieren mußte, und soll damit enden, daß ich dem Ort, wo mich der Strom der Ereignisse abgesetzt hat, ein wenig meine kritische Aufmerksamkeit widme. Vielleicht läßt sich daraus auch eine Idee gewinnen, wie ich heute nach so vielen Abenteuern und Erlebnissen in der Welt stehe, was aus meinen Engagements, meinen Hoffnungen und Idealen geworden ist.

Mit Siegfried Unseld auf dem Illinois River

Vorausschicken will ich, daß ich nicht blind bin für die furchtbaren sozialen Probleme, die dieses Land hat, und wenn die jungen Deutschen, die als Austauschstudenten zu uns kommen und die mir begegnen, wenn ich deutsche Universitäten besuche, mich besorgt oder empört über diese Zustände in einem so reichen Land ausfragen, dann finden sie in mir einen aufmerksamen Zuhörer und zustimmenden Gesprächspartner, der ihnen aus eigener Anschauung mehr Munition zuführen kann, als sie gewöhnlich besitzen.

Es kann keine Zweifel daran geben, daß man eine hierarchische Gesellschaft vor sich hat, wo die oberen Klassen die materiellen Güter hauptsächlich für sich in Anspruch nehmen und den unteren sehr wenig übriglassen, wo der leichte Aufstieg in die oberen Schichten, früher der Stolz des Landes »mit den unbegrenzten Möglichkeiten«, jetzt ziemlich gedrosselt ist. Aber Klassengesellschaften gibt es überall, ich war noch in keinem Land, soviele ich auch bereist habe, wo es anders war. Mit solchen Feststellungen ist also noch nichts Spezifisches über die Vereinigten Staaten ausgesagt. Sofern die Übel, auf die man hier trifft, auch anderswo auftreten, kann die Lokalisierung der Kritik auf eine Nation nur die Aufmerksamkeit von den wahren Ursachen ablenken und so eine reaktionäre Einstellung begünstigen.

Ich will mich aber nicht in Allgemeinheiten ergehen, sondern von meinem Verhältnis zu den USA sprechen, und da gehe ich am besten chronologisch vor. Mein Amerikabild, als ich vor dreißig Jahren ankam, war von drei Faktoren bestimmt. Einen großen Anteil daran hatten die sehr gemischten Eindrücke, die ich von einzelnen Amerikanern empfangen hatte. Nicht allen, denen ich im Bergwerk und in der Militärmission begegnete, war mein Herz zugeflogen, aber ich war immer wieder auf Personen gestoßen, die mich beeindruckt oder mich gefördert hatten. Durch diese Erfahrungen war ich realistischerweise auf die unterschiedlichsten Möglichkeiten vorbereitet. Ferner waren meine Erwartungen von der amerikanischen Literatur bestimmt, hauptsächlich von den scharfen Satiren Sinclair Lewis' und den antikapitalistischen Romanen Jack Londons und Upton Sinclairs. Obwohl vieles darin als überholt zu gelten hatte, bildete das sich darauf gründende Wissen ein gesundes Gegengewicht gegen die allzu rosigen Vorstellungen, die das Regime Franklin Delano Roosevelts in mir und wohl in den allermeisten Hitleremigranten erweckt hatte. Er galt uns nicht nur als führender Widersacher Hitlers während des Krieges, sondern überhaupt als Verkörperung der politischen Vernunft und des guten Willens in der Welt. Die von ihm projizierten amerikanischen Tendenzen waren bis in die fernsten Winkel der Erde gedrungen und hatten ihre Macht bis über seinen Tod hinaus bewahrt. Ich erinnere mich deutlich an das nervöse Interesse meiner linksradikalen Kommilitonen in Cuenca an der Dewey-Truman-Wahl und die Erleichterung, als Truman sie wider alles Erwarten gewann.

Das freundliche Bild, das ich mir vom Amerika Roosevelts gemacht hatte, fand ich zunächst überall bestätigt. Ich wurde, wohin ich auch kam, wohlwollend aufgenommen, man leistete mir Hilfe, erfüllte meine unausgesprochenen Bitten, erriet meine Bedürfnisse, man sah über alle Mängel, die ich als Wildfremder und Ortsunkundiger mitbrachte, geflissentlich hinweg. Sogar meinen Akzent fanden die Leute sympathisch, meine von den ihren in so vielem abweichenden Meinungen originell, alles an mir schien ihnen interessant, der niedrige Stand meiner Finanzen spielte in den Beziehungen der Menschen zu mir überhaupt keine Rolle. Noch nie war ich in meinem Leben so behandelt worden, zum ersten Mal kam ich mit einem tief in die Bevölkerung eingedrungenen demokratischen Geist in Berührung, und bis zum heutigen Tag rechne ich es zu den Vorzügen der Vereinigten Staaten, wie die Menschen miteinander verkehren, sei es als Autofahrer auf den Straßen oder im persönlichen Umgang in den Geschäften, Häusern und Büros. Wer diese Behauptung angesichts der eklatanten sozialen Unzulänglichkeiten des Landes rätselhaft findet, der muß sich die abgrundtiefe Verschiedenheit zwischen individuellem und Gruppenverhalten vor Augen halten. In weiten Sphären des amerikanischen Alltagslebens war jedenfalls damals ein hilfsbereiter, freundlicher Verkehr zwischen Einzelnen die Regel. Natürlich hat das mit der Weite des Landes zu tun, je weiter man nach dem Westen kommt, um so lebendiger ist noch etwas vom alten Geist der Pioniere, für die ein Nachbar von vornherein eher ein Helfer als ein Konkurrent war, während die europäischen Aggressionen und Gehässigkeiten doch wohl z. T. von der Enge der Verhältnisse herrühren. Beeindruckt war ich auch von der Ehrlichkeit der Menschen. Aus einem Milieu gekommen, wo alles, was nicht niet- und nagelfest war, einem vor der Nase weggestibitzt wurde, traute ich meinen Augen nicht, als ich sah, daß der Postbote Pakete, die nicht in den Kasten paßten, einfach obendrauf legte. Und wenn man nach einer Stunde wiederkam, dann lagen sie immer noch da. Diese angenehme Schonung fremden Eigentums sollten wir oft genug am eigenen Leibe erfahren. Wir hatten eben geheiratet und unseren Scheck, der für einen ganzen Sommer ausreichen sollte, in der Bank eingetauscht. Und gerade diesen Augenblick wählte meine Frau, um ihre Handtasche, in die wir das Geld gesteckt hatten, irgendwo stehen zu lassen. Als wir den Verlust entdeckten, hatten wir keine Idee, wo sie hingekommen sein konnte, wir kehrten an alle Plätze, die wir seit der Bank besucht hatten, zurück, bis nur mehr ein großes Warenhaus übrigblieb, der denkbar ungünstigste Ort für das Wiederfinden von etwas Abhandengekommenem. Und doch ereignete sich das Unwahrscheinliche, auf unsere Frage holte die Verkäuferin – es war gar nicht mehr dieselbe, die uns bedient hatte – die Tasche wortlos unter der Theke hervor. Eine Kundin hatte sie gefunden und ihr überreicht, und man hatte sie uns völlig unangetastet aufbewahrt. So ging es einem überall: wenn man irgendwo auf dem Lande zu Fuß ging, etwa um einen Spaziergang zu machen, dann blieb garantiert der nächste Autofahrer stehen und wollte einen mitnehmen. Hatte man auf der Landstraße eine Panne, dann hielt binnen allerkürzester Zeit jemand an, um zu helfen. Entdeckte man zu seiner Verlegenheit im Bus, daß man sein Geld zu Hause vergessen hatte, dann sprang ein anderer Passagier ein und bezahlte den Fahrschein. Man wurde überallhin mitgenommen, zum Essen eingeladen, zum Markt gebracht, bei der Arbeit unterstützt, mit Rat und Tat gefördert. Weder im faschistischen Österreich noch in Südamerika hatte es Vergleichbares gegeben. Manche dieser Länder waren zwar auch

»demokratisch« regiert worden, hier aber lernte ich die politische Lektion, daß Demokratie und Parlamentarismus noch lange nicht dasselbe sind. Alles das ist leider in USA viel schlechter geworden. Die Wirtschaftskrise, die Arbeitslosigkeit und die große Kriminalität haben der amerikanischen Offenheit und Vertrauenseligkeit sehr geschadet. Man ist mißtrauischer geworden und schließt sich in einem früher nicht gekannten Maße von einander ab. Aber es ist immer noch etwas von der alten Offenheit übriggeblieben.

Meine Euphorie, die einseitige Überschätzung des Guten in USA konnte natürlich nicht ewig dauern, sondern mußte realistischeren Einsichten Platz machen. Wenn man nur ein wenig herumkam, dann merkte man, wie unvorstellbar groß das Land war und daß man sich lange in Sphären bewegen konnte, in denen die Welt vollkommen intakt schien, während in anderen Chaos, Diskriminierung und Verbrechen herrschten. Diese Entdeckung war das erste Trauma, das verkraftet werden mußte. Ein zweites, politisches kam bald dazu, der Senator Joseph McCarthy und seine Bewegung traten in Erscheinung und dominierten die Aufmerksamkeit auf Jahre. In dem Klima des sich gerade entwickelnden Kalten Krieges wurde es möglich, unter dem Deckmantel des Antikommunismus einen Meinungsterror zu entfesseln, der jede kritische Äußerung, jedes selbständige Denken zu einem Wagnis machte, das einen auf einen bloßen Verdacht hin um Ansehen und Stellung bringen konnte. Leicht war es zu durchschauen, daß diese Gesinnungssklaverei zu sehr handfesten Zwecken organisiert wurde. Wegen der Gelder, die Joseph McCarthy von den Ölmillionären zuflossen, wurde er mit bitterer Ironie der »Senator von Texas« genannt, obgleich jedermann wußte, daß Wisconsin der Staat war, der ihn nach Washington geschickt hatte. Außenpolitisch ging es um Militärfragen, um die Konkurrenz mit Rußland, die Politik gegenüber China, und auch da steckten wirtschaftliche und »Reichs«-Interessen dahinter. Das Entmutigende aber war die Gläubigkeit, mit der breite Massen der Bevölkerung sich von diesen Machinationen betören ließen, die Angst und die Gehässigkeit, die unter der menschenfreundlichen Oberfläche geschlummert und sich so leicht hatten wecken lassen. Als Zentren des Liberalismus und der intellektuellen Analyse kamen sehr bald die Universitäten unter den Beschuß des McCarthyismus, und wir stürzten uns, obgleich wir Ausländer waren und jeden Augenblick deportiert werden konnten, leidenschaftlich in den Kampf. Bald tagten inquisitionsähnliche Ausschüsse im ganzen Land und die berüchtigten »Hexenprozesse« wurden abgehalten. Mit meinen Erfahrungen meinte ich nicht anders, als daß der Faschismus, den ich bereits für besiegt gehalten hatte, wieder im Vormarsch sei. Anfangs schenkte ich meinen amerikanischen Freunden und Bekannten keinen Glauben, die das für ein europäisches Vorurteil hielten und vorhersagten, daß dieses Unwesen, dieser von McCarthy aufgebaute Staat im Staat, sich nicht halten würde. Sie sollten Recht behalten, es dauerte eine lange Zeit, die Sache zog sich Jahre hin, aber am Ende setzte sich die Gegenbewegung durch. Verblendet durch seine vielen Erfolge nahm McCarthy die Armee aufs Korn, die sich aber als zu großer Brocken erwies. Das Fernsehen, das sein intolerantes, hysterisches Vorgehen in jedes amerikanische Bürgerhaus brachte, tat das seinige, um den Mythos zu untergraben. Der Widerstand wuchs, das Parlament mußte von dem Wandel in der öffentlichen Meinung Kenntnis nehmen, und eines Tages wurde, was äußerst selten geschieht, McCarthy von seinen Kollegen im Senat in öffentlicher Abstimmung ein milder Tadel erteilt. Das genügte aber völlig, die Wellen legten sich, die Mißbräuche hörten auf, McCarthys Macht schmolz dahin und er selbst verschwand aus dem Kalklicht der öffentlichen Aufmerksamkeit. Als er ein paar Jahre darauf starb, krähte kein Hahn mehr danach. Aber der Schaden war schon geschehen, die verübten Ungerechtigkeiten konnten nicht mehr rückgängig gemacht werden, obwohl die Gerichte noch auf lange Zeit mit einzelnen aus dieser Epoche stammenden Streitfällen beschäftigt waren, das moralische Klima hatte sich gewandelt und die Entwicklung Amerikas eine ungute Wendung genommen. Auf jeden Fall tauchte ich desillusioniert aus diesen Geschehnissen hervor. Realistischer als zuerst erkannte ich jetzt, daß es mindestens zwei Amerikas gab: das manifeste Amerika mit seinen Befreiungskriegen und seiner aus dem achtzehnten Jahrhundert stammenden Verfassung, seinen löblichen Leitsätzen wie »due process«, d. h. die peinliche Befolgung der bürgerrechtlichen Garantien in jedem Streitfall, »innocent until proven guilty«, die Annahme der Unschuld eines Angeklagten, solange er nicht überführt ist, und mehr solcher aufgeklärter Grundsätze; und das andere, unterschwellige Amerika des Chauvinismus und Obskurantismus, des Rassendünkels und der Mobherrschaft, das, nur halb im Schach gehalten, bei dem geringsten Anlaß bereit war, hervorzubrechen.

Nun kamen Jahre, wo man den Militarismus anwachsen sah, den Prestige- und Machtgewinn der Armee. Während der scheinbar harmlose Eisenhower Golf spielte, trieb sein finsterer Außenminister seine aggressiven außenpolitischen Spiele in der Welt, die trefflich mit dem Begriff »Brinkmanship« in die Geschichte eingegangen sind. Einer seiner eigenen Reden entnommen, bedeutet die Vokabel die Bereitwilligkeit, die außenpolitischen Ziele bis zum Rand des Krieges, ja darüber hinauszusteigern. In dieser Atmosphäre kam Kennedy zur Regierung. Zwar hatten wir für ihn gestimmt, denn sein Gegner war die anrüchigste Gestalt der amerikanischen Politik, Richard Nixon, der in seiner politischen Karriere alles unterstützt und angetrieben hatte, was wir in der Welt für schädlich hielten. Aber wir hatten auch zu Kennedy kein Vertrauen, im Gegensatz zu den Europäern, die ihm zujubelten, betrachteten wir ihn lediglich als das geringere von zwei Übeln, und seine ersten Taten als Präsident waren geeignet, den Argwohn zu bestärken: die enorme Erhöhung des Militärbudgets, die Invasion Kubas, die Steigerung der amerikanischen Intervention in Vietnam. Während alle diese Dinge zur sofortigen Ausführung kamen, stockte die von Kennedy vorgeschlagene Sozialgesetzgebung und nicht eine dieser Maßnahmen konnte durchgesetzt werden. Vielleicht wäre, wie manche behaupteten, Kennedys wahres, besseres Wesen zum Vorschein gekommen, wenn ihm mehr Zeit vergönnt gewesen wäre. Aber er wurde ermordet, und auf ihn folgte die katastrophale Administration Johnsons, der mit überwältigender Mehrheit gewählt wurde, denn was sollte man angesichts seines Opponenten, des mit Atomwaffen auftrumpfenden Luftwaffengenerals Goldwater sonst tun? Tatsächlich wurde zunächst unter Johnson das ganze Sozialpaket Kennedys in einem Paroxysmus von Reue und Heldenverehrung vom Kongreß bewilligt, aber der Vietnam-Krieg, den Johnson unter Verrat seiner heiligsten Versprechungen zum vollen Ausbruch brachte, hat das alles zunichte gemacht und wuchs sich zum schlimmsten, schmachvollsten Unternehmen der amerikanischen Geschichte aus.

Gegen den Vietnam-Krieg habe ich von seinen ersten, noch relativ unauffälligen Anfängen an Widerstand geleistet. Fast ein Jahrzehnt habe ich mich gegen dieses unverantwortliche Unternehmen gewehrt, mich von den Dingen, an denen mir am meisten liegt, dem Lehren und Erforschen der Literatur ablenken lassen. Zuerst waren die Gruppen, die sich öffentlich gegen die amerikanische Intervention und die zu ihrer Erklärung von den regierenden Kreisen vorbereiteten

Lügen wehrten, klein. Dabei ist »Lügen« für die Wort- und Sinnverdrehungen, das Unterdrücken und das Erfinden von Nachrichten, das ganze eklige Netz von Euphemismen und scheinheiligen Beteuerungen, in das man von der öffentlichen Propagandamaschinerie eingesponnen wurde, ein entschieden zu simpler Ausdruck. Wie so oft ist eine einzige Äußerung symbolisch für die makabre, die schlimmsten Befürchtungen des englischen Schwarzutopikers Orwell übertreffende Handhabung der Sprache und Manipulation der dahinterstehenden Ereignisse geworden. Ich denke an die Verlautbarung eines an sich bedeutungslosen Offiziers, der aber den ganzen Ungeist der Geschehnisse und seine totale Anpassung an den grauenvollen Humanitätsverlust manifestierte, als er erklärte, man habe ein vietnamesisches Dorf zerstören müssen, um es zu befreien.

Ich muß lobend hervorheben, daß meine Universität eine der ersten des Landes war, die eine wirksame Gegentätigkeit organisierte. Wir protestierten, wir hielten öffentliche Diskussionen, wir veranstalteten eines der ersten »Teach-ins«, wir publizierten eines der ersten Anti-Vietnambücher, »The Politics of Escalation«. Aber ohne Massenbewegung blieben die Proteste von ein paar Professoren wirkungslos. Erst als die Studenten sich dazuschlugen und die amerikanische Jugendbewegung entstand, spaltete sich das Land in zwei Lager, wurde die Ablehnung dieses Krieges zu einem ernstzunehmenden Politikum. Von nun an verdoppelten wir unsere Anstrengungen, meine Frau und meine halberwachsenen Kinder beteiligten sich an den Boykotts und manchen anderen Aktionen. In St. Louis zogen sie mit Plakaten vor die Musterungszentren und die in die Kriegswirtschaft verwikkelten Konzerne, in Washington demonstrierten sie zur Aufrüttelung der Regierung und der ganzen Welt. Von Anfang an hatte ich Verständnis für die protestierenden Studenten, die sich im Gegensatz zu anderen Ländern hier nicht gegen die Professoren wandten, und zusammen mit einigen gleichgesinnten Kollegen konnte ich eine Vermittlerrolle spielen, die einiges zur Reform der Universität beitrug und auf beiden Seiten Exzesse verhinderte. Die ersten Jahre dieser Tätigkeit, wo sich fast jeder befremdet von einem abwandte, waren einsam und mühselig gewesen, aber später wurde man Teil einer großen und schließlich siegreichen Bewegung, die so mächtig anschwoll, daß sich ein wahres geschichtliches Paradox vollzog: Nixon, einer der eifrigsten Kalten Krieger, wurde gezwungen, wenn auch sehr gegen seine ureigensten Instinkte, diesen Krieg abzustellen. Das muß man bei der Beurteilung des geistigen Zustands der Amerikaner festhalten: immerhin haben sie ein Drittel ihrer Stimmen für George McGovern abgegeben, obgleich er eine ungemein ungeschickte, ja vielfach fatale Wahlkampagne geführt hatte, und der ganze, lang anhaltende, an einen Volksaufstand erinnernde Aufruhr gegen eine in einen Krieg von enormen Ausmaßen verwickelte Regierung konnte sich ohne massive Erschießungen, ohne Notstandsmaßnahmen und blutige Unterdrückung abspielen. Wo war der deutsche Widerstand im ersten Weltkrieg, als Hindenburg und Ludendorff ihre Diktatur errichteten und das Land immer tiefer in einen verlorenen Krieg trieben? Welche Schichten der russischen Bevölkerung gingen auf die Straßen, als Ungarn, als die Tschechoslowakei vergewaltigt wurde? Und wie wäre man mit ihnen verfahren, wenn sie es gewagt hätten? Mir persönlich ist bei all den Protestaktionen und Demonstrationen, an denen ich mich beteiligt habe, nichts passiert, außer daß ich immer wieder photographiert wurde, aber das Vergnügen gönne ich den Bewahrern der staatlichen Ordnung. Ich bin nicht verhaftet und nicht verhört worden, ich habe meine Position nicht verloren, und ich wurde von keiner Seite unter Druck gesetzt. Wahrscheinlich hat das FBI eine dicke Ablage über mich, in die ich übrigens auf Grund eines seither erlassenen Gesetzes, des *Freedom of Information Act* Einsicht verlangen könnte, wenn mich danach gelüstete, aber so neugierig bin ich gar nicht. Es gab in Amerika widerrechtliche Verhaftungen, mit Tränengas wurde nicht gespart, so mancher wurde von der Polizei niedergeknüppelt und das Opfer der von der Nationalgarde erschossenen Studenten der Kent-State-University soll unvergessen bleiben. Aber ich überlasse es jedermanns Phantasie, sich auszumalen, wie solchen Protestaktionen und Aufmärschen in anderen Ländern begegnet worden wäre.

Auch das ist ein Aspekt der Vereinigten Staaten, den man nicht außer acht lassen sollte. Die Verzögerungen und Winkelzüge, die Nixon und sein ihm ebenbürtiger Außenminister erfanden, um die Liquidierung des Krieges hinauszuschieben, die sogenannten »Weihnachtsbombardements«, halte ich für unverzeihliche Taten, die mancher von den Nazis verübten nicht nachstehen und unter den vielen politischen Abwegigkeiten, deren Zeuge ich in meinem Leben werden mußte, erscheint mir die Verleihung des Friedensnobelpreises an Kissinger als eine der lächerlichsten. Auf die Dauer hat das alles aber nichts genützt. Die amerikanischen Truppen mußten von Vietnam, wo sie nichts zu suchen hatten, abgezogen werden.

Vom Vietnam-Krieg habe ich viel gelernt, er hat mich nicht nur die letzten Illusionen über Amerika gekostet, sondern mich überhaupt in Sachen der Weltgeschichte endgültig zum Pessimisten gemacht, denn der Sieg der Vernunft war zu zweideutig, die Leiden zu groß, die Verluste zu unwiederbringlich, als daß man darüber triumphieren könnte. So sonderbar das klingen mag, so muß ich doch sagen, daß der Vietnam-Krieg auch mein Verständnis des Nationalsozialismus vertieft hat. Dieses Phänomen, das ja die ganze Richtung meines Lebens bestimmt hat und über das ich alles Wissenswerte zu wissen glaubte, wurde mir plötzlich in einer intimen, psychologischen Weise, also menschlich begreifbar wie nie zuvor. So wie meine guten Nachbarn und demokratischen Bekannten in Amerika diesem Abenteuer ihrer Regierung hilflos gegenüberstanden, zunächst unfähig, ihre überkommenen Werte und Illusionen aufzugeben, ihrem beinahe angeborenen Glauben an die Vernünftigkeit und Rechtsstaatlichkeit Amerikas abzuschwören, so müssen auch die deutschen Patrioten hilflos, ungläubig und unverständig dem Nationalsozialismus gegenübergestanden haben, mit der Verschärfung, daß sie es ja nicht leicht hatten, sich über die Wahrheit zu informieren, während es in USA an den frei fließenden Quellen der Berichterstattung niemals fehlte. Ich stehe heute den deutschen Mitläufern der Hitlerei, sofern sie nach dem Krieg Zeichen der Regeneration von sich gegeben haben, viel toleranter gegenüber als vor dem Vietnam-Krieg.

Verglichen mit diesen einschneidenden Erkenntnissen hat mir die Watergate-Affaire nichts Neues mehr gezeigt. Von der tiefsitzenden Korruption, der bodenlosen Unmoral der regierenden Schichten war ich längst überzeugt, ehe der Skandal ausbrach. Im Gegenteil, was mich daran wunderte, wenn die Enthüllung auch an einem einzigen Haar gehangen hatte, war die öffentliche Bloßstellung von Nixons wahrem Wesen, an dem ich seit fünfundzwanzig Jahren keinen Zweifel hegen konnte, das aber unbegreiflicherweise so vielen meiner Mitbürger verborgen geblieben war. Auch hier hatte sich im Grunde zum dritten Mal in diesen Dekaden, wie zuvor beim McCarthyismus und beim Vietnam-Krieg, das amerikanische System mit seinen »checks and balances« bewährt. Die Institutionen bewegten sich mit schneckenhafter Langsamkeit, es dauerte Jahre, bis sich eine eindeutige öffentliche Meinung herausbildete, aber endlich wurde Nixon ebenso wie der frühere Unfug beiseitegefegt. Die Umstände, unter denen es geschah, sind nicht danach angetan, einen frohlocken zu lassen, aber sie erlauben die Annahme, daß doch nicht alles verloren ist. Für Carter habe ich ohne große Begeisterung meine Stimme abgegeben, aber ich gestehe, daß ich die ganze Wahlnacht wie angekettet vor dem Fernsehschirm ausharrte, um den Untergang Gerald Fords mitsamt den Resten der Nixon-Wirtschaft zu erleben und auszukosten, als würde ich einer für mein psychisches Fortbestehen unerläßlichen Entgiftungskur unterzogen.

Muß ich nach alledem beteuern, daß ich kein patriotischer Amerikaner geworden bin? Die Rekapitulation meiner Teilnahme an der amerikanischen Geschichte des letzten Vierteljahrhunderts und der Entwicklung meines politischen Bewußtseins gibt das Maß an, in dem ich überhaupt zum Amerikaner geworden bin. Ich habe meinen amerikanischen Paß, der mir zum Reisen wichtig ist, ich liebe manche amerikanischen Landschaften über alles, was aber freilich mit Nationalismus wenig zu tun hat, wenigstens nicht in meinem Vokabular, ich freue mich über jedes Anzeichen demokratischer Gesinnung, dem man noch begegnet, was allerdings öfter geschieht als in Europa, und ich habe viele amerikanische Freunde, aber sonst ist an meinem Amerikanismus nicht viel dran, den meisten anderen Manifestationen des öffentlichen Lebens und politischen Systems, die man für gewöhnlich als amerikanisch ausgibt, stehe ich skeptisch bis ablehnend gegenüber, und diese Verwahrung läßt mir wenig Spielraum für eine nationale Identität übrig. Denn auch mit meinem Judentum weiß ich, wie ich bereits berichtet habe, in einem nationalen Sinn nur sehr wenig anzufangen. Jude bin ich nur insofern, als ich mich, da ich ein jüdisches Schicksal durchlebt habe, zur jüdischen Schicksalsgemeinschaft bekenne. Aber das ist für eine jüdische Identität wohl zu wenig. Natürlich bin ich auch kein Österreicher, das geht ja sehr deutlich aus meinen Lebenserinnerungen hervor. Am richtigsten wäre es wahrscheinlich zu sagen, daß ich von allen diesen kulturellen und psychologischen Konfigurationen etwas in mir trage. Einen Weltbürger mag ich mich auch nicht nennen, denn das hieße den Mund recht voll nehmen. Wenn auch ein Weltbürgertum eine schöne Sache wäre, so gibt es sie einstweilen noch nicht, heutzutage ist man, ob man will oder nicht, immer noch Bürger eines bestimmten Staates. Aber mein Empfinden geht entschieden in diese Richtung, und was mir an angeborenen oder anerzogenen Bindungen mangelt, das versuche ich durch ein die Allgemeinheit der Erdbevölkerung einschließendes Denken auszugleichen. Die Frage hat aufgehört, ein Problem für mich zu sein. Ich bin einfach da, ich interessiere mich für dies und jenes, ereifere mich für diese und jene Sache, unterstützte diese und jene politische Strömung oder Unternehmung, unterhalte Beziehungen zu diesen und jenen Menschen und brauche im übrigen nicht mehr.

Wenn ich zu den Anfängen meines Lebens zurückblicke, so erkenne ich, daß es sehr früh durch die faschistischen Bewegungen in Deutschland und Österreich aufgestört worden ist und daß ich ihretwegen zu dem wurde, was ich bin. Zu verkünden, daß Hitler für mich gut war, wäre eine Verhöhnung der Millionen, die er auf dem Gewissen hat und zu denen ich, in jeder Phase des faschistischen Vernichtungszuges durch die Welt, leicht hätte gehören können. Dennoch ist es eine Tatsache, daß ich durch die explosionsartigen Ausbrüche des Hitlerismus in die freie Luft geschleudert wurde, wo ich einen längeren Atem und einen weiteren Ausblick gewonnen habe, als wenn ich in der heimatlichen Enge geblieben wäre. Manche Menschen werden, wenn sie ihnen widerfährt, von der Durchtrennung der Wurzeln, die sie an ihr Fleckchen

Umwelt binden, gefährdet oder gar zerstört. Mir hat sie zunächst auch nicht gerade wohlgetan, aber auf die Dauer hat sie Kräfte befreit, die sonst unerweckt für immer in mir geschlummert hätten. Anders als andere Emigranten, die der Heimat nachtrauern, heiße ich daher die Emigration gut und bekenne mich zu ihr, nicht weil sie mir just passierte und man für gewöhnlich sein Leben billigt, sondern beinahe als Prinzip, als einen Prozeß, dem ich meine Befreiung und, so sonderbar das auch anmuten mag, die Gewinnung meines Gleichgewichts zu verdanken glaube.

Aber mit diesem Reim, den ich mir vom individual-philosophischen Gesichtspunkt auf die Geschehnisse meines Lebens mache, ist es nicht getan. Was ins Auge springt, das sind doch unbedingt die unauflöslichen Verflechtungen des Einzelschicksals mit den Gegebenheiten. Rückblickend zeigt sich nicht ein beliebiger Lebenslauf, der primär durch Zufälle bestimmt wurde und dessen Windungen von der Einsicht oder der Willenskraft des erlebenden Subjekts abhingen, sondern ein Schicksal, das von historischen Mächten gestaltet wurde, die sich dem Einfluß, ja dem Verständnis entzogen, so sehr, daß sich eben an diesem Einzelschicksal die Zeiterscheinungen mit persönlicher Genauigkeit ablesen lassen. Selbst die Entscheidungen, die hin und wieder getroffen werden mußten, resultierten nachweisbar aus den jeweiligen Umständen und geschichtlich bedingten Chancen. Solange die Zeiten aufgewühlt waren, war es auch mein Leben. Und ist es in den letzten Jahren stetiger geworden, so doch wohl, weil Zeit und Ort eine ruhigere Existenz erlaubten. Hundertmal hätte ich auf meinem Durchgang durch die Epoche zu Fall kommen können. Selbst ein Bericht wie der vorliegende in seiner notwendigen Vereinfachung hat an Stellen geführt, wo Untergang nicht um ein Haar weniger wahrscheinlich gewesen wäre als Überstehen. Im »angeschlossenen« Wien, im außermenschlichen Niemandsland, im belagerten und schließlich besetzten Prag, in den Unwegsamkeiten der Anden, überall war physische und geistige Vernichtung konkrete Drohung, und wer hätte sie, wäre sie eingetreten, irgendwelchen persönlichen Unzulänglichkeiten von mir anlasten dürfen? Wenn aber Niederlage nicht als Versagen gelten konnte, dann darf ich mir auch sporadisches Gelingen nicht zum Verdienst anrechnen. In unserer Zeit, wo sich das Netz der Unausweichlichkeiten immer dichter zusammenzieht, hat es überhaupt wenig Sinn, moralische Maßstäbe an das Tun und Lassen des entmachteten Einzelnen anzulegen. Derlei ist ein Luxus geregelter Verhältnisse. Man kann das Auftreten eines Helden bewundern, verlangen kann man es nicht.

Dieser Einschränkung bedurfte das Wort »Befreiung«, das ich eben noch gebrauchte und mit dem ich wieder in den Fragekomplex eingemündet bin, der überhaupt Anlaß zu diesen Rückerinnerungen gegeben hat. Niemand kann Kenntnis von meinen wechselnden Lebensumständen nehmen und zur Meinung gelangen, daß ich in unserer Welt der Freiheit des Einzelnen, Lauf und Richtung seiner Entwicklung ungehindert zu gestalten, übertriebene Chancen einräume. Manchmal will mir scheinen, als ob unlenkbare Mächte die Einzelperson geradezu vor sich herwirbelten, denen gegenüber sie oft nicht mehr Widerstand zu leisten imstande ist, als eine Schneeflocke dem Wirbelsturm. Nur unter glücklichen Umständen, so möchte ich mit aller Vorsicht meinen, bleibt dem Individuum je nach seiner besonderen Situation eine gewisse Bewegungsfreiheit. Es kommt dann zu einer Begegnung zwischen den immer noch übermächtigen Gegebenheiten und dem, was der Mensch selber ist, mit seiner Schlauheit, seiner Vitalität, seinem ethischen Willen. Daraus kann, wenn die Zeiten günstig sind, einiges werden. Ein solches Etwas an Freiheit zu postulieren, ist nötig, um den Begriff der Menschenwürde aufrecht zu erhalten. Vor idealistischen Verstiegenheiten, wie der manchmal gehörten Behauptung, der Mensch sei frei, soll man sich hüten. Gewöhnlich will derlei nur einen schlimmen Tatbestand verschleiern. Bei der gegenwärtigen Beschaffenheit der Welt kann man sagen, daß die Menschheit in einer furchtbaren Finsternis dahintappt. Viel Trost weiß ich auf Grund meiner Erfahrungen nicht zu spenden. Nur schwach flackernd sehe ich Vernunft und Freiheit das geschichtliche Dunkel durchzucken. Das Mögliche zu tun, um diese Flämmchen vor dem Verlöschen zu bewahren, sie nach Kräften zu schützen und zu nähren, das halte ich für Menschenpflicht und Lebenssinn. Die Gewißheit, daß sie dereinst zum hochlodernden Feuer erstarken werden, kann ich meinen Lebenserinnerungen nicht abgewinnen.

»So sehe ich mehr oder weniger heute aus, freilich von Jahr zu Jahr etwas schlechter.«

Anhang

Nachschrift 1991

Auf Seite 287 habe ich von meinen mehrfachen Besuchen in Wien gesprochen – recht kurz und allgemein. Von einer solchen »Rückkehr« möchte ich nun doch ausführlicher erzählen. Eine von dem Kunstzentrum »Alte Schmiede« verwaltete Wohnung wurde mir angeboten, und ich kehrte zum ersten Mal seit 1938 nicht wie schon öfter auf ein paar Tage, sondern auf längere Zeit in meine Heimatstadt zurück. Ich begann, mich in ihr einzurichten, mich in den Straßen (pardon: Gassen), wenn man so sagen kann, betont unbewegt fortzubewegen. Ich freute mich, daß mich nur drei Minuten vom Naschmarkt trennten. Ich fand es bequem, daß man nicht, wie in USA, weit weg in die riesigen Supermärkte muß, sondern jede Menge und Art kleiner Geschäfte vor der Nase hat, und daß ich zu Fuß in zwanzig Minuten die Nationalbibliothek erreichen konnte, wo ich arbeitete. Ich begeisterte mich für das Landbrot, die Alpenlaberl und Wachauer, erneuerte (mit bedauerlichen Folgen für das Körpergewicht) die Bekanntschaft mit den Mohnstriezeln und Salzstangerln, den Dampfbuchteln, Germknödeln, Indianerkrapfen, Topfenpalatschinken und Powidltatschkerln meiner Jugendzeit. Bald benutzte ich virtuos das verläßliche öffentliche Verkehrswesen und kämpfte um Theaterkarten in der Hanuschgasse oder an den Tages- und Abendkassen. Kurz, ich gefiel mir in der Pose eines beliebigen Touristen, aber mit dem bedeutsamen Unterschied, daß ich wußte, wo sich alles befand, daß ich keinerlei Verständigungsschwierigkeiten hatte und sogar den Dialekt der Einheimischen hätte sprechen können, wenn mich nicht eine bestimmte Hemmung zurückgehalten hätte, die Scheu der Distanz von fünfzig Jahren des Redens in anderen Zungen, die einen Rückfall ins Wienerische als ungebührliche Anbiederung registriert hätte. Meine erstrebte Selbstdarstellung als Vergnügungsreisender wurde dadurch begünstigt, daß meine Wohnung auf der Wieden lag, einem mir von ehedem nicht allzuvertrauten Stadtteil. Aus dem gleichen Grund vermied ich geflissentlich das Eindringen in jene intimen Bereiche des Bezirks Landstraße, wo ich jede Seitengasse, ja viele Einzelhäuser kenne, sofern sie stehengeblieben sind.

Die Illusion des teilnahmslosen Touristen brach aber eines Nachts zusammen, als ich am Schwechater Flugplatz die Limousine zum Hotel Hilton bestieg und mit wachsender Bewegung feststellte, daß der Fahrer eine Kindheitsroute von mir eingeschlagen hatte und mit sadistischer Beharrlichkeit verfolgte: den »Schüttel« hinunter, auf »meiner« Brücke, der ehemaligen Rotundenbrücke, über die ich unzählige Male zum Fußballspielen oder zu ersten erotischen Abenteuern auf die Jesuitenwiese im Prater den Schularbeiten entwichen war, den Donaukanal überquerend, am Café Zartl vorbei, wo meine Eltern sonntags Schlagobers geholt hatten, einen Blick auf die Geologengasse freigebend, wo ich aufgewachsen bin, die Rasumofskygasse entlang bis zur Siegelgasse, wo meine Volksschule stand. Was konnten lumpige fünfzig Jahre den Empfindungen anhaben, die dieses mondbeschienene Wiedersehen auslöste?! Gemischt wie sie waren, hätte ich sie schwer auseinandernehmen können, aber die Tatsache allein, daß sie unaufhaltsam hervorwallten, zwang mich, der Fiktion zu entsagen, ich sei einer der fidelen Ausländer, die durch ihr »Vienna, my favorite city in Europe« streunen, ahnungslos an allen Realitäten der Stadt vorbei, sich unbekümmert um alle historischen Verstrickungen ihren vielgeliebten Lippizanern hingebend. Diese Fahrt belehrte mich, daß trotz meiner mehr als sechzig Jahre das Wiener Kind immer noch in mir steckt. Die Kindheit kommt nicht abhanden, sondern existiert, wenn auch verschüttet, immer fort. Ich mußte mir eingestehen, daß sich noch Leben regt in diesen Trümmern, ähnlich dem Magma in der Tiefe eines ausgebrannten Vulkans. Ja, ich konnte mich der Einsicht nicht verschließen, daß alles Weitere, das in einem halben Jahrhundert – und was für einem! – mit mir geschehen war, auf diesem Schutt hatte aufbauen müssen, auf einem unsicheren Fundament sicherlich, aber ein anderes war nun einmal nicht vorhanden: wie ja auch mein Kindheitshaus Geologengasse 8, das mit seinem hinterglasten schmiedeeisernen Tor, den steinernen Stiegen und der verschnörkelten Laterne im Foyer eigentlich einmal ganz prächtig war, dann zerbombt und – wie eine an der Außenwand angebrachte Tafel verkündet – aus den Mitteln des Ministeriums für Wiederaufbau neu hergestellt wurde, nun aber längst wieder schäbig geworden ist. Eine beinahe parallele Entwicklung!

Ich weiß das alles so genau, weil ich von dem nächtlichen Erlebnis an meinen Widerstand aufgab und die alten Stätten wieder aufsuchte, das Franz-Josefs-Realgymnasium, heute Bundesgymnasium Wien I, die Straßen und Plätze, wo meine Schulfreunde gewohnt hatten, das Haus mit der steinernen Türkenkugel in der Sterngasse, wo die Werkstatt meines Vaters gewesen war, die Ecke im Stadtpark, wo ich mit meinem ersten Mädchen gesessen bin, das Haus in der Löwengasse, wo einst das Kino war, in dem ich meine ersten Filmdiven angeschwärmt hatte. Auch in die Rasumofskygasse bin ich noch einmal gegangen. Gegenüber der Geologischen Bundesanstalt ist das Haus Robert Musils, von dem es in den zwanziger Jahren, als ich Schulknabe täglich vorüberkam, nur geheißen hatte, es säße einer da drinnen, der »schriebe«. Heute erinnert eine Inschrift daran, daß Musil von 1921 bis 1938 dort gewohnt hat, also genau in den Jahren, die auch ich in Wien verbracht habe. Darunter steht noch, daß Musil im Exil gestorben ist, und da kommt mir blitzartig die Erleuchtung, daß auch ich, allerdings ohne nachmalige Tafel, im Exil sterben werde, ob mich nun mein Ende in St. Louis ereilt oder anderswo.

Wien hat den Vorzug gehabt, im Zweiten Weltkrieg verhältnismäßig wenig zerstört worden zu sein. Wahrscheinlich hat die Niederreißwut der Nachkriegsjahre mehr kaputtgemacht als die Bomben. So steht es auch um die weniger leicht faßbaren psycho-historischen Lebensbeschaffenheiten. Es gibt da Kontinuitäten und Diskontinuitäten. Alles ist heute glanzvoller als in der gedrückten Düsternis der ersten Republik, die ich in Erinnerung habe. Viele Fassaden sind gereinigt. In den Auslagen drängen sich die Waren. Nichts ist billig. Dennoch sind die Theater, die Konzertsäle, die Restaurants voll. Man ist gut gekleidet, fährt teure Autos, wenn es auch schon wieder Bettler gibt. Viele Leute sind offenbar wohlhabend und daher weniger ressentimentgeladen, weniger aggressiv. Dennoch ist manches von den früheren Verhaltensweisen, der alten Wiener Schadenfreude, übriggeblieben. Ich suche zu Pfingsten ein Zimmer für einen Bekannten, der nach Wien kommen will, und bekomme eine Absage nach der anderen. Ein Hotelportier erklärt mir das Phänomen – auf seine Weise: »A Zimmer woins? Jetz wer i Ihna wos sogn: Nicht nur hier, in ganz Wien kriegns für Pfingsten ka Zimma mehr!« Ich frage auf der Straße eine Frau nach der nächsten Bank. Ihre Auskunft: »I kenn ka Bank net, aber a Post is in der Faulmanngassn.« Meine Frau, eine Westfälin, verhandelt mit dem Greisler. Vielleicht durch ihren norddeutschen Akzent herausgefordert, erkundigt er sich: »Woins steirische Eier oder österreichische?« Meine Frau: »Ich wußte nicht, daß die Steiermark nicht zu Österreich gehört.« Er: »Hams a recht.

Der Unterschied is eh net groß.« Man fühlt sich um Jahrzehnte zurückversetzt, psychische Strukturen ändern sich nicht so schnell. Gibt es außer Wien einen Ort in der Welt, wo man solche Antworten bekommt?

Das Gleichbleibende macht sich auch in der Politik bemerkbar, z. B. in der Affäre Frischenschlager, benannt nach dem Minister, der persönlich einen durch Gnadenakt aus italienischer Gefangenschaft entlassenen SS-Führer vom Flughafen abholt, mit Handschlag begrüßt und ihn in die Obhut der Armee bringt. Und schon sind sämtliche politischen Leidenschaften aufgewühlt, die es je hier gegeben hat. Sollte diese Episode die im Unterschwelligen immer noch ein wenig verachtete Nachbarnation brüskieren? Handelt es sich um die Naivität eines unerfahrenen Politikers? Um Werbung bei den Nationalisten, Militaristen, Ewiggestrigen im Lande und besonders in der eigenen Partei (Frischenschlager gehört zur FPÖ)? Fast noch bemerkenswerter als der Akt sind die Reaktionen darauf: die lauthals verkündeten Stellenangebote an den Freigelassenen, die angesichts seines Alters und Gesundheitszustands nur als Provokation gemeint sein können; das Schachern um die Bezeichnung: ist er ein Kriegsgefangener, der seine Pflicht getan, oder Kriegsverbrecher, der unter der Zivilbevölkerung gewütet hat; die Heuchelei des Ministers, der sich nachträglich bei Israel (!) für sein Tun entschuldigt; und die Empörung in gewissen Kreisen, daß er es tut. Viele sind unverbesserlich, niemand reumütig. Ich lese die österreichischen Zeitungen zu dem Zeitpunkt, als der amerikanische Präsident außer dem Soldatenfriedhof Bitburg noch das KZ Bergen-Belsen seinem Deutschland-Programm hinzufügt. Ich erinnere mich an meine Reaktion, den Ekel, den mir die Suche nach einem »photogenen« Konzentrationslager bereitet, wo sich der fatale Lächler in Positur werfen kann. Die österreichische volkstümliche Presse reagiert anders; sie entrüstet sich: nun würden – alte unausrottbare Kombination – die Juden und die Sowjets triumphieren, heißt es in mehreren Zeitungen. Sind das Töne von 1935 oder 1985? Der Antisemitismus sitzt tief, so tief, daß er zu seiner Nahrung der Juden überhaupt nicht mehr bedarf.

All das ist gespenstisch. Ich meine dieses Wort nicht als Metapher, sondern gebrauche es ganz konkret. Gespenstisch ist eine sündige Vergangenheit, die immer wiederkehren muß, weil sie nicht abgetan ist. Der Mythos, völlig unglaubwürdig für jeden, der dabei war, egal auf welcher Seite, Österreich sei ein Opfer und nicht ein Agent des Faschismus gewesen, hat zweifellos politische Vorteile gebracht, aber er erzeugt Verdummung und andere psychische Schäden bei denen, die plötzlich beginnen, selbst daran zu glauben. Wer tiefer blickt, der erinnert sich unwillkürlich an das, was einst mit witziger Bosheit Alfred Polgar gesagt (und vor ihm schon Karl Kraus ganz ähnlich formuliert) hat: »Ich muß ein vernichtendes Urteil abgeben: Wien bleibt Wien!«

Dennoch, vieles ist anders geworden. Ich denke vor allem an gewisse menschliche Beziehungen, Freundlichkeiten, die mich deshalb besonders rührten, weil ich ja doch als Fremder, als »Zuagraster« angesehen werde, Begegnungen mit alten Schulkameraden, die ich seit 1938 nicht mehr gesehen hatte; wienerische Kochkünste, die die Bedienerin unaufgefordert an dem älteren Herrn erprobte, obwohl oder vielleicht gerade weil sie ihn nicht recht durchschaute; Mühen, denen sich die Mitarbeiter der Büchereien unterzogen, um mir Lesestoff oder Forschungsmaterialien zu verschaffen; selbst die Nationalbibliothek ist meinen Wünschen entgegengekommen, ein Institut, dessen Praktiken, zusammen mit denjenigen des Allgemeinen Krankenhauses, das wir in Anspruch nehmen mußten, freilich einen eigenen Essay erfordern würden, wenn auch einen satirischen; die Fürsorge, die uns ein junger Arzt, der uns öfter zu betreuen hatte, angedeihen ließ und für die er trotz aller angewandten Listen kein Entgelt annehmen wollte. Es ist erstaunlich, wie oft meine Zahlungsversuche für empfangene Dienstleistungen zurückgewiesen wurden. Sogar die Polizei hat die angedrohte Strafe für unrichtiges Parken nicht einkassiert. Ich hätte – mit Ausnahme der letzterwähnten natürlich – diese Gefälligkeiten gerne honoriert, denn ich bin ja nicht als der völlig mittellose Bettler wiedergekommen, als der ich einst in die Welt geschickt wurde (und es wäre meiner Meinung nach Sache des Staates und nicht irgendwelcher wohlwollenden Privatpersonen gewesen, mich für die langen Entbehrungen meiner Jugend zu entschädigen, so wie es die Bundesrepublik Deutschland mit den von den Nazis vertriebenen Bürgern gehalten hat). Aber es freut mich dennoch, daß manche Leute kein Geld von mir nehmen wollten, weil das kantianische »interesselose Wohlgefallen« in dieser materialistischen Welt eben doch am besten durch eine solche Selbstlosigkeit bekundet wird. Und weil ich mir nicht einbilden kann, in den letzten fünfzig Jahren charmanter, sympathischer oder sonstwie attraktiver geworden zu sein, muß ich logischerweise diese auffallende Änderung im Benehmen mir gegenüber mit der Annahme erklären, daß es die anderen Menschen sind, die sich dergestalt zum Besseren gewandelt haben.

Ich muß versuchen, mein heutiges Verhältnis zu Wien und Österreich zusammenzufassen. Das Urteil über das, was mit einem Menschen geschehen ist, unterliegt sicherlich zum Teil der Perspektive. Aus dem Abstand der Jahre nehmen sich die Dinge anders aus als in der Nahsicht des Moments, in dem sie sich ereignen. Kein Zweifel, meine Emigration war von ausgepichter Unbequemlichkeit und Gefährlichkeit. Nicht außer acht lassen darf man auch die psychischen Belastungen, das Erlebnis der Rechtlosigkeit und des Ausgestoßenseins aus der menschlichen Gemeinschaft, den Verlust an Heimatgefühl und innerer Sicherheit, an Identität und kultureller Zugehörigkeit, das Herausgerissenwerden aus Kindheit und Zukunftserwartungen, aus Freundschaft und Studium, und am allerschlimmsten vielleicht die trübe Hoffnungslosigkeit eines ganzen langen Jahrzehnts. Vom psychologischen und völkerrechtlichen Standpunkt läßt sich nichts anderes sagen, als daß mir großes Unrecht zugefügt wurde, persönliches und soziales Unrecht, das mich an den Rand der Vernichtung brachte, das gleiche Unrecht, das viele Mitglieder meiner Familie in der Tat das Leben gekostet hat.

Heute, mehr als ein halbes Jahrhundert später, ist aber eine andere Betrachtungsweise möglich. Die Vertreibung aus Österreich trennte mich nämlich vom Gymnasium zu einem Zeitpunkt, als ich diese Trennung wie eine Wohltat empfinden mußte, sie befreite mich – ich sage das ohne Sarkasmus – von Wien, einer verarmten, von politischen Leidenschaften gepeitschten, von Vorurteilen zerwühlten, einem unmenschlichen Regime ausgelieferten Provinzstadt. Die Illusionen, die mir mit *einem* brutalen Ruck entrissen wurden, so schmerzlich die Prozedur auch war, habe ich nachmalig nicht mehr vermißt, den Mangel an Nationalismus, Ethno- und Eurozentrismus, der die unausbleibliche Folge von allem war, habe ich später als Gewinn gewertet. Oft frage ich mich, ob ich ohne den 11. März 1938 die sogenannte unterentwickelte Welt, die meine Lebensphilosophie bis zum heutigen Tag nachhaltig geprägt hat, jemals so gründlich kennengelernt hätte, woher die geschichtlichen Erfahrungen, die mein Denken zutiefst beeinflußt haben und untrennbar von meiner Persönlichkeit geworden sind, ohne diese Ereignisse gekommen wären. Wenn ich mich frage – und die Frage kann nicht ausbleiben –, was in Wien aus mir geworden wäre, dann gelange ich zwangsläufig zu negativen Mutmaßungen. Ich denke jetzt nicht an KZ und Vernichtungslager, in die so viele von den Zurückgebliebenen geworfen wurden und in denen sie zugrundegingen. Ich denke vielmehr an einen normaleren, weniger kataklysmischen Verlauf der Dinge, an eine Stadt, die ohne Nationalsozialismus in der Art weitergewurstelt hätte wie das Wien meiner Kindheit. Was wäre, so frage ich mich, in einer solchen Stadt geistig und beruflich aus mir geworden? Meine Chancen zu einer Karriere als Literaturwissenschaftler und Universitätsprofessor wären gering gewesen.

Meine Heimat Wien hat mir in meiner Jugend übel mitgespielt, so daß ich das einst stark in mir lebende Gefühl der Anhänglichkeit und Dazugehörigkeit schon aus Überlebensgründen bekämpfen mußte und schließlich verloren habe. Aber es wäre ungerecht, wenn ich nicht anerkennen wollte, daß mir meine Geburtsstadt nicht auch Wichtiges auf den harten Weg in die Emigration mitgegeben hat. Die sprachlichen und kulturellen Prägungen, die längst vor der Schule stattfanden, konnten durch nichts, was später geschah, ausgelöscht werden. Daß ich dem Gymnasium, in das ich später kam, nicht unkritisch gegenüberstehe, habe ich vielleicht überdeutlich dargestellt. Aber ich gebe gerne zu, daß ich ihm außer einigen Kenntnissen grundlegende Orientierungen verdanke. Es heißt, daß man mit Geduld manches erreichen kann. So ging es auch mir. Vor wenigen Jahren wurde mir vom österreichischen Bundesminister für Unterricht in meiner alten Schule, mit einiger Verspätung, ehrenhalber, aber immerhin, die damals versäumte Matura ausgehändigt. Die Handvoll ehemaliger, nun längst ergrauter Klassenkameraden, die zu dieser Zeremonie erschienen waren und deren einer seither amerikanischer Botschafter in Österreich wurde, übertrugen mir die Dankansprache. Aus dieser möchte ich einige Sätze wiederholen, denn sie treffen dem Sinn nach noch immer zu: »Wir betrachten Staaten und

Völker nicht als monolithische Gebilde, die nur mit *einer* Stimme sprechen, mit *einem* Willen agieren. Indem wir die Ehrung annehmen, verbünden wir uns mit den fortschrittlichen Elementen der österreichischen Gesellschaft. Die Härten und das Grauen der dreißiger und vierziger Jahre können und wollen wir nicht vergessen. Vergessen und Verdrängen verträgt sich nicht mit dem Begriff der Menschenwürde, und man weiß heute, daß unaufgearbeitete Erlebnisse psychische Schäden verursachen können. Aber die Erinnerung verträgt sich mit dem Geist der Versöhnlichkeit und der Freude an den positiven Veränderungen, die sich in unserem Ursprungsland und unserer Heimatstadt während der letzten Jahrzehnte segensreich ausgewirkt haben.«

Und als mir Österreich neulich das Ehrenzeichen für Kunst und Wissenschaft verlieh, habe ich ganz ähnlich gesprochen. Ein altes Denkprinzip der angelsächsischen Kultur lautet: »The whole man must move together«, der ganze Mensch bewegt sich fort, als Einheit. Auch Freud und seine Vorgänger sowie Nachfolger würden der Erkenntnis nicht widersprechen, daß ein einmal in einen Menschen Eingegangenes ihm niemals wieder ganz verlorengehen kann. So geht es mir auch im Rückblick auf meine Karriere. Deutlicher vielleicht als in früheren Jahren sehe ich aus dem Abstand der Zeit die österreichischen Ingredienzien in der Struktur meiner geistigen und kulturellen Persönlichkeit. Aufgrund meiner vielfältig verschlungenen Lebenswege sind sie mit manchen anderen Einflüssen in Berührung getreten und sind mit ihnen eine besondere Verbindung eingegangen, eine Einheit sui generis bildend. Aber das Fortwirken des österreichischen Elements in dieser Persönlichkeit abzuleugnen, wäre eine Torheit, deren ich mich nicht schuldig machen möchte. Meine gelegentliche Rückkehr nach Wien spielt sich indes ganz unemotionell ab, so als führe ich nach Mexiko oder Australien, was ja auch manchmal geschieht. Ich komme meist aus professionellen Gründen, um eines Vortrags willen, den ich halten soll, oder einem Kongreß zuliebe, zu dem ich eingeladen bin. Die größte Freude dabei bereitet mir das Wiedersehen mit meinen neuen österreichischen Freunden, die ich inzwischen gewonnen habe, da die alten in alle Winde zerstoben oder ganz aus der Welt verschwunden sind.

Nicht nur mein Verhältnis zu Österreich, auch das zu den USA hat sich, nachdem mehr als zehn Jahre ins Land gegangen sind, verändert, und es ist einiges hinzuzufügen. Ich wünschte, ich müßte es nicht tun, denn es bereitet Pein, die Augen auf das schauerlich verdüsterte Bild zu richten. Der arme Carter! Nach seiner Niederlage will er einem beinahe in verklärtem Licht erscheinen. Besonders die Wahl Reagans führt einen in Versuchung, die amerikanischen Präsidenten rückwirkend zu rehabilitieren, denn verglichen mit ihm ist Eisenhower ein Ausbund des Fleißes gewesen, Kennedy ein Entspannungspolitiker, Johnson ein Friedensapostel, Nixon ein Wahrheitsfanatiker, Ford ein Intellektueller und Carter ein Muster der Kompetenz. Man denke nur an Carters Außenpolitik, die nicht nur gerechtere Zustände angestrebt, was in der heutigen Welt bekanntlich nicht viel gilt, sondern auch stabilere erzielt hat; zum Beispiel die viel belächelte Politik der Menschenrechte, die immerhin manchen politischen Gefangenen das Leben gerettet und – sehr gegen den Widerstand im amerikanischen Kongreß – die unblutige Übergabe der Macht in Rhodesien an eine eingeborene Regierung möglich gemacht hat. Nicht vergessen sollte man auch, daß Carter den Sturz der besonders brutalen Somoza-Dynastie in Nicaragua, die seinerzeit dem Lande von den USA aufgezwungen worden war, hinnahm und Somoza selbst rechtzeitig fallenließ. Desgleichen sollte man auch im Auge behalten, wie erfolgreich Carter den Friedensprozeß zwischen Israel und

Ägypten förderte und daß bei allen groben Fehlern sein Verhalten Iran gegenüber im ganzen gemäßigt blieb.

Aber gerade das trug zu seinem Verderben bei, denn so wenig sie sich im allgemeinen um Außenpolitik kümmern (einer Umfrage zufolge sollen nur 8 % der Bevölkerung gewußt haben, auf welcher Seite der Konflikte sich die Reagan-Regierung in El Salvador und Nicaragua engagiert hatte), gegen alles, was sie als nationale Schmach auslegen, ja was nur den Mythos der amerikanischen Erstrangigkeit trüben könnte, reagieren die Amerikaner höchst empfindlich. Das Geiseldebakel im Iran, die hohe Inflation und Arbeitslosigkeit haben reaktionäre Kräfte in Bewegung gesetzt, die zum Sturz Carters führten. Vielleicht wäre er dennoch wiedergewählt worden, wenn nicht, wie gesagt wird, Emissäre Reagans schon damals mit Waffenversprechungen an Iran die Herausgabe der Geiseln verzögert hätten. Seither regierte acht Jahre lang ein aus Hollywood importiertes, jede Schwierigkeit leugnendes Lächeln in Washington. Schauspielertalente, die für eine Karriere im Film nicht genügten, reichten zur Betörung einer hörigen Volksmasse und überwältigenden Wählermehrheit vollkommen aus.

Mit Reagan war eine ganz bestimmte Interessengruppe an die Macht gelangt. Als er daran ging, die Wohlfahrtsausgaben, die heute zum Selbstverständnis jedes zivilisierten Staates gehören, unbarmherzig zu beschneiden und gleichzeitig den Besitzenden unerhörte Steuererleichterungen zu gewähren; als er die Ämter zum Schutz der Umwelt und der Naturschätze mit Feinden der Natur und Freunden ihrer gierigsten Ausbeuter besetzte; als er das Inselchen Grenada »erobern« ließ, um den Fehlschlag mit den im Libanon getöteten Marinesoldaten vergessen zu machen, den Verkauf von Waffen an alle Welt ins Phantastische steigerte, für alle auftauchenden Probleme nur militärische »Lösungen« anbot und das höchste Militärbudget der Weltgeschichte verabschiedete – als alles das und viel mehr einsetzte, da ging ich zunächst daran, die Berichte über diese Ungeheuerlichkeiten aus den Tageszeitungen auszuschneiden, um die Belege für spätere, hoffentlich bessere Zeiten aufzubewahren. Das war aber ein Unterfangen, daß sich bald als müßig erwies, denn die Nachrichten von dem entfesselten Unfug häuften sich derart, daß man täglich nahezu die ganze Zeitung hätte zerschneiden müssen. Im Gleichschritt damit veränderte sich auch das geistige und emotionale Klima im Lande. Überall wagten sich Fanatiker des Aberglaubens und der Reaktion hervor, die sich bis dahin eher schweigsam verhalten hatten: die Feinde der Frauenbewegung, die Befürworter der Todesstrafe, die Bücherzensoren und Kunstbanausen, die jede kritische Aussage unterdrücken wollten und Museumsdirektoren vor Gericht schleppten; alles das begann damals und setzt sich unvermindert in der Bush-Administration fort. Ein religiöser Fundamentalismus macht sich breit, den man längst für überwunden gehalten hatte, und attackiert im Namen einer buchstabengläubigen Bibelauslegung die Entwicklungslehre im Schulunterricht. Die untrüglichen Beweise für das hohe Alter des Planeten und das relativ späte, aber Äonen vor den biblischen Daten stattgehabte Auftreten des Menschen werden mit dem Argument abgetan, Gott habe falsche Spuren über die Erde verstreut, um die Glaubensfestigkeit der Wissenschaftler auf die Probe zu stellen. Diese Kampagne ließ erst etwas nach, als fast gleichzeitig die Korruption mehrerer Führer der Bewegung, die sich riesige Finanzbastionen erschwindelt hatten, aufgedeckt wurde und einige der »Televangelisten« im Gefängnis landeten.

Ich sehe ein, daß hier nicht der Ort ist, das Sündenregister dieses Regimes aufzustellen, es genügt, wenn ich die allgemeine Richtung der Entwicklung angebe. Aber es käme mir wie eine gröbliche Unterlassung vor, wenn ich in diesem Zusammenhang Lateinamerika ganz unerwähnt ließe, das mir begreiflicherweise am Herzen liegt; wenn ich der Rehabilitierung der chilenischen und argentinischen Militärdiktaturen gar nicht gedächte, die Tausende von Unschuldigen Freiheit und Leben gekostet haben, der Mitschuld am Falkland-Krieg, an dem Völkermord in Guatemala, an dem Morden in El Salvador, der Besetzung von Honduras und der Benutzung dieses kleinen und hilflosen Landes als Lager- und Übungsplatz für den Krieg gegen Nicaragua, in den Milliarden hineingesteckt wurden, die zur Linderung des Elends daheim hätten dienen können. Als in einem internationalen Verfahren die USA wegen der Minenlegung im Hafen von Managua verurteilt wurden, erklärte man einfach die Kompetenz des Gerichtshofs im Haag auf zwei Jahre für null und nichtig, obwohl die USA zu den Ländern zählen, die ihn anerkannt hatten. Und den Obersten Gerichtshof in Washington selbst hat der Präsident in harten, aber letztlich siegreichen Kämpfen mit dem Senat auf Jahre hinaus mit ihm zusagenden Ideologen, sogenannten »strikten Konstruktionisten«, besetzt, die die Intentionen der »Gründungsväter« befolgen sollen und nicht die Erfordernisse einer im 20. Jahrhundert existierenden Gesellschaft. Bald gab es auch kaum eine Diktatur auf Erden, und sei sie noch so menschenschinderisch, die nicht von der Reagan-Regierung unterstützt wurde, wenn sie sich nur als anti-sowjetisch ausgab. Die Verdrehungen der Tatsachen und die massiven Heucheleien, mit denen das geschah, waren nicht der unerheblichste Aspekt dieser Vorgänge. Man lechzte förmlich nach einem Körnchen Wahrheit. Das Schlimmste war freilich die ins Unvorstellbare gesteigerte, mit wahrer Besessenheit betriebene Aufrüstung, die bestimmt nicht die Sicherheit des Landes erhöht hat, während aber dafür in seinem Inneren die Schulen, die Straßen, die Brücken und die großen Städte zugrundegingen. Und dann kam der Skandal der Waffenlieferungen an Iran und die Abzweigung der dabei erzielten Gewinne an die Contras. Alles das verstieß gegen die Verfassung und hätte in gesünderen Zeiten zur Anklage Reagans wegen Hochverrats geführt. Dazu war er aber wohl zu beliebt, und außerdem zögerten die Senatoren, nun nach Nixon in so kurzer Zeit schon den zweiten Präsidenten wegen schmutziger Geschäfte abzusetzen. Man hielt sich an sekundäre Mitspieler in diesem global angelegten Schwindelroman, die aber von den Gerichten mit Glacéhandschuhen angefaßt und trotz handgreiflicher Vergehen von breiten Bevölkerungsschichten als Nationalhelden gefeiert wurden, bis das Ganze im Sande verlief.

Das Bush-Regime ist in vielem eine Fortsetzung seines Vorgängers. Der ehedem starke, aber nun ausgehöhlte und demoralisierte Liberalismus in Amerika ist wie gelähmt. Im Wahlkampf appellierte Bush ungeniert an die niedrigsten rassistischen Vorurteile, indem er das alte Schreckgespenst von schwarzen Vergewaltigern weißer Frauen auferstehen und auf Plakaten und Fernsehschirmen zeigen ließ, wie ja überhaupt in der heutigen Welt die Massen mehr und mehr mithilfe suggestiver Bilder gegängelt werden. Das Wort »liberal«, einst ein Ehrentitel, wurde systematisch diffamiert. Es hieß nur mehr das »L-Wort«, das ein anständiger Mensch nicht voll aussprechen durfte, als sei es etwas Obszönes. Die Mitgliedschaft seines Gegenkandidaten in der *American Civil Liberties Union*, der auch ich seit vierzig Jahren angehöre, einer Bürgerrechtsvereinigung, deren Ziel es ist, für die Befolgung der in der Verfassung verankerten Freiheiten einzutreten, wurde von Bush behandelt, als sei sie ein Staatsverbrechen. Dukakis sei ein »card carrying member« dieser Organisation, ließ er sich immer wieder vernehmen, wobei man wissen muß, daß »card carrying« seit jeher ein Codewort für Anhänger der kommunistischen Partei ist! Und neulich sagte ein republikanischer Senator gar, eine Universität seines Staates sei eine demokratische Trutzburg! Von Demokratie im philosophischen Sinn kann man ohnehin kaum mehr sprechen. Um für irgendein Amt gewählt zu werden, sind heutzutage unvorstellbare Summen nötig, die von Privatpersonen und -organisationen aus durchsichtigen Gründen zur Verfügung gestellt werden, so daß schon bei Amtsantritt von der Unabhängigkeit des Erkorenen keine Rede mehr sein kann. Damit hängt es natürlich auch zusammen, daß stets fast alle »Volksvertreter« wiedergewählt werden. Die finanzielle Möglichkeit, die Medien für sich einzuschalten, ist ausschlaggebend.

Von Reagan geerbt hat Bush die sogenannte »Deregulation«; das ist der Rückzug aller öffentlichen Kontrollen aus dem privaten Sektor. Das Resultat sind »feindliche Übernahmen« ganzer Wirtschaftskonzerne, der schwindelhaft betriebene Bankrott von Hunderten und Aberhunderten Sparkassen, der nach bisherigen Berechnungen jeden Amerikaner Tausende Dollar kosten wird, die Zahlungsunfähigkeit von Banken und Versicherungsgesellschaften. Dazu kommen aber noch die Betrugsskandale in den Ministerien, bei der Vergabe von Regierungsaufträgen, bei der Waffenbeschaffung des Pentagon. Immer wieder werden einem in den Zeitungen die ins Phantastische aufgeblähten Preise vorgerechnet, die auf Kosten des Steuerzahlers gehen. Von den beiden Triebkräften des amerikanischen Lebens, »guilt«, Schuldbewußtsein (gemeint ist das schlechte Gewissen der Besitzenden gegenüber den im Elend lebenden Millionen), und »greed«, Profitgier, meinte ein kluger Beobachter, sei nur mehr die zweite übriggeblieben.

Dennoch kam in den späten achtziger Jahren plötzlich Optimismus auf. Enorme Veränderungen spielten sich ab, Glasnost und Perestroika in der Sowjetunion, der russische

Rückzug aus den osteuropäischen Ländern, der Zusammenbruch der Diktaturen in einem nach dem anderen dieser Staaten, die Vereinigung der beiden deutschen Hälften, Entspannung der Verkrampfungen zwischen den beiden Großmächten. Ein Aufatmen ging durch die Welt. Man erhoffte sich eine friedliche Epoche, in der die wahren Feinde der Menschheit bekämpft werden konnten: Hunger, Armut, Überbevölkerung, ökologische Verseuchung. Ein Anfang wurde gemacht, es kam zu Abrüstungsgesprächen. In den USA begann man Stimmen zu hören, die von »Peace dividend« redeten, von den Mitteln, die nun der Kriegsrüstung entzogen und der Verbesserung der inneren Zustände zugewendet werden sollten. Und die Machthaber gerieten in sichtliche Verlegenheit, wie sie ohne einen Feind weiterwirtschaften konnten.

Glücklicherweise fand sich ein Feind im Nahen Osten. Das Modell lieferte der Diktator Noriega, den man aufbaute und bezahlte, solange er gefügig war. Als er aber übermütig wurde und unbotmäßige Meinungen über den Panamakanal von sich gab, wurde das Land überfallen und er herausgeholt.

So ähnlich ging es auch mit Saddam Hussein, der ein ebensolcher Schurke ist wie Noriega. Das hinderte aber nicht, daß man sich aus Haß auf den Iran, den er angegriffen hatte, auf seine Seite schlug. Man ließ es zu, daß er von allen Seiten mit den tödlichsten Waffen beliefert wurde und beteiligte sich wohl auch selbst an dem Geschäft. Man verzieh ihm den Angriff auf ein amerikanisches Schiff, was unter anderen Umständen eine Todsünde gewesen wäre, man schloß die Augen vor der Vergasung seiner eigenen Kurden und verhinderte die vom Kongreß vorgeschlagenen Sanktionen. Noch am Vorabend seiner Invasion Kuwaits ließ man ihm durch die amerikanische Botschafterin sagen, man würde das für eine innerarabische Angelegenheit halten, in die man sich nicht hineinmische. Aber dann kam wohl den amerikanischen Machthabern die Erleuchtung, daß ihnen ein Sieg über Saddam Hussein die langersehnte Kontrolle über das gesamte Ölgebiet eintragen, die Position der USA als einzige Weltmacht verdeutlichen, das seit Vietnam angeschlagene Selbstgefühl der Amerikaner wiederherstellen, ihre Aufmerksamkeit von der inneren Misere ablenken und die bedrohte Waffenproduktion wieder ankurbeln würde. Diese Rechnung ist glänzend aufgegangen. Wie jedermann weiß, sind enorme Streitkräfte nach Saudi-Arabien entsandt worden, was umso leichter war, als es sich ja um eine Berufsarmee handelte, die sich zum großen Teil aus Farbigen und anderen Unterschichten zusammensetzt (was auch erklärt, warum nach allen Umfragen die Neger sich am entschiedensten gegen diesen Krieg stellten). Von da an wurde – im Gegensatz zur landläufigen Meinung – eifrige Diplomatie betrieben, aber zur Vermeidung des Friedens, nicht des Krieges. In einem letzten Aufflackern politischer Vernunft unternahm der amerikanische Kongreß den Versuch, der Blockade eine Chance zu geben, der aber knapp scheiterte. Nun stand einem der zerstörerischsten Kriege unserer Zeit nichts mehr im Wege.

Nie habe ich mich hierzulande isolierter gefühlt als in dem Siegestaumel, der nahezu die gesamte Bevölkerung erfaßt hat. Überall hängen die gelben Bänder, Symbole der Kriegs- und Siegesfreude, die ein nüchtern gebliebener Journalist ein »gelbes Fieber« genannt hat. Man jubelt darüber, daß weniger als hundert Amerikaner gefallen sind. Die irakischen Opfer zählen nicht. Es könnte aber sein, daß die Gottheit, die die frommen Amerikaner, das heißt also die Mehrheit der Nation, anbeten, keinen Unterschied zwischen amerikanischen und irakischen Toten macht.

Ich weiß natürlich nicht, wie es weitergehen wird. Einiges

zeichnet sich allerdings schon ab, im Nahen Osten die Tragödie der Kurden und die größte Umweltkatastrophe der Geschichte. Der totgeglaubte »Sternenkrieg« ist wiedererweckt worden, weil die »Patriotenraketen« so fabelhaft funktioniert haben. Freilich stellt sich nach und nach heraus, daß sie mehr Schaden angerichtet haben, als wenn sie gar nicht eingesetzt worden wären. Das neue Energieprogramm, das Bush dem Kongreß unterbreitet hat, sieht keinerlei Einsparungen vor und gibt die letzten Wildnisse der Ölausbeutung preis. Zu hoffen ist nur, daß es nicht so weitergeht wie in Panama, wo eine Marionettenregierung eingesetzt, das Ausmaß der Verwüstungen und die große Zahl der Umgekommenen verschwiegen und die versprochene Summe zum Wiederaufbau des Landes nicht bezahlt wurde, während das größte Übel, das abzustellen der Einfall angeblich inszeniert wurde, der Drogenhandel, munter weiterblüht. Saddam Hussein ist zwar besiegt und, wenn er sich überhaupt hält, geschwächt. Irak ist verwüstet, mindestens hunderttausend Irakis sind tot. Aber das Elend der arabischen Massen im Nahen Osten und in Nordafrika ist nicht gelindert, die riesigen Unterschiede zwischen den reichen und armen Staaten nicht um ein Deut besser ausgeglichen als vor dem Krieg, die Unterdrückung der Palästinenser durch Israel ist nicht aufgehoben.

Der Sieg im Nahen Osten ist aber auch kein Sieg für die amerikanische Bevölkerung, nur scheinen die meisten es nicht zu wissen. Noch ist die Kriminalität in Amerika die höchste in der Welt, 36 Millionen Verbrechen im Jahr. Ein Sieg für die Amerikaner wäre es, wenn man den wahren Ursachen für diese schwere soziale Krankheit nachginge. Statt dessen steckt man die Verbrecher mit großer Zustimmung der öffentlichen Meinung und mit riesigen Kosten (16 Milliarden im Jahr) in die berstenden Gefängnisse. Die Zahl der Insassen hat sich in den letzten zehn Jahren verdoppelt, sie übersteigt bereits eine Million, eine höhere Zahl per capita als in irgendeinem anderen Land, und sie wächst an.

Ein Sieg für die Amerikaner wäre die Beseitigung jedes einzelnen der vielen anderen Übel, die das Land plagen. Der Sieg am Golf hat weder das Zerfallen der Städte aufgehalten, er hat den Rassenhaß nicht beseitigt, er hat die Pest des Drogenhandels nicht geheilt, die Korruption in der Wirtschaft und im Bankwesen nicht abgestellt, er hat weder den Massen Obdachloser ein Dach über den Kopf gezaubert noch den Millionen, die es sich nicht leisten können, Zugang zu einem Arzt verschafft, weder den Analphabetismus verringert noch die elenden Schulen verbessert, der Sieg im Irak hat weder das massenhafte Abholzen dessen, was wir in unserer Jugend für ewige Wälder gehalten hatten, noch die Verseuchung von Luft, Wasser und Erde verhindert. USA, schreibt Tom Wicker, einer der besten Journalisten des Landes, ist nur im Militärischen Nummer Eins, und die genannten Probleme werden zurückbleiben, wenn die gelben Bänder längst verschwunden sind. Und jetzt, nicht genug mit dem seit Jahren von den USA in Mittelamerika finanzierten Gemetzel, werden Gelder und »Militärberater« nach Peru geschickt, um den Leuchtenden Pfad zu bekämpfen. Zuerst weigerte sich der bedauernswerte Fujimoro noch, aber alles Winden half ihm nichts, die »Hilfe« wurde ihm unbarmherzig aufgedrängt. Keine Erinnerung, weder an Vietnam noch an Nicaragua, Honduras oder El Salvador hat etwas genützt. Würden doch unsere Machthaber die gute alte amerikanische Weisheit beherzigen, etwa diese: Wer nicht aus der Geschichte lernen will, der ist gezwungen, sie zu wiederholen.

Aus mir spricht Enttäuschung, der Schmerz eines, der im Lauf von vierzig Jahren eine hoffnungsfrohe Gesellschaft sich in ihr Gegenteil hat verkehren sehen, aus Ignoranz, aus Arroganz, aus Egoismus, aus Geiz und Gier, eine Gesellschaft, die in den Ruin schlittert, wenn sie sich nicht auf ihre wirklichen Interessen besinnt. Ich bin beinahe siebzig Jahre alt, mir kann nicht mehr viel geschehen. Ich habe eine solidarische Familie, Freunde in aller Welt, genug innere Ressourcen, um mich sinnvoll zu beschäftigen, solange meine Gesundheit hält, ich habe ein ausreichendes Einkommen. Ich könnte also sagen, laß die Dummköpfe sich gegenseitig die Köpfe einschlagen, laß sie sich zugrunderichten, wenn sie wollen, leb du dein Leben zu Ende, ohne dich zu grämen. Leider kann ich das alles nicht.

Hans-Albert Walter

»Rollende Steine setzen kein Moos an«

Das ungewöhnliche Leben des Literaturwissenschaftlers Egon Schwarz

»Niemand wird es mit Überraschung aufnehmen, wenn er hört, daß ein bedeutender Mensch die Absicht hat, der Mitwelt einen Bericht über seine Erlebnisse, Meinungen und Ziele abzustatten. Aber ich hab diese Absicht und bin ein unbedeutender Mensch.« [1] So spricht Ziffel in Brechts *Flüchtlingsgesprächen*, und der Verfasser von *Keine Zeit für Eichendorff* [2] sagt mit anderen Worten so ziemlich dasselbe. Nichts scheint ihm bei der Schilderung seines Lebens wichtiger zu sein als der Nachweis der eigenen Unbedeutendheit. Gleich in der *Vorbemerkung* bezeichnet er sein Leben wohl als »typisch«, für interessant gilt es ihm aber nur, weil es die »charakteristischen Einflüsse der Epoche« ausdrücke, und daß »ein Privatmensch, der niemals vor eine breitere Öffentlichkeit getreten ist«, überhaupt Erinnerungen vorlegt, scheint ihm einzig durch das Zutagetreten der »geschichtlichen Tendenzen« gerechtfertigt, »die an den Schicksalen meiner Generation mitgewirkt haben«. Als sei der individuelle Gestaltungsanteil am eigenen Leben damit noch immer nicht genügend reduziert, nennt er sich »eine Art Spielball geschichtlicher Mächte« (ES, S. 9 f.) und insistiert bis zum Schluß hartnäckig auf dem lediglich illustrativ-exemplarischen Charakter seines Schicksals und Lebensweges.

Nun wäre es nicht nur lächerlich, es wäre absurd, wollte man leugnen, wie brutal und zerstörerisch die »geschichtlichen Mächte« in das Leben von Egon Schwarz eingegriffen, wie sehr sie es bedroht, umgestülpt und umgeformt haben.

Müssen aber nicht dennoch bestimmte Voraussetzungen vorhanden sein, damit einer in bestimmten Lagen bestimmte Erfahrungen machen und, auf ihnen fußend, bestimmte Entscheidungen treffen kann (wie groß oder klein, irrelevant oder bedeutsam deren Einfluß aufs künftige Geschick auch sein mag)? Der Erzähler des *Zauberbergs* jedenfalls scheint dieser Auffassung zu sein, wenn er bei der Einführung seines Helden sagt, die Geschichte Hans Castorps werde nicht um seinetwillen, sondern wegen der in hohem Maße erzählenswerten Geschichte erzählt, denn Castorp selber sei nur ein einfacher (wenngleich ansprechender) junger Mensch. Das klingt fast, wie es bei Egon Schwarz klingt, nur daß es bei Thomas Mann ein wenig anders weitergeht. In ironischer Brechung läßt er seinen Erzähler fast das genaue Gegenteil dessen beteuern, was er ihm eben noch in den Mund gelegt hat: »Wobei zu Hans Castorps Gunsten denn doch erinnert werden sollte, daß es *seine* Geschichte ist, und daß nicht jedem jede Geschichte passiert.« [3]

Die Argumentation des *Zauberbergs* gegen die Selbsteinschätzung von Egon Schwarz ins Feld führen impliziert aber die stillschweigende Unterstellung, der Autor von *Keine Zeit für Eichendorff* habe den Stoff und die Figuren, zumindest aber die ›Hauptgestalt‹ seiner Lebenserzählung mit artifiziellen Mitteln so geformt, wie seine Erzählintentionen es erfordert hätten. Bei einer Romanfigur, gar einer aus dem Gestaltenarsenal von Thomas Mann, ist das eine Selbstverständlichkeit. Ihr Erfinder feilt und schleift sie so zu, wie er sie für seine Fabel braucht. Wie steht es damit aber bei dem epischen alter ego von Egon Schwarz, bei der Zentralgestalt eines um Tatsachentreue bemühten Lebensberichts? Dazu habe er sich geäußert, mag Egon Schwarz erwidern: »Im Bemühen um eine klare Darstellung der Vergangenheit vereinfache ich die Dinge notgedrungen. Schon allein dadurch, daß ich sie in Worte fasse, bekommen sie eine logische Ausschließlichkeit und täuschende Folgerichtigkeit, die ihnen im subtilen Wechselspiel zwischen Psyche und Außenwelt nicht zukommt. So sehr der Autobiograph sich auch vornehmen mag, bei der ›Wahrheit‹ zu bleiben, es läßt sich nicht vermeiden, daß zum Schluß nur dasteht, wovon ein lebenserfahrener Mann glaubt, es habe sich so und nicht anders in der Seele des jungen, der er einmal war, abgespielt.« (ES, S. 55.)

Gut und schön und wahr, und ich wünschte mir solch noble Reflexion öfter in Autobiographien und Memoiren. Welchen Seltenheitswert sie in diesen Gattungen aber auch besitzen, mit unserem Problem haben sie nur indirekt zu tun. Egon Schwarz hat sich um die Authentizität des Erinnerten gesorgt. Ihn hat die Zwangslage bedrückt, sich aus so großem zeitlichem Abstand über die psychische Befindlichkeit jenes Menschen äußern zu sollen, mit dem man Namen, Naturell und Vergangenheit teilt, die Seelenlage aber nicht. Uns geht es nur am Rande um die mutmaßenden Erkundungen dieser Seelenlage, primär jedoch um die bewußte Formung von Egon Schwarzens epischem alter ego, um die Deutung seines Schicksals durch den Ältergewordenen.

Zu solchen Überlegungen berechtigt die Tatsache, daß es sich bei diesen Erinnerungen an ein angeblich typisches Leben keineswegs um typische Lebenserinnerungen handelt. Da ist kein gedankenloser Erzähler am Werk, der seine Lebensgeschichte naiv herunterplaudert, wie es gerade kommt, die Auswahl der erzählten Ereignisse dem Zufall überlassend; aber auch keiner, der sich in chronologischem Vollständigkeitswahn von Begebenheit zu Begebenheit schleppt, unfähig, das belanglos Banale vom prägend Bedeutsamen zu sondern. An der Struktur des ersten Kapitels, seiner Erzähltechnik und -haltung, möchte ich exemplarisch zeigen, wie überlegt Egon Schwarz den Erzählstoff geformt hat, der sein Leben ist.

Auf den Hintergrund des »Wiens der Legende« setzt er scharf kontrastierend das Wien seiner Kindheits- und Jugenderfahrung, dessen Elend sich in seinen Bettlern gewissermaßen personifiziert. Ist damit das wirkliche Lebensgefühl bezeichnet, so leiten die Almosenempfänger an der Wohnungstür zwanglos zur privaten Sphäre und damit zur Kargheit der eigenen Lebensverhältnisse über. Bei der Schilderung der Familie hätte fast jeder andere Autobiograph sich zuerst den Eltern zugewandt. Egon Schwarz jedoch stellt den charakterisierenden Personenporträts die schier endlose Kette der ökonomischen Mißerfolge voran. Dadurch entsteht beim Leser der Eindruck, er schreite von Ursachen zu Auswirkungen fort, die materielle Misere sei vor allem der katastrophalen wirtschaftlichen Lage zuzuschreiben gewesen und erst in zweiter Linie den schwach ausgeprägten kaufmännischen Fähigkeiten des Vaters. So kann man nun gleichwohl von seiner Geschäftsuntüchtigkeit sprechen, ohne ihn herabzusetzen. Ob der Eindruck richtig ist, daß der Erzähler hier ein Urteil abgibt, steht umso mehr dahin, als alles das expressis verbis ja nicht berührt wird. Es ist einzig die Abfolge im Erzählstoff, die es beim Leser evoziert.

Diese Strukturierung ermöglicht zugleich, das kindliche alter ego des Erzählers nunmehr unauffällig ein wenig nach vorn zu rücken. Bis dahin ist es nur mit ganz wenigen (und wie zu vermuten steht: präzis ausgewählten) erinnerten Sinneseindrücken präsent gewesen. Jetzt erscheint es als ein von elterlichen Verhaltensweisen und Interessen lebenslang geprägtes Wesen. Vom Lesehunger des Kindes gleitet die Erzählung unmerklich zur spartanisch anmutenden (in Wahrheit aber für das Kleinbürgertum der Vorkriegszeit typischen) Lebenshaltung der Eltern über, zu ihrer kulturell-geistigen »Bedürfnislosigkeit« und den mit ihr nichtsdestoweniger einhergehenden (wiederum typisch kleinbürgerlichen) Aufstiegshoffnungen für den Sohn. Diesen gesellschaftlichen Ehrgeiz betont der Erzähler derart stark, daß er sogar, das zeitliche Kontinuum sprengend und den Ereignissen um Jahrzehnte vorauseilend, einen Ausblick auf seine den Elternwunsch erfüllende spätere ›Karriere‹ gibt. Der Akzent ist freilich mit Bedacht gesetzt, denn auf diese Weise kann der Erzähler seinen höchstpersönlichen Sieg über die »geschichtlichen Mächte« mehr auf das vertrauensvolle Fluidum elterlicher Hoffnungen zurückführen als auf die Triebkraft seiner eigenen Wünsche, seiner Sehnsüchte oder gar seiner Begabung.

Erst mit fortschreitender Lektüre allerdings erkennt man in diesem reflektierenden Einschub ein zentrales Erzähl- und Gestaltungsmotiv (und damit den Grund, warum es so anachronistisch früh auftaucht). Vorerst nutzt der Erzähler die Techniken von Schnitt und Zeitsprung, um das Gymnasium als Kultur-, Bildungs- und Aufstiegshemmnis par excellence anzuklagen. (Die offenbar anders geartete Volksschule, die zeitlich zuerst dran gewesen wäre, wird eine Seite später en passant mit wenigen Zeilen – fast hätte ich gesagt: abgetan.) Ist also schon die erste essentielle Erweiterung des kindlichen Gesichtskreises und Erfahrungsfeldes mit einer massiven Barriere für dessen Entwicklung identisch, so steigert Egon Schwarz diesen Eindruck noch dadurch, daß er den das Gymnasium »durchwaltenden« Antisemitismus erst am Ende seines schulischen Leidensweges erwähnt.

Da er die »Folterkammer« Gymnasium mit höchst einprägsamen Details präsentiert hat, wundert man sich zunächst, daß er den Antisemitismus nur mit einer von keinerlei konkreten Beispielen gestützten lakonischen Feststellung berührt. Der nächste Abschnitt zeigt mit dem Grund wiederum den formenden Zugriff des Erzählers: so allgegenwärtig und allumfassend war diese Bedrohung, daß sie im ›minderen‹

Kontext der Schule nicht dargestellt werden durfte. Anekdotische Schul- und Alltagserlebnisse wären, wie qualvoll auch immer, viel zu klein, zu schwach und zufällig gewesen, um die politische Brisanz und die lebensgeschichtlich-individuelle Gefahrendimension des spezifisch wienerischen Antisemitismus wirklich begreiflich zu machen.

Das Riesenhafte dieser »geschichtlichen Macht« hat Egon Schwarz gezwungen, den Bereich der ›eigentlichen‹ Lebensgeschichte zu verlassen, um einen wissenschaftlichen Exkurs zur Genese und Beschaffenheit dieser Spezies des Judenhasses einzublenden. Einen Exkurs? Ein ebenso brillantes wie komprimiertes Essay, ein vielperspektivisches zudem, denn Haltungen und Bewußtseinslagen der Betroffenen werden ja mitgeschildert. Die ganze Palette möglicher Reaktionen, vom Insistieren auf dem Kaftan bis hin zu Hugo von Hofmannsthal sozusagen, wird umsichtig und präzis charakterisiert – und doch hat das alter ego dessen, der da sein Leben aufschreibt, noch nicht einmal die Schule ganz durchlaufen.

Wie findet der Erzähler zur kindlichen Erlebnissphäre zurück? Mit dem, was man vorher vermißt hatte, was in seiner lastenden Schwere aber erst jetzt nachzuvollziehen ist. Mit der Alltagserfahrung quälend langer Kinderjahre. Genauer: mit ihrer lakonischen Raffung in zwei, drei Sätze: »Das Erlebnis eines Kindes zeichnet sich durch seine Unmittelbarkeit und Unreflektiertheit aus. Wer wie ich schon als Sieben- oder Achtjähriger nach der Schule von gürtelschwingenden Gassenjungen unter dem Gejohle ›Jud, Jud, bist a Jud‹ bis zu seiner Haustüre gejagt wird, der fragt nicht nach der gesellschaftlichen Zugehörigkeit seiner Peiniger, nicht nach dem ideologischen Ursprung ihrer Feindseligkeit, nicht nach der politischen Orientierung ihrer Eltern. Von diesen Dingen wußte ich nichts, ich erlebte die Verfolgung als etwas Elementares, was [. . .] das Leben ein für allemal bestimmte.« (ES,

S. 36 f.) Jetzt, nach dem Essay, wirkt (und genügt) das eine konkrete Beispiel.

Egon Schwarz geht denn auch sofort wieder auf Distanz, befaßt sich verallgemeinernd mit dem, was man die Identitätsschwäche der Verfolgten und potentiellen Opfer nennen könnte, um, nach einer knappen Konkretisierung dieser Schwäche am Verhalten der Eltern, den absoluten Gegensatz zu schildern: im 3. Wiener Bezirk die totale Isolation – in Preßburg das totale Aufgehen in der jüdischen Gemeinschaft. Der Ton wird hier herzlich, das Timbre leuchtend, die Erzählung detailgesättigter und breiter (auf die wenigen Ferienwochen all dieser Jahre entfällt fast so viel Raum wie auf die etwa neunjährige Schulzeit selbst). Was stofflich die größte Faszination bewirkt – das Pessachfest –, macht aber mit einem Schlage deutlich, daß noch immer von einem Kinde berichtet wird. Freilich wird man im selben Augenblick auch gewahr, daß »Preßburg« und wofür es steht, aus kompositorischen Gründen zeitversetzt geschildert worden ist.

Erst relativ spät spricht Egon Schwarz davon, zum einen, weil der Wiener Erfahrungshorizont vollständig abgeschritten sein mußte, wenn die antipodische Preßburger Erlebniswelt verständlich werden sollte, zum anderen wegen der kausalen Verknüpfung Preßburgs mit dem ersten Versuch intellektueller Identitätsfindung durch den Vierzehnjährigen. Der wiederum wird als kompositorisches Gelenk und thematisches Sprungbrett benutzt, um Dinge abzuhandeln, die ›eigentlich‹ erst später, zum Teil sehr viel später sich in der Bewußtheit und mit der Bestimmtheit vollzogen haben können, mit der sie dargestellt werden. Tatsächlich reicht die die Chronologie vollends außer Kraft setzende Definition der eigenen Identität (Abgrenzungen und Verwerfungen inklusive) bis in die Tage der Niederschrift des Lebensberichtes. Daß dieses geistig-intellektuelle Selbstporträt wieder an die

Thesen der *Vorbemerkung* über Willensfreiheit heranführt, konstituiert das Leitmotiv und ›rundet‹ das Kapitel, und daß mit der überraschenden Metapher »Heimat« ein nach dem Vorangegangenen fast paradox wirkender Kontrapunkt gesetzt wird, macht seine Funktion für das epische Gesamtgefüge transparent.

Es ist nicht bloß der Anfang der Lebensgeschichte, es ist eine Exposition im dramaturgischen Wortsinn. Nachdem die zentrale Bezugsfigur der »in hohem Maße erzählenswerten« Geschichte aus vielen Perspektiven angeleuchtet worden ist, kann der Vorhang für die Haupthandlung aufgehen. Neben dem zu unfreiwilliger Wanderschaft verurteilten »einfachen, wenn auch ansprechenden jungen Menschen«, als den Egon Schwarz sein einstiges Ich ebenso gezeichnet hat wie Thomas Mann seinen Hans Castorp, steht freilich auch das ›Produkt‹ dieser Wander- und manch nachfolgender Jahre mit auf der Bühne, der lebenserfahrene Erzähler seiner Lebensgeschichte.

Ob das ein Kunstgriff ist, ob mehr? Jedenfalls hat die Untersuchung des ersten Kapitels gezeigt, welch umsichtig und sorgfältig gestalteten Text man vor sich hat; ein Buch, bei dem genau erwogen worden ist, was zuerst, was später; was beiläufig, was mit Betonung berichtet werden soll. Ebenso überlegt hat Egon Schwarz den Erzählstoff proportioniert – je rund 45 Seiten für das Eingangs- und das Schlußkapitel, und rund 200 Seiten für den Hauptteil; indes werden in ihm wenig mehr als zehn Jahre behandelt, wohingegen die Exposition das Geschehen von fünfzehn, der Abgesang das von sogar knapp dreißig Jahren zur Sprache bringt. Auch die stilistischen Mittel sind – wir werden das sehen – ganz bewußt verwendet, und die aufs Durchleuchten verwickelter Sachverhalte – wenn man will: auf ihre Historisierung – bedachte Erzählhaltung kritisch-selbstkritischen Reflektierens ist konsequent durchgehalten worden. Kurzum, mit *Keine Zeit für Eichendorff* hat Egon Schwarz nicht bloß eine komponierte, sondern eine bis in Nuancen geformte Lebensgeschichte vorgelegt.

Da Form aber nichts anderes ist als Gestalt gewordene Deutung, stellt sich die Frage, ob der ›Stoff‹ – nämlich Egon Schwarzens gelebtes Leben – wirklich zur Gänze in der Form aufgeht, oder ob das ›Sujet‹ Leben sich da und dort gegen die Formkonzeption sperrt. Anders gesagt, ob die Form dem Stoff tatsächlich allerorten adäquat ist.

Wie sehr Egon Schwarz sein Leben als typisches versteht, als exemplarischen Ausdruck des Schicksals seiner Generation, haben wir der *Vorbemerkung* entnommen, und was die Proportionierung des Stoffs indirekt bezeugt, teilt der Untertitel expressis verbis mit: es sind die »unfreiwilligen Wanderjahre« von der Vertreibung bis zur Selbstrettung, in denen sich nach Meinung des Autors das überpersönlich Allgemeine im individuell Besonderen ausdrückt. Dies schränkt den Anspruch aufs Typische natürlich ein, und Egon Schwarz hat ja auch spezifiziert, wie er ihn verstanden wissen will. Nicht um seine gesamte Generation, also auch um die faschistischen Täter und Mitläufer, um die Repräsentanz für das Schicksal ihrer in alle Welt verjagten Opfer ist es ihm gegangen.

Typisch für das Gros der jüdischen Massenemigration aus Mitteleuropa ist in der Tat die Ahnungslosigkeit über das, was da, ihr Leben bedrohend, heraufkam, typisch die Betäubung, als es Realität wurde. Typisch nicht minder sind die Menschenschlangen vor Ämtern und Konsulaten, der zermürbende Kampf um Papiere, Bescheinigungen und Visa, die Ausplünderung vor der Vertreibung; typisch gleichfalls die bald latente, bald unverhüllte Fremdenfeindlichkeit in den Zufluchtsländern, bis hin zum Antisemitismus; die Perpetuierung der Behördenschikanen, der Paßprobleme und Visanöte; der Zwang, weiterzufliehen von Land zu Land und schließlich von Kontinent zu Kontinent; die Mühen mit der Sprache, den Sitten und Bräuchen, mit der gesamten Kultur und Lebensart des fremden Landes (oder der fremden Länder), in die es einen verschmettert hatte; Not, Armut; ein Leben von der Hand in den Mund; die immer erneuten und wie oft nicht vergeblichen Versuche, wirtschaftlich Fuß zu fassen; die Vielzahl der ungelernten Berufe und ungeliebten Beschäftigungen; der Zerfall der Lebenskontinuität in eine Kette grauer Provisorien; die mentalen Sperren und Blockaden; der langwährende seelische Destruktionsprozeß, der auf Entrechtung, Vertreibung und Deklassierung folgte, und der nicht selten selbstzerstörerische Züge trug; das zähe und verzweifelte Sichanklammern ans verlorene Gestern, sehnsüchtig in den Träumen, erbittert, ja haßgeladen in zahllosen Debatten und Kontroversen; das unmerkliche Verdämmern der Vergangenheit, so unmerklich, daß man eines Tages erstaunt feststellt, man denke ja in den Kategorien der Realität: das alles ist tatsächlich »charakteristischer Einfluß der Epoche« auf ein einzelnes Leben, das haben mehr oder minder alle durchgemacht, die dieser Opfergeneration angehörten.

Mitunter scheint sich Egon Schwarzens Erlebnis von seiner Person und sogar von der Zeit und dem Ort abzulösen, an dem es ihm widerfuhr. Anderen ist in anderen Ländern, zu anderen Zeiten und in anderen Konstellationen just dasselbe widerfahren. Die Amtsperson, die einem Flüchtling schmunzelnd den letzten Geldschein konfisziert: für Egon Schwarz war sie in einem ungarischen Gendarmen verkörpert, für den 1941 aus Frankreich fliehenden Henry Jacoby in einem spanischen Zöllner. Nicht nur in bolivianische Amtsstuben kam Bewegung, wenn man ihre ›Insassen‹ bestach, in der Pariser Préfecture bewirkte ein diskret überreichter Geldschein dasselbe Wunder – der darob fassungslose Carl Zuckmayer hat es bezeugt. Ein Ausweisungsgrund auch für die schweizerische Fremdenpolizei, wenn ein Emigrant das Arbeitsverbot übertrat, und sei es nur mit solch lächerlich kleinen Jobs, wie Egon Schwarz sie in Preßburg ergatterte; weshalb sie da wie dort in größter Heimlichkeit verrichtet werden mußten. Der Einödhof und das auf freiem Feld ad hoc errichtete Lager – Hermann Kesten und Richard Friedenthal haben darüber berichtet, der eine aus Frankreich, der andere aus Großbritannien, und daß solche ›Notunterkunft‹ hier im Niemandsland lag, dort aber als quasi exterritoriales Internierungslager inmitten der Gastländer, das machte nur einen juristischen Unterschied. Nicht bloß in Lateinamerika, auch in Frankreich kam ein Flüchtling so gut wie nie in die Wohnung eines Einheimischen. Blind, die Verwandten in Preßburg für die nur zu deutlich sichtbare Bedrohung, blind aber auch der holländische Minister, der von Alma Mahler-Werfels Erlebnissen in Wien nichts hören wollte und sogar ihren Sprachgebrauch kritisierte: »Eine Dame wie Sie sollte solche Worte wie Flucht nicht in den Mund nehmen.« Und nun erst die vermeintlich Nächsten in der Fremde, die Auslandsdeutschen (und -österreicher): allüberall die schlimmsten Feinde von Exil und Emigration. Der Verleger Wieland Herzfelde war im Frühjahr 1933 kaum nach Prag entkommen, und schon hatte er einen auslandsdeutschen Schatten auf den Fersen, einen Spitzel aus freien Stücken und ohne Auftrag. Als vergebliche Liebesmüh erwiesen sich die Lesereisen, die Oskar Maria Graf zu den Deutsch-Amerikanern im Mittelwesten unternahm, von »freier deutscher Literatur« wollten sie nichts wissen. Erika Mann erlebte derlei sogar im ›deutschen‹ Stadtteil New Yorks, als sie das »Café Hindenburg« mit dem Versand eines Geburtstagskuchens an den in Kalifornien lebenden Vater beauftragen wollte; mit den Worten »An diesen Landesverräter liefern wir nicht!« wies man ihr die Tür. Und da sollte es ausgerechnet in Bolivien anders, besser gewesen sein?

Die räuberische Willkür von Behörden; die hochmütig-mißtrauische Ablehnung seitens der Seßhaften; die Blindheit von Gesinnungsfreunden und selbst von Verwandten; die Feindschaft der einstigen Landsleute und endlich die gnadenlose Aussetzung auf der nackten Erde: mit alldem hat Egon Schwarz nicht bloß Repräsentatives geschildert, aus solchen Erlebnissen konstituiert sich ein Prototyp unseres Jahrhunderts. Der aus der Heimat Verjagte als Aussätziger. Kein Zweifel, daß hier das überpersönlich Allgemeine im individuell Besonderen vollständig aufgegangen ist.

Anderwärts gibt es freilich selbst da beträchtliche Unterschiede, wo das Einzelschicksal auf den ersten Blick typisch wirkt. Da ist zunächst das fatale Spezifikum Österreich. Wieviel an Entsetzlichem deutsche Juden vor ihrer Auswanderung auch erlitten haben, das Pandämonium Wiens vom Frühjahr 1938, das Egon Schwarz mit beträchtlicher Affektzügelung beschrieben hat (ES, S. 61 ff.), diese Judenhatz als Volksfest ist ihnen sogar in den Tagen des Novemberpogroms von 1938 erspart geblieben. Auch paßt es nur zu gut zu der von Schwarz analysierten Vorgeschichte (ES, S. 33 ff.), daß das lückenlos perfekte System der Ausplünderung in Österreich entwickelt und erprobt worden ist. Beides zusammen, der Dauerpogrom unter Zustimmung und Mitwirkung großer Bevölkerungsteile und die rabiate Enteignung, hat zu einem ganz anderen Verhalten der Opfer geführt als im sogenannten ›Altreich‹. Von den rund 500 000 (»Glaubens«-)Juden, die 1933 in Deutschland gelebt hatten, waren Ende 1936, also nach knapp vier Jahren NS-Herrschaft, erst 106 000 ausgewandert. [4] Aus Österreich jedoch floh etwa dieselbe Zahl von Menschen innerhalb eines einzigen Jahres. [5]

Und damit ist man beim zweiten gravierenden Punkt, an dem die Erlebnisse von Egon Schwarz zwar immer noch typisch sind, aber nicht mehr für die Gesamtheit der Emigration: bei den Reaktionen der Zufluchtsländer auf die Fluchtwelle aus Österreich. Damals wie heute wäre die Aufnahme einiger Hunderttausend Zufluchtsuchender, selbst die von Pauperisierten, natürlich ohne weiteres zu bewerkstelligen gewesen. Leopold Schwarzschild (der bedeutendste Publizist des deutschen Exils) hatte völlig recht, als er im Sommer 1938 schrieb, für die zivilisierte Welt seien die Flüchtlinge »kein Problem, sondern eine Miniatur-Angelegenheit« [6], und sie wisse das auch ganz genau. Indes reagierte die »zivilisierte« Welt – wiederum damals wie heute – mit neuen Einwanderungsbeschränkungen, und daß dabei die wirtschaftlich und sozial aufnahme- und integrationsfähigsten Staaten (seinerzeit die USA und das britische Commonwealth) den Vorreiter machten [7], ist bekanntlich ebenfalls zur Tradition geworden. Die von diesen Staaten binnen kurzem neuerrichteten bürokratischen Hürden – der amerikanische Historiker David Wyman hat sarkastisch von »paper walls« gesprochen, von Papiermauern – waren so hoch, daß nur ein Bruchteil der österreichischen Judenheit sie überwinden konnte. Ein anderer Teil gelangte legal oder illegal nach Palästina, auch er noch vergleichsweise privilegiert, wenn man an die Menschen denkt, die buchstäblich in die letzten Winkel der Erde getrieben wurden, nach Shanghai etwa oder nach Bolivien. Sie wurden dort aber keineswegs aus Mitleid aufgenommen, sondern weil dies menschliche Strandgut Europas Konsuln und/oder Regierungen Gelegenheit bot, sich skrupellos zu bereichern. Der (in Ludwigshafen geborene) amerikanische Historiker Henry Feingold hat mit Blick auf manche lateinamerikanischen Staaten festgestellt, daß »certain consuls and government officials had grown wealthy by the illegal sale of visas and landing-permits« [8], und ohne Zweifel hat er vor allem Kuba und Bolivien gemeint. Egon Schwarz urteilt nämlich allzu freundlich über die bolivianischen Konsuln, wenn er ihnen (trotz seinen Erfahrungen mit der Korruption im Inland) beim Visaverkauf »humanitäre Motive« auch nur als Möglichkeit zubilligt (ES, S. 125). Nein, es war einzig Profitgier, nackte Profitgier, und bei den Hauptabnehmern der Visa, den erbitterten Funktionären von Hilfsorganisationen wie etwa Kurt R. Grossmann, kann man nachlesen, wie diese Geschäfte abgewickelt worden sind: im Großhandelsstil, aber mit ›Endverbraucher‹-Preisen. [9]

Warum ich darüber so detailliert spreche? Weil das am meisten zurückgebliebene Land Iberoamerikas für Egon Schwarz und ein paar tausend seiner Leidensgefährten zwar die mehr oder weniger zwangsläufige (und, nicht zu vergessen, lebensrettende) Zuflucht gewesen ist, weil die ›Erfahrung Bolivien‹ aber durchaus nicht repräsentativ war für das Schicksal seiner (Opfer-)Generation. Hier nähert man sich in ökonomisch-materieller, erst recht aber in sozialpsychologischer Hinsicht rapide einer sehr viel kleineren Kategorie. Unvorstellbar selbst in den damals noch keineswegs sonderlich stark entwickelten Nachbarländern Argentinien und Chile, daß die europäischen Habenichts-Ankömmlinge auf einem so primitiven Niveau der Lebenshaltung sich wiedergefunden hätten, davon zu schweigen, daß auch die Städte des bescheidenen Ecuador um einiges urbaner gewesen sind als La Paz oder gar Sucre und Potosi. Noch jetzt gilt Bolivien den Sozialhistorikern als ein Land mit »archaischer Gesellschaftsstruktur« ...

Nirgendwo sonst hatten Emigranten unter dem Kulturschock so hart zu leiden, auch in Shanghai nicht, dem anderen Elendsquartier der Emigration, von dem Egon Schwarz gelegentlich meint, dort sei alles noch schlimmer gewesen als in den Anden (ES, S. 125). Ich fürchte, er irrt sich. Der Entwurzelungsneurose jedenfalls konnte in Shanghai viel besser gesteuert werden. Die europäischen Bezirke der Millionenstadt, die Settlements, waren zwar politisch und ökonomisch höchst problematische Gebilde, sie besaßen aber ein weltoffen-internationales Fluidum, und so wenig die Emigrantenkolonie in ihrem (außerhalb der Settlements gelegenen) Armenviertel am Wohlleben dieser europäischen Enklaven teilhatte, so sehr hat sie von ihrer Atmosphäre profitiert. In kürzester Zeit entstand eine Art Subkultur mit Zeitschriften und Tageszeitungen, einer Volkshochschule, Musik- und Theaterensembles, mit Sportvereinen und wer weiß, was sonst noch. Selbstverständlich stand das alles auf wackligen Füßen, war mühevoll errungen, mit vielen Opfern erkauft und stets gefährdet, selbstverständlich war das Gebotene meist dilettantisch und nicht mit professionellen respektive ästhetischen Maßstäben zu messen – als ob es darauf angekommen wäre! Wenn Emigranten in Mexiko, Shanghai oder New York Musik machten, wenn sie im britischen, französischen oder schweizerischen Camp Theater spielten, ging es um die sozialtherapeutische Wirkung solcher Aktivitäten, aber nicht ums künstlerische Resultat. Indem sie einen notdürftigen Ersatz für das Verlorene schufen, befestigten sie das beschädigte Selbstwertgefühl, und wenn sie die Identität von gestern beschworen, machten sie das katastrophale Heute wieder ein bißchen erträglicher.

Richtig, auch in Bolivien erschien ein von Exilierten herausgegebenes Wochenblatt, die *Rundschau vom Illimani*, aber wie gut oder schlecht es solche Funktionen erfüllte, mag man daran ablesen, daß Egon Schwarz sich seiner anscheinend gar nicht erinnert hat – den *Aufbau* hat er erwähnt, das nur mit großer Verspätung eintreffende New Yorker Blatt, nicht aber die ›vor Ort‹ erscheinende Zeitung. Ein anderes Faktum

der Kulturschock am ausführlichsten thematisiert, beschrieben und analysiert worden ist?

Der erzählerische Umgang mit diesen Jahren – Kennwort: Pikaro – bestätigt und bekräftigt diesen Befund. Die Verfremdung der Erlebnisse hin zum Grotesken ist bei Schilderung der Wanderjahre ja nicht das durchgängige Stilmittel. Für die europäischen Fluchtstationen hat Egon Schwarz es nicht angewendet. Dem Kampieren auf dem Marktplatz der Kleinstadt nach der Abschiebung aus Preßburg attestiert er einen »erregenden Hauch Abenteuerlichkeit«, er hat es sogar als Verzauberung »ins Phantastische, ja Poetische« erlebt (ES, S. 84), beschrieben hat er es aber auf die Weise, die man realistisch zu nennen sich angewöhnt hat. Das Gleiche gilt für die Episode der »Niemande im Niemandsland«. Der Autor hat sie die »absurdeste meines Lebens« genannt, aber wiederum ganz nüchtern geschildert (ES, S. 86 ff.). Weder der temporäre Zufluchtsort Prag noch die Überfahrt in die neue Welt, nicht einmal alle bolivianischen Erlebnisse werden ins Grotesk-Komische umstilisiert, so sehr sie sich – Behördenkorruption, Bittgang mit Torte, Verhaftung in Sachen bissiger Hund – dazu auch angeboten hätten. Und hätte es etwa viel Anstrengung gebraucht, aus dem odios-ominösen Arturo P. eine satirische Karikatur zu machen? Als Komödiengestalt bietet der Mann sich doch geradezu an.

Dagegen gerät der Erzählton in verdächtige Schwingungen, wo von den Monaten auf dem Bau und in der Textilfabrik, vom Verkäuferdasein hinterm elterlichen Ladentisch und endlich von der Ausfahrt als Hausierer die Rede ist (ES, S. 152 ff., S. 181 f., S. 183 ff.), bei Begebenheiten, die, für sich betrachtet, alles andere als komisch oder grotesk sind. Um nochmals die Gegenprobe zu machen: die Rückreise von New York nach Ecuador (ES, S. 239 ff.) ist mit all ihren, die Grenzen des Wahrscheinlichen überschreitenden Zu- und

Zwischenfällen ein geradezu genuiner Pikarostoff. So und nicht anders geht es zu im *Leben des Lazarillo von Tormes* oder in der *Geschichte des Gil Blas von Santillana*, den klassischen Werken des pikaresken Genres – Egon Schwarz gibt aber einen ganz normalen Erlebnisbericht, kühl-sachlich bis ans Herz hinan. Warum also bei ganz bestimmten – und zwar ›falschen‹ – Anlässen dieser dem Stoff objektiv so unangemessene Erzählgestus?

Gleich beim ersten Lesen vor nun fast fünfzehn Jahren haben mich diese Passagen daran erinnert, wie Walter Fabian über das gesprochen hat, was er während des Krieges im französischen Exil erlebt hatte. Gleich allen anderen Exilierten und Emigranten hatte man ihn interniert, und es war ihm in der Folge ziemlich übel mitgespielt worden. Den Eintritt in die Fremdenlegion hatte man ihm abgepreßt und ihn dann im verkoteten Bauch eines Viehdampfers nach Nordafrika verfrachtet. Am Rande der Sahara war er von Sadisten zum Soldaten ausgebildet worden, mit allen Schikanen, wie man so sagt, und nach der französischen Kapitulation war er demobilisiert und nach Frankreich zurückgescheucht worden, um in Marseille ein halb legales, halb illegales Leben zu fristen. Unterernährung und Hunger im Internierungslager, ein tobsüchtiger Unteroffizier und eine Ruhrepidemie in der Legion, Razzia auf Razzia in Marseille: eine Gefahr reihte sich an die andere, jede überwundene Misere wurde von einer neuen und größeren abgelöst – Walter Fabian jedoch machte daraus eine Slapstick-Komödie. Je schlimmer es war, desto komischer stellte er es dar, und der Tolpatsch, über den zu lachen er vorgab, war stets er. Nicht viel anders Anna Seghers. Auch sie hat Anleihen bei den Formen und Mitteln der Komödie gemacht, Anleihen die Fülle, als sie sich mit *Transit* der bis dahin größten Krise ihres Lebens erzählerisch zu entledigen suchte. [10]

Muß ich es noch aussprechen? Obwohl Egon Schwarz die bolivianisch-chilenische Zeit wie auch den größten Teil der ecuadorianischen Lebensetappe durch die Untertitel des vierten Kapitels mit dem Firnis des Pikaresken überzogen hat – zuspitzender Stilmittel hat er sich nur bei der Schilderung jener Lebensstationen bedient, an denen die Verhältnisse ihn zu überwältigen drohten; bei der Erinnerung an jene Wegstrecken, auf denen das soziologische Abstraktum »Kulturschock« sich um ein Haar im persönlichen Scheitern materialisiert hätte. Um ihn allein ist es da gegangen. Ganz allein um ihn. Seine Zukunft, seine gesamte Existenz hat auf dem Spiel gestanden. Der Erzähler weiß es und hat die Erinnerung an das Versagen doch nicht ertragen können, weil sein jugendliches alter ego dieses Versagen gar nicht hat verhindern wollen.

Bei Gelegenheit der Hausiererexpedition ins Hochland hat Egon Schwarz diesen Zusammenhang auch beinahe offengelegt. Die Ankunft in Pulacayo wird noch ›normal‹ erzählt. Damit ist aber auch schon der Punkt erreicht, wo das deskriptiv genaue Nachvollziehen der Ereignisse für den Schreibenden seelisch unerträglich wird: »Ich sehe, ich muß die Art meines Berichts ändern. Statt eine Liste von peinigenden Details aufzustellen, *die selbst nach nahezu vierzig Jahren nicht viel von ihrem Schrecken eingebüßt haben*, raffe ich das Geschehene zusammen, zumal ich es ohnehin dem Leser überlassen muß, sich das Wichtigste, nämlich den verkrampften Zustand meines Gemüts, selbst auszumalen.« (ES, S. 184.) Er rafft aber nicht nur den Erzählstoff, er gleitet unversehens, aber nicht unbeabsichtigt, auch in einen anderen Erzählstil hinein. Kein Widerspruch, daß ihm das sich anschließende Referat seiner politischen Aktivitäten im großen und ganzen ebenfalls zur Selbstpersiflage gerät (bei der ›Belehrung‹ der Indios auf dem Bau – ES, S. 155 f. – ist er tendenziell ähnlich verfahren). Es paßt zum anderen, sage ich, denn so groß waren Ohnmacht und Verzweiflung angesichts einer fugenlos verrammelten Zukunft gewesen, daß die erlittene Demütigung sogar diese Versuche der seelischen Selbstrettung noch im nachhinein befleckte.

Selbstverständlich hätte sich das jugendliche alter ego des Erzählers diese Selbstverhöhnungen als Entweihung seines Leids wütend verbeten. Es hätte seiner Verzweiflung ungehemmten Lauf gelassen und ähnlich pathetischen Ausdruck gegeben wie Heinrich Heine in den Versen aus dem *Buch der Lieder* [11]:

»Ich unglückselger Atlas! eine Welt,
Die ganze Welt der Schmerzen, muß ich tragen,
Ich trage Unerträgliches, und brechen
Will mir das Herz im Leibe.«

Egon Schwarz hat angedeutet, wie wenig für ihn auch nach Jahrzehnten diese Vergangenheit vergangen ist. Und weil dieses Gespenst durch keinen späteren Erfolg zu verjagen war; weil die Erinnerung daran durch nichts versöhnt werden konnte, mußte sie wenigstens durch Selbstverspottung und durch eine Hanswurstmaske gebannt werden. Erst nach dieser ästhetischen Verwandlung und nur mit ihrer Hilfe ließ sich das Unsagbare erzählen. Vermutlich ist es nur eine ganz gelinde Übertreibung, wenn man feststellt, daß das Buch ungeschrieben geblieben wäre, hätte der lebenserfahrene Erzähler nicht die Kraft besessen, sein jugendliches alter ego durch Umformung auf Distanz zu halten.

Seit dem Ausgesetztsein im Niemandsland zwischen Ungarn und der Slowakei wisse er, schreibt Egon Schwarz, »daß jede Zugehörigkeit, jedes Recht, jede Gemeinschaft auf Illusionen beruht, bis auf Widerruf von den jeweils Mächtigen gewährt, nach Willkür und Gutdünken wieder entzogen. Selbst der Zusammenbruch Österreichs, der Verrat alter Bekannter, die Auflösung aller dort entstandenen Bindungen hatte nicht zu einer so totalen Ernüchterung geführt, denn ich konnte immer noch die Schuld auf ein einziges Land, eine einzige Regierung und, wenn ich es mir sehr bequem machen wollte, auf einen einzigen Menschen schieben, und ich hatte mir in der Tat eingebildet, anderswo wiederzugewinnen, was ich dort verloren hatte. Erst die Erlebnisse der letzten Wochen hatten mir jene Illusionslosigkeit eingeflößt, die ich bis heute nicht wieder verloren habe und auch um nichts aufgeben möchte. Seither ist mir selbst in den besten Zeiten, als stünde ich nicht auf festem Boden, als spürte ich die Bewegung der Erdkugel und als sei mir alles, was ich habe und benütze, nur geliehen.« (ES, S. 92 f.) Ob dies wirklich schon der Sechzehnjährige erfahren hat? Ob hier nicht eher von dem Vorbehalt Gebrauch zu machen ist, den der Erzähler in puncto Authentizität aufgestellt hat – »daß zum Schluß nur dasteht, wovon ein lebenserfahrener Mann glaubt . . .« usw.? Zu bezweifeln sind nicht die Einsichten. Nur der Zeitpunkt berührt merkwürdig, zu dem der Erzähler sie sein vergangenes Ich gewinnen läßt.

Wie sein Verhalten zeigt, ist sich Egon Schwarz jedenfalls erst in Bolivien voll bewußt geworden, welche Konsequenzen diese Einsicht für ihn selbst konkret nach sich zog. Schwer vorstellbar, er habe den Atlantik überquert, bar jeder Hoffnung, drüben wiederzugewinnen, was ihm hüben geraubt worden war; nicht nur schwer vorstellbar, sondern von ihm selbst in all den Situationen widerlegt, welche er selbstverspottend ins Komische umgebogen hat. Denn worum handelt es sich da allemal? Um Reaktionen auf die scheinbar unwiderlegliche Tatsache, daß die bisherigen Lebenspläne (oder wenigstens Zukunftserwartungen) obsolet und irreal geworden waren. Um Ablehnungen dieses Faktums. Um trotzig-zornige Verwerfungen.

Die ohnehin schon alle seelischen Kräfte beanspruchende Umstellung auf die neue Lebenssituation wurde durch die – sage man: familiäre ›Vorgeschichte‹ noch sehr viel schwieriger. An den Eltern hatte Egon Schwarz bis dahin nicht nur den Halt gehabt, von dem man sich wünschte, daß Kinder ihn immer an ihren Eltern hätten; folgt man seiner Darstellung, so haben sie, wenn auch vor allem aus gesellschaftlichem Ehrgeiz, auf seinen künftigen sozialen Aufstieg derart fest und unbeirrt vertraut wie Gläubige auf ihren Gott: »Soweit ich zurückdenken kann, erwarteten sie von mir, daß ich ein ›Doktor‹ würde. Daß ich es trotz aller Hindernisse geworden bin, wenn auch auf den verschlungensten Umwegen und nicht in dem medizinischen Sinn, wie es offenbar gemeint war, das hat gewiß etwas mit dem Begehren der Eltern und dem Vertrauen, das sie ständig in mich setzten, zu tun, mag der Ansporn dazu auch tief und verborgen in den nebelhaften Regionen der Seele zu suchen sein.« (ES, S. 26.)

Nun hat elterlicher Ehrgeiz allein noch keinem Kind zu einer auch substantiell erfolgreichen Karriere verholfen. Dazu gehören zwei, und das mindeste, was man im konkreten Falle sagen kann, ist, daß die Begabung des Sohnes mit den Wunschträumen der Eltern aufs glücklichste korrespondierte. Besteht also einerseits kein Zweifel, daß die Eltern sich in normalen Zeiten ›krummgelegt‹, daß sie klaglos und freudig alles drangegeben haben würden, um den Aufstieg des Sohnes zu ermöglichen, so wäre es anderseits mehr als verwunderlich, wenn Egon Schwarzens alter ego nicht bereitwillig auf diese stillschweigende und schmeichelhafte Opferbereitschaft eingegangen wäre. Der Heranwachsende konnte sie nur als Liebesbeweis verstehen, und die emotionale Bindung des (Einzel-)Kindes an die Eltern, die man sich infolge der Isolation in der antisemitischen Umwelt ohnehin intensiv vorstellen muß, dürfte dadurch noch viel enger geworden sein.

Diese Zukunftsperspektive war erledigt, und zwar war sie schon durch das ›Dazwischentreten‹ Hitlers zerstört worden. In dem Jahr jedoch, das auf den 13. März 1938 folgte, hatte man wahrlich an anderes zuerst zu denken: nicht wie eine ferne Zukunft zu erleben, sondern wie der nächste Tag zu überleben war. Erst als man gewahr wurde, daß man das Erschlagenwerden in Österreich vielleicht nur gegen das Verhungern in Bolivien eingetauscht hatte, erst da stand das Thema Zukunft wirklich auf der Tagesordnung. Dem Heranwachsenden stellte es sich mit nur brutal zu nennender Dringlichkeit, nämlich von heute auf morgen, nicht minder und auf fast tragische Weise aber auch seinen Eltern. Unwiderruflich, wie es schien, war außer Kraft gesetzt, was bis zum März 1938 ehern gegolten und was bis zur Ankunft im unbekannten neuen Land immerhin noch als vage Möglichkeit hatte gelten können: die »intellektuelle Karriere« des Sohns. Zumindest aus der Sicht der Eltern war es nunmehr im Gegenteil das Gebot primitivster Selbsterhaltung, just auf das zu verzichten, was ihnen im Leben das Wichtigste und Höchste gewesen war.

Ich wage nicht, abzuwägen, wen das härter getroffen hat. Ich sehe aber, obwohl der Erzähler sich hier mehr als schweigsam gibt, eine schleichende und quälende Entfremdung. Aus der Perspektive des noch nicht Siebzehnjährigen: eine Erschütterung des Vertrauens in die Menschen, die hoffend an seinem Selbstverständnis mitgeformt, die liebend sein Selbstbewußtsein begründet hatten. Daß sie – auch sie nunmehr! – ihm sein Zukunftsbild aus der Hand schlugen, kann er nur als ein Imstichlassen empfunden haben, als unbezweifelbaren Verrat, den die Unfreiwilligkeit, mit der er ›verübt‹ wurde, kaum milderte. Es war aber noch schlimmer und mußte wie eine Verhöhnung wirken, daß nunmehr über den Jugendlichen verhängt wurde, was bis dahin als der Zukunftsaussichten niedrigste und verächtlichste gegolten hatte: ein Handwerksberuf.

»In den Beratungen, was denn nun mit mir geschehen solle, war *man* übereingekommen, daß jetzt in der Neuen Welt, im pragmatischen ›Amerika‹ und in unserer besonderen pekuniären Lage eine intellektuelle Karriere nicht mehr in Frage kam und daß ich einen ›praktischen‹ Beruf ergreifen müsse, *man* zitierte mir sogar das alte Sprichwort vom Handwerk, das angeblich einen goldenen Boden habe, absurderweise vorindustrielle europäische Erfahrungen auf die bolivianischen Verhältnisse anwendend. Diese Überlegungen, gegen deren Logik ich freilich aus Unerfahrenheit nichts vorzubringen wußte, hatten dazu geführt [. . .]« usw. Doch wie hatte früher die bei schlechten Noten fällige Drohung stets gelautet? ». . . daß ich Handwerker werden müßte. [. . .] Und das war ganz und gar nicht das einzige, womit *man* mich mit Abscheu gegen einen manuellen Beruf erfüllt hatte. [. . .] Von früh an hatte *man* mir systematisch eingeimpft, ja buchstäblich suggeriert, ich sei für jede Handarbeit zu ungeschickt [. . .].« (ES, S. 154 f.) Da selbst der bei der Niederschrift im sechsten Lebensjahrzehnt stehende Erzähler nur mit Anstrengung Neutralität wahren kann (»man«): wie muß es da in seinem jugendlichen Ebenbild ausgesehen haben, wie groß muß der seelische Aufruhr gewesen sein, den der elterliche Ratschluß auslöste? »[. . .] daß jede Zugehörigkeit, jedes Recht, jede Gemeinschaft auf Illusionen beruht, bis auf Widerruf von den jeweils Mächtigen gewährt . . .« Bis dahin stimmt die Parallele. Nur bis dahin. Aber ist das nicht völlig ausreichend für jemanden, der sich ins Bodenlose stürzen sieht?

Mit aller Hartnäckigkeit hat sich der Halbwüchsige der Realität verweigert, und das nicht nur bei der »Elektriker«-Lehre, wo er einräumt, daß er von Anfang an nicht wollte. Das Versagen am Webstuhl resultiert ebenfalls mehr aus seiner tiefwurzelnden seelischen Verweigerung als aus manueller Ungeschicklichkeit, und was den elterlichen Ladentisch angeht, so liegt die Obstruktion offen zutage. Es ist aber die Obstruktion eines Verzweifelten, und das Scheitern als Hausierer manifestiert, wenn vielleicht auch nicht die Kapitulation vor der übermächtigen Realität, so doch den tiefsten seelischen Punkt, den ein Mensch erreichen kann, ohne sich geradewegs selbst aufzugeben.

Und nun die Eltern, für die ein Kind ja stets Kind bleibt, und denen es allemal schwerfällt (sofern es ihnen überhaupt möglich ist), die Ansprüche und Proteste eines Heranwachsenden als Äußerungen der noch ungelenk sich regenden und gebenden Individualität zu diagnostizieren, sie nicht mit Eigensinn und pubertärem Trotz zu verwechseln. Sollte es nach der so schuldenträchtig und damit für die Eltern folgenschwer gescheiterten Hochlandexpedition mit »sorgenvollen« und »mißbilligenden« Blicken auf den Sohn wirklich sein Bewenden gehabt haben, so würde das ihrer Liebe und Großmut, ihrer Toleranz und ihrem Einfühlungsvermögen ein wahrhaft grandioses Zeugnis ausstellen. (Ich darf nicht daran denken, wie sich mein Vater in dieser Lage verhalten haben würde . . .)

Der jugendliche Egon Schwarz – es wäre schon viel, sehr viel gewesen, wenn er es geschafft hätte, über sich hinauszublicken und rational zu erfassen, daß seine Katastrophe in der der Eltern ein genau spiegelbildliches Pendant besaß. Es ist aber eines, ob man sich das verstandesmäßig klar macht und sagt, und es ist etwas ganz anderes, ob man es dergestalt seelisch nachzuvollziehen vermag, daß es zur Maxime des Handelns wird. Die Fähigkeit, beide Seiten zu sehen und ihr relatives Recht zu begreifen und anzuerkennen, ist ein Produkt der Reife, ein mühsam erworbenes. Mit ihr kommt die Scham über Worte, die ausgesprochen worden, über solche, völlig desorientierter Jugendlicher gewesen ist, der sich entschieden hat. Seinem »überdimensionierten Schicks hat er sich gewachsen gezeigt und hat offenbart, was in i steckte. Denn es ist Egon Schwarz gewesen – und nicht von Regler angeführte anonyme Geschichts- und Schicks macht Exil –, der denselben Egon Schwarz in einem spe kulären Akt der Selbstdisziplinierung erzogen hat. K Münchhauseniade, Wirklichkeit, daß einer sich am eig Schopf aus dem Sumpf zu ziehen vermag.

Die in der »Hölle« Potosi verbrachten Jahre hat Sch die »lehrreichsten« seines Lebens genannt und als »Zer meiner Exilerfahrung« bezeichnet (ES, S. 190). So ans lich er über ihre Härte berichtet hat, so verschwiegen sich über ihre existentielle Bedeutung gezeigt. Die Potosi hat aber nicht nur sein »Weltverständnis« bee in viel stärkerem Maße hat sie seine Persönlichkeit g Indem er sich hier zum Aus- und Durchhalten gezv hat – und er wird sich wohl oft dazu haben zwingen auch wenn er kein Wort darüber verliert –, hat er gehaßten Realität gestellt und damit die Kehrtwendu zogen, die über sein Leben entschied. Der Erfolg von Erfolg in einem verabscheuten Metier und Milieu – Fundament, von dem aus er seinen langen Mars Universität überhaupt nur antreten konnte. Wei nunmehr von der Larmoyanz eines Gescheiterten Gegenteil der aus Selbstbestätigung erwachsene St sen, welcher ihn den Bettel hinschmeißen hieß, na die Bosse zynisch gekränkt hatten. Hilf dir selbst

Ein »typisches« Schicksal?

Um für solche Willensstärke den rechten Maß winnen, müßte man das Individuell-Besondere auf den Hintergrund des Repräsentativ-Allgem zieren, man müßte bei der Spezies lange verweile

Bedürfnisse und Nöte Bescheid weiß als unser waches Ich, und da diese geheime Kommandozentrale Maskierungen liebt und Umwegen nicht abhold ist, werden wir oftmals erst spät, mitunter sogar nur im nachhinein gewahr, was sie mit uns vorgehabt hat.

Das gilt besonders für den Autodidakten, der Egon Schwarz während der prägenden Jahre seines Lebens gewesen ist. So genau der Autodidakt weiß, was er ablehnt und unter keinen Umständen will, so wenig vermag er, exakt ein konstruktives Ziel zu benennen. Den hypothetischen Fall gesetzt, man fragte ihn, ob er dieses oder jenes oder ein Drittes ›werden‹ wolle (seine Tragödie besteht aber gerade darin, daß ihn niemand fragt), so müßte er nicht bloß deshalb die Antwort schuldig bleiben, weil alle diese Positionen, Funktionen und Tätigkeiten für ihn böhmische Dörfer sind. Er hat überhaupt keinen Gedanken darauf ver(sch)wendet. Gerade weil er viel mehr will, geht ihm sozialer Ehrgeiz gemeinhin ab, und daß er sich damit bisweilen dem Argwohn und Neid von Karrieristen aussetzt, wird zwar alle Welt verstehen, er aber nicht. Anders gesagt: es gehört zu den untrüglichen Zeichen der Begabung, daß sie Fragen von Rang und Stellung weit, weit jener Arbeits- und Lebensatmosphäre unterordnet, die sie braucht, um sich zu entfalten. Und diese Atmosphäre, dieses Milieu spürt die Begabung sich auf, lange bevor sie sich ihrem Träger zu erkennen gibt.

Just so bei Egon Schwarz. Der die soziale Hürde spielend genommen hatte, die das Gymnasium für seinesgleichen war, überspringt auch wie im Spiele die mentale Hürde des Spanischen. So gut beherrscht er binnen weniger Wochen die fremde Sprache, die er, weil sie die Trennung vom Vertrauten symbolisiert, ›eigentlich‹ ablehnen müßte, daß er bei der Landung schon dolmetschen kann. Aber hat er nicht bereits auf dem Schiff lehrend an andere weitergegeben, was er eben erst selbst gelernt hatte? Stünde das in einem Roman, man nähme es für eine etwas zu dick aufgetragene Vorausdeutung aufs künftige Schicksal des Helden. Passiert es aber im Leben, so ist der mit der größten Blindheit geschlagen, dem es widerfährt.

Natürlich hat er in Potosi – auch in Potosi – gelesen, nur wäre gründlich im Irrtum, wer darin eine vom Streben diktierte Pflicht sähe und etwa bewundernd konstatierte, nach all der Knochenarbeit habe er ›auch noch‹ gelesen! Man denke! Welche Mühsal! Nein, der Hunger nach Gedrucktem war so besonders groß, *weil* die Arbeit so unmenschlich hart gewesen ist in Potosi, so einschläfernd anspruchslos in Guayaquil. Keine ›Leistung‹, seit je eine kreatürliche Lebensregung, und hier die conditio sine qua non des psychischen Überlebens. Nicht das Lesen, das Aufspüren von Büchern verdient Bewunderung – hier übrigens ist der Erzähler sehr mit seinem einstigen Ich einverstanden, von seinem Spürsinn berichtet er im Ton behaglichen Stolzes (ES, S. 228). Das krude Durcheinanderlesen freilich hat er gelegentlich beklagt (Ganghofer und Marx hintereinander, welche Barbarei!), ohne sagen zu können, wie es anders hätte gehen sollen. Was bei solchen Klagen meist (und auch von Egon Schwarz) übersehen wird: daß dies der Königsweg ist, um Qualitätsgefühl und Urteilsvermögen zu erwerben. Und sollte er mitunter nicht auch bemerkt haben, daß mancher Kollege nicht ganz so viel Literatur kennt wie er, seinem systematisch geregelten Studiengang zum Trotz? Er kann mir da nichts weismachen, seinen weiten literarischen Horizont hat er sich mit den Kraut-und-Rüben-Lesepraktiken erworben, und insgeheim auch schon ein Gutteil jener Souveränität, mit der er sich heute in vielen Nationalliteraturen bewegt.

Die Findigkeit, mit der die Begabung aufspürt, was ihr nützlich ist, mutet sie bisweilen nicht unheimlich an? Man kann getrost sagen, daß sie ein Allesverwerter ist und gierig an sich reißt, was immer ihr unterkommt. Da ihm der normale Bildungsweg verschlossen blieb, hat sich der Autodidakt seit je seine Lehrer gesucht, wo er sie an seinem Wege fand, und dabei auf sozialen Rang und Insignien der ›Lehrbefugnis‹ nicht geachtet – man höre Anton Reiser, das kaum verhüllte literarische Ebenbild von Karl Philipp Moritz (1756–1793): »O, was war der Schuster Schantz für ein Mann! Von ihm konnte man mit Wahrheit sagen, daß er vom Lehrstuhle die Köpfe der Leute hätte bilden sollen, denen er Schuh machte. Er und Reiser kamen oft in ihren Gesprächen ohne alle Anleitung auf Dinge, die Reiser nachher als die tiefste Weisheit in den Vorlesungen über die Metaphysik wiederhörte, und er hatte oft schon stundenlang mit dem Schuster Schantz darüber gesprochen. [. . .] Kurz, bei dem Schuster Schantz vergaß Reiser alles Unangenehme seines Zustandes, er fühlte sich hier gleichsam in die höhere Geisterwelt versetzt und sein Wesen wieder veredelt, weil er jemanden fand, mit dem er sich verstehen und Gedanken gegen Gedanken wechseln konnte.« [15]

Vom spanischen Ingenieur der Überfahrt zum argentinischen Esperantisten, vom jiddischen Dichter zu den beiden kontradiktorischen Intellektuellen in Quito: auch für Egon Schwarz haben sich Lehrer gefunden, wenn er »ihrer am meisten bedurfte«, besser gesagt, er hat es verstanden, sie aufzuspüren, und selbst aus dem paranoiden Arturo P. hat er für sich etwas ›zu machen‹ gewußt. Auf Maxim Gorki anspielend, nennt er das dubiose Institut des Abenteurers denn auch die nach dem Ozeandampfer zweite »meiner Universitäten«. Genaugenommen zählt zu ihnen auch das Theater, zumindest in Deutschland seit alters die einzige Kulturinstitution, die sich dem Autodidakten nicht ganz so hermetisch verschloß. Obwohl seine Sendung keine theatralische war, hat es seine Logik, daß auch Egon Schwarz auf der Bühne gestanden hat, und genau wie bei Karl Philipp Moritz im achtzehnten Jahrhundert war sie die Durchgangsstation zur Universität. Zur regulären.

Eignet dem Talent somit jene Fähigkeit wirklich, die man der Wünschelrute nur zuspricht, die Entdeckung verborgener Quellen, so entscheidet über sein Schicksal doch noch etwas anderes. Die Zähigkeit, mit der es sich verwirklichen will. Allerdings muß man hier differenzieren. Welcher intelligente und wache Mensch hätte nicht das Studium dem Miederverkauf vorgezogen? Und um Potosi entfliehen zu wollen, brauchte man weder intelligent noch wach zu sein, es genügte, daß man nicht gänzlich abgestumpft und verroht war. Ganz anders aber, wenn man aus dem Gröbsten heraus ist, materiell nicht mehr klagen kann und den Fuß bereits auf die Erfolgsleiter gesetzt hat, wie Egon Schwarz bei der United Fruit Company. Viel klarer als sein Text zeigt das Foto auf Seite 225, wie weit es der Mittzwanziger im kommun bürgerlichen Wortsinn schon ›gebracht‹ hatte. Er hätte sich nur genauso energisch in den Bananenhandel hineinmuskeln müssen wie zu Potosi in chemische Mineralogie, und der Aufstieg wäre ihm sicher gewesen.

Ist Willensschwäche die Scylla, so ist die Verführung durch Wohlstand die Charybdis, an der Begabung zerschellen kann. Auch an diesem Punkte ließe sich Egon Schwarzens Vita schärfer profilieren, etwa mit der kontrastierenden Geschichte jenes Wissenschaftsbürokraten, der, anfänglich sein Talent voll nutzend, ein neues Forschungsgebiet schreibend und planend gegen Widerstände mit durchsetzte, seine Begabung jedoch in charmant unverbindlichem Geplauder verkommen ließ, nachdem er in höhere Gehaltsgruppen aufgestiegen war. Die Dienstzeit nunmehr so oft wie möglich zur Privatlektüre nutzend (und möglich war das sehr oft), tat er beruflich nur noch das Allernötigste, und wenn man etwas Außergewöhnliches von ihm erbat, lag das ›Ich hab's nicht mehr nötig‹ schon in seinem Blick.

Hätte Egon Schwarz es ›nötig‹ gehabt, aufs neue ins kalte Wasser zu springen? Hätte er nicht genügend freie Zeit fürs Lesen gefunden und hinreichend Muße fürs Versemachen, als wohldotierter Gehaltsempfänger der United Fruit Company? Warum sich nicht damit bescheiden? Das andere, war es für einen Mann ohne Abitur nicht ohnehin utopisch? Wir wissen, was statt dessen in und mit Egon Schwarz sich ereignete, und er hat recht, wenn er das »Gemüt«, die Psyche als eigentlichen Herd und Sitz der Krankheit lokalisiert, die ihn so gebieterisch auf den rechten, den ihm gemäßen Weg gestoßen hat. Alles spricht dafür, daß das Unbewußte bei Krankheit, USA-Reise und Heilung Regie geführt, daß es eine großartige Inszenierung zu dem einzigen Zwecke geliefert hat, in New York die Anerkennung der Schulzeugnisse zu erlangen.

Es gibt zu diesen Vorgängen übrigens eine verblüffende, wenngleich nicht erstaunliche Parallele, die bis zu den tropischen Parasiten reicht. Im Falle des nach Palästina emigrierten Josef Tal lautete die ärztliche Diagnose auf einen Virusinfekt mit dem operettenhaften Namen Popadatschi. Josef Tal war Musiker, angehender Komponist, um genau zu sein, und den Beruf nennen, heißt auch schon von seiner Misere sprechen. Trotz all seiner Begabung wäre Tal nie nach Palästina gelangt: Musiker galten den Behörden als Selbständige, die den Besitz von für Tal unauftreibbaren 1000 Pfund (etwa 14 000 Mark) nachweisen mußten, um eine Einwanderungserlaubnis zu erhalten. Der junge Komponist sattelte auf einen bei der Einwanderung bevorzugten »handwerklichen« Beruf um, das heißt, er suchte sein Hobby, das Fotografieren, zur Existenzbasis zu machen. Leider hatte ihm niemand gesagt, wie schwer er es damit in einem Entwicklungs- und Pionierland haben würde. Viel problematischer aber war, daß ihm die besagte Popadatschi kaum Zeit ließ, die ökonomische Durststrecke hinter sich zu bringen. Popadatschi bedeutete fast zwei Wochen hohes Fieber und danach einen völlig entkräfteten Menschen. Popadatschi kehrte wieder, bei Tal in immer kürzeren Abständen, so daß der Arzt dem Patienten keine Chance mehr gab, seinem weiteren Aufenthalt im klimatisch offenkundig ungeeigneten Palästina widerriet und ihm – es war noch in den frühen Jahren der Hitlerdiktatur – die Rückkehr nach Deutschland empfahl.

Tal ergab sich in sein Schicksal, vier Tage noch bis zur Abfahrt des Schiffs, und er verbrachte sie bei Freunden in einem Kibbuz. Gleich bei seiner Ankunft eröffneten diese dem neuerlich Erkrankten, daß er auf einem kürzlich im Kibbuz eingetroffenen Klavier ein Konzert geben müsse. In einer Stunde. »Ich traute meinen Ohren nicht und erklärte ihr meine Lage: Erstens sei ich gänzlich aus der Übung, zweitens sei ich krank und säße mit Fieber neben ihr [. . .]. Sie rief [. . .] ihren Mann. Als tonangebender Chawer dieses Kibbuzes versuchte er zu erklären, was für ein ungeheures Ereignis es wäre, zum ersten Mal in ihrer [Kibbuz-]Geschichte ein Konzert zu erleben. Daher hätten sie allen Kibbuzim der näheren Nachbarschaft von diesem Ereignis Nachricht gegeben – ich brauchte nur aus dem Fenster zu sehen, um die herankommenden Besucher zu beobachten. Tatsächlich sah ich in der Silhouette gegen den Himmel Pilgerzüge auf Pferdewagen, auf Rädern, auf Eseln, alle mit baumelnden Windlampen, die Hügel aus allen Richtungen nach Beth Alpha herunterkommen.« [16]

Der Kranke spielte schweißüberströmt, zum ersten Mal seit der Auswanderung aus Deutschland spielte er wieder, er spielte aus dem Gedächtnis, spielte trotz seiner Schwäche fehlerfrei, er spielte ohne Unterbrechung bis halb drei in der Frühe. Anderntags war das Fieber verschwunden, Tal fühlte sich »wie neugeboren«, und der Leser weiß längst, worauf die Geschichte hinausläuft: »Der Dampfer nach Bremen mußte ohne mich abfahren. Die psychosomatische Popadatschi löste sich in Nichts auf, zerstob in alle Winde und wagte bis heute nicht, wieder in meine Nähe zu kommen. Hier endet die Ouvertüre zu meiner endgültigen Basis in Palästina und bald Israel.« [17] Vor allem aber endete der Brotberuf. Tal ließ sich im Kibbuz Beth Alpha nieder, um von da aus als Pianist das Land zu bereisen.

Bravourös gelenkt von ihrem Unbewußten beide, Josef Tal und Egon Schwarz, der eine heute zur Prominenz der musikalischen Avantgarde zählend, der andere ein ›elder statesman‹ der amerikanischen Germanistik (und nicht nur der Washington University zu St. Louis, wie er mit bekanntem understatement meint) – doch weiter braucht uns die Parallele nicht zu interessieren. Nachdem die Psyche das ihre getan hat, um die Fesseln der widrigen Realität zu sprengen, geht es mit Windeseile voran. Nicht nur Prüfungsvorbereitungen und Parkstudium in Cuenca (ES, S. 246 ff.), auch das eigentliche Studium an der Ohio State University wird im Tempo des Freiherrlich Münchhausenschen Läufers absolviert, »der, von den Gewichten an seinen Beinen befreit, nun unaufhaltsam vorwärtsschnellt«: Graduate Student nach einem statt nach vier Jahren, die Promotion bereits fünf Jahre nach Studienbeginn in den USA, sodann als Krönung des Starts der ehrenvolle Ruf nach Harvard.

Ehrenvoll, aber auch riskant. Sofern er sich bewährt hat, beschäftigen amerikanische Universitäten einen Assistenzprofessor normalerweise in der nächsthöheren Rangstufe des Associate Professor weiter. Anders die Eliteuniversität Harvard. Nach Ablauf des Zeitvertrags verzichtet sie grundsätzlich auf die Dienste ihrer Assistenzprofessoren, und wer ihren Ruf annimmt, weiß also schon in diesem Augenblick, daß er sich in sieben Jahren erneut auf Stellensuche begeben muß. Schwarz entschied sich für Harvard, obwohl er – was im Buche unerwähnt bleibt – den bequemeren Weg hätte einschlagen können. Eine kalifornische Universität hatte ihm gleichfalls eine Assistenzprofessur angeboten, und da sie ihn behalten haben würde, wäre die Karriere bis zum Full Professor (Ordinarius) unter Dach und Fach gewesen. Er habe damals einen älteren Kollegen um Rat gefragt, erzählt Egon Schwarz, habe aber nur eine sibyllinische Antwort bekommen: »Rollende Steine setzen kein Moos an.« Dieses Sprichwort habe er als Empfehlung gedeutet, nach Harvard zu gehen, und sei erst sehr viel später darauf gekommen, daß der Kollege ihn gerade davor habe warnen, daß er ihm die Niederlassung auf Dauer habe nahelegen wollen, die Verwurzelung.

Ob der ältere seinen jungen Kollegen nicht vielleicht besser gekannt, ob er am Ende sogar das ›Gesetz‹ seines Lebens geahnt hat – Dauer im Wechsel? Denn zwar ist Schwarz (nach Harvard) an der Washington University von St. Louis geblieben, aber mit nicht eben wenigen Unterbrechungen durch Gastprofessuren in der neuen wie in der alten Welt, und an Forschungsstipendien, die ihn ins Ausland führten, hat es auch nicht gemangelt. Nach meinem Gefühl ist es kein Leben auf Abruf mehr, das Egon Schwarz führt, aber ein wenig gleicht es doch einem Schwebezustand. Noch 1978 hat er sich zu seiner Identität als Amerikaner mehr als zurückhaltend geäußert, hat sich einen »Heimatlosen« genannt und lediglich eingeräumt, daß ihm die amerikanische Universität »zu einer Art Heimat« geworden sei (ES, S. 262, S. 303). Die *Nachschrift 1991* zeigt nun zwar, daß die Identifikation mit den USA in der Zwischenzeit stärker geworden ist (denn nur wer sich einem Lande zugehörig fühlt, geht so streng mit ihm ins Gericht) – und dennoch ist Egon Schwarz *auch* der Wandernde geblieben, als der ihn der Leser seiner Erinnerungen kennengelernt hat. Seiner Reisefreudigkeit ungeachtet, zögere ich, zu sagen, er sei es nunmehr aus eigenem Entschluß. Hier in der Tat wäre eine Erörterung über Willensfreiheit am Platze, bei so starker Prägung durch eine früh aufgezwungene Lebensform.

Was aber sagt der in der amerikanischen Universität Beheimatete von den vielen Jahrzehnten, in denen ihm diese Institution eine Heimat gegeben hat? Wie karg und lakonisch behandelt er diese weitaus größte Spanne seines Lebens, seine Erfolge als akademischer Lehrer verschweigend, seine Bücher nur obenhin erwähnend, als sei das alles nicht der Rede wert. So steht es ja auch tatsächlich da – sein Leben sei nunmehr »in ein Gleis gefahren, wie es deren genügend gibt« (ES, S. 290) – und damit basta!

Allerspätestens hier erkennt man das Formgesetz, nach dem er sein jugendliches und auch sein nicht mehr ganz so junges alter ego in der Lebensgeschichte gestaltet, gefeilt und zurechtgeschliffen hat. Ein, zwei Beispiele genügen vollauf zum Nachweis dieses gänzlich uneitlen understatement. »Jetzt hatte ich meine Matura, der *Riß* von 1938 war *zugewachsen.*« (ES, S. 247.) Man glaubt, falsch gelesen zu haben, aber es steht wirklich »Riß« da und »zugewachsen« – als habe Egon Schwarz nicht mit fast übermenschlicher Anstrengung jenen »Abgrund« zugeschüttet, von dem Johannes Urzidil gesprochen hat. Und wie stellt er den Sprung in die USA dar? Widerstrebend nur, sehr widerstrebend räumt er ein, auch aus heutiger Sicht sei es »nicht abzustreiten«, daß er dazu »viel eigene Initiative« habe entwickeln müssen, »daß ich Jahre hindurch, unter überwältigend ungünstigen Bedingungen und gegen jede Wahrscheinlichkeit des Gelingens, zäh an einem Plan festgehalten, keine Mühe und keine Arbeit zu seiner Förderung gescheut habe. Damit scheint sich auch die Frage nach dem menschlichen Willen, nach der Mitwirkung der Person am eigenen Schicksal zu erledigen.« (ES, S. 257 f.). Schon mit dem »scheint« des letzten Satzes wird das aber wieder in Frage gestellt und dergestalt zurückgenommen, daß am Ende nur noch »der eine« im Rampenlicht steht, »der die Botschaft gehört und dazu noch den nötigen Glauben aufgebracht hat«. Daß aber die Botschaft gewichtig genug gewesen sein mußte, um überhaupt Gehör und Beachtung zu finden: es wird erneut (und zum werweißwievielten Male) vom Tisch gewischt. In voller Absicht. Am Anfang schon war ja fast ausschließlich den Wünschen und Hoffnungen der Eltern zugeschrieben worden, was primär der eigenen Begabung hätte gutgebracht werden müssen.

Damit und mit der kehrreimartigen Polemik gegen philosophische Abstraktionen des 18. Jahrhunderts à la »Willensfreiheit« ist die durchgängige Argumentation zwar benannt, aber durchaus nicht geklärt. Warum weigert sich Egon Schwarz derart konstant, die dem Willen nur bedingt unterworfene psychische Energie eines begabten Individuums als wirkkräftiges Antidotum gegen schicksalsprägende »geschichtliche Mächte« ernsthaft ins Kalkül des eigenen Lebens zu stellen? Ich könnte sogar fragen: Warum weigert er sich, seine Individualität, sein unverwechselbares Ich zur Kenntnis zu nehmen und zu akzeptieren? Daß es nicht bloß um Geschmacks- und Taktfragen geht, das beweist eben die Hartnäckigkeit, mit der er auf seiner Lebensleistung und auf seinem Charakter herumtrommelt.

Ist verjagt worden, damit er verrecken sollte, und hat trotz des mörderischen Anschlags auf sein Leben erreicht, was er vordem angestrebt und ersehnt hatte. Welch triumphaler Sieg über seine Todfeinde! Er aber spricht dennoch bloß von Glück, von Schicksal oder Zufall.

Nenne man das Fatalismus, nenne man es, wie man will. Ich meine, man sei da am Kern jenes Welt- und Selbstverständnisses, das sich nirgendwo ganz heimisch fühlt, in keiner Gemeinschaft, keiner Institution und an keinem Ort: selbst in den besten Zeiten sei ihm, »als stünde ich nicht auf festem Boden, als spürte ich die Bewegung der Erdkugel und als sei mir alles, was ich habe und benütze, nur geliehen«. Nicht ganz leicht, einer Überflußgesellschaft diese freundliche, aber entschiedene Distanz zu ihren höchsten Antrieben und Werten Reichtum, Ruhm und Macht (immer diese drei, nur laufen sie heute nicht mehr ganz so nackt herum wie in Thukydides' Tagen) plausibel zu machen. Wenn Egon Schwarz es mit seinem Buche nicht schon geschafft hat, wird es mir mit diesem Nachwort kaum gelingen. Wen aber sein Leben über die Fragwürdigkeit und Zerbrechlichkeit und damit übers Nichtige dieser »Werte« und »Antriebe« so belehrt hat, wie das Egon Schwarz widerfahren ist, der wird seine Begabung und Leistung auch nur mit Skepsis betrachten – und so sein Licht unter den Scheffel stellen.

Für sich selber kann der Leser von solcher Skepsis unbegrenzt lernen. Das heißt aber noch lange nicht, daß man Egon Schwarz seine Selbsteinschätzung abnehmen müsse, die Unterwerfung seines Wesens und Könnens unter die Trias Schicksal, Zufall und Glück. Glück hat auf Dauer nur der Tüchtige. Und wie bei Hans Castorp [18] ist es zuletzt nämlich doch *seine* Geschichte. »Da sie dir zustieß, mußtest du's irgend wohl hinter den Ohren haben . . .«

Quellen und Anmerkungen

1 Bertolt Brecht: Flüchtlingsgespräche. Suhrkamp Verlag, Frankfurt am Main 1961, S. 23 f.

2 Unsere Ausgabe folgt dem Wortlaut des 1979 im Athenäum Verlag, Königstein im Taunus, erschienenen Erstdrucks. Einige wenige bei Erstellung dieser Vorlage seinerzeit versehentlich weggelassene Wörter wurden vom Autor ergänzt, Druckfehler der Vorlage von uns stillschweigend beseitigt. Das im Anhang abgedruckte Kapitel *Nachschrift 1991* ist für unsere Ausgabe geschrieben worden. Textzitate werden im folgenden nicht gesondert angemerkt, sondern mit »ES« und Pagina unserer Ausgabe fortlaufend im Text nachgewiesen; Hervorhebungen in diesen Zitaten stammen vom Herausgeber.

3 Thomas Mann: Gesammelte Werke in zwölf Bänden (Frankfurter Ausgabe), Band 3: Der Zauberberg. Roman. S. Fischer Verlag, Frankfurt am Main 1960, S. 9. Hervorhebung im Original.

4 Hans-Albert Walter: Deutsche Exilliteratur 1933–1950. Band 1: Bedrohung und Verfolgung bis 1933. Luchterhand Verlag, Darmstadt 1972, S. 202.

5 Werner Röder / Herbert A. Strauss (Hrsg.): International Biographical Dictionary of Central European Emigrés 1933–1945. Verlag K. G. Saur, München 1983, S. XV; Hans-Albert Walter: Deutsche Exilliteratur 1933–1950. Band 2: Europäisches Appeasement und überseeische Asylpraxis. J. B. Metzlersche Verlagsbuchhandlung, Stuttgart 1984, S. 2 ff. (Hier die extensive Darstellung dessen, was ich im Kommentar kurz als »Pandämonium« Wiens bezeichnet habe.)

6 Das Neue Tage-Buch, Paris–Amsterdam, 6. Jg., H. 30 vom 23. 7. 1938, S. 705.

7 Hans-Albert Walter: Deutsche Exilliteratur 1933–1950. Band 2, a.a.O., S. 249–283 (britisches Commonwealth), S. 380–496 (USA).

8 Henry L. Feingold: The Politics of Rescue. The Roosevelt Administration and the Holocaust 1938–1945. Rutgers University Press, New Brunswick, N. J., 1970, S. 101 f.

9 In seinem Buche *Emigration* (Europäische Verlagsanstalt, Frankfurt am Main 1969) schreibt Grossmann auf Seite 152, schon Anfang August 1938 habe niemand mehr geglaubt, »daß Bolivienvisa gegen eine normale Gebühr erhältlich sein könnten. Zu jener Zeit war das Visageschäft bereits in vollem Schwunge. In Paris hatte sich [. . .] ein bolivianischer Delegierter etabliert, der 1000 Bolivienvisa für 4000 Francs das Stück [ca. 660 Mark damaliger Kaufkraft – HAW] über die Reisebüros verkaufte, die natürlich einen unerschöpflichen Kundenkreis hatten. Die Einnahmen wurden nach einem vereinbarten Schlüssel zwischen den Reisebüros, dem Delegierten, dem zuständigen Minister und den Abteilungsleitern der Ministerien in Bolivien geteilt. In einem Reisebüro auf dem Boulevard des Capucines [. . .] stempelte der Delegierte die Visa ein, unterschrieb sie, kassierte das Geld, kaufte für seinen Minister die teuersten Geschenke, telegraphierte nach neuen Visa. Aber nur wenigen Empfängern fiel es auf, daß es sich um ›landwirtschaftliche‹ Visa handelte, die den Einwanderer verpflichteten, aufs Land oder in den Urwald zu gehen, wenn er sich in La Paz [. . .] nicht von dieser Verpflichtung loskaufen konnte.«

10 Siehe dazu meine Interpretation des Romans in der *Bibliothek Exilliteratur:* Anna Seghers' Metamorphosen. Transit – Erkundungsgänge in einem Labyrinth.

Büchergilde Gutenberg, Frankfurt am Main, 2. Aufl. 1990.

11 Heinrich Heine: Sämtliche Schriften. Herausgegeben von Klaus Briegleb. Band 1. Carl Hanser Verlag, München 1976, S. 120.

12 Aufbau, New York, 7. Jg., Nr. 39 vom 26. 9. 1941, S. 4. – Hervorhebung im Original.

13 Gustav Regler: Aretino. Freund der Frauen, Feind der Fürsten. Roman. Henry Goverts Verlag, Stuttgart 1954, S. 243.

14 Oskar Maria Graf: Der Abgrund. Ein Zeitroman. Malik-Verlag, London 1936, S. 501.

15 Karl Philipp Moritz: Anton Reiser. Ein psychologischer Roman. Insel Verlag, Frankfurt am Main 1959, S. 126.

16 Josef Tal: Der Sohn des Rabbiners. Ein Weg von Berlin nach Jerusalem. Quadriga Verlag J. Severin, Berlin 1985, S. 158 f.

17 A.a.O., S. 161.

18 Thomas Mann: Der Zauberberg, a.a.O., S. 994.

Bildquellen

Die Aufnahmen auf den Seiten 113, 124 und 199 stammen aus Colin Ross: *Südamerika, die aufsteigende Welt*, Leipzig 1923

Die Aufnahme auf der Seite 109 wurde dem Buch Herbert Kirchhoff: *Bolivia*, Buenos Aires 1942, entnommen

Die Aufnahmen auf den Seiten 160, 177, 189 und 202 entstammen dem Buch *Südamerika I*, herausgegeben von der Geographisch-Kulturellen Gesellschaft Freudenstadt, Wien, Luzern o. J.

Alle übrigen Aufnahmen wurden vom Autor zur Verfügung gestellt.